I0029484

EL GOLPE A LA DEMOCRACIA DADO POR LA SALA CONSTITUCIONAL

COLECCIÓN ESTUDIOS POLÍTICOS

Títulos publicados

1. *Democracia y reforma del Estado.* Entrevistas de Alfredo Peña, 1ra Edición, 1978, 669 pp.
2. *Procesos de decisión política,* Leandro Area, 1ra Edición, 1984, 116 pp.
3. *Problemas del Estado de partidos.* Allan Brewer-Carías, 1ra Edición, 1988, 339 pp.
4. *El control institucional de la participación en la democracia venezolana.* Crisp Brian F., 1ra Edición, 1997, 367 pp.
5. *Una carta para la democracia.* Gustavo Briceño Vivas, 1ra Edición, 2012, 225 pp.
6. *Historia InConstitucional de Venezuela 1999-2012,* Asdrúbal Aguiar, 2012, 589 páginas.
7. *El golpe de enero en Venezuela (Documentos y testimonios para la historia).* Asdrúbal Aguiar, 1ra Edición, 2013, 316 pp.
8. *El golpe a la democracia dado por la Sala Constitucional,* Allan R. Brewer-Carías, 1ra Edición, 2014, 352 pp.: 2ª Edición, 2015, 426 pp.

Allan R. Brewer-Carías
Profesor de la Universidad Central de Venezuela
Miembro de la Academia de Ciencias Políticas y Sociales

EL GOLPE A LA DEMOCRACIA DADO POR LA SALA CONSTITUCIONAL

De cómo la Sala Constitucional del Tribunal Supremo de Justicia de Venezuela impuso un gobierno y eligió e hizo elegir funcionarios sin legitimidad democrática; revocó mandatos populares de diputada y alcaldes; impidió el derecho a ser electo, restringió el derecho a manifestar; eliminó el derecho a la participación política, y permitió el proselitismo político militar, todo en contra de la Constitución

Segunda edición

Colección Estudios Políticos
Nº 8

Editorial Jurídica Venezolana
Caracas/2015

Email: allan@brewercarias.com
Hecho el depósito de Ley
Segunda Edición (2015)
Depósito Legal: lf5402015340753
ISBN: 978-980-365-253-1

Editorial Jurídica Venezolana
Avda. Francisco Solano López, Torre Oasis, P.B.,
Local 4, Sabana Grande,
Apartado 17.598 – Caracas, 1015, Venezuela
Teléfono 762.25.53, 762.38.42. Fax. 763.5239
Email fejv@cantv.net
http://www.editorialjuridicavenezolana.com.ve

Impreso por: Lightning Source, an INGRAM Content company
para Editorial Jurídica Venezolana International Inc.
Panamá, República de Panamá.
Email: editorialjuridicainternational@gmail.com

Diagramación, composición y montaje
por: Francis Gil, en letra Time New Roman 12
Interlineado Exacto 13, Mancha 18 x 11.5

CONTENIDO

NOTA DEL AUTOR

A la primera edición 2014

Si algo caracteriza al sistema político instaurado desde la sanción de la Constitución de 1999, en contra de sus propias previsiones, es que se trata de un sistema autoritario, centralista y militarista, donde el pluralismo ha sido ahogado por un estatismo manejado por un partido oficial imbricado en el aparato del Estado; la libertad de expresión ha sido liquidada, y los medios existentes están controlados por el Estado y a su servicio; los derechos humanos han sido violados por los cuerpos represivos del Estado y sus bandas armadas de exterminio; el derecho a la vida no ha sido garantizado y está a la merced de delincuentes tolerados por el Estado, bajo el más ignominioso clima de impunidad; y todo ello, porque los órganos del Estado no están controlados ni hay balance ni contrapeso de los poderes, por la ausencia de separación entre los mismos; y lo más grave, cuando por ello, el Poder Judicial está al servicio del autoritarismo, habiéndose convertido el Tribunal Supremo de Justicia, y en particular, su Sala Constitucional, en el instrumento más atroz de aniquilación de la democracia y de lo que había de Estado de derecho.

Con tal carácter, una de las tareas que en ese régimen autoritario o totalitario -porque todos los poderes responden a una misma orden-, le ha sido asignada al Tribunal Supremo de Justicia, ha sido, entre otras, la de liquidar el principio democrático que establece la Constitución, mediante decisiones, muchas de las cuales han sido adoptadas de oficio y en contra de todos los principios más elementales del debido proceso.

Entre esas están, en primer lugar, la sentencias de comienzos de 2013 mediante las cuales la Sala Constitucional impuso inconstitucionalmente a los venezolanos un gobierno sin legitimidad democrática al inicio del período constitucional 2013-2019, y luego se abstuvo, deliberadamente, de conocer siquiera las demandas de nulidad de la elección presidencial de 2013; en segundo lugar, las sentencias dictadas en marzo de 2014 revocándole el mandato popular a dos alcaldes (Vicencio Scarano Spisso y Daniel Ceballo) con la excusa de que habrían desacatado una medida cautelar de amparo, mediante su condena penal y encarcelamiento, usurpando las competencias de la jurisdicción penal; en tercer lugar, la sentencia también de marzo de 2014, de revocación del mandato popular de una diputada (María Corina Machado), dictada de oficio, sin juicio ni proceso, con violación de todas las garantías del debido proceso; en cuarto lugar, las sentencias dictadas en 2011, mediante las cuales avaló la restricción al derecho a ser electo de un ex alcalde (Leopoldo López), impuesta inconstitucionalmente como sanción administrativa, y luego declaró inejecutable una sentencia de la Corte Interamericana de Derechos Humanos que había expresamente protegido tal derecho; en quinto lugar, la sentencia de abril de 2014 mediante la cual secuestro el derecho ciudadano a manifestar y a la protesta; y en sexto lugar, la sentencia de marzo de 2012 mediante la cual liquidó la llamada "democracia participativa y protagónica" al poner fin al derecho a la participación política en materia de consulta popular de leyes.

Este libro recoge los diversos estudios que he escrito sobre dichas sentencias, precedidas, a manera de *Introducción*, por unas reflexiones sobre la situación general de crisis política del país formuladas en las "Tertulias españolas de Manhattan" en marzo de 2014, y presentadas luego como ponencia para el Seminario *Venezuela Today* organizado en la Universidad de Princeton, abril 2014; y a manera de *Prólogo* con unas notas del profesor Asdrúbal Aguiar elaboradas sobre la base de su artículo: "Revolución electiva, purificadora de la violencia," publicado inicialmente en *El Universal* de Caracas, día 8 de abril de 2014.

A manera de *Conclusión*, además, reproduzco los Pronunciamiento de la Academia de Ciencias Políticas y Sociales y del Colegio de Abogados del Distrito Federal de abril de 2014, precisamente en torno al significado y a las consecuencias de algunas de estas sentencias.

Cuando comencé a escribir esta Nota, precisamente el 14 de abril de 2014, cuando el país acababa de ser testigo del inicio de un intento de diálogo entre el gobierno y la oposición, su realización me llevó a recordar lo que fueron mis comentarios finales en las "Reflexiones sobre la situación política de Venezuela" que formulé en Nueva York a finales de marzo de 2014, y que se publican a manera de *Introducción* en este libro, en el sentido de que lo importante de las protestas generalizadas que se habían venido dando desde febrero de 2014 en todo el país, con la participación del movimiento estudiantil, y que la Sala Constitucional, como brazo ejecutor del gobierno pretendió acallar, era el hecho de que ya no sólo habían sido protestas de la "oposición" contra el "gobierno," sino que era la "sociedad civil" la que estaba reaccionando contra el "Estado totalitario." Por ello, indiqué que el tiempo de la relación o confrontación nacional entre *Gobierno / Oposición* que permitía pensar que a este Estado forajido – mientras lo siga siendo – solo se le podía vencer electoralmente había comenzado a cambiar, surgiendo en su lugar otra relación de confrontación distinta, entre *Sociedad civil / Estado totalitario*.

Y en este estadio, a pesar de todas las falsas muestras, lo cierto es que ya no puede haber paz a fuerza de garrote; ni puede haber dialogo a fuerza de estar apuntado con un fusil. Fue tan burdo el intento en tal sentido del gobierno que a mitades de marzo de 2014, quien ejerce la presidencia, el Sr. Maduro, no tuvo mejor ocurrencia que afirmar públicamente que había que "obligar a la oposición a sentarse a hablar, a dialogar, a abandonar su posición violenta." "Los vamos a tener que obligar, en el mejor sentido de la palabra" – dijo- ; sí, en el mejor sentido del gobierno que no ha sido otro que persiguiendo, amenazando, amedrentando, restringiendo, atacando, encarcelando o matando.

En este estadio de la confrontación, en realidad, dije en dichas Reflexiones, que había sido al Estado, quién monopoliza las armas y desarrolla la política de violencia institucional, al cual se le estaba acabando el tiempo, lo que hizo expresar en el mismo mes de marzo de 2014 al ex rector de la Universidad Católica Andrés Bello de Caracas, padre Luis Ugalde, que al Estado solo le queda cambiar democráticamente, "estando en ello la vida o muerte para el gobierno y para el país."

Así de trágica, decía para concluir en dichas Reflexiones, era la situación, lo que ahora complemento diciendo que ella fue la que obligó al gobierno, con la ayuda y presión internacional, en particular de los países latinoamericanos (UNASUR) y la representación del Papa Francisco, a iniciar un Dialogo con los líderes de la oposición el 10 de abril de 2014. Ese fue un signo importante, particularmente porque habiendo sido televisado, en "cadena," el país entero fue testigo de algo diferente a los interminables monólogos televisados del gobierno, y oyó por primera vez un concentrado de todas las críticas a las políticas destructivas del gobierno.

Por otra parte, quizás lo más destacado de esa sesión de diálogo del 10 de abril de 2014, fue la clara percepción de que los oradores del gobierno parecía que no se habían dado cuenta de que habían estado gobernando al país, sin control ni límite alguno, durante quince largos años – el gobierno de más larga duración continua en toda la historia de Venezuela – , lo que significa que en la situación política actual del país, ellos ya definitivamente representan el pasado, y lo expresado por los oradores de la oposición, fueron claros signos de futuro. Sin duda, la Historia se repite, particularmente en la evolución política de los países.

Ese signo inicial del diálogo, al menos para la sociedad en general, entonces fue suficiente. Pero para que continuara y pudiera producir algún resultado, era al gobierno al que le correspondía cambiar, democratizándose. Es decir, es el gobierno el que tiene que cambiar y ceder; es el que tiene que aceptar las reglas democráticas del pluralismo; es el que tiene que aceptar la participación de los representantes de la oposición en la renovación de los poderes públicos; es el que tiene que permitir que éstos actúen en forma independiente y con autonomía; es el que tiene que desarmar a los grupos paramilitares o parapoliciales de exterminio que ha alentado y apoyado; es el que tiene que garantizar la libertad de expresión e información; es el que tiene que detener la brutal represión contra los disidentes; es el que tiene que liberar a los presos políticos y de conciencia; es el que tiene que reincorporar en sus cargos electivos a la diputada y a los alcaldes cuyo mandato popular les fue revocado inconstitucionalmente; es el que tiene que frenar el uso – abuso -

del sistema judicial para perseguir a los disidentes; es el que tiene que cambiar la ineficiente política económica destructiva contraria a la libertad económica y a la propiedad privada; es el que tiene que dejar libre a la iniciativa privada para poder reconstruir el aparato productivo del país. Esto es, en definitiva, aceptar su propia democratización.

Esta era la única manera para poder considerar que el diálogo que había comenzado, al cual fue el gobierno el único que fue forzado a ceder y a iniciar (no fue la oposición), pudiera avanzar. Pero esto, luego de la segunda reunión del Diálogo a fines de abril de 2014, parecía que el gobierno no lo había entendido, o lo que realmente buscaba era convertir el Diálogo en una simple táctica de ganar tiempo, para pretender tomar más fuerza y continuar con las políticas de aplastamiento del país.

Lo cierto es que ya a comienzos de mayo de 2014, luego de que el gobierno rechazó las propuestas formuladas por la oposición, entre otras, sobre la pacificación del país, la amnistía, la comisión de la verdad y el cumplimiento de la Constitución en la designación de los altos funcionarios del Estado; el propio gobierno amenazaba con retirarse del proceso de diálogo, y comenzaba a formular acusaciones indiscriminadas contra la oposición de querer chantajearlo, o de querer derrocarlo, inventando conspiraciones y conspiradores.

En esas condiciones, con el garrote levantado, no es fácil desarrollar diálogo alguno, y es muy posible que ante la intolerancia del gobierno, lo que veamos en el futuro sean más y mayores reacciones populares, pues es difícil que el país vaya a aceptar pasivamente continuar siendo conducido por un gobierno que ha reducido su acción a tratar de aplastar por la fuerza, la persecución, la intimidación, la amenaza y la criminalización, a todos aquellos que piensan y actúan diferente a lo prescrito en el llamado "Socialismo del Siglo XXI"; que no es otra cosa que la vieja y abandonada doctrina comunista que ya el pueblo rechazó mediante voto popular en el referendo de 2007, y que sin embargo el gobierno, en fraude a la Constitución y a la propia voluntad popular, ha venido implementando de hecho y a la fuerza, destruyendo todo en el país, las instituciones, la economía, la justicia, el entramado y los valores sociales, y por supuesto la calidad de vida, con el consecuente deterioro de la educación, la salud, la seguridad social y a seguridad ciudadana.

Sobre la implementación de esa política el país ya expresó su opinión popular en la materia. La voluntad popular no puede ser ignorada para siempre, y los gobiernos que dan la espalda al pueblo y al país, tarde o temprano –o quizás más temprano que tarde–, inevitablemente desaparecen.

New York, 5 de mayo de 2014

NOTA DEL AUTOR

A la segunda edición 2015

En el marco del Estado Totalitario que se ha instalado en Venezuela en el transcurso de los últimos quince años,[1] y en cuyo funcionamiento la regla fundamental de su actuación ha sido y es el desprecio total a la Constitución y a la ley, uno de los órganos que ha jugado un papel protagónico en su consolidación ha sido la Sala Constitucional del Tribunal Supremo de Justicia.

La primera edición de este libro, tuvo por objeto analizar las sentencias más recientes de la Sala Constitucional, particularmente dictadas entre 2013 y 2014, que más contribuyeron al secuestro del principio democrático, y entre ellas, aquella mediante las cuales el juez constitucional le impuso al país un gobierno sin legitimidad democrática; revocó mandatos populares de diputada y alcaldes; impidió el derecho a ser electo, restringió el derecho a manifestar; y eliminó el derecho a la participación política, todo en contra de la Constitución.

1 Véase sentencia Nº 138 de la Sala Constitucional del Tribunal Supremo de Justicia de 17 de marzo de 2014, en http://www.tsj.gov.ve/decisiones/scon/marzo/162025-138-17314-2014-14-0205.HTML

A dichas sentencias se añaden ahora otras más recientes, igualmente contrarias al principio democrático, dictadas por la misma Sala Constitucional en 2014 y 2015, mediante las cuales, por una parte, permitió y avaló el proselitismo político de los miembros de las Fuerzas Armadas violando la Constitución; y por la otra, eligió y permitió que se eligieran a los titulares de los órganos del Poder Judicial, del Poder Electoral y del Poder Ciudadano, también en violación a la Constitución, y lo más grave, en usurpación de la voluntad popular electiva en segundo grado que establece la Constitución para dicha elección, que sólo puede tener lugar mediante la mayoría calificada de los diputados electos como representantes del pueblo en la Asamblea Nacional, que en ese caso actúa como órgano elector, y no como órgano legislativo

En esta segunda edición de la obra, por tanto, en relación con la primera edición, lo que hemos hecho es agregar los comentarios a estas últimas sentencias.

New York, marzo de 2015

PRÓLOGO A LA SEGUNDA EDICIÓN

Francisco Fernández Segado

Catedrático de Derecho Constitucional

Universidad Complutense de Madrid

I

El Profesor Brewer-Carías es uno de los más reconocidos iuspublicistas de toda América Latina, una autoridad científica no sólo en ese continente, sino también en Estados Unidos y en Europa. Catedrático de Derecho Público en la Universidad Central de Venezuela, el régimen dictatorial y represivo de su país le ha perseguido sin otra razón de ser que su crítica a las vulneraciones de derechos y libertades del chavismo. Exiliado en Estados Unidos, en la actualidad es Profesor de la *Columbia Law School* en la ciudad de Nueva York, aunque ha sido Profesor asimismo, entre otras Universidades, en la *University of Cambridge,* en el Reino Unido. Su reconocimiento internacional se ha traducido en múltiples distinciones académicas, entre ellas un buen número de Doctorados *honoris causa;* sin ir más lejos, se pueden citar en nuestro país los que le concedió la Universidad de Granada y la Universidad Carlos III de Madrid. Autor de un número tan elevado de libros que es casi imposible de contabilizar. Antes de que eclipsara la democracia venezolana, una de las más estables del continente, dando paso a esta autocracia de opereta bufa que hoy existe, el Profesor Brewer-Carías, ejerciendo el cargo de Ministro de Planificación Administrativa, tuvo a su cargo la reforma en profundidad de la Administración venezolana.

El título del libro ya lo dice todo. Un órgano constitucional supuestamente encargado de salvaguardar los principios y valores constitucionales se ha convertido en el más encarnizado enemigo del sistema democrático. Como es obvio, las prebendas del poder y la subsiguiente corrupción de los magistrados que de ellas deriva, han de suponerse como la causa de este disparatado dislate. En un sistema autocrático tan histriónico todo es posible. Los líderes de la oposición, sin causa ni juicio previo, son encarcelados. Nada debe extrañar por tanto, que nos encontremos ante jueces complacientes ante el dictador de turno que, bien por sintonía ideológica con la autocracia, bien, lisa y llanamente, por las prebendas corruptas de que se benefician, se hayan convertido en la infame maquinaria de legitimación de la arbitrariedad y el abuso de poder, un poder que cuanto más histriónico y payaso es visto desde el exterior, más acentúa su opresión y terror hacia cualquier atisbo de crítica u oposición en el interior. Esta es la desgracia que aflige a una gran parte del pueblo venezolano desde hace tantos años y a la que no se le ve el final. Y lo que es peor aún, el chavismo ha sembrado semillas en América Latina, algunas de las cuales ya fructificaron tiempo atrás; hasta en nuestro propio país hay aspirantes a políticos que ensalzan el modelo chavista, y quién sabe si hasta pueden estar dispuestos a intentar tomarlo de referente en el caso de que los ciudadanos lleguen a tal nivel de indignación con los políticos "tradicionales" como para estar dispuestos a entregarles las riendas del poder.

La situación es aún más lamentable al afectar a un órgano de la justicia constitucional en un país que en ese ámbito ha tenido desde mucho tiempo atrás una trayectoria encomiable. Habría que recordar al respecto que la Constitución venezolana de 1858 fue en puridad la primera norma constitucional que consagró ese instituto modélico que fue la acción popular, pues aunque ciertamente ocho años antes el mismo había sido consagrado en Colombia, es lo cierto que no lo fue por la vía constitucional, sino tan sólo legislativa. La mencionada Constitución venezolana estableció pues, por primera vez en América Latina en el plano constitucional, el control judicial objetivo de la constitucionalidad a través del instrumento procesal de la acción popular, atribuyendo a la Corte Suprema competencia para declarar la nulidad de los actos legislativos sancionados por las Legislaturas provinciales, a petición de cualquier ciudadano, cuando fueren contrarios a la Constitución. Se instauraba de esta forma una acción judicial por vía principal, abierta a su presentación por cualquier ciudadano y de la que había de conocer en exclusiva la Corte Suprema, teniendo por objeto los actos legislativos provinciales. En el poco más de siglo y medio transcurrido desde entonces la justicia constitucional ha atravesado por vicisitudes diversas, siendo de destacar la Constitución de 1893, que puede considerarse como un hito importante en el sistema de control concentrado de la constitucionalidad de los actos estatales característico de Venezuela, hasta que la llegada del chavismo lo pervirtió. El sistema ha tenido, como toda obra humana, sus claroscuros, pero nunca había llegado a degradarse, a prostituirse en realidad, hasta el extremo que lo ha hecho con quien rige en la actualidad los destinos del país.

II

A manera de Prólogo, aparece en el libro un trabajo del Profesor Asdrúbal Aguiar, otro de los juristas más relevantes de Venezuela. Catedrático de Derecho Internacional de la Universidad Católica Andrés Bello de Caracas, ex Juez de la Corte Interamericana de Derechos Humanos y ex Presidente del Consejo Ejecutivo de la Unión Latina, cargo del que se vio forzado a dimitir por las presiones del Jefe de ese mismo Estado por el que había entrado a formar a parte del citado organismo internacional, Hugo Chávez, obviamente; de modo paradójico, Asdrúbal Aguiar, años antes, era un muy relevante miembro del Gobierno del Presidente Caldera que amnistió a un presidiario de nombre Hugo Chávez. En su trabajo, que titula de modo harto significativo "Revolución electiva, purificadora de la violencia", el Profesor Aguiar comienza con estas palabras: "El catedrático venezolano Allan Brewer Carías, uno de nuestros más prestigiosos cultores del Derecho público, con su exilio (...) es, como lo creo, el símbolo del mismo exilio que se le impuso en Venezuela al Estado de Derecho desde cuando la revolución chavista –mascarón de proa cubano– secuestra a la República en 1999". Es difícil establecer un símil más verídico y afortunado en su formulación, aunque desgraciadamente no en lo que se trasluce tras él.

Subraya el prologuista que "es un hecho notorio comunicacional el avance regional hacia la restauración del socialismo marxista fracasado del siglo XX, incluso en su versión gramsciana, incompatible con los predicados de la democracia", tras lo que cree que no es por azar que la cabeza del Tribunal Supremo de Justicia venezolano, ayer Luisa Estella Morales y ahora Gladys Gutiérrez, abogado del fallecido comandante Hugo Chávez y militante de su partido, administra la justicia revolucionaria como si fuese un poder constituyente. Y añade Aguiar: "Valida el uso popular de las armas para la defensa del proceso, criminaliza la contrarrevolución, revoca mandatos populares sin fórmula de juicio o actúa como única instancia, y a los contumaces los condena sustituyendo a la jurisdicción penal y al paso los recluye en prisiones militares". Como el propio prologuista añade, en su obra, Brewer-Carías comenta una serie de sentencias de la Sala Constitucional con las que se afirma, a contrapelo del mismo orden constitucional, la "justicia del horror".

III

A manera de introducción, el Profesor Brewer-Carías comienza recordando un hecho sintomático del perfil mental de los capitostes del régimen, con el que rememora que abrió una conferencia que pronunció poco tiempo antes en la Universidad de Princeton. La Defensora del Pueblo venezolana, cuya función es la promoción, defensa y vigilancia de los derechos humanos, pocas semanas antes, tratando de justificar una inconstitucional sentencia del Tribunal Supremo de Justicia (en adelante TSJ) de marzo de 2014, que condenó y encarceló a un Alcalde de la oposición, el Sr. Scarano, sin el debido proceso, usurpando la jurisdicción penal, por el supuesto delito de desacato a un mandamiento de amparo, revocándole de paso su mandato electivo, dijo: "Es imposible que con la presencia de todos los poderes públicos se cometa una ilegalidad". Algo parecido habrían podido decir en un caso similar los jerifaltes nazis. Algo similar le trae a la memoria a Brewer la memez de la Defensora del Pueblo: la conducta de los jueces alemanes durante el nazismo, tan bien descrita en el libro de Ingo Müller, *Los juristas del horror*. Este hecho, anecdótico si se quiere, ilustra muy bien, como apostilla el autor, la terrible conclusión que se puede sacar cuando uno se aproxima a lo que ocurre en Venezuela, que como todo régimen totalitario controla todos los poderes públicos, incluido además el denominado "cuarto poder", esto es, los medios de comunicación. Todo lo que hace es legal, por infamante que sea. Para Brewer-Carías, la terrible conclusión en Venezuela, en la situación actual, es entonces que toda la violencia o atropello institucional desarrollado por el Estado es "legal" y "democrático" "porque lo avalan todos los poderes públicos, así se abuse del poder; así se despilfarre el erario público; se cierren medios de comunicación; se discrimine políticamente a la mitad del país; se asesine indiscriminadamente, con total impunidad; se cometan fraudes electorales; se destruya la economía y el aparato productivo; se ahogue la iniciativa privada y se confisque; se prive de libertad a opositores, sin control; así se reprima, se veje, se torture a estudiantes y manifestantes indiscriminadamente; todo ello sin control; pero es legal porque todos los poderes públicos responden al unísono a una misma orden, como si se tratase de un cuartel".

IV

El libro, en esta segunda edición, se estructura en ocho partes diferentes, a las que, a manera de conclusión, siguen una serie de pronunciamientos de instituciones venezolanas tan prestigiosas como la Academia de Ciencias Políticas y Sociales y el Colegio de Abogados. En sus distintas partes, el autor va sistematizando y comentando algunas de las barbaridades jurídicas que han de atribuirse al STJ y a su Sala Constitucional de modo muy particular. Y así, de modo sucesivo, se analizan estos grandes (y graves) asuntos: 1) la arbitraria imposición por el juez constitucional de un gobierno sin legitimidad democrática alguna al inicio del período constitucional 2013-2019, y su ilegítima abstención de juzgar sobre la nulidad de la elección presidencial de abril de 2013; 2) el golpe de Estado dado en diciembre de 2014, con la inconstitucional designación de las altas autoridades del poder público; 3) la ilegítima e inconstitucional revocación del mandato popular de Alcaldes por la Sala Constitucional del Tribunal Supremo, usurpando competencias de la jurisdicción penal, mediante un procedimiento sumario de condena y encarcelamiento; 4) la revocación del mandato popular de una diputada a la Asamblea Nacional por la Sala Constitucional del Tribunal Supremo, de oficio, sin juicio ni proceso alguno; 5) la aceptación por la misma Sala Constitucional de limitaciones al derecho a ser electo derivadas de "inhabilitaciones políticas" inconstitucionalmente impuestas a funcionarios públicos como sanción administrativa; 6) el secuestro del derecho político a manifestarse mediante la ilegítima "reforma" legal efectuada por la Sala Constitucional del

Tribunal Supremo; 7) el fin de la prohibición de la militancia política de la Fuerza Armada nacional, y el reconocimiento del derecho de los militares activos de participar en la actividad política, incluso en cumplimiento de las órdenes de la superioridad jerárquica, y 8) el fin de la llamada "democracia participativa y protagónica" a través de la violación del derecho a la participación política por la Sala Constitucional, al tratar de justificar, en fraude a la Constitución, la emisión de legislación inconsulta.

Excede de los límites razonables de este comentario detenernos en los más significativos casos que con todo detalle expone el autor, desentrañando su permanente violación del Derecho venezolano y de los Pactos internacionales en materia de derechos humanos. Con todo, recordaremos algunas de las más brutales decisiones del mencionado órgano.

El 9 de enero y el 8 de marzo de 2013 la Sala Constitucional, conociendo de sendos recursos de interpretación abstracta de la Constitución, dictó dos decisiones que supusieron una grave violación del principio democrático. Pese a la ausencia del país por parte del Presidente, al encontrarse en Cuba en tratamiento médico ante su grave estado de salud, la Sala no tuvo empacho en decir que el Presidente "seguirá ejerciendo cabalmente sus funciones", lo que, como señala Brewer, entrañaba en realidad poner el gobierno de Venezuela en manos de funcionarios no electos popularmente, contrariando así el mencionado principio.

En diciembre de 2014, con la inconstitucional designación de las altas autoridades del poder público, demuestra el Prof. Brewer que la Sala ha dado un verdadero golpe de Estado. Por duro que esto pueda parecer, no es algo extraño, pues ese órgano que tiene en su haber la prostitución de las reglas del Estado de Derecho más elementales, por las que paradójicamente estaba llamado a velar, no ha hecho otra cosa, como con entera razón dice el autor, que seguir la línea inconstitucional de golpe de Estado sistemático y continuo que se ha producido en Venezuela desde que el Presidente Chávez, tras tomar posesión del cargo por primera vez, en febrero de 1999, convocara una Asamblea Nacional Constituyente con flagrante violación de la Constitución entonces en vigor. Nada extraño por otro lado, porque ¿qué podía esperarse de un golpista de su calaña? En fin, en diciembre de 2014, la designación de los miembros de los órganos del llamado Poder Ciudadano por la Asamblea Nacional, vulnerando los requisitos constitucionalmente exigidos; la designación de los integrantes del Poder Electoral por la Sala Constitucional, un órgano distinto del que impone la Constitución, y la designación de los magistrado del Tribunal Supremo de Justicia por la Asamblea, ignorando asimismo las exigencias constitucionales, deja clara la burda naturaleza autocrática de este régimen incompetente, corrupto, chapucero y jurídicamente infame.

V

El caso de los Alcaldes Vicencio Scarano Spisso y Daniel Ceballo supuso la quiebra frontal por la Sala de las garantías del debido proceso, como son el derecho a la defensa, al juez natural y a la presunción de inocencia, por cuanto la Sala Constitucional, usurpando competencias que no le correspondían, pues eran propias de la jurisdicción penal, con base en el desacato de sentencias de amparo por esos dos Alcaldes, desacato que no es castigado por la ley venezolana mediante la imposición de sanciones penales, en sintonía con lo que sucede en otras países de América Latina, no sólo usurpó una competencia de la jurisdicción penal, actuando además como juez y parte, sino que sancionó al Alcalde Scarano a diez meses y quince días de prisión, pena que los miembros de la Sala se sacaron de sus infectos bolsillos, sucediendo otro tanto con la pena accesoria de cesarlo definitivamente en el ejercicio de sus funciones de Alcalde del municipio de San Diego, del Estado de Carabobo.

No menos sangrante es el caso de la diputada María Corina Machado. Digamos ante todo, que la Constitución venezolana, dado que los diputados son representantes del pueblo y de los Estados en su conjunto y no se hallan sujetos a instrucción o mandato alguno, es claro que sólo pueden ser revocados por el mismo que los eligió en la circunscripción respectiva, y ello a través de un referendo revocatorio de mandatos de elección popular. La Sala Constitucional iba a transgredir frontalmente esta previsión en una sentencia de marzo de 2014 al declarar inadmisible una demanda formalizada por dos concejales, como acción para la defensa de "intereses colectivos o difusos", y formulada contra otro de los jerifaltes del chavismo, que a veces, dicho sea al margen, nos traen la imagen del nazismo, sólo que a un nivel pedestre, el Presidente de la Asamblea Nacional, Sr. Diosdado Cabello, quien, por su cuenta y riesgo, y sin competencia alguna para ello, decidió el 24 de marzo de 2014 eliminar el carácter de diputado a la diputada María Corina Machado; la Señora Machado había cometido el grave "delito" de, en su carácter de diputada, acudir a la reunión del Consejo Permanente de la Organización de Estados Americanos (OEA) celebrada el 21 de marzo de 2014, para hablar sobre la situación política venezolana, habiendo sido acreditada para ello por Panamá.

También altamente censurable es el caso del ex Alcalde Leopoldo López. El conocido Alcalde de Chacao, uno de los municipios de la capital, fue objeto de varias sanciones administrativas por parte de la Contraloría General de la República, y entre ellas la de inhabilitación para el ejercicio de cargo público, que como es obvio afectaba a su derecho constitucional de sufragio pasivo. Tras declarar, la infecta Sala Constitucional, cómo no, sin lugar la denuncia de violación (del artículo de la Ley Orgánica de la Contraloría que posibilitaba una tal sanción) de la Constitución y de la Convención Americana de Derechos Humanos, el Sr. López recurrió ante la Corte Interamericana, que obviamente le dio la razón, esgrimiendo, entre otras consideraciones, que "el ejercicio efectivo de los derechos políticos constituye un fin en sí mismo y, a la vez, un medio fundamental que las sociedades democráticas tienen para garantizar los demás derechos humanos previstos en la Convención". La Corte falló pues que el Estado venezolano había violado varios artículos de la Convención. Ante esta sentencia de la Corte, la desvergonzada Sala Constitucional, sin el más mínimo rubor, verificó un control de constitucionalidad de la sentencia de la Corte Interamericana, y al hilo de ello la declaró inejecutable en Venezuela. Mayor desvergüenza es difícil de encontrar.

VI

Aunque parezca difícil de creer, no terminan aquí los dislates jurídicos de ese engendro que es la Sala Constitucional del Tribunal Supremo venezolano. En la 1ª edición del libro, éste se cerraba con lo que el Profesor Brewer-Carías consideraba como el último atentado contra la democracia venezolana (aunque desgraciadamente sean de esperar muchos más en el futuro mientras subsista este depravado y corrupto régimen), y efectivamente en esta 2ª edición ya se incluyen nuevas vulneraciones constitucionales siempre con el protagonismo de la mencionada Sala. El atentado al que anteriormente nos referíamos es el secuestro del derecho de manifestación, que, por supuesto, reconoce el art. 68 de la Constitución venezolana ("Los ciudadanos y ciudadanas tienen derecho a manifestar, pacíficamente y sin armas, sin otros requisitos que los que establezca la ley"). Pues bien, mediante una sentencia de 23 de abril de 2014, que, a instancia de un alcalde oficialista de un municipio del Estado de Carabobo, resolvió un supuesto "recurso de interpretación de naturaleza constitucional y legal", la Sala procedió a realizar una "interpretación abstracta" del mencionado artículo constitucional, de una claridad meridiana por lo demás. De acuerdo con su interpretación, "resulta obligatorio para las organizaciones políticas así como para todos los ciudadanos, agotar el procedimiento administrativo de autorización ante la primera autoridad civil de la jurisdicción correspondiente, para poder ejercer cabalmente su derecho constitucional a la manifestación pacífica". La Sala quiebra brutalmente la Constitución y retrotrae el derecho de manifestación al régimen preventivo de ejercicio de los derechos, anterior a la Revolución Francesa. Pero claro, para esos juristas tan "eximios" que integran la Sala Constitucional debe resultar en exceso difícil aprender que el régimen preventivo en el ejercicio de los derechos pasó a la historia hace más de dos siglos.

Una nueva mutación constitucional, como la denomina el Prof. Brewer-Carías, aunque por nuestra parte creemos que habría que considerarla más bien como una nueva quiebra de la Constitución, la encontramos en el fin de la prohibición de la militancia política de la Fuerza Armada Nacional, con el consiguiente reconocimiento del derecho de los militares venezolanos en activo a participar en la actividad política. Al hilo de su tarea como constituyente, ya Brewer, en un trabajo titulado "Reflexiones críticas sobre la Constitución venezolana de 1999", advertía acerca del "acentuado esquema militarista" que se había incorporado a la Constitución, algo preocupante de por sí, pero más aún en un sistema constitucional que incorporaba elevadas dosis de presidencialismo, en contraste, dicho sea de paso, con el constitucionalismo histórico venezolano, que ni siquiera en las Constituciones sacadas adelante por los regímenes militares alcanzó ese nivel. Ello no obstante, la Constitución de 1999 dejó claro que la Fuerza Armada Nacional constituía "una institución esencialmente profesional, sin militancia política" (art.

328). En coherencia con ello, a sus integrantes no les está permitido optar a cargo electivo popular alguno, ni participar en actos de propaganda, militancia o proselitismo político. Ya en 2007 se intentó frustradamente reformar la Constitución, sustituyendo, en la más pura línea de las "repúblicas bananeras", algo que creíamos que ya era un recuerdo histórico en América Latina (aunque hayamos de reconocer que pocos personajes encajarían mejor en ese tipo de sistemas que Maduro), la citada previsión del art. 328 por la consideración de la Fuerza Armada Nacional como "un cuerpo esencialmente patriótico, popular y antiimperialista". Pero para un régimen en el que el Derecho no importa en lo más mínimo, no hay ningún problema. La reforma que no pudo llevarse a cabo entonces la ha llevado a cabo por otras vías ese "siervo fiel del Presidente", al que poco importa el Derecho, que es la Sala Constitucional, que mediante una sentencia de 11 de junio de 2014, y a través de un *obiter dictum,* ha venido a reformular la relación constitucionalmente establecida de la función militar con la actividad política, lo que, como bien dice el autor del libro, ha de considerarse una mutación ilegítima de la Constitución.

En fin, a manera de conclusión, el autor recoge dos pronunciamientos de otras tantas instituciones de tan reconocido prestigio dentro y fuera de Venezuela como son la Academia de Ciencias Políticas y Sociales de Venezuela y el Colegio de Abogados del distrito federal. Innecesario es aludir al elevado tono crítico que muestran frente a esos serviles (utilizando el término en el sentido en que se acuñó en las Cortes de Cádiz en 1810) del poder que son los jueces constitucionales. En la conferencia dictada en Princeton, a la que aludíamos al inicio de este comentario, el Profesor Brewer-Carías calificaba al actual sistema político venezolano, con toda la razón por lo demás, de un "Estado forajido", con el agravante que conlleva el haber transmutado una de las democracias más estables de todo el continente latinoamericano en un Estado de esa ralea.

El libro de Brewer-Carías es de una enorme utilidad, por cuanto nos muestra sin disfraz la verdadera cara despótica, totalitaria y vulneradora de los más elementales derechos del ser humano que es el "sistema chavista", que incluso ha empeorado en una dirección aún más siniestra, zafia y pedestre con el "madurismo". Brewer habla con toda claridad, es implacable en la crítica, al margen ya de que la misma viene presidida por una impecable lógica jurídica, y hace muy bien en serlo, para mostrar la realidad del sistema y eclipsar los cantos de sirena que a veces corren por los mentideros de un cierto pensamiento de izquierdas.

Madrid, marzo 2015

PRÓLOGO A LA PRIMERA EDICIÓN: "REVOLUCIÓN ELECTIVA, PURIFICADORA DE LA VIOLENCIA"

"Dentro de la revolución todo, incluso el desconocimiento de la Constitución; fuera de ella nada."*

Asdrúbal Aguiar
Miembro de la Real Academia Hispanoamericana de Ciencias, Artes y Letras

I

El catedrático venezolano Allan Brewer Carías, uno de nuestros más prestigiosos cultores del Derecho público, con su exilio y apartando mezquindades que se cuecen desde antaño en los predios de la medianería, es, como lo creo, el símbolo del mismo exilio que se le impuso en Venezuela al Estado de Derecho desde cuando la revolución chavista -mascarón de proa cubano- secuestra a la república, en 1999.

Lo cito a propósito de una referencia suya, reveladora y lapidaria en cuanto a la descripción de esa lastimosa realidad que a todos nos preocupa: la crisis institucional y de violencia que ha provocado el régimen de Nicolás Maduro, hecha la primera en la ciudad de Nueva York donde reside desde su ostracismo. ¡Y es que la defensora del pueblo, Gabriela Ramírez, a bocajarro nos sorprende con otra de

* Publicado en *El Universal*, Caracas 8 de abril de 2014, disponible en: http://www.eluniversal.com/opinion/140408/revolucion-electi-va-purificadora-de-la-violencia

sus "maduradas": "es imposible que con la presencia de todos los poderes públicos se cometa una ilegalidad" desde el Estado. Dado ello, Brewer Carías subraya lo así dicho con un *obiter dictum*: "Tan simple como eso. O sea, que si el Estado totalitario -que es el que controla la totalidad de los poderes y la vida de los ciudadanos- viola los DDHH, si ello lo hace con la participación de todos los poderes públicos, así sea contrario a la Constitución, entonces ello es legal" para la susodicha.

El comentario vale y es oportuno, pues desde el exterior, quienes nos observan de buena fe -no incluyo a la UNASUR o la ALBA y menos a sus plumíferos- creen, todavía así, que en Venezuela hay democracia pues se realizan elecciones; que al caso también las hay en La Habana como las hubo durante el nacional socialismo en la Alemania del Führer.

No pocos dudan, por lo mismo, incluso ocurridas las violaciones generalizadas y sistemáticas de derechos humanos que hoy se muestran en su más cruenta y ominosa faceta y son la obra de una evidente política represora de Estado concertada entre los varios poderes venezolanos, sobre si las actuaciones desplegadas desde la Sala Constitucional del Tribunal Supremo de Justicia merecen respeto por venir de donde vienen y para contener la conmoción e ingobernabilidad reinante y asimismo deslindar responsabilidades, que, según ésta, pesan sobre los líderes de la oposición democrática.

Lo cierto y lo que atina a captar la opinión hemisférica -la de buena fe, reitero, y no los gobiernos- es que se ha establecido aquí, por la vía electoral, un modelo de Estado orientado al control totalitario del poder; donde los mismos titulares de las ramas del poder estatal han prosternado, por considerarlo inaceptable para su "cosmovisión", el principio de separación e independencia, mejor aún, del *check and balance* cuya falta ha sido puesta de manifiesto, como grave atentado contra la democracia, por la Comisión Interamericana de Derechos Humanos en 2009.

No se trata, cabe advertirlo, de la común filtración que ha lugar en otros países con democracias estables, de distintos militantes de un partido gobernante hacia otras reparticiones del Estado, abusando incluso de una mayoría circunstancial. Antes bien, ha lugar a la cooptación total de la totalidad de los hilos del poder en sus varias manifestaciones por parte del gobierno de Maduro; para con ellos, coludidos, empujar la instauración de una visión totalitaria de la vida ciudadana negada al pluralismo y opresora de la disidencia.

Es un hecho notorio comunicacional el avance regional hacia la restauración del socialismo marxista fracasado del siglo XX, incluso en su versión *gramsciana*, incompatible con los predicados de la democracia tal y como la conocemos en este lado del mundo. A la Constitución y las leyes, por ende, se las entiende como simples medios, mudables a conveniencia y acomodaticios por vía de interpretaciones, de acuerdo a las necesidades del despropósito.

No por azar, la cabeza del TSJ y su Sala Constitucional, ayer Luisa Estella Morales y ahora Gladys Gutiérrez, abogado del fallecido comandante Hugo Chávez y militante de su partido, administra la justicia revolucionaria como si fuese un Poder Constituyente. Valida el uso popular de las armas para la defensa del proceso, criminaliza la contrarrevolución, revoca mandatos populares sin fórmula de juicio o actúa como única instancia, y a los contumaces les condena sustituyendo a la jurisdicción penal y al paso los recluye en prisiones militares.

En suma, dentro de la revolución, todo, incluso el desconocimiento de la Constitución; fuera de ella nada. Pero tenemos elecciones, y eso les basta a los cancilleres quienes llegan a Caracas y no la padecen. Oyen atentos, eso sí, las recomendaciones que les aporta el ex ministro chavista Alí Rodríguez Araque, el célebre Comandante Fausto, albacea de los Castro y a la sazón secretario de la UNASUR. Esas tenemos.

II

El profesor Brewer Carías nos obsequia, en tal orden, otro testimonio como parte de su generosa obra intelectual y jurídica, acerca de lo anterior. Reúne en un solo volumen sus comentarios a las distintas sentencias de la citada Sala Constitucional con las que se afirma, a contrapelo del mismo orden constitucional, la "justicia del horror" en Venezuela, en los términos ya descritos.

Pero resulta relevante su bienvenido énfasis sobre un aspecto novedoso, que sólo en fecha muy reciente aborda como parte de sus debates la Corte Interamericana de Derechos Humanos, a saber el del "principio democrático" y su estrecha vinculación con la Administración de Justicia y la independencia institucional de la judicatura y personal de los jueces.

Ese es, justamente, el asunto que preocupa gravemente a Brewer Carías y busca poner de relieve, al desnudo, con sus análisis jurisprudenciales, situándolos más allá de la escena que ocupan legítimamente los expertos en Derecho y a fin de llamar la atención de quienes no lo son, pero son víctimas próximas o distantes de la grave pérdida que sufre la democracia en Venezuela.

A propósito de los casos de la Corte Suprema de Justicia y del Tribunal Constitucional del Ecuador, desmontados mediante la remoción de la totalidad de sus miembros por iniciativa del gobernante Rafael Correa y a fin de alcanzar una recomposición que le sirva a sus móviles políticos, tanto como la misma Sala Constitucional venezolana sirve al régimen de Maduro, en voto razonado y a profundidad el juez interamericano Eduardo Ferrer Mac-Gregor Poisot apunta lo siguiente: "El papel de los jueces en la gobernabilidad democrática de los Estados pasa por reconocerles una genuina separación e independencia del resto, esto es, en definitiva, del poder político, no sólo en el aspecto personal, que corresponde a cada uno de los miembros de la judicatura, sino en su aspecto institucional, en cuanto cuerpo de autoridad separado en el concierto de las que componen el Estado".

La cuestión no es baladí. La propia Corte Interamericana en pleno ha recordado que la independencia judicial "constituye una garantía institucional en un régimen democrático que va unido al principio de separación de poderes", y Ferrer Mc Gregor, a su vez, completa la reflexión y muestra su otra cara al afirmar que la misma independencia, fuera de ser garantía es a su vez una institución de la democracia, garantizada por el Estado de Derecho.

Tal reflexión, entonces, es oportuna y bienvenida. De allí la importancia del libro de Brewer Carías. Ante la abulia o la complicidad, o el temor paralizante que acusan los órganos políticos o los gobiernos de la región ante dicho fenómeno destructivo de la democracia como ejercicio cabal y que se acomete mediante la corrupción de jueces; ajenos a la hemiplejia democrática que significa la reducción de dicha experiencia al plano meramente electoral, ocurre ahora, en buena hora, la mirada escrutadora sobre los jueces por los mismos jueces y los juristas y no sólo sobre los actores políticos.

En la misma medida en que la omisión de la OEA se hace sentir, se aprecia en otra banda la reacción de los otros órganos del Sistema Interamericano preocupados por salvaguardar y relanzar el patrimonio intelectual de la democracia. E interesante viene a ser, en línea con una aspiración que esbozara en mi libro sobre *El Derecho a la democracia* (Editorial Jurídica Venezolana, Caracas, 2008), la demanda precisa que a manera de desafío le plantea Ferrer Mc Gregor a sus colegas de la Corte: "Cabría incluso considerar si es posible configurar una suerte de derecho de los justiciables a condiciones democráticas de las instituciones públicas, con sustento no sólo en el referido artículo 3 de la Carta Democrática, sino también en el 29 de la Convención Americana; el cual se sostendría con las obligaciones internacionales de los Estados al ejercicio del poder de conformidad con el Estado de derecho, la separación de poderes y, por supuesto, la independencia de los jueces, tal como ha llegado a proponerse en otros casos en que se han dilucidado temas análogos por el Tribunal Interamericano".

A MANERA DE INTRODUCCIÓN: REFLEXIONES SOBRE LA SITUACIÓN POLÍTICA DE VENEZUELA (marzo-abril 2014)

Estas reflexiones tienen su origen en la charla que di a finales de marzo de 2014, en las 'Tertulias españolas en Manhattan," cuando muy amablemente me invitaron para que les ayudara –ojala hubiera podido !!– "a encontrar las claves de lo que acontece y nos inquieta" en Venezuela; cuyo texto luego desarrollé, en abril de 2014, en el documento enviado al Seminario sobre *Venezuela Today* organizado el 18 de abril en la Universidad de Princeton, al cual también muy amablemente me invitaron a participar.

Mucho agradezco a los organizadores de ambos eventos el motivo y oportunidad que me brindaron para ello, habiendo comenzado en ambos casos mis reflexiones con una aproximación institucional –propia de mi formación académica– partiendo de lo que unos días antes había dicho en Caracas la Defensora del Pueblo –cuya función fundamental en la Constitución es la promoción, defensa y vigilancia de los derechos humanos– tratando de justificar una inconstitucional sentencia del Tribunal Supremo de Justicia, también de marzo de 2014, que condenó y encarceló a un Alcalde de la oposición, Sr. Scarano, sin debido proceso, usurpando la jurisdicción penal, por el supuesto delito de desacato a un mandamiento de amparo, revocándole de paso su mandato electivo.[1] La funcionaria quiso justificar la inconstitucional decisión diciendo:

---

1 Véase sentencia N° 138 de la Sala Constitucional del Tribunal Supremo de Justicia de 17 de marzo de 2014, en

"Es imposible que con la presencia de todos los poderes públicos se cometa una ilegalidad."[2]

Tan simple como eso. Es decir, que si el Estado totalitario –que es el que controla la totalidad de los poderes y de la vida de los ciudadanos– viola los derechos humanos, si ello lo hace con la participación de todos los poderes públicos, así sea contrario a la Constitución, entonces ello es "legal."

Lo dicho por la Defensora del Pueblo me recordó la terrible conclusión a la cual llegó el senador español por Vizcaya, Iñaki Ianasagasti, nacido en Venezuela por el exilio vasco de sus padres, después de leer la traducción del profesor Carlos Armando Figueredo del libro de Ingo Müller, *Los Juristas del Horror*, sobre la conducta de los jueces durante el nazismo,[3] y que fue que "los atropellos, las prisiones, las torturas y aún el exterminio en masa se hicieron de manera legal y apegado a la norma," pues –agrego yo– estaban apoyados por todos los poderes públicos que comandaba el Führer.

Y esa es la terrible conclusión que se puede sacar cuando uno se aproxima a lo que ocurre en Venezuela, que como todo régimen totalitario controla todos los poderes públicos, incluido además, el denominado "cuarto poder" que son los medios de comunicación; todo lo que hace es "legal," y además, como producto básico de exportación del régimen, es también supuestamente "democrático" porque los funcionarios del régimen fueron electos, así las elecciones hubiesen estado viciadas, sean fraudulentas, e incluso, quien fue electo Presidente el año pasado ni siquiera ha podido a esta fecha comprobar que era elegible, es decir, que es venezolano por naci-

---

http://www.tsj.gov.ve/decisiones/scon/marzo/162025-138-17314-2014-14-0205.HTML

2 Véase lo declarado por Gabriela Ramírez, Defensora del Pueblo, en Juan Francisco Alonso, "Con caso Scarano TSJ echó a la basura 12 años de jurisprudencia. Juristas alertan que Sala Constitucional no puede condenar a nadie", en *El Universal* viernes 21 de marzo de 2014, en http://www.eluniversal.com/nacional-y-politica/140321/con-caso-scarano-tsj-echo-a-la-basura-12-anos-de-jurisprudencia.

3 Véase Ingo Müller, *Hitler's justice: The Courts of the Third Reich*, Cambridge University Press, 1991. Traducción al castellano por Carlos Armando Figueredo: Ingo Müller, *Los Juristas del Horror*, Caracas 2006.

miento sin tener otra nacionalidad; como lo requiere una norma constitucional.

La terrible conclusión en Venezuela, en la situación actual, como se deduce de lo afirmado por la Defensora del Pueblo, es entonces que toda la violencia o atropello institucional desarrollado por el Estado, es "legal" y "democrático" porque lo avalan todos los poderes públicos, así se abuse del poder; así se despilfarre el erario público; se cierren medios de comunicación; se discrimine políticamente a la mitad del país; se asesine indiscriminadamente, con total impunidad; se cometan fraudes electorales; se destruya la economía y el aparato productivo; se ahogue la iniciativa privada y se confisque; se prive de libertad a opositores, sin control; así e reprima, se veje, se torture a estudiantes y manifestantes indiscriminadamente; todo ello sin control; pero es legal porque todos los poderes públicos responden al unísono a una misma orden, como si se tratase de un cuartel.

Y dicho sea de paso, no me refiero sólo a los tres clásicos poderes del Estado que conocimos desde la escuela, sino a cinco, pues además del legislativo, el ejecutivo y el judicial, nosotros tenemos - único caso en el derecho constitucional comparado – otros dos poderes: el poder electoral y el poder ciudadano, pero igual, todos debidamente sometidos a un solo poder que es el que controla el aparato del Estado.

Todo ello lo que evidencia es que el Estado venezolano, por más cinco poderes que tenga y por más que haya habido elecciones, no es un Estado de derecho, ni el régimen político que lo sustenta es una democracia. La democracia es bastante más que elecciones y basta recordar lo que indica la Carta Democrática Interamericana de 2001, que los países latinoamericanos que la adoptaron se niegan a leer siquiera y menos a implementar o exigir que se cumpla, en la cual se precisan cinco elementos esenciales de la democracia: el respeto a los derechos humanos y libertades públicas; el acceso al poder y su ejercicio con sujeción al Estado de derecho; el régimen plural de partidos y organizaciones políticas; la separación e independencia de poderes, y la realización de elecciones periódicas, libres y justas mediante sufragio universal. La elección es sólo uno de los cinco elementos, siendo el de la separación de poderes el elemento clave porque la efectividad de todos los otros cuatro depende de éste, en el sentido que sin separación de poderes no puede haber garantía de derechos, ni elecciones libres, no pluralismo, ni Estado de derecho.

Ya hace varios siglos el barón de Montesquieu, –de quien todos hemos oído hablar alguna vez– nos enseñó que:

> "todo hombre que tiene poder tiende a abusar de él, y lo hace hasta que encuentra límites, [agregando que] para que no se pueda abusar del poder es necesario que por la disposición de las cosas, el poder limite al poder."[4]

Ahora, la pregunta clave es ¿Cómo llegamos los venezolanos a esta lamentable situación que nos resume la Defensora del Pueblo? Y ustedes se preguntarán: ¿Cómo llegó Venezuela a esto, sobre todo cuando durante toda la segunda mitad del siglo pasado tuvo la democracia más envidiada de Latinoamérica, por su continuidad y estabilidad; habiendo sido incluso refugio seguro de tantos perseguidos por tantas dictaduras? Un país que gozó de un régimen político que con todos sus defectos, se caracterizó por tener alternabilidad en el ejercicio del poder, separación de poderes, elecciones libres, partidos políticos fuertes, libertades públicas, libertad de expresión, discusión abierta de ideologías y organizaciones de la sociedad civil, empresariales y sindicales fuertes. ¿Qué pasó? ¿Cómo llegamos a esto?

Nada surge de la nada, y en nuestro caso, el autoritarismo –como en tantos otros casos en la historia– fue producto de la crisis del sistema de democracia de partidos, derivada del propio deterioro de los partidos políticos a quienes en ese devenir, simplemente se les olvidó el país, y se les olvidaron las exigencias que imponía la propia democracia que habían creado, siendo su debilidad final o terminal lo que permitió y facilitó el asalto al poder perpetrado en 1998 por un militar golpista que fue Hugo Chávez y sus seguidores, mediante un golpe constituyente; seis años después de haber fracasado en un primer intento de asalto mediante un cruento golpe militar.

---

4 Véase *De l'Espirit des Lois* (ed. G. Tunc), París, 1949, vol. I, libro XI, cáp. IV, pp. 162-163.

Quienes asaltaron el poder fueron los mismos, pero lo único que varió fue el método y la forma. En 1992 fue un intento de clásico golpe militar pero para establecer un Estado comunista, militar y totalitario –lo que resultaba de los documentos que se proponían ejecutar–[5]; en 1998, en cambio, el asalto fue mediante elecciones y sin proponer proyecto político alguno, sólo la idea del "cambio" –tan atrayente en momentos de crisis– atacando al establecimiento político, mediante la convocatoria de una Asamblea Nacional Constituyente. El proyecto de Estado Comunista aparecería después, a partir de 2007, cuando fue propuesto por Chávez para ser inserto en la Constitución y fue expresamente rechazado por el pueblo mediante referendo.[6]

En todo caso, en 1998, esa fue realmente la única propuesta de Hugo Chávez en unas elecciones donde sus principales contrincantes eran un anciano del aparato partidista del partido más importante –el socialdemócrata– y una ex reina de belleza y ex alcalde del segundo partido más importante –el demócrata cristiano–[7]. Y ganó quien primero pasó por el pueblo ofreciendo el cambio –como el Melquíades en el país de Macondo de García Márquez, especie de mago y equilibrista que fascinaba a la audiencia, acaparando el descontento.

Pero la propuesta para ejecutar la magia ofrecida –la Asamblea Constituyente que todo lo arreglaría– tenía un inconveniente, y es que simplemente era inconstitucional. Para convocarla había que

---

5 Véase Alberto Garrido, *La historia secreta de la Revolución Bolivariana,* Caracas, 2000.

6 Véase Allan R. Brewer-Carías, *La Reforma Constitucional de 2007 (Comentarios al proyecto inconstitucionalmente sancionado por la Asamblea Nacional el 2 De Noviembre de 2007*), Colección Textos Legislativos, N° 43, Editorial Jurídica Venezolana, Caracas 2007; "La reforma constitucional en Venezuela de 2007 y su rechazo por el poder constituyente originario," en José Ma. Serna de la Garza (Coordinador), *Procesos Constituyentes contemporáneos en América latina. Tendencias y perspectivas*, Universidad Nacional Autónoma de México, México 2009, pp. 407-449.

7 Véase Allan R. Brewer-Carías (Coord.), *Los Candidatos Presidenciales ante la Academia. Ciclo de Exposiciones 10-18 Agosto 1998,* Serie Eventos N° 12, Biblioteca de la Academia de Ciencias Políticas y Sociales, Caracas 1998.

reformar la Constitución para regularla, a lo que férreamente se oponía Chávez. Él quería una Constituyente para él, no para el país.

En medio del desierto dejado por los confundidos partidos, resultó que fuimos individualidades quienes enfrentamos a Chávez en su propuesta, correspondiéndome a mi hacer un llamado a que se realizara dicha reforma, presentando ante el Congreso un proyecto para regular la Constituyente y poder elegirla.[8] Pero nadie, ni los partidos ni el liderazgo político entendieron el planteamiento; simplemente no asumieron el proceso cuando podían, ni se enfrentaron a la vía rápida de Chávez. Yo asumí el enfrentamiento a título personal como académico, siendo como era en ese momento el Presidente de la Academia Nacional de Ciencias Políticas y Sociales.

Y fue en tal carácter que en plena campaña electoral de 1998 invité a todos los candidatos presidenciales a que expusieran ante la Academia sus propuestas sobre la reforma del Estado; todos acudieron y expusieron, en muchos casos lugares comunes del momento político, siendo Chávez el único que fue directo a lo que quería: la convocatoria de la Asamblea Constituyente para "refundar la República," a su manera. Al yo presentarlo en la Academia como el candidato golpista con menos tradición democrática, pues venía de intentar un golpe militar y militarista,[9] nuestra relación personal quedó establecida. Allí mismo, de nuevo, fui el único que expresó argumentos rechazando su propuesta, lo que originó su presentación al Congreso del proyecto de reforma puntual de la Constitución para regular la Constituyente.

El Congreso, por supuesto, ignoró el proyecto al igual que los partidos con cuyas directivas me reuní. Me oyeron y mi conclusión fue que simplemente el liderazgo había perdido la brújula y nunca supo que era lo que estaba ocurriendo en el país.

---

8 Véase la propuesta de reforma en in Allan R. Brewer-Carías, "Reflexiones sobre la crisis del sistema político, sus salidas democráticas y la convocatoria a una Constituyente", en Allan R. Brewer-Carías (Coord.), *Los Candidatos Presidenciales ante la Academia. Ciclo de Exposiciones 10-18 Agosto 1998,* Serie Eventos N° 12, Biblioteca de la Academia de Ciencias Políticas y Sociales, Caracas 1998, pp. 9-66.

9 *Idem.*

Ello dejó al candidato Chávez la vía libre, sobre todo cuando el nuevo Congreso electo un mes antes que él, tampoco entendió la crisis terminal en la cual estábamos, y al mes siguiente, la Corte Suprema, cuando decidió en forma ambigua sobre el tema, permitió que la prensa sentenciara que si se podía elegir una Constituyente sin reformar la Constitución,[10] lo que la Corte no llegó a decir expresamente. Ambos poderes (legislativo y judicial) creo que en enero de 1999 pensaron que controlarían o amaestrarían al teniente coronel y sus secuaces. Vana ilusión ¡!

En realidad, lo que hicieron fue facilitarle a Chávez su tarea, de manera que su primer acto político, el día que tomó posesión de la Presidencia, fue cumplir su única promesa electoral, convocando un referendo consultivo sobre la Asamblea Constituyente. De nuevo, impugné el decreto por inconstitucional[11] como también lo hicieron otros abogados, a título personal, pues de los partidos ya nada se sabía. Luego de batallas judiciales con las cuales al menos obligamos a Chávez a modificar su decreto,[12] se efectuó el referendo y se eligieron los miembros de la Asamblea. Personalmente sentí que tenía la obligación de participar en ella y me lancé como candidato independiente, habiendo sido electo con un millón doscientos mil votos –lo que no estuvo mal–. Sin embargo, lo que sí estuvo mal fue que solo cuatro constituyentes salimos electos como independientes, en una Asamblea de 141 miembros en la cual todos los demás estuvieron controlados por Chávez. Esa fue la exigua oposición que Chávez encontró para su proyecto.

---

10 Véase Allan R. Brewer-Carías, "El desequilibrio entre soberanía popular y supremacía constitucional y la salida constituyente en Venezuela en 1999", en la *Revista Anuario Iberoamericano de Justicia Constitucional,* N° 3, 1999, Centro de Estudios Políticos y Constitucionales, Madrid 2000, pp. 31-56.

11 Véase Allan R. Brewer-Carías, *Asamblea Constituyente y Ordenamiento Constitucional*, Serie Estudios N° 53, Biblioteca de la Academia de Ciencias Políticas y Sociales, Caracas 1999.

12 Véase Allan R. Brewer-Carías, *Poder Constituyente Originario y Asamblea Nacional Constituyente* (Comentarios sobre la interpretación jurisprudencial relativa a la naturaleza, la misión y los límites de la Asamblea Nacional Constituyente), Colección Estudios Jurídicos N° 72, Editorial Jurídica Venezolana, Caracas 1999.

El primer acto de la Asamblea Constituyente al declararse poder originario, fue concretar el asalto al poder mediante la intervención de todos poderes constituidos, por lo que en seis escasos meses, el Congreso, la Corte Suprema, los poderes regionales y locales fueron literalmente barridos.[13] Las primeras víctimas –como siempre sucede en estos casos– fueron quienes le facilitaron el asalto: los magistrados de la Corte Suprema y los miembros del Congreso.

Luego vino la elaboración del proyecto de Constitución en unas discusiones en las cuales, como comprenderán, participé en todas las sesiones y debates, salvando mi voto en innumerables normas.[14] Al final, a pesar de que muchas de mis propuestas fueron incorporadas, me opuse a la aprobación del texto, liderando la campaña por el voto NO. En el Manifiesto que hice público en noviembre de 1999, como plataforma para explicar las razones de mi rechazo a la Constitución, destaqué que la misma respondía a:

> "un esquema institucional concebido para el autoritarismo, que deriva de la combinación de centralismo de Estado, presidencialismo exacerbado, partidocracia y militarismo que constituyen los elementos centrales diseñados para la organización del poder del Estado."[15]

Ciertamente al releer este texto, parecería escrito hoy; pero no, fue escrito hace quince años, aun cuando todavía hay muchos que sólo ahora comienzan a descubrir esa realidad.

En todo caso, con la nueva Constitución, la mitad de cuya normativa fue suspendida en su vigencia por disposiciones transitorias

---

13 Véase Allan R. Brewer-Carías, *Debate Constituyente (Aportes a la Asamblea Nacional Constituyente), Tomo I (8 agosto-8 septiembre 1999),* Fundación de Derecho Público-Editorial Jurídica Venezolana, Caracas 1999.

14 Véase Allan R. Brewer-Carías, *Debate Constituyente (Aportes a la Asamblea Nacional Constituyente), Tomo II (9 septiembre-17 octubre 1999),* Fundación de Derecho Público-Editorial Jurídica Venezolana, Caracas 1999.

15 Véase Allan R. Brewer-Carías, *Debate Constituyente (Aportes a la Asamblea Nacional Constituyente), Tomo III (18 octubre-30 noviembre 1999),* Fundación de Derecho Público-Editorial Jurídica Venezolana, Caracas 1999.

inconstitucionales,[16] a partir de 2000 se inició una carrera desenfrenada por consolidar el apoderamiento del Estado asaltado, desmantelando la separación de poderes, y demoliendo, desde dentro, las instituciones democráticas, utilizando para ello los propios mecanismos de la democracia,[17] logrando poner al servicio del autoritarismo todos los poderes del Estado,[18] comenzando con el Tribunal Supremo de Justicia y su Sala Constitucional, que se convirtió en el más diabólico instrumento del Estado Totalitario, particularmente porque como guardián de la Constitución no tiene quien lo controle.[19]

El resultado ha sido que en quince años todo el Poder Judicial está conformado por jueces temporales o provisorios, y por tanto, dependientes del poder central,[20] y los otros poderes de control to-

---

16 Véanse los comentarios sobre el Decreto de Transición Constitucional en Allan R. Brewer-Carías, *Golpe de Estado y proceso constituyente en Venezuela*, Universidad Nacional Autónoma de México, México 2002.

17 Véase Allan R. Brewer-Carías, *Dismantling Democracy. The Chávez Authoritarian Experiment*, Cambridge University Press, New York 2010; "La demolición del Estado de derecho y la destrucción de la democracia en Venezuela," en *Revista Trimestral de Direito Público (RTDP),* Nº 54, Instituto Paulista de Direito Administrativo (IDAP), Malheiros Editores, Sao Paulo, 2011, pp. 5-34.

18 Véase Allan R. Brewer-Carías, *Authoritarian Government v. The Rule of Law. Lectures and Essays (1999-2014) on the Venezuelan Authoritarian Regime Established in Contempt of the Constitution*, Fundación de Derecho Público, Editorial Jurídica Venezolana, Caracas 2014.

19 Véase Allan R. Brewer-Carías, "El juez constitucional al servicio del autoritarismo y la ilegítima mutación de la Constitución: el caso de la Sala Constitucional del Tribunal Supremo de Justicia de Venezuela (1999-2009)", en *Revista de Administración Pública*, Nº 180, Madrid 2009, pp. 383-418; *Reforma Constitucional y Fraude a la Constitución (1999-2009),* Academia de Ciencias Políticas y Sociales, Caracas 2009.

20 Véase Allan R. Brewer-Carías, "Sobre la ausencia de independencia y autonomía judicial en Venezuela, a los doce años de vigencia de la constitución de 1999 (O sobre la interminable transitoriedad que en fraude continuado a la voluntad popular y a las normas de la Constitución, ha impedido la vigencia de la garantía de la estabilidad de los jueces y el funcionamiento efectivo de una "jurisdicción disciplinaria

dos sometidos y neutralizados, de manera que tenemos una Contraloría que no controla, una Defensoría del Pueblo que no protege ni defiende, un Ministerio Público que lo que hace es perseguir a los opositores, dejando impunes los cientos de asesinatos callejeros; y un Poder Electoral que parece ser el agente político de los candidatos del Estado.

Solo ello explica, por ejemplo, que en 2003, cuando la Corte Primera de lo Contencioso Administrativo dictó una medida cautelar protegiendo a los médicos venezolanos ante la contratación indiscriminada de médicos cubanos sin licencia, para programas médicos populares, el propio Presidente gritó que no acataría la sentencia, calificó de "bandidos" a los Magistrados, ordenó el allanamiento policial de la Corte y la cerró por 10 meses.[21] El caso fue a dar a la Corte Interamericana de Derechos Humanos, y después de que la misma condenó a Venezuela,[22] el Tribunal Supremo declaró "inejecutable" la sentencia en el país.[23] Tan simple como eso. Todo hecho muy "legalmente."

---

judicial"), en *Independencia Judicial*, Colección Estado de Derecho, Tomo I, Academia de Ciencias Políticas y Sociales, Acceso a la Justicia org., Fundación de Estudios de Derecho Administrativo (Funeda), Universidad Metropolitana (Unimet), Caracas 2012, pp. 9-103.

21 Véase Claudia Nikken, "El caso "Barrio Adentro": La Corte Primera de lo Contencioso Administrativo ante la Sala Constitucional del Tribunal Supremo de Justicia o el avocamiento como medio de amparo de derechos e intereses colectivos y difusos," in *Revista de Derecho Público*, Nº 93-96, Editorial Jurídica Venezolana, Caracas 2003, pp. 5 y ss.

22 Véase la sentencia de la Corte Interamericana de Derechos Humanos de 8 de marzo de 2008, Caso *Apitz Barbera y otros ("Corte Primera de lo Contencioso Administrativo") vs. Venezuela,* en www.corteidh.or.cr. Excepción Preliminar, Fondo, Reparaciones y Costas, Serie C Nº 182

23 Véase la sentencia de la Sala Constitucional del Tribunal Supremo de Justicia, Nº 1.939 de 18 de diciembre de 2008 (Caso *Abogados Gustavo Álvarez Arias y otros*), en *Revista de Derecho Público*, Nº 116, Editorial Jurídica Venezolana, Caracas, 2008, pp. 89-106. Available http://www.tsj.gov.ve/de-cisiones/scon/Diciembre/1939-181208-2008-08-1572.html

Ello también es lo que explica que en 2009 se haya encarcelado a una juez penal, a petición directa pública del Presidente de la República,[24] por habérsele ocurrido a la juez dictar una medida de excarcelación de un detenido, con medidas restrictivas sustitutivas, acogiendo una recomendación del Grupo de Trabajo sobre Detenciones Arbitrarias de la ONU.[25] La Juez María Lourdes Afiuni, así se llama, estuvo presa hasta 2013, y ahora permanece sujeta a restricciones a su libertad como prohibición de salida del país, régimen de presentación y prohibición de expresarse en los medios. Así de simple.

Ello también es lo que explica que en febrero de 2014 el dirigente político y ex alcalde Leopoldo López, uno de los líderes del movimiento de calle que hoy engloba al país, haya sido encarcelado e imputado de los más graves delitos imaginables sólo por haber convocado manifestaciones pacíficas de protesta y rechazo al régimen.[26] Se lo acusó de homicidio intencional calificado; terrorismo; lesiones graves; incendio de edificios públicos; instigación a delinquir, y asociación para delinquir, sin prueba alguna. Y no importa que dichos delitos efectivamente hayan sido cometidos por militares o grupos de exterminio paramilitares, como está evidenciado en cientos de videos que circulan por las redes sociales, ya que no hay medios de comunicación que las trasmitan. Y la Fiscal General de la República, en lugar de aceptar esas pruebas, lo que ha hecho es calificar de "perversas" las redes sociales, precisamente porque son el único medio de información de las masacres.[27]

---

24 Véase Alicia de la Rosa, "El día que la justicia fue herida de muerte. Caso de la jueza María Lourdes Afiuni," Analitica.com., 19 de octubre de 2012, en http://www.analitica.com/bitblioteca/li-bros/4674757.asp

25 Disponible en http://www.unog.ch/unog/website/newsmedia.nsf/%28-httpNewsByYear n%29/93687E8429BD53A1C125768E00529DB6?OpenDocument&cntxt=B35C3&cookielang=fr

26 Véase "Fiscalía presentó acusación contra Leopoldo López," *El Nacional*, Caracas 14 de abril de 2014, en http://www.el-nacional.com/politica/Fis-calia-General-acusacion-Leopoldo-Lopez_0_385161540.html

27 Véase Luisa Ortega Díaz: Las redes sociales se han convertido en un mecanismo perverso", Noticiero Digital.com, 23 de marzo de 2014,

Y ese asalto y control absoluto de los poderes del Estado, es también lo que explica, que la diputada María Corina Machado, una de las diputadas de la oposición electas a la Asamblea Nacional, después de ser amenazada de ser enjuiciada por los mismos delitos imputados a López, a los cuales el Presidente de la Asamblea Nacional, quien parece que es el acusador público, agregó el de traición a la patria,[28] fue en efecto despojada de su mandato popular mediante una inconstitucional decisión del Tribunal Supremo de Justicia.[29] El motivo para tal embestida contra el principio democrático fue el hecho de haber acudido ante la OEA por invitación del Embajador de Panamá, para hablar en la sesión del 24 de marzo de 2014, sobre la situación en Venezuela. Ello provocó que el mismo Presidente de la Asamblea Nacional. Sr. Cabello, militar de oficio, sin procedimiento parlamentario ni proceso judicial alguno, procediera a anunciar al país, él mismo, por su sola decisión, que ya la diputado Machado no era diputado, es decir, le revocó su mandato, por supuestamente había aceptado un "cargo" de un gobierno extranjero al haber sido simplemente acreditada por Panamá para hablar ante la OEA, lo que por supuesto no le confiere cargo o status diplomático alguno ni de otra naturaleza.[30] Pero así es: basta lo que diga el militar presidente de la Asamblea, sin que nadie lo controle, para que ello sea "legal" y "democrático."

Y de nuevo, toda esta situación de control centralizado de los poderes es lo que explica el reciente proceso de judicialización cri-

---

en http://www.noticierodigital.com/2014/03/luisa-ortega-diaz-las-redes-sociales-se-han-convertido-en-un-mecanismo-perverso/

28 Véase en "Cabello: Por el artículo 191 de la Constitución, María Corina machado "dejó de ser diputada", *Globovisión,* 24 de marzo de 2014, en http://globovision.com/articulo/junta-directiva-de-la-an-anuncia-rueda-de-prensa.

29 Véase la sentencia de la Sala Constitucional del Tribunal Supremo de Justicia N° 207 de 31 de marzo de 2014, en http://www.tsj.gov.ve/decisiones/scon/marzo/162546-207-31314-2014-14-0286.HTML Véase igualmente en *Gaceta Oficial* N° 40385 de 2 de abril de 2014.

30 Véase "Insulza: Machado habló en la OEA en su condición de diputada venezolana," en *El Universal*, 28 de marzo de 2014, en http://www.eluniversal.com/nacional-y-politica/protestas-en-venezuela/140328/insulza-machado-hablo-en-la-oea-en-su-condicion-de-diputada-venezolana.

minal de la libertad de expresión, al haberse acusado penalmente a la directiva de un diario de oposición (*Tal Cual*) y a un articulista, el Sr. Carlos Genatios, ex Ministro del gobierno de Chávez por cierto, porque escribió que al mismo militar Presidente de la Asamblea Nacional se le atribuía el haber dicho la frase: "Si no les gusta la inseguridad, váyanse" Ello lo consideró ofensivo y logró que un juez dictara contra los acusados una restricción a su libertad con orden de comparecencia semanal ante un tribunal y prohibición de salida del país.[31]

Y por último es lo que explica mi propio caso. Luego de toda mi oposición a Chávez en la Constituyente, seguí oponiéndome a sus políticas, particularmente en 2001 por la emisión de decretos leyes inconstitucionales, y escribiendo sobre las violaciones a los principios democráticos.[32] La misma Fiscal, jefa hoy del Ministerio Público, fue la encargada de perseguirme, y el motivo para acusarme fue criminalizar el ejercicio de la profesión de abogado, de manera que por haber dado una opinión jurídica que se me requirió en un momento de crisis política luego de anunciada la renuncia del Presidente de la República en 2002, sin prueba alguna de nada, y sólo basándose en opiniones de periodistas que no fueron testigos de nada,[33] fui acusado tres años después de aquellos hechos, nada menos que de "conspiración para cambiar violentamente la Constitución," es decir, rebelión, para lo cual, por supuesto, sólo pude

31 Véase Fernando M. Fernández, "Leyes de desacato vs. Tal Cual y Genatios," Caracas, 31 de marzo de 2014, en http://amnistia.me/profiles/blogs/leyes-de-desacato-tal-cual-y-genatios.

32 Véase Allan R. Brewer-Carías, "La democracia venezolana a la luz de la Carta Democrática Interamericana, Aide Memoire," Caracas, febrero 2002, en http://www.allanbrewercarias.com/Content/449725d9-f1cb-474b-8ab2-41efb849fea3/Content/I,%202,%2021.%20La%20democracia%20venezolana%20a%20la%20luz%20de%20la%20Carta%20Democratica%20Interamericana%20_02-02-_SIN%20PIE%20DE%20PAGINA.pdf

33 Véase Allan R. Brewer-Carías, *En mi propia Defensa. Respuesta preparada con la asistencia de mis defensores Rafael Odreman y León Enrique Cottin contra la infundada acusación fiscal por el supuesto delito de conspiración,* Colección Opiniones y Alegatos Jurídicos N° 13, Editorial Jurídica venezolana, Caracas 2006.

haber usado la única arma que he tenido: mi verbo y mi pluma de escribir. Y así, estando en el exterior en un viaje académico, en 2006 se me acuso y varios meses después, estando ya dando clases en la Universidad de Columbia en Nueva York, se dictó orden de detención en mi contra, lo que de hecho se convirtió en una orden de prohibición de regreso al país, teniendo que haber resistido la persecución política internacional, para lo cual el Estado incluso pretendió usar ilegítimamente hasta los canales de Interpol, Organización que como es sabido, tiene prohibición de intervenir en materia política.[34] Pero ello por lo visto no importaba, pues como a todo el Estado le interesaba, esa ilegalidad es "legal."

Y finalmente, para terminar con los ejemplos, el totalitarismo es lo que explica el inconstitucional encarcelamiento antes mencionado, por decisión del Tribunal Supremo, en marzo de 2014, de los alcaldes de la oposición de San Diego y de San Cristóbal, sin garantía alguna de debido proceso. La justificación de esa inconstitucional revocación del mandato popular del los alcaldes, fue lo que originó la frase de la Defensora del Pueblo de que "todo es legal porque en ello participaron todos los poderes públicos."

Frente a todo ello es que ahora el país todo se ha comenzado a rebelar, y se comienza a encontrar solidaridad en el mundo democrático.

¿Pero que han encontrado los venezolanos en general, en la comunidad internacional? Un silencio inmoral, pues con el argumento de que en el país hubo elecciones, el régimen totalitario, la dictadura militar que padecemos, pareciera entonces que tiene carta blanca para perseguir, porque por haber sido electos los funcionarios, todo lo que haga es "legal."

En ese panorama, sin embargo, lo más grave y triste es que a veces el silencio tiene precio, que es propio del "comercio de caballos" que tanto caracteriza las relaciones internacionales, basado en

---

34 Véase Allan R. Brewer-Carías, "Global Administrative Law on International Police Cooperation: A Case of Global Administrative Law Procedure," en Javier Robalino-Orellana and Jaime Rodríguez-Arana Muñoz (Editors), *Global Administrative Law Towards* a Lex Administrativa, Cameron May International Law & Policy, London 2010, pp. 343-395.

muchos casos en la relación “Me apoyaste, te apoyo; me ayudaste, te ayudo, así seas un criminal.” Lo hemos visto en la OEA con la reunión de la de marzo de 2014, donde se votó por tratar el tema de Venezuela a puerta cerrada, que luego se decidió ni siquiera tratar, y ¿Quienes votaron a favor de no ventilar las llagas de la dictadura? Pues los países que dependen del subsidio petrolero de Venezuela que son todos los de la cuenca del Caribe, y aquellos otros “agradecidos por tantos favores recibidos” como el haber participado en el saqueo a que se ha sometido al país durante tres lustros, desde el financiamiento de campañas electorales, el fácil comercio de armas de guerra, hasta la compra de deuda pública; y todo sin obligación alguna de devolución o pago.

El resultado es que hoy tenemos un país solo, abandonado a ser manejado por militares de la peor calaña, manejados desde un país extranjero, que han participado en el saqueo de un Estado manejado por la burocracia más incompetente y corrupta de nuestra historia, pero que en conjunto han provocado un verdadero milagro económico y social. Si un milagro, el de convertir al país más rico de América Latina en el país más miserable de todos, con un aumento generalizado de la pobreza y el deterioro de los servicios sociales incluyendo la salud y educación; al despojar de su grandeza a la que era la empresa petrolera más grande de América Latina, que ahora produce menos petróleo, y está endeudada por décadas; convirtiendo al país con las reservas petroleras más grandes del mundo, en el más endeudado de América Latina, que importa todo, incluso gasolina, precisamente desde el ‘imperio”, con el mayor índice de inflación del mundo y la mayor carestía de bienes en toda su historia. El milagro se ha hecho además, al arruinar al país con mayor ingreso de divisas, que ha sido sometido a un criminal despilfarro –en 15 años han desaparecido más de 800.000 millones de dólares–; a un impune saqueo, ya que ha sido literalmente vendido y expoliado por funcionarios corruptos. En fin el resultado del milagro es que una ciudad como Caracas que solíamos llamar la “capital del cielo,” la han convertido en la ciudad más peligrosa y violenta del mundo, reino de la impunidad.

El milagro ha sido también de orden institucional: el país con la democracia más reconocida de América latina hasta la década de los noventa se ha convertido en el país con los menores índices de libertad del Continente, con las mayores violaciones a los derechos humanos; un país en el cual incluso, el binomio Chávez / Maduro se dio el lujo de denunciar la Convención Americana de Derechos Humanos, para que ni siquiera haya posibilidad de control supranacional alguno sobre las múltiples violaciones.[35] El último caso sometido ante la Corte Interamericana de Derechos Humanos el año pasado (septiembre de 2013) fue precisamente mi caso *Allan Brewer Carías vs. Venezuela*, por violación de todas mis garantías judiciales.[36]

Todo ello es lo que explica, por otra parte, porqué el país hoy esta rebelado, en la calle, con el movimiento estudiantil a la cabeza, que como todo movimiento estudiantil es de corte horizontal, que lucha contra los efectos degradantes y sin futuro del "milagro" económico y social mencionado, desconociendo además al régimen, a la legislación y a la autoridad ilegítimas existentes, que contraría cotidianamente los valores, principios y garantías democráticos y menoscaba los derechos humanos.

Y lo importante de las protestas ya generalizadas en todo el país, es que ya no sólo son protestas de la oposición contra el gobierno, sino que es la sociedad civil la que está reaccionando contra el Estado totalitario. Por ello, si me preguntan, creo que el tiempo de la relación o confrontación nacional, entre *gobierno / oposición* que permitía pensar que a este Estado forajido se le podía vencer electoralmente está terminando, y está surgiendo otra relación de confrontación distinta, entre *sociedad civil / Estado totalitario*.

Y en este estadio, a pesar de todas las falsas muestras, lo cierto es que ya no puede haber paz a fuerza de garrote; ni puede haber dialogo a fuerza de estar apuntado con un fusil. Es tan burdo el intento que recientemente en marzo de 2014, quien ejerce la presidencia, el Sr. Maduro, no tuvo mejor ocurrencia que afirmar públicamente que había que "obligar a la oposición a sentarse a hablar, a

---

35 Véase la comunicación de Nicolás Maduro, Ministro de Relaciones Exteriores denunciando la Convención Americana sobre Derechos Humanos, de 10 de septiembre de 2012, en http://www.noticiasclic.com/carta-de-denuncia-de-convencion-de-ddhh

36 Véase el Video oficial de la Audiencia Pública ante la Corte Interamericana de Derechos Humanos del 3 de septiembre de 2013 en http://vimeo.com/album/2518064

dialogar, a abandonar su posición violenta. Los vamos a tener que obligar, en el mejor sentido de la palabra";[37] si, en el mejor sentido, persiguiendo, amenazando, amedrentando, atacando, encarcelando o matando.

En este estadio de la confrontación, en realidad es el Estado, que es el que monopoliza las armas y desarrolla la política de violencia institucional, el que ha comenzado a entender que se le está acabando el tiempo, lo que ha hecho expresar hace unos días al ex rector de la Universidad Católica Andrés Bello de Caracas, padre Luis Ugalde, que al Estado solo le queda cambiar democráticamente, "estando en ello la vida o muerte para el gobierno y para el país."[38]

Tan trágica ha sido la situación, que ella ha obligado al Gobierno, con la presión de otros Estados Latinoamericanos (UNASUR) y del representante del Papa, en abril de 2014, a iniciar un Dialogo con líderes de la Oposición.[39] Fue, sin duda, un signo importante; particularmente porque habiendo sido televisado "en cadena," todo el país fue testigo de algo diferente a los interminables monólogos gubernamentales; y por primera vez pudo oír un concentrado de las críticas contra las políticas destructivas del gobierno. Por otra parte, quizás el más importante resultado de la primera sesión del Diálogo del 10 de abril de 2014, fue la clara percepción de que quienes intervinieron por el gobierno pareció que no entendieron o no se han dado cuenta que han estado gobernando el país por quince años – el más largo período de gobierno continuo en toda la historia política del país–, lo que significa que en la actual situación política del país, los mismos ya representan definitivamente el pasado, y algunos de los oradores por la oposición dieron signos claros de repre-

---

37 Véase "Maduro dice que hay que obligar a la oposición a dialogar," en *La Prensa.com.ni*, 20 de marzo de 2014, en http://www.la-prensa.com.ni/2014/03/20/planeta/187661

38 Véase Luis Ugalde, "Zanahoria y Garrote", en *El Nacional*, Caracas, 20 de marzo de 2014; en http://173.246.50.18/opinion/dia-logo-dignidad-fracaso-gobierno-libertad-luis_ugalde-radicales-represion-vida_0_375562488.html

39 Véanse los videos sobre el Debate en http://prodavinci.com/2014/04/11/actualidad/videos-10a-todas-las-intervenciones-del-debate-en-miraflores-transmitido-en-cadena-nacional-de-radio-y-tv/

sentar el futuro. No hay duda, la historia se repite, particularmente en la evolución política de los países.

Pero por supuesto, ese signo inicial de un Diálogo (habrá que esperar y ver su desarrollo y resultados), no es suficiente. A los efectos de continuar y producir algún resultado, ante todo es la responsabilidad del gobierno de cambiar democráticamente, es decir, de cambiar y conceder, de aceptar las reglas democráticas y el pluralismo; de aceptar la participación de los representantes de la oposición en el proceso de renovación de los miembros y altos funcionarios de los poderes públicos; de permitir que éstos actúen con independencia y autonomía; de desarmar los grupos paramilitares de exterminio que han sido apoyados y armados por el gobierno; de garantizar la libertad de expresión; de detener la brutal represión de disidentes; de liberar a los presos políticos; de reestablecer en sus posiciones a la diputado y alcaldes a los cuales se le revocó inconstitucionalmente su mandato; de frenar el uso del sistema judicial como instrumento de persecución de los disidentes; de cambiar las políticas económicas deficientes contrarias a la libertad económica y a la propiedad privada; de permitir la libre iniciativa privada a los efectos de reconstruir el aparato productivo del país; de terminar la violación masiva de los derechos humanos y el uso de la tortura contra perseguidos. Es decir, en definitiva, de aceptar la propia democratización del Gobierno.

Esa es la única manera de no considerar que el "Dialogo" al cual el gobierno fue forzado a conceder e iniciar (no fue la oposición), no es será más que otra "pausa" táctica del Gobierno para ganar fuerza con el fin de continuar con sus políticas destructivas basadas, entre otras, en la implementación del llamado "Plan de la Patria," que ha sido calificado con razón por la Conferencia Episcopal de Venezuela en marzo de 2014, como escondiendo "un sistema de gobierno autoritario."[40]

De lo contrario, sin duda, continuaremos siendo testigos de una más acentuada rebelión popular, porque la Sociedad Civil, incluido el movimiento estudiantil y los partidos políticos de oposición, que

---

40 Véase "Comunicado de la CEV: Responsables de la paz y el destino democrático de Venezuela," Caracas, 2 de abril de 2014, en http://www.cev.org.ve/index.php/noticias-3/76-02-abril-2014

representan bastante más de la mitad del país, no aceptarán seguir siendo gobernados por un Gobierno que ha reducido su acción a intentar pulverizar por la fuerza, la persecución, la intimidación, las amenazas y la criminalización, a todos aquellos que piensan y actúan diferente a lo que ha sido llamado el "Socialismo del Siglo XXI" que no es otra cosa que la vieja y abandonada doctrina comunista que, debe recordarse, el pueblo ya rechazó mediante referendo en diciembre de 2007.

El país ya habló en esta material. La voluntad del pueblo no puede ser ignorada por siempre, y los gobiernos que le dan la espalda al pueblo, más temprano que tarde inevitablemente desaparecen.

Nueva York, mayo de 2014

PRIMERA PARTE

LA ARBITRARIA IMPOSICIÓN POR EL JUEZ CONSTITUCIONAL DE UN GOBIERNO SIN LEGITIMIDAD DEMOCRÁTICA ALGUNA AL INICIO DEL PERÍODO CONSTITUCIONAL 2013-2019; Y SU ILEGÍTIMA ABSTENCIÓN DE JUZGAR SOBRE LA NULIDAD DE LA ELECCIÓN PRESIDENCIAL DE ABRIL DE 2013*

INTRODUCCIÓN

En materia de procesos constitucionales, incluyendo el que se desarrolla con motivo de demandas autónomas de interpretación abstracta de la Constitución, siempre que haya hechos, los mismos requieren de prueba para que el juez pueda decidir. En este campo de los procesos constitucionales, no sólo hay un derecho de las partes "a probar," sino que incluso tratándose de los casos de interpretación abstracta de la Constitución, si hay en el procedimiento hechos relevantes involucrados, el tema de las pruebas da origen incluso a un derecho ciudadano a que el juez constitucional solo pueda decidir fundado en pruebas, haciendo con ellas patente la certeza del hecho, lo que incluso puede hacer de oficio. En materia constitucional, por tanto, no puede ni debe haber proceso sin pruebas.

---

* Los diversos documentos que conforman esta parte fueron publicados en Asdrúbal Aguiar (Compilador), *El Golpe de Enero en Venezuela (Documentos y testimonios para la historia),* Editorial Jurídica Venezolana, Caracas 2013, pp. 85-90. 97-106, 133-148 y 297-314.

En enero y marzo de 2013, sin embargo, contrariando a ese principio, la justicia constitucional en Venezuela fue el escenario para que se produjese una grave violación del principio democrático mediante dos decisiones de la Sala Constitucional del Tribunal Supremo de Justicia, adoptadas, por lo demás, sin que se hubiese realizado la más mínima y elemental actividad probatoria. Las sentencias fueron dictadas al decidir sendos recursos de interpretación abstracta de la Constitución, la primera, con el Nº 2 dictada el 9 de enero de 2013, destinada a resolver la situación jurídica derivada de la falta de comparecencia del Presidente Chávez, para tomar posesión de su cargo en el inicio del período constitucional 2013-2019, rehusando la Sala Constitucional a considerar que ello se trataba de una falta absoluta del Presidente electo, asegurando una supuesta continuidad administrativa de un Presidente que la Sala declaró, sin saber ciertamente la real salud del Presidente electo y enfermo, procediendo a afirmar que a pesar de estar ausente del país estaba supuestamente en ejercicio efectivo de su cargo, cuando en realidad estaba recluido en un Hospital en La Habana;[1] y la segunda, con el No. 141, dictada el 8 de marzo de 2013, después de que el Vicepresidente anunciara el fallecimiento del Presidente Chávez, pero sin constatar tal circunstancia ni siquiera decir cuándo ese hecho ocurrió, para asegurar que el Vicepresidente Ejecutivo ya impuesto como gobernante por la misma Sala, continuara continua como Presidente Encargado, y además, habilitándolo contra lo dispuesto en la Constitución para presentara como candidato presidencial, sin separarse de su cargo.[2] Ambas sentencias, hechas a la medida del régimen autoritario, fueron abierta y absolutamente inconstitucionales y dictadas, además, en ausencia de la toda base probatoria: en enero, la Sala nunca tuvo a su vista informe médico alguno que indicara el estado de salud del Presidente Chávez, y en marzo, nunca tuvo a su vista la partida de defunción del Presidente Chávez, para determinar la fecha de su fallecimiento, basándose sólo para resolver en el hecho de que el Vicepresidente había anunciado su fallecimiento.

---

1 Véase el texto de la sentencia en http://www.tsj.gov.ve/decisiones/scon/Enero/02-9113-2013-12-1358.html.

2 Véase el texto de la sentencia en http://www.tsj.gov.ve.decisiones/scon/Marzo/141-9313-2013-13-0196.html.

Pero las sentencias, además, violentaron el derecho ciudadano a la democracia y a ser gobernados por gobiernos de origen democrático. En efecto, en un Estado constitucional democrático de derecho como el que se regula en la Constitución de 1999, además de los clásicos derechos civiles, políticos, sociales, económicos y ambientales, los ciudadanos tienen un conjunto de derechos que derivan de la propia concepción de dicho Estado de derecho, como por ejemplo son el derecho ciudadano a la supremacía constitucional y el derecho a la democracia, lo que implica que los derechos políticos no se reducen a los que desde antaño generalmente se han establecido expresamente en las Constituciones, como son los clásicos derecho a elegir y a ser electo, el derecho de asociarse en partidos políticos, el derecho a ocupar cargos públicos o el derecho a la participación política.

Además de éstos, en consecuencia, en la Constitución también se puede identificar el derecho a la democracia como derecho político, es decir, como derecho ciudadano a la existencia de un régimen político en el cual se garanticen al menos los siguientes *elementos esenciales* que enumera la *Carta Democrática Interamericana*: 1) el respeto a los derechos humanos y las libertades fundamentales; 2) el acceso al poder y su ejercicio con sujeción al Estado de derecho; 3) la celebración de elecciones periódicas, libres, justas y basadas en el sufragio universal y secreto, como expresión de la soberanía del pueblo; 4) el régimen plural de partidos y organizaciones políticas y 5) la separación e independencia de los poderes públicos (art. 3).[3]

---

3 Véase Allan R. Brewer-Carías, "Sobre las nuevas tendencias del derecho constitucional: del reconocimiento del derecho a la Constitución y del derecho a la democracia", en *VNIVERSITAS, Revista de Ciencias Jurídicas (Homenaje a Luis Carlos Galán Sarmiento)*, Pontificia Universidad Javeriana, facultad de Ciencias Jurídicas, N° 119, Bogotá 2009, pp. 93-111; "Algo sobre las nuevas tendencias del derecho constitucional: el reconocimiento del derecho a la constitución y del derecho a la democracia," en Sergio J. Cuarezma Terán y Rafael Luciano Pichardo (Directores), *Nuevas tendencias del derecho constitucional y el derecho procesal constitucional*, Instituto de Estudios e Investigación Jurídica (INEJ), Managua 2011, pp. 73-94; "El derecho a la democracia entre las nuevas tendencias del Derecho Administrativo como punto de equilibrio entre los Poderes de la Administración y los derecho del administrado," en Víctor Hernández Mendible (Coordinador), *Desafíos del Derecho Administrativo Contemporáneo*

Por algo, con razón, hace varias centurias Charles Louis de Secondat, Barón de Montesquieu advirtió que "Es una experiencia eterna que todo hombre que tiene poder tiende a abusar de él; y lo hace hasta que encuentra límites" de lo que dedujo su famoso postulado de que "para que no se pueda abusar del poder es necesario que por la disposición de las cosas, el poder limite al poder"[4].

I. EL JUEZ CONSTITUCIONAL, ANTE LA "FALTA TEMPORAL DEFINITIVA" DEL PRESIDENTE ELECTO, IMPONIENDO LA "CONTINUIDAD ADMINISTRATIVA" DE UN GOBIERNO FENECIDO Y SIN LEGITIMIDAD DEMOCRÁTICA, EN ENERO DE 2013

Y fue precisamente este derecho a la democracia, como derecho de los ciudadanos a ser gobernados por funcionarios electos democráticamente en elecciones libres y que acceden al poder en la forma prescrita en la Constitución, el que se violó abierta y flagrantemente en Venezuela por la Sala Constitucional del Tribunal Supremo de Justicia en sentencia Nº 2 del día 9 de enero de 2013, al resolver un recurso de interpretación abstracta de la Constitución intentado por una abogado el 21 de diciembre de 2012,[5] para determinar el contenido y alcance del artículo 231 de la Constitución, en particular, "en cuanto a si, la formalidad de la Juramentación prevista para el 10 de enero de 2013 constituye o no una formalidad sine qua non para que un Presidente Reelecto, continúe ejerciendo sus funciones y si tal formalidad puede ser suspendida y/o fijada para una fecha posterior."[6] El artículo cuya interpretación se requería, indica:

> "Art. 231. El candidato elegido o candidata elegida tomará posesión del cargo de Presidente o Presidenta de la República el

---

(Conmemoración Internacional del Centenario de la Cátedra de Derecho Administrativo en Venezuela, Tomo II, Ediciones Paredes, Caracas 2009, pp. 1417-1439.

4 *De l'Espirit des Lois* (ed. G. Tunc), Paris 1949, Vol. I, Libro XI, Cáp. IV, pp. 162-163.

5 Expediente Nº 12-1358, Solicitante: Marelys D'Arpino.

6 Véase el texto de la sentencia en http://www.tsj.gov.ve/decisiones/scon/Enero/02-9113-2013-12-1358.html.

diez de enero del primer año de su período constitucional, mediante juramento ante la Asamblea Nacional. Si por cualquier motivo sobrevenido el Presidente o Presidenta de la República no pudiese tomar posesión ante la Asamblea Nacional, lo hará ante el Tribunal Supremo de Justicia.

La solicitud de interpretación constitucional estaba sin duda motivada por una razón estrictamente de hecho: el Presidente de la República para el período constitucional 2007-2013 Hugo Chávez, quien había sido reelecto Presidente de la República para el período 2013-2019, debía tomar posesión de su cargo el día 10 de enero de 2013, desde el 10 de diciembre de 2012 se encontraba en La Habana, Cuba, según se había informado públicamente, postrado en una cama de hospital luego de haber sido sometido a una operación quirúrgica, por lo que se presumía que no podría acudir a dicho acto de toma de posesión de su cargo. En el caso, la Sala Constitucional debía sin duda analizar dos derechos políticos involucrados: por una parte el *derecho que tenía el ciudadano* H. Chávez para ejercer el cargo para el cual había sido electo, y el *derecho de todos los ciudadanos* a estar gobernados por un gobernante electo popularmente. Para garantizarle *sine die* el derecho a H. Chávez de poder algún día tomar posesión de su cargo, sin embargo, se violó el derecho ciudadano a la democracia, y se le impuso a los venezolanos la carga antidemocrática de comenzar el 10 de enero de 2013 a estar gobernados por funcionarios que no tenían legitimidad democrática pues no habían sido electos, también *sine die*, sin que la Sala Constitucional hubiese desplegado actividad probatoria alguna, así fuera la más elemental para determinar cuál era el estado de salud del Presidente no compareciente.

La primera parte del artículo 231 de la Constitución, por otra parte, en realidad no requería de interpretación alguna, pues concatenada con el artículo anterior que establece que el período constitucional del Presidente "es de seis años" (art. 230), dispone con toda claridad que el Presidente electo (o reelecto) debe tomar ("tomará") posesión del cargo "el diez de enero del primer año de su período constitucional, mediante juramento ante la Asamblea Nacional." La segunda parte de la norma sin embargo, si podía requerir de interpretación, por no regular con precisión quién debía encargarse de la Presidencia de la República en el nuevo periodo que se inicia el 10 de enero del año siguiente a una elección presidencial cuando por motivos sobrevenidos el Presidente electo no comparece a tomar posesión de su cargo mediante juramento ante la Asamblea Nacional.

Por ello, en relación con la primera parte de la norma (que no requería interpretación), la Sala Constitucional precisó, desmintiendo afirmaciones que se habían hecho con anterioridad por altos funcionarios del Estado, que el juramento previsto en la norma constitucional del artículo 231 "no puede ser entendido como una mera formalidad carente de sustrato y, por tanto, prescindible sin mayor consideración," sino que más bien se trata de una "solemnidad para el ejercicio de las delicadas funciones públicas" con "amplio arraigo en nuestra historia republicana," que "procura la ratificación, frente a una autoridad constituida y de manera pública, del compromiso de velar por el recto acatamiento de la ley, en el cumplimiento de los deberes de los que ha sido investida una determinada persona." Partiendo de esta afirmación que rechazaba el criterio de que la juramentación era un mero formalismo,[7] la Sala Constitucional se refirió al juramento en el caso del Presidente de la República, indicando que el mismo "debe tener lugar ante la Asamblea Nacional, como órgano representativo de las distintas fuerzas sociales que integran al pueblo, el 10 de enero del primer año de su período constitucional." Sobre ello, incluso, la misma Sala Constitucional se había pronunciado unos años antes, en sentencia Nº 780 del 8 de mayo de

---

7 Al contrario, el día anterior a la sentencia, en la reseña de un programa de televisión, se informó que la Fiscal General de la República, Sra. Ortega, afirmaba que "Estamos en presencia de un presidente reelecto y el requisito que exige el 231 es la toma de posesión, y toma posesión del cargo a través del juramento, pero como es reelecto él está en posesión de cargo y él está en el cargo por el juramento", puntualizó. Por ello señaló que las posibles circunstancias planteadas en el 231 de la Constitución "no se hacen necesarias" porque el presidente Chávez sigue en la posición del cargo. Precisó que dicha formalidad no puede poner "en riesgo la estabilidad de un país, la institucionalidad, el estado de derecho, social, sencillamente porque el Presidente que está en posesión del cargo, se encuentra debidamente autorizado por la Asamblea Nacional para recuperarse de su estado de salud". En "Fiscal Ortega Díaz: Presidente Chávez y tren ministerial están en posesión de su cargo," en http://www.patriagrande.com.ve/temas/venezuela/fis-cal-ortega-diaz-presidente-chavez-tren-ministerial-posesion-cargo/

2008 (Caso *Gobernador del Estado Carabobo*), afirmando que el juramento constituía "una solemnidad imprescindible," para la "toma de posesión" de la cual depende "el inicio de la acción de gobierno" y, por tanto, "condiciona la producción de los efectos jurídicos" de la "función ejecutiva" (en este caso del Presidente electo) y, el consiguiente, "desarrollo de las facultades de dirección y gobierno" de Estado, "así como la gestión del interés público que satisface real y efectivamente las necesidades colectivas," considerando, en fin que "de ello depende el funcionamiento de uno de los poderes del Estado."[8]

Precisó además, la Sala, que "si por '*cualquier motivo sobrevenido,*' a tenor de la citada norma, la misma no se produce ante ***dicho órgano*** y en la ***mencionada oportunidad***, deberá prestarse el juramento ante el Tribunal Supremo de Justicia, sin señalarse una oportunidad específica para ello" (*Cursiva y negritas de la Sala*). Esto significaba, en criterio de la Sala Constitucional, que el acto de juramentación no era una "formalidad prescindible, sino que al contrario "debe tener lugar, aunque por la fuerza de las circunstancias ("*cualquier motivo sobrevenido*") sea efectuado en otras condiciones de modo y lugar."

---

8 En la parte pertinente relativa al inicio del período constitucional del Gobernador como jefe del Ejecutivo en un Estado (Estado Carabobo), la Sala Constitucional del Tribunal Supremo decidió como sigue: "Ciertamente y tal como señaló esta Sala en la decisión N° 780 del 8 de mayo de 2008, la eficacia tangible del principio democrático constituye un parámetro esencial en la determinación de la finalidad humanista del Estado y como quiera que el inicio de la acción de gobierno depende de la correspondiente toma de posesión, resulta patente que el acto de juramentación del jefe del ejecutivo estadal constituye una solemnidad imprescindible para la asunción de la magistratura estadal y, por tanto, condiciona la producción de los efectos jurídicos de una de las funciones esenciales de los entes político territoriales, a saber, la función ejecutiva del gobernador electo y, el consiguiente, desarrollo de las facultades de dirección y gobierno de la entidad, así como la gestión del interés público que satisface real y efectivamente las necesidades colectivas, resulta patente la difusividad del asunto planteado ya que de ello depende el funcionamiento de uno de los poderes del Estado Carabobo". Véase la sentencia N° 780 del 8 de mayo de 2008 (Caso *Gobernador del Estado Carabobo*).

En todo caso, luego de estas aclaratorias, la Sala Constitucional precisó que el objetivo de la interpretación de la norma constitucional que se le requería, no era el determinar el carácter imprescindible del acto de la juramentación, que no lo era, sino determinar "con certeza los efectos jurídicos de la asistencia o inasistencia al acto de '*toma de posesión y juramentación ante la Asamblea Nacional,*' el 10 de enero próximo, por parte del ***Presidente reelecto***." Y así pasó la Sala, no ya a resolver una interpretación abstracta del artículo 231 de la Constitución, sino en realidad a resolver una cuestión de hecho, específicamente referida al estado de salud del Presidente de la República Hugo Chávez, quien convalecía en un país extranjero en una cama de hospital, sin poder movilizarse, recuperándose de unas complicaciones postoperatorias, lo que sin duda hasta allí era un hecho notorio que no requería de pruebas. Por ello la Sala Constitucional consideró "imprescindible tomar en consideración el *derecho humano a la salud* y los principios de justicia, de preservación de la voluntad popular –representada en el proceso comicial del 7 de octubre de 2012– y de continuidad de los Poderes Públicos," refiriéndose además, a la tradición constitucional en la materia, particularmente conforme se consagraba en la Constitución de 1961.

De este último análisis, y contrariamente a lo que se establecía en el artículo 186 de la Constitución de 1961 que regulaba la consecuencia jurídica de la no comparecencia del Presidente entrante al acto de juramentación, al precisar que "*Cuando el Presidente electo no tomare posesión dentro del término previsto en este artículo, el Presidente saliente resignará sus poderes ante la persona llamada a suplirlo provisionalmente en caso de falta absoluta, según el artículo siguiente, quién los ejercerá con el carácter de Encargado de la Presidencia de la República hasta que el primero asuma el cargo*"; ante la ausencia de una norma similar en la Constitución de 1999, la Sala Constitucional concluyó considerando que ello impedía "considerar la posibilidad de que, una vez concluido el mandato presidencial, deba procederse como si se tratara de una falta absoluta, a los efectos de la suplencia provisional que cubriría el Presidente de la Asamblea Nacional."

Por supuesto, era evidente que la falta de comparecencia del Presidente electo al acto de juramentación, en si misma y conforme a la

Constitución de 1999, no podía ser considerada como una "falta absoluta" en los términos de la misma Constitución de 1999 pues no encuadraba en ninguno de los supuestos establecidos en el artículo 233 de la misma, que por lo demás se aplicaban al Presidente electo en virtud de la misma norma, sólo cuando se produjera "antes de tomar posesión";[9] pero nada autorizaba a señalar (incluso habiéndose incorporado la reelección inmediata a la Constitución de 1999) que para la solución constitucional del hecho de la no comparecencia del Presidente Chávez el día 10 de enero de 2013, y determinar en ese caso quién se debía encargar de la Presidencia de la República, no debía procederse "como si se tratara de una falta absoluta" del Presidente electo, lo que conforme al artículo 233 de la Constitución conllevaba a que fuera el Presidente de la Asamblea Nacional en que se encargase de la Presidencia.

Así como puede considerarse correcta la apreciación de la Sala de que la falta de comparecencia del Presidente electo al acto de toma de posesión no podía *per se* considerarse como una "falta absoluta,"[10] sin embargo no podría considerarse correcta la apreciación de la misma Sala de negar que en esos casos, para determinar quién se debía encargar de la Presidencia hubiera que rechazar a

9 La Sala, en la sentencia agregó sobre esto que "considerar que la solemnidad del juramento, en la oportunidad prefijada del 10 de enero y ante la Asamblea Nacional, suponga una especie de falta absoluta que, no sólo no recoge expresamente la Constitución, sino que antagoniza con la libre elección efectuada por el soberano, en franco desconocimiento de los principios de soberanía popular y democracia protagónica y participativa que postulan los artículos 2, 3, 5 y 6 del Texto Fundamental." Dijo además la Sala en este aspecto que "al no evidenciarse del citado artículo 231 y del artículo 233 *eiusdem* que se trate de una ausencia absoluta, debe concluirse que la eventual inasistencia a la juramentación prevista para el 10 de enero de 2013 no extingue ni anula el nuevo mandato para ejercer la Presidencia de la República, ni invalida el que se venía ejerciendo."

10 Esto lo reitera la sala en otro párrafo de la sentencia al señalar que "las vacantes absolutas no son automáticas ni deben presumirse. Estas están expresamente contempladas en el artículo 233 constitucional y, al contrario de lo que disponían los artículos 186 y 187 de la Constitución de 1961, la imposibilidad de juramentarse (por motivos sobrevenidos) el 10 de enero de 2013, no está expresamente prevista como causal de falta absoluta."

esos solos efectos, que se procediera "como si se tratara de una falta absoluta" encargándose el Presidente de la Asamblea de la Presidencia mientras el Presidente electo se juramentaba ante el Tribunal Supremo, ya que dicho funcionario era en definitiva es el único que tenía legitimidad democrática, pues había sido a su vez electo popularmente, y asegurar así el derecho a la democracia.

Por otra parte, la Sala Constitucional argumentó que "la falta de juramentación ante la Asamblea Nacional, el 10 de enero, tampoco produce tal suerte de ausencia, pues la misma norma admite que dicha solemnidad sea efectuada ante este Máximo Tribunal, en una fecha que no puede ser sino posterior a aquella." Ello sin embargo, no era correcto en cuanto al hecho de que se permitiera en la norma que la juramentación pudiera hacer en una fecha posterior, pero era innegable en el caso sometido al conocimiento de la Sala, que si el Presidente electo Hugo Chávez no acudía a juramentarse el 10 de enero de 2013 por estar postrado en una cama de hospital, fuera de Venezuela, gravemente enfermo, en ese caso su "ausencia" si era patente, como cuestión de hecho, razón por la cual debía encargarse de la Presidencia el Presidente del Congreso, hasta que cesase la ausencia. Esta circunstancia, hasta aquí, sin duda planteaba una cuestión de hecho que en cambio si requería de prueba, y que era la de determinación con precisión el estado de gravedad del Presidente electo Hugo Chávez, quien a pesar de que estaba ejerciendo su derecho a recuperar su salud, resultaba elemental que la Sala Constitucional determinara el estado real de la misma.

La Sala Constitucional, sin embargo, nada hizo al respecto, pasando a argumentar en su sentencia que "en el caso de una autoridad reelecta y, por tanto, relegitimada por la voluntad del soberano," como era el caso precisamente del Presidente Hugo Chávez, reelecto en octubre de 2012, sería un "contrasentido mayúsculo considerar que, en tal supuesto, existe una indebida prórroga de un mandato en perjuicio del sucesor, pues la persona en la que recae el mandato por fenecer coincide con la persona que habrá de asumir el cargo." Esta afirmación, en realidad, si era en si misma un "contrasentido mayúsculo" y sin sentido alguno, pues en ningún caso en que se posponga el acto de toma de posesión de un Presidente se puede operar una "prorroga" del mandato del período constitucional que termina; por lo que la afirmación es contradicha en la misma sentencia al afirmarse de seguidas que "tampoco existe alteración alguna del período constitucional pues el Texto Fundamental señala una oportunidad precisa para su comienzo y fin: el 10 de enero siguiente a las elecciones presidenciales, por una duración de seis años (artículo 230 ***eiusdem***)."

Por ello, es que al no presentarse el Presidente electo Chávez al acto de toma de posesión, el nuevo mandato se inició indefectiblemente el 10 de enero de 2013 y para ello es que mientras no compareciera dicho Presidente electo para tomar posesión del nuevo mandato, quien se debía encargar de la Presidencia era el Presidente de la Asamblea Nacional. Nada cambiaba esta solución constitucional el hecho de que el Presidente electo Hugo Chávez hubiese sido a la vez "reelecto."

La Sala Constitucional, a renglón seguido pasó luego a referirse a otro aspecto jurídico relativo al ejercicio de cargos públicos, que nada tenía que ver con la norma constitucional que se buscaba interpretar, y fue el referido al "*Principio de Continuidad Administrativa*, como técnica que impide la paralización en la prestación del servicio público," según el cual, "la persona designada para el ejercicio de alguna función pública no debe cesar en el ejercicio de sus atribuciones y competencias, hasta tanto no haya sido designada la correspondiente a sucederle (*vid.* sentencia n° 1300/2005)." Ciertamente, se trata de un principio elemental del derecho administrativo de la función pública, destinada a los funcionarios nombrados o designados, pero que no se puede aplicar a la terminación de un período constitucional y al inicio del otro respecto de funcionarios electos.[11] La Sala Constitucional, en efecto, erradamente resolvió que:

---

11 Como lo expresó el profesor Ricardo Combellas en declaraciones a BBC Mundo: "Ese es un principio muy sano del derecho administrativo: que independientemente de los cambios en la dirección administrativa de los asuntos del estado, las funciones del gobierno continúan. Lo que está planteado es que ha terminado un período constitucional y que eso no es un supuesto de continuidad administrativa sino es un supuesto de renovación de los poderes públicos que tienen un plazo limitado en la Constitución." En Carlos Chirinos, "El limbo de consecuencias impredecibles", BBC Mundo, 11 de enero de 2013. En: http://www.bbc.co.uk/mun-do/movil/noticias/2013/01/130110venezuela_constityente_combellas_opinion_cch.shtml

"En relación con el señalado principio de continuidad, en el caso que ahora ocupa a la Sala, resultaría inadmisible que ante la existencia de un desfase cronológico entre el inicio del período constitucional (10 de enero de 2013) y la juramentación de un Presidente reelecto, se considere (sin que el texto fundamental así lo paute) que el gobierno (saliente) queda *ipso facto* inexistente. No es concebible que por el hecho de que no exista una oportuna "*juramentación*" ante la Asamblea Nacional quede vacío el Poder Ejecutivo y cada uno de sus órganos, menos aún si la propia Constitución admite que tal acto puede ser diferido para una oportunidad ulterior ante este Supremo Tribunal."

Por supuesto, esta afirmación, absolutamente errada, ignoraba, primero, que como en la misma sentencia lo afirmó antes, que el Texto Fundamental señala para el período constitucional "una oportunidad precisa para su comienzo y fin: el 10 de enero siguiente a las elecciones presidenciales, por una duración de seis años (artículo 230)." Y por supuesto, en esa fecha, en ningún caso se produce "vacío del Poder Ejecutivo" alguno pues al terminar en esa fecha 10 de enero el período del Presidente en ejercicio, el Presidente electo toma posesión de su cargo iniciando el nuevo período, y si por algún motivo sobrevenido no lo puede hacer, se debe encargar de la Presidencia el Presidente de la Asamblea Nacional.[12] No hay, en caso alguno, tal vacío, debiendo corresponder al Presidente encargado designar el nuevo tren ejecutivo de Vicepresidente y Ministros, estando por supuesto obligados los anteriores a permanecer en sus cargos hasta ser reemplazados en virtud precisamente del señalado principio de continuidad administrativa.

---

12 Es en este contexto que debe leerse lo reiterado por la misma Sala en la sentencia, "tal como señaló esta Sala en los antes referidos fallos números 457/2001 y 759/2001, que no debe confundirse "*la iniciación del mandato del Presidente con la toma de posesión, términos que es necesario distinguir cabalmente*". Efectivamente, el nuevo periodo constitucional presidencial se inicia el 10 de enero de 2013, pero el constituyente previó la posibilidad de que "*cualquier motivo sobrevenido*" impida al Presidente la juramentación ante la Asamblea Nacional, para lo cual determina que en tal caso lo haría ante el Tribunal Supremo de Justicia, lo cual necesariamente tiene que ser *a posteriori*."

Luego pasó la Sala Constitucional a considerar la situación de hecho específica del Presidente Hugo Chávez, a pesar de que la sentencia interpretativa debía ser abstracta, notando,

> "por si aún quedaran dudas, que en el caso del Presidente Hugo Rafael Chávez Frías, no se trata de un candidato que asume un cargo por vez primera, sino de un Jefe de Estado y de Gobierno *que no ha dejado de desempeñar sus funciones* y, como tal, *seguirá en el ejercicio de las mismas hasta tanto proceda a juramentarse* ante el Máximo Tribunal, en el supuesto de que no pudiese acudir al acto pautado para el 10 de enero de 2013 en la sede del Poder Legislativo.
>
> De esta manera, a pesar de que el 10 de enero se inicia un nuevo periodo constitucional, la falta de juramentación en tal fecha no supone la pérdida de la condición del Presidente Hugo Rafael Chávez Frías, ni como Presidente en funciones, ni como candidato reelecto, en virtud de existir continuidad en el ejercicio del cargo."

En estas afirmaciones, la Sala Constitucional dio certeza a determinados hechos (incurriendo en realidad en varios errores fácticos y jurídicos,) sin que hubiese desplegado actividad probatoria alguna:

En primer lugar, la Sala afirmó que el Presidente Chávez, en las circunstancias de su enfermedad e inhabilitación desde la operación quirúrgica efectuada en La Habana el 11 de diciembre de 2012, podía considerarse que era "un Jefe de Estado y de Gobierno que no ha dejado de desempeñar sus funciones." Por supuesto que no había perdido la titularidad de su cargo, pues según se informaba no se había producido falta absoluta, pero al contrario de lo afirmado por la Sala, era un hecho notorio que desde el 11 de diciembre de 2012 el Presidente Chávez había estado postrado en una cama de hospital totalmente imposibilitado de ejercer sus funciones de Jefe de Estado y Jefe de Gobierno, situación constitucional que se configuraba como de falta temporal por estar ausente del país. Para demostrar lo contrario, y afirmar en la sentencia, que durante esos días de diciembre 2012-enero 2013 el Presidente Chávez no había "dejado de desempeñar sus funciones" la Sala debió haber acreditado eso en autos, dejando probado que desde La Habana, en un estado postoperatorio crítico, Chávez había continuado desempeñando efectivamente sus funciones, lo que era a todas luces, simplemente, imposible físicamente.

El mismo Presidente Chávez había previsto el 9 de diciembre de 2012 que su ausencia del país sería por un período de tiempo de más de 5 días y por ello él mismo solicitó la autorización correspondiente a la Asamblea Nacional para ausentarse del país (art. 235). Su falta temporal como Presidente encargado, en consecuencia, era un hecho notorio y evidente, que imponía la obligación en el Vicepresidente Ejecutivo de suplirla conforme a la Constitución, no siendo posible afirmar salvo probando con la certeza de los hechos en el expediente, que durante su enfermedad y postración en La Habana, Chávez "no ha dejado de desempeñar sus funciones."

Por otra parte, en esta materia de falta temporal, menos sentido y fundamento constitucional tenía la errada afirmación de la Sala Constitucional de que la solicitud de autorización a la Asamblea Nacional que pueda formular el Presidente para ausentarse del territorio nacional *por un lapso superior a cinco días,* se refiere "exclusivamente a la autorización para salir del territorio nacional, no para declarar formalmente la ausencia temporal en el cargo." De nuevo, la Sala Constitución ignoró la Constitución: las faltas temporales en el ejercicio de la Presidencia constituyen una cuestión de hecho, que no se declara. Si el Presidente en gira por el interior del país, sufre un accidente de tránsito que lo mantiene inconsciente y hospitalizado por un tiempo, sin duda, se origina una falta temporal que suple el Vicepresidente, así el Presidente no la haya "decretado" anunciando que iba a tener el accidente con sus consecuencias.

Por lo demás, toda ausencia del territorio nacional se configura como una falta temporal (en el sentido de que temporalmente el Presidente no está en ejercicio de sus funciones por imposibilidad física), por lo que no es más que un gran disparate la afirmación que hizo la Sala Constitucional en su sentencia, en el sentido de que: "*(ii)* No debe considerarse que la ausencia del territorio de la República configure automáticamente una falta temporal en los términos del artículo 234 de la Constitución de la República Bolivariana de Venezuela, sin que así lo dispusiere expresamente el Jefe de Estado mediante decreto especialmente redactado para tal fin." Esto no tiene lógica y mucho menos sentido y asidero constitucional.[13] No es serio afirmar que si un Presidente por ejemplo, entra en un proceso comatoso por cualquier causa que se prolonga indefinidamente, ello no origina una falta temporal porque el Presidente no la previó anticipadamente ni la decretó, razón por la cual no surgiría la obligación del Vicepresidente de suplirla.

Pero además, también carece de toda base constitucional la afirmación infundada, realizada por la Sala Constitucional en la sentencia en el sentido de que "con posterioridad al 10 de enero de 2013, aún no compareciendo el Presidente Chávez a juramentarse y a tomar posesión de su cargo, "conserva su plena vigencia el permiso otorgado por la Asamblea Nacional, por razones de salud, para ausentarse del país por más de cinco (5) días," lo cual no era cierto pues la autorización para ausentarse del país se le dio al Presidente Chávez en funciones, cuyo período constitucional terminó el 10 de enero de 2013, razón por la cual la autorización sólo tenía efectos hasta la terminación del período constitucional en la cual se dio.[14]

---

13 Sobre ello, el profesor Ricardo Combellas en declaraciones a BBC Mundo: "eso me parece un planteamiento absurdo, porque se le solicita al sujeto sobre el cual actúa la falta temporal que se pronuncie. Imagínese, no es el caso del presidente Chávez, sino de un presidente que esté incapacitado en una clínica recibiendo cuidado especial, incapaz de tomar voluntariamente una decisión. Entonces quedamos en un limbo jurídico si el presidente no se pronuncia. Poner ese requisito, que no establece la Constitución, me parece un exabrupto." En Carlos Chirinos, "El limbo de consecuencias impredecibles", BBC Mundo, 11-1-2013, en http://www.bbc.co.uk/mundo/movil/noticias/2013/01/130110_venezuela_constityente_combellas_opinion_cch.shtml

14 Como lo ha hincado el profesor Manuel Rachadell, "Chávez tiene el permiso de la Asamblea Nacional, otorgado por unanimidad del 9 de diciembre pasado, para ausentarse del país "por un lapso superior a los cinco días consecutivos" (art. 235), el cual mantiene su vigencia hasta el vencimiento del período constitucional el 10 de enero próximo, porque la Asamblea Nacional no puede dar permisos para el período siguiente. Llegados a esta fecha, si el Presidente electo no toma posesión del cargo, la Asamblea Nacional no tiene competencia para darle permiso ni prórroga para la juramentación de cumplir la Constitución." Véase Manuel Rachadell, "Tres observaciones a la carta de Maduro sobre la imposibilidad de juramentarse el Presidente electo ante la Asamblea Nacional." 9-1-2013, en: http://t.co/Sd5R2EwX

Y más infundada fue la afirmación de la Sala Constitucional en la sentencia de que con motivo de la ausencia del Presidente Chávez del territorio nacional desde el 10 de diciembre de 2012, en la situación que resultó de la operación a la que fue sometido el 11 de diciembre de 2012 según informaron los voceros oficiales del gobierno, "no se configura la vacante temporal del mismo al no haber convocado expresamente al Vicepresidente Ejecutivo para que lo supla por imposibilidad o incapacidad de desempeñar sus funciones." No causa sino asombro leer esta afirmación, ante normas tan precisas como las de los artículos 234 y 239.8 de la Constitución que prescriben, clara, pura y simplemente, que "las faltas temporales del Presidente serán suplidas por el Vicepresidente," y que entre las atribuciones del Vicepresidente está la de "suplir las faltas temporales del Presidente," lo cual opera automáticamente, resultado de una situación de hecho, sin que nadie lo decrete o lo decida, y sin que el Presidente deba "convocar al Vicepresidente" para que cumpla su obligación constitucional. Sin embargo, como es sabido y lo apuntó el profesor Manuel Rachadell, lo que ha ocurrido en los últimos tiempos en Venezuela es que el Vicepresidente no ha estado cumpliendo con su obligación constitucional de suplir las frecuentes ausencias temporales del Presidente, limitándose:

> "a ejecutar acciones en el estrecho ámbito de la delegación que le hizo el Presidente, dada la ficción de que Chávez no ha incurrido en falta temporal ni absoluta. De esta forma, Chávez sigue siendo, para el oficialismo, el Presidente en funciones, aún cuando se encuentre sumido, frecuente o esporádicamente (no se sabe), en períodos de inconsciencia por anestesia o por otros motivos. Durante esos períodos, Venezuela no tiene Presidente."[15]

La segunda observación que debe formularse a lo afirmado en la sentencia de la Sala Constitucional, y que causa mayor asombro, por la absoluta y total carencia de pruebas que la sustenten, es la aseveración de que el Presidente Hugo Chávez, una vez que concluyó su mandato presidencial del período constitucional 2007-2013 el 10 de enero de 2013, sin embargo, como jefe de Estado y de Gobierno "seguirá en el ejercicio de las mismas hasta tanto proceda a

---

15 *Idem.*

juramentarse ante el Máximo Tribunal, en el supuesto de que no pudiese acudir al acto pautado para el 10 de enero de 2013 en la sede del Poder Legislativo."

Primero, para hacer esta afirmación, de que el Presidente Chávez "seguirá en el ejercicio" de sus funciones "hasta tanto proceda a juramentarse ante el Máximo Tribunal," lo que se exigía de la Sala era que desplegara una labor probatoria sobre el estado de salud del Presidente para poder determinar precisamente si se presentaría efectivamente a juramentarse ante el Tribunal Supremo. Lo más elemental era que la Sala Constitucional determinara, por ejemplo, mediante una Junta Médica, el verdadero estado de salud del Presidente en el proceso de recuperación de su salud. Alguna prueba debía tener y constar en el expediente sobre esa situación de salud del Presidente, y si la misma efectiva y médicamente podía recuperarse. No se olvide, por ejemplo, que el primer Ministro Ariel Sharon de Israel, en pleno ejercicio de su cargo, en 2006 sufrió un derrame cerebral, habiendo entrado en un estado comatoso en el cual ha permanecido por siete años.[16] En su momento, sin embargo, dado las pruebas de su estado de salud, hubo de considerarlo separado de su cargo, habiéndose sucedido en Israel varios gobiernos distintos. Hubiera sido una aberración constitucional dejar un "encargado" del gobierno de dicho Primer Ministro, por tiempo indefinido, hasta esperar su recuperación. A la Sala Constitucional de Venezuela, sin embargo, no le interesó probar nada sobre la salud del Presidente y resolvió que aún estando fuera del territorio nacional, y de su enfermedad, sin probar nada, seguiría en ejercicio de sus funciones para el período constitucional ya concluido, y para el que se iniciaba sería juramentado cuando concurriera ante el Tribunal Supremo, sin saber ni determinar si ello era factible médicamente.

En los hechos que se sucedieron en enero de 2013, es evidente que al no presentarse el Presidente Chávez electo o reelecto, al concluir su período constitucional 2007-2013, ante la Asamblea Nacional el día 10 de enero de 2013 en el acto de la toma de posesión y juramentación de su cargo, simplemente, a pesar de que ineludible-

16 El 27 de enero de 2013 incluso se informó a la prensa, que a pesar de su estado comatoso había tenido "signos significantes de alguna actividad." Véase en BBC News, 27 January 2013 en http://www.bbc.co.uk/news/world-middle-east-21225929

mente el período constitucional 2013-2019 comenzó en esa fecha, el Presidente electo no podía comenzar a ejercer la presidencia para ese período constitucional 2013-2019 al no entrar en ejercicio del cargo, lo que le impedía poder cumplir sus funciones. Sus funciones del período 2007-2013, por tanto, concluyeron el 10 de enero, por lo que era una imposibilidad constitucional que a partir del 10 de enero de 2013, si no se juramentaba para el próximo período, pudiera seguir "en el ejercicio de las mismas;" pues como no se juramentó el 10 de enero ante la Asamblea no pudo asumir el ejercicio del cargo de Presidente para el período 2013-2019.[17] En consecuencia, fue un gran disparate y no tiene asidero constitucional alguno la afirmación de la Sala Constitucional de que:

> "*(iv)* A pesar de que el 10 de enero próximo se inicia un nuevo período constitucional, no es necesaria una nueva toma de posesión en relación al Presidente Hugo Rafael Chávez Frías, en su condición de Presidente reelecto, en virtud de no existir interrupción en el ejercicio del cargo."

Al contrario, precisamente porque el 10 de enero de 2013 se iniciaba un nuevo período constitucional, era absolutamente necesaria una nueva toma de posesión del Presidente Chávez Frías, en su condición de Presidente reelecto, en virtud de que el período constitucional 2007-2013 había terminado, y de que el ejercicio del cargo para el período 2013-2019 no se podía iniciar sin tal juramento, produciéndose en ese caso, inevitablemente, una real y efectiva in-

---

17 Como también lo ha indicado Manuel Rachadell, "La interpretación que le ha dado la fracción gubernamental en la Asamblea Nacional de que Chávez sigue siendo Presidente en ejercicio, cuya ausencia del acto de juramentación no tendría ninguna incidencia porque es una simple formalidad, que no es necesario que el Presidente de la Asamblea Nacional se juramente para cubrir la ausencia (que ni es temporal ni absoluta) del Presidente, porque tal función la ejerce, parcialmente, el Vicepresidente Ejecutivo de la República, carece de toda fundamentación en la Ley Suprema. No hay continuidad administrativa al concluir el período constitucional y comenzar el otro, ni siquiera en el supuesto de la reelección, y el nombramiento del Vicepresidente Ejecutivo caduca, como el del Presidente que lo ha designado, al vencimiento del período constitucional, el 10 de enero próximo". *Idem.*

terrupción en el ejercicio del cargo.[18] La Sala Constitucional al hacer la indicada afirmación infundada, contradijo lo expresado en su propia sentencia en el sentido de que el juramento previsto en el artículo 231 de la Constitución, "no puede ser entendido como una mera formalidad carente de sustrato y, por tanto, prescindible sin mayor consideración," sino que más bien se trata de una "solemnidad para el ejercicio de las delicadas funciones públicas" con "amplio arraigo en nuestra historia republicana," que "procura la ratificación, frente a una autoridad constituida y de manera pública, del compromiso de velar por el recto acatamiento de la ley, en el cumplimiento de los deberes de los que ha sido investida una determinada persona." Ese juramento debe hacerse ante la Asamblea Nacional que está compuesta por los representantes del pueblo, y con ello, el pueblo puede tomar conocimiento de quién es el que va a gobernarlo. Es una especie de acto constitutivo de "fe de vida" del Presidente, de su propia existencia física, y de su capacidad para gobernar, realizado ante los representantes del pueblo. Y ello no puede eliminarse porque el electo haya sido reelecto, y menos aún cuando había permanecido ausente del país durante un mes, sin que la nación tuviera conocimiento claro de su estado.

Después de todos las anteriores comentadas "consideraciones para decidir," sin actividad probatoria alguna, ni siquiera efectuada de oficio, la Sala Constitucional puntualizó lo que debió ser el objeto de la interpretación solicitada, en el sentido de que "la Constitución

---

18 Por ello, el profesor Román José Duque Corredor considera esta afirmación "falsa de toda falsedad" agregando que "La reelección no es un mecanismo del ejercicio del cargo o para el ejercicio del cargo, sino un derecho del funcionario que ejerce un cargo electivo de poderse postular como candidato para un nuevo período para ese cargo y no de continuar en el mismo cargo. De modo que por tratarse de una nueva elección, si existe interrupción en su ejercicio. Si no fuera así, entonces, se trataría de un plebiscito y no de una elección, que es lo que parece piensan los Magistrados de la referida Sala que ha ocurrido con el candidato Hugo Chávez que se postuló para las elecciones del 7 de octubre de 20102 para ser Presidente para el nuevo período 2013-2019." Véase Román José Duque Corredor, Observaciones a la sentencia de la Sala Constitucional de 9 de enero de 2013. Véase en http://www.uma.edu.ve/interna/424/0/novedades_del_derecho_publico

establece un término para la juramentación ante la Asamblea Nacional, pero no estatuye consecuencia para el caso de que por "*motivo sobrevenido*" no pueda cumplirse con ella de manera oportuna y, por el contrario, admite expresamente esa posibilidad, señalando que pueda efectuarse la juramentación ante el Tribunal Supremo de Justicia;" resumen que implicaba, precisamente, pasar a determinar cuál era la realidad fáctica de la enfermedad y del estado de salud del Presidente de la República Hugo Chávez, y cuál era la posibilidad médica real, fáctica, de que pudiera recuperar plenamente su salud para poder ejercer el cargo para el cual había sido electo; y en esa situación, determinar entonces quien debía encargarse de la Presidencia de la República mientras el Presidente electo por las causas sobrevenidas alegadas procedía, si ello hubiera sido factible conforme a las pruebas médicas, a tomar posesión del cargo.

La Sala Constitucional, sin embargo, en lugar de cumplir su función interpretativa de la segunda parte de la norma del artículo 231 de la Constitución, y de realizar actividad probatoria alguna conforme estaba obligada, se limitó a reafirmar lo que la propia norma constitucional dispone en el sentido de que la juramentación del Presidente reelecto podía ser efectuada en una oportunidad posterior al 10 de enero de 2013 ante el Tribunal Supremo de Justicia, de no poderse realizar dicho día ante la Asamblea Nacional, por supuesto, siempre que ello fuera factible; agregando sólo su apreciación de que le corresponde al propio Tribunal fijar dicho acto "una vez que exista constancia del cese de los motivos sobrevenidos que hayan impedido la juramentación." Es decir, en lugar de desplegar una actividad probatoria precisamente para decidir, constatando la salud del Presidente y las posibilidades de su recuperación, la Sala decidió, sin pruebas, imponiendo un gobierno no electo democráticamente, dejando para el fututo, solo el que se pudiera probar que los motivos que impidieron la juramentación habrían cesado. Ninguna posibilidad dejó abierta la Sala que pudiera llegar a probarse que el Presidente electo y ausente no podía en realidad llegar a juramentarse, y ejercer el cargo para el cual había sido electo, por razón de su salud.

De lo anterior, sin resolver la consecuencia jurídica derivada del hecho de que por un "motivo sobrevenido" el Presidente electo no pudo tomar posesión del cargo con su juramentación ante la Asamblea Nacional el día fijado constitucionalmente, la Sala concluyó su sentencia, afirmando como por arte de magia, sin que las "consideraciones para decidir" en realidad fundamentaran y condujeran a ello, que:

> "*(vi)* En atención al principio de continuidad de los Poderes Públicos y al de preservación de la voluntad popular, no es admisible que ante la existencia de un desfase cronológico entre el inicio del período constitucional y la juramentación de un Presidente reelecto, se considere (sin que el texto fundamental así lo paute) que el gobierno queda *ipso facto* inexistente. En consecuencia, el Poder Ejecutivo (constituido por el Presidente, el Vicepresidente, los Ministros y demás órganos y funcionarios de la Administración) seguirá ejerciendo cabalmente sus funciones con fundamento en el principio de la continuidad administrativa."

Sobre esto, que es en definitiva la parte resolutiva de la sentencia, con lo que se pretendió legitimar una usurpación de autoridad,[19] deben formularse las siguientes observaciones:

Primero, es una apreciación errada y sin fundamento de la Sala Constitucional expresar la hipótesis de que "se considere (sin que el texto fundamental así lo paute)" pero sin decir quién lo consideraba, que "ante la existencia de un desfase cronológico entre el inicio del período constitucional y la juramentación de un Presidente reelecto, [...] que el gobierno queda *ipso facto* inexistente." Esa hipótesis

---

19 Con razón la diputada María Corina Machado expresó el 11 de enero de 2013: "que el acto que vimos ayer no tiene precedentes. Dijo que Venezuela amaneció con un gobierno usurpado y el Vicepresidente, los ministros y la Procuradora General pretenden seguir ejerciendo sus cargos. "Todos los cargos de gobierno cesaron el pasado jueves y ante esa pretensión, todos su actos son nulos, como lo establece el artículo 138 de la Constitución", recalcó. Reiteró que Diosdado Cabello ha violado su juramento, porque debió llamar a la sesión solemne de toma de posesión del nuevo período presidencial y agregó que "no reconocemos a Maduro como Vicepresidente, porque hay una situación de ilegitimidad profunda". Aseguró que en Venezuela no existe separación de poderes, "tenemos un TSJ sumiso, nuestra soberanía está siendo pisoteada". Véase reseña de Programa Primera página de Globovisión, 11-1-2013, en http://www.lapatilla.com/site/2013/01/11/maria-corina-nuestra-soberania-esta-siendo-pisoteada/

que nadie le planteó pues no hubo debate alguno en el proceso, la verdad es que no tenía posibilidad de ocurrencia. Si un Presidente electo por un motivo sobrevenido no puede prestar su juramento ante la Asamblea Nacional, e, incluso, tampoco ante el Tribunal Supremo, el hecho de que el período constitucional anterior concluya no implica "que el gobierno queda *ipso facto* inexistente." Esta no es más que una lucubración llevada al absurdo que no tiene asidero alguno en el derecho constitucional, salvo en la visión distorsionada de la Sala Constitucional, al negarse a interpretar la norma constitucional que se le solicitó, y que precisamente era con el objeto de determinar, como el gobierno no puede dejar de existir, quién en esa situación se encargaba de la Presidencia de la República. Así como el Presidente de la Asamblea Nacional se debe encargar de la Presidencia en caso de falta absoluta del Presidente electo "antes de la toma de posesión" de su cargo, con la misma lógica de que ejerza interinamente la Presidencia un ciudadano con legitimidad democrática electiva, en caso de que por motivo sobrevenido el Presidente electo no pueda tomar posesión de su cargo y juramentarse, quien debe encargarse de la Presidencia para iniciar el nuevo período constitucional, mientras aquél se juramenta, es el Presidente de la Asamblea Nacional.[20] Y siempre, en este caso, con pruebas por

---

20 El profesor Román José Duque Corredor expuso sobre la errada conclusión de la sentencia su apreciación de que:"La continuidad de los poderes públicos no se afecta, ni tampoco el gobierno queda *ipso facto* inexistente, cuando de pleno derecho se establece un régimen transitorio precisamente para el caso que los funcionarios que deban ejercer sus funciones no lo puedan hacer, como ocurre cuando por su falta absoluta el candidato electo o reelecto Presidente no pueda asumir su cargo en la fecha programada, en cuyo caso el gobierno sigue existiendo en forma transitoria pero en manos del Presidente de la Asamblea Nacional. Y precisamente para garantizar la voluntad popular, ante la falta absoluta del candidato electo o reelecto para el inicio del nuevo período, la Constitución prevé que se realicen nuevas elecciones y que la Presidencia, transitoriamente hasta la nueva elección, la ejerza un funcionario elegido mediante sufragio directo y universal y no el Vicepresidente que no fue elegido ni designado para el nuevo período. Así como si dicha falta ocurre después del inicio del período y con posterioridad a la toma de posesión, el gobierno lo ejerza el Vicepresidente que si fue designado por el Presidente electo, que tomo posesión del cargo, pero que dejó su cargo por alguna falta absoluta, y ello solo mientras se llevan a cabo nuevas elecciones para que la

delante de la naturaleza del hecho sobrevenido y poder así determinarse si tal juramento podría tener o no lugar.

Segundo, luego de la errada apreciación anterior, y sin resolver el tema central de la interpretación constitucional solicitada en la situación de no comparecencia del Presidente Chávez el 10 de enero de 2013 a tomar posesión de su cargo, sobre quién en ese caso se debía encargar de la Presidencia de la República a partir de esa fecha, la Sala se limitó a afirmar que pura y simplemente que:

> "En consecuencia, el Poder Ejecutivo (constituido por el Presidente, el Vicepresidente, los Ministros y demás órganos y funcionarios de la Administración) seguirá ejerciendo cabalmente sus funciones con fundamento en el principio de la continuidad administrativa," y sin mayor argumentación.

En cuanto al "Presidente," lo que era una referencia sin duda al Presidente H. Chávez, ello no sólo era inconstitucional porque el mismo no se podía juramentar para tomar posesión de su cargo y entrar en ejercicio de sus funciones para el nuevo período constitucional, pues como se había informado oficialmente, y ese era el único hecho notorio que no requería prueba, estaba totalmente ausente del país desde hacía un mes, en un estado postoperatorio que presentaba un cuadro de salud que sin duda lo imposibilitaba e inhabilitaba totalmente, no sólo para comparecer ante la Asamblea Nacional sino para ejercer el cargo y las funciones inherentes al mismo. Respecto del Presidente de la República H. Chávez, no tenía sentido alguno invocar el principio de continuidad administrativa, pues como Jefe del Estado y del Gobierno, lo que le correspondía prioritariamente era dirigir la acción de gobierno (art. 226), y para ello estaba inhabilitado de hacerlo.

Se insiste, en cuanto al Presidente de la República Chávez quién continuaba, según la Sala, "ejerciendo cabalmente sus funciones," ello no pasaba de ser un buen deseo o un buen pensamiento, pues por las informaciones oficiales suministradas desde el gobierno, desde el 11 de diciembre de 2012 el Presidente no sólo estaba au-

---

voluntad popular se pueda manifestar." Véase Román José Duque Corredor, Observaciones a la sentencia de la Sala Constitucional de 9 de enero de 2013. Véase en http://www.uma.edu.ve/interna/424/0/novedadesdelderechopublico

sente del territorio nacional, sino que desde donde permanecía, estaba totalmente incapacitado para gobernar.[21] De manera que no era cierto, como lo afirmó la Sala Constitucional, que el Poder Ejecutivo estaba conducido por el Presidente de la República, ni que éste pudiera ejercer su cargo, y menos "continuar" ejerciéndolo en forma alguna. En el cuadro de gravedad del Presidente, en realidad, a esa fecha, lo único que se sabía como signo de su condición era que en algún momento había "apretado" la mano del Vicepresidente de la República, según información suministrada por él mismo.[22] Al contrario de lo que afirmó la Sala, había una evidente falta efectiva del Presidente de la República del país y del ejercicio del cargo para el cual había sido electo.

Para decretar judicialmente, a pesar de su ausencia del territorio nacional y del mencionado cuadro de salud, que sin embargo el Presidente enfermo y ausente "seguirá ejerciendo cabalmente sus funciones" lo menos que debía haber requerido la Sala Constitucional, era la prueba cabal y cierta de ese estado de salud y de las posibilidades de recuperación de la salud para poder ejercer cabalmente las funciones de la Presidencia. Pero nada de ello ordenó la Sala; es decir, decidió sin pruebas, y es más, en contra de "hechos" que eran más que "notorios."

---

21 El 13 de enero de 2013, el Ministro de Información Villegas, informaba: "El presidente de Venezuela, Hugo Chávez, evoluciona favorablemente de la cirugía a la que fue sometido el pasado 11 de diciembre, aunque aún necesita "medidas específicas" para la solución de la "insuficiencia respiratoria" que se le originó como consecuencia de una infección. "A pesar de su delicado estado de salud después de la compleja intervención quirúrgica del 11 de diciembre pasado en los últimos días la evolución clínica general ha sido favorable", véase en http://www.lapatilla.com/site/2013/01/13/villegas-en-minutos-comunicado-oficial-sobre-salud-de-chavez/

22 "Maduro: "Chávez me apretó la mano con una fuerza gigantesca," indicando que "En uno de los saludos lo saludé (a Chávez) con la mano izquierda y me apretó con una fuerza gigantesca mientras hablábamos", comentó Maduro durante una entrevista exclusiva que ofreció al canal interestatal Telesur desde Cuba, donde se encuentra desde el pasado 29 de diciembre acompañando al gobernante y a sus familiares." Véase en Larazón.com, 2 de enero de 2013, en http://www.larazon.es/detallenormal/noticias/554672/maduro-chavez-me-apreto-la-mano-con-una-fuerza

Lo resuelto por la Sala Constitucional, por tanto, estando el "Presidente" de hecho impedido de ejercer cabalmente sus funciones, lo que en realidad significó fue la decisión que sus Magistrados adoptaron de poner el gobierno de Venezuela para el inicio del período constitucional 2013-2019, en manos de funcionarios que no habían sido electos popularmente, contrariando el principio democrático, como eran los otros mencionados en la sentencia: "el Vicepresidente, los Ministros y demás órganos y funcionarios de la Administración" indicando que seguirían "ejerciendo cabalmente sus funciones con fundamento en el principio de la continuidad administrativa." En este caso, sin embargo, no es que con fundamento en el principio de la continuidad administrativa la Sala Constitucional hubiera resuelto que mientras el Vicepresidente, los Ministros y demás órganos y funcionarios de la Administración eran *reemplazados en sus cargos*, estaban en la obligación de ejercer sus funciones; sino que lo que resolvió la Sala Constitucional violando la Constitución y el derecho ciudadano a la democracia, que en el nuevo período constitucional 2013-2019 que se inició el 10 de enero de 2013, sin Presidente en ejercicio por estar éste confinado a una cama de hospital en La Habana con graves problemas de salud, el gobierno de la República comenzó a estar a cargo de funcionarios no electos, que no tenían legitimidad democrática, como son el Vicepresidente y los Ministros quienes habían sido nombrados en el período constitucional anterior, sin término alguno, es decir, *sine die*, y hasta cuando el propio Tribunal Supremo fijase la oportunidad de que el Presidente electo enfermo se juramentase ante el mismo.

Ni más ni menos, la Sala Constitucional lo que produjo con esta decisión fue un golpe contra la Constitución,[23] que en este caso fue dado por el Juez Constitucional, el cual precisamente estaba llamado a defenderla en su supremacía e integridad, vulnerando en cambio el derecho de los ciudadanos a ser gobernados por gobernantes electos.

23 También puede calificarse la situación como golpe de Estado, pues en definitiva, todo golpe contra la Constitución es un golpe de Estado. Véase Claudio J. Sandoval, ¿Golpe de Estado en Venezuela?, en *El Universal*, Caracas 10 de enero de 2013, en http://www.eluniversal.com/opinion/130110/oea-golpe-de-estado-en-venezuela.

La decisión de la Sala Constitucional, por otra parte, no resolvía el problema de gobernabilidad democrática de la República, que era lo que la Sala Constitucional estaba en la obligación de garantizar con su interpretación. El Vicepresidente Ejecutivo entonces en funciones, Nicolás Maduro, a quien conforme a lo decidido en la misma sentencia se dejaba de hecho conduciendo la acción de gobierno, sin embargo, supuestamente aún en ausencia del Presidente del territorio nacional, no está supliendo la "falta temporal" del Presidente Chávez pues éste según la Sala ni la había decretado ni la había invocado, de manera que supuestamente sólo podría actuar como Vicepresidente Ejecutivo, con las atribuciones que tiene en la Constitución (art. 239) y las que el Presidente Chávez le delegó mediante Decreto Nº 9315 de 9 de diciembre de 2012,[24] de contenido absolutamente limitativo.

Además, debe advertirse que dicho Decreto de delegación de diciembre de 2012, al considerar que el Vicepresidente Ejecutivo Maduro no suplía automáticamente la falta temporal del Presidente delegante (de lo contrario la delegación era innecesaria), impuso que todos los actos que dictase el Vicepresidente distintos a los expresamente delegados en los 8 primeros numerales del artículo 1º del Decreto referidos a temas de finanzas públicas, para poder ser dictados debían ser sometidos "a consulta previa al Presidente" y a su aprobación en Consejo de Ministros, lo que de nuevo planteaba un cuadro de imposibilidad en su ejecución por la situación de salud del Presidente. Por otra parte, era evidente que el mencionado decreto de delegación cesó en sus efectos, por caducar, a partir del 10 de enero de 2013, al terminar el período constitucional para el cual fue dictado. Sin embargo, y asumiendo que con la decisión de la Sala Constitucional el mismo también había sido "prorrogado" en sus efectos, el resultado de todo lo anterior, era que al no estar el Vicepresidente supliendo la "falta temporal" del Presidente, por no haberlo así resuelto el Presidente y haberlo decidido así el propio Tribunal Supremo, en ausencia del primero, el Vicepresidente Ejecutivo comenzaba a conducir el Poder Ejecutivo con facultades muy limitadas, entre las cuales no estaban las enumeradas en el artículo 236 de la Constitución asignadas al Presidente de la República.

---

24 Véase en *Gaceta Oficial* Nº 40.078 del 26 de diciembre de 2012.

El resultado de todo esto fue que a partir del 10 de enero de 2013, por voluntad la Sala Constitucional del Tribunal Supremo de Justicia, en Venezuela comenzó a gobernar un funcionario que según la propia sentencia no estaba supliendo la ausencia del Presidente de la República electo y enfermo; funcionario que entonces sólo podía ejercer sus atribuciones establecidas en la Constitución (art. 239) y las enumeradas en el decreto de delegación de diciembre de 2013,[25] y quién no podía ejercer las atribuciones que sólo un Presidente en ejercicio podría ejercer. Ello implicaba, por ejemplo, que a partir del 10 de enero de 2013, no podía nombrar y remover los Ministros;[26] no podía dirigir las relaciones exteriores de la República y celebrar y ratificar los tratados, convenios o acuerdos internacionales; no podía dirigir las Fuerza Armada Nacional ni podía tener el carácter de Comandante en Jefe de la misma, no pudiendo ejercer la suprema autoridad jerárquica de ella y fijar su contingente; no podía ejercer el mando supremo de la Fuerza Armada Nacio-

25 Ello no impidió por ejemplo que el Vicepresidente, en virtud de la "continuidad administrativa" decretada por la Sala Constitucional, procediera a designar mediante Decreto Nº 9350 de 11 de enero de 2013, "por delegación del Presidente," a un "Vicepresidente Encargado" para suplir su ausencia del territorio nacional para viajar a Cuba. Véase Decreto Nº 9.350, de fecha 11 de enero de 2013 en *Gaceta Oficial* Nº 40.088, de fecha 11 de enero de 2013.

26 Por ello se recurrió a la ficción de publicar el 18 de enero de 2013 dos decretos con la firma del Presidente "dada en Caracas" cuando ello era falso pues estaba en La Habana, recuperándose, según informó el día anterior 17 de enero de 2013 el propio Vicepresidente Maduro de los "estragos" de unas complicaciones postoperatorias (Véase Entrevista a Nicolás Maduro, "Tratamiento del presidente Chávez es para superar "estragos" de infección respiratoria," *Globovisión* 17 de enero de 2013, en http://globovision.com/articulo/maduro-ahora-tratamiento-de-chavez-es-para-superar-estragos-de-insuficiencia-respiratoria), como fue el caso del Decreto Nº 9.351 de 15 de enero de 2013 publicado en *Gaceta Oficial* Nº 40.090 de la misma fecha, en el cual el mismo Presidente Hugo Chávez nombró a "Elías Jaua Milano, como Ministro del Poder Popular para Relaciones Exteriores;" y el Decreto Nº 9.352, de la misma fecha, mediante el cual el mismo Presidente Hugo Chávez nombró a l mismo Elías Jaua Milano, Ministro del Poder Popular para Relaciones Exteriores, como "Sexto Vicepresidente del Consejo de Ministros Revolucionarios del Gobierno Bolivariano para el Área Política."

nal, promover sus oficiales a partir del grado de coronel o capitán de navío, y nombrarlos para los cargos que les son privativos; no podía declarar los estados de excepción y decretar la restricción de garantías en los casos previstos en esta Constitución; no podía convocar a la Asamblea Nacional a sesiones extraordinarias; no podía reglamentar total o parcialmente las leyes, sin alterar su espíritu, propósito y razón; no podía negociar los empréstitos nacionales; no podía celebrar los contratos de interés nacional conforme a la Constitución y la ley; no podía designar, previa autorización de la Asamblea Nacional o de la Comisión Delegada, al Procurador General de la República y a los jefes o jefas de las misiones diplomáticas permanentes; no podía formular el Plan Nacional de Desarrollo y dirigir su ejecución previa aprobación de la Asamblea Nacional; no podía conceder indultos; no podía fijar el número, organización y competencia de los ministerios y otros organismos de la Administración Pública Nacional, o la organización y funcionamiento del Consejo de Ministros, dentro de los principios y lineamientos señalados por la correspondiente ley orgánica; no podía disolver la Asamblea Nacional en el supuesto establecido en la Constitución; ni podía convocar referendos; ni podrá convocar y presidir el Consejo de Defensa de la Nación.[27]

A esta absurda ingobernabilidad era a lo que conducía la sentencia de la Sala Constitucional; a raíz de la cual, por su insostenibilidad jurídica, el gobierno comenzó incluso a perseguir a quienes argumentaran o informaran sobre la interpretación que debía darse a las normas constitucionales y sobre la inconstitucional decisión del Tribunal Supremo y sus efectos;[28] de manera que hasta los estudian-

---

27 Véase sobre esta situación, Manuel Rachadell, "Continuidad de la presidencia compartida o un país presidencialista sin Presidente," Caracas, 10 de enero de 2013, en http://manuelrachadell@blogspot.com.

28 El 9 de enero de 2013, el consultor jurídico de Globovisión, Ricardo Antela, explicó sobre el nuevo procedimiento administrativo sancionatorio abierto por la Comisión Nacional de Telecomunicaciones (CONATEL) contra la estación de TV, "por la difusión de cuatro micros informativos sobre el articulado de la Constitución", que a juicio del ente regulador, "incitan al odio, la zozobra y la alteración del orden público", prohibiendo de entrada "a la televisora retransmitir dichos mensajes o algunos similares." En horas de la tarde de ese mismo día el "presidente de la Asamblea Nacional, Diosdado Cabello; y

tes universitarios que comenzaron a protestar contra la sentencia de la Sala Constitucional, fueron por ello amenazados con cárcel.[29]

El tema central y patético en este caso, sin embargo, es que con la sentencia Nº 2 de 9 de enero de 2013, la Sala Constitucional del Tribunal Supremo de Justicia, a partir del 10 d enero de 2013 instaló en Venezuela un gobierno no electo, sin término, sujetando sólo su duración hasta cuando la propia Sala Constitucional lo dispusiera fijando una fecha para tomar juramento del Presidente de la República electo, y no posesionado de su cargo, para comenzar a ejercerlo, a pesar de que por razón del principio de la continuidad administrativa hubiera afirmado que el mismo Presidente supuestamente continuaba "en el ejercicio cabal de su cargo." Esa tan importante y trascendental decisión para la vida democrática de un país, además, y sin embargo, lo adoptó el juez constitucional sin que en el expediente constara prueba alguna sobre el estado de salud del Presidente electo y no posesionado, y sobre las posibilidades de su recuperación.

Ante esta sentencia, por tanto, adquiere todo su valor el principio de que en los procesos constitucionales se precisa ineludiblemente de la prueba cuando sea necesario sustentar la verdad de algo para aplicar determinada consecuencia jurídica[30] y eso es lo que

---

el ministro Rafael Ramírez, habían sugerido al ente regulador "iniciar una investigación contra el canal por difundir el artículo 231 de la Constitución.". Véase la información en http://globovision.com/articulo/conatel-notifica-a-globovision-de-nuevo-procedimiento-administrativo-sancionatorio

29 El Gobernador del Estado Táchira, José Gregorio Vielma Mora, afirmó a la prensa "que los estudiantes de las universidades Católica y de Los Andes de esa entidad, que manifestaron en contra del fallo del Tribunal Supremo de Justicia, estaban ebrios y otros consumieron drogas para "valentonarse en contra de la autoridad". "Son delincuentes", aseveró. Advirtió al rector académico de la ULA, Omar Pérez Díaz y demás profesores, que irá a la Fiscalía a denunciarlos. "No mienta (Pérez Díaz), usted está promoviendo la violencia en Táchira. Les están pagando desde el extranjero. "Tienen armamento y municiones dentro de la universidad", acusó. De seguir protestando "van a ser tratados como bandas criminales e irán a la cárcel de Santa Ana". Véase en http://m.notitarde.com/no-ta.aspx?id=159398

30 Véase Ana Giacometto, *La prueba en los procesos constitucionales,* Bogotá 2009.

precisamente debe ocurrir en los procesos de interpretación abstracta de la Constitución cuando haya hechos que probar, de manera que el juez constitucional pueda decidir conforme a lo probado en autos, estándole vedado decidir sin que los hechos involucrados hayan sido probados. Lo contrario es arbitrariedad, que es precisamente lo que ocurrió con la sentencia Nº 2 de 9 de enero de 2013; y además, con la sentencia Nº 141 de 8 de marzo de 2013.

Por ello puede decirse que la arbitraria conducta del Juez Constitucional en esta materia, en Venezuela, no terminó en enero de 2013, sino que su actuación contraria a la Constitución la completó dos meses después, una vez que se anunció oficialmente el fallecimiento del Presidente de la República el 5 de marzo de 2013, después de que supuestamente había sido trasladado el 18 de febrero de 2013,[31] de una cama de hospital en La Habana a una cama de hospital en Caracas, sin haber sido visto nunca más públicamente desde el 10 de diciembre de 2012.

Dos días antes del anunciado regreso a Caracas, en todo caso, en relación con el tema de la salud del Presidente Chávez, se había anunciado oficialmente que debido a una traqueotomía, el mismo "respiraba por una cánula traqueal," lo que le impedía hablar.[32] Ello

31 Véase la reseña en *El Universal*, Caracas 18-2-2013, "Chávez vuelve a Venezuela. El presidente de Venezuela, Hugo Chávez, regresó a Caracas procedente de La Habana, más de dos meses después de que viajara a Cuba para someterse a la cuarta operación de un cáncer que le fue diagnosticado en junio de 2011, y se encuentra en el hospital militar de Caracas," en http://www.eluni-versal.com/nacional-y-politica/salud-presidencial/130218/chavez-vuelve-a-venezuela. A través de la cuenta Twister@chavezcan-danga, el Presidente habría mandado un mensaje a las 2.30 de la madrugada con el siguiente texto: "Hemos llegado de nuevo a la Patria venezolana. ¡¡Gracias Dios mío!! Gracias ¡¡Pueblo amado!! Aquí continuaremos el tratamiento."

32 El Ministro de Comunicación e Información, Ernesto Villegas, informó ese día en cadena de radio y televisión que al Presidente le persistía "un cierto grado de insuficiencia" y "presenta respiración a través de cánula traqueal que le dificulta temporalmente el habla," sometido a un "tratamiento enérgico para la enfermedad de base, que no está exento de complicaciones," oportunidad en la cual se publicitó una fotografía que se dijo era de 14 de febrero de 2013 del Presidente con sus hijas, que sin embargo, no mostraban en forma alguna lo que se anunciaba, ni por la vestimenta de los que posaron en la fo-

no impidió, sin embargo, que unas semanas antes el Ministro de Relaciones Exteriores Elías Jaua, nombrado "en Caracas" por el Presidente electo, cuando estaba sin embargo ausente del país y no había tomado posesión de su cargo, luego de un viaje a La Habana, hubiera afirmado el 22 de enero de 2013, a su regreso a Caracas, que había "conversado con Chávez en La Habana;"[33] ni que a principios del mes de marzo de 2013, otros voceros oficiales del gobierno, en particular el Vicepresidente Ejecutivo y otros Ministros, hubieran llegado a anunciar al país que habían estado con el Presidente Hugo Chávez Frías en una supuesta reunión de gabinete de nada menos que de cinco horas durante la noche el día 23 de febrero.[34]

---

tografía ni por la asepsia que una situación como la escrita requería. Continuó el Ministro informando que "después de dos meses de un complicado proceso postoperatorio, el paciente se mantiene consciente, con integridad de las funciones intelectuales, en estrecha comunicación con su equipo de gobierno y al frente de las tareas fundamentales inherentes a su cargo." Sin embargo, el Ministro de Ciencia y tecnología Arreaza, informaba en el canal multiestatal Telesur, que Chávez "tiene dificultad para comunicarse verbalmente (...) Uno lo que tiene es que poner atención y él comunica perfectamente sus decisiones, cuando no las escribe (...) Pero perfectamente se comunica y se da a entender. No tiene la voz que lo caracteriza, pero esto es un proceso que es reversible y esperamos volverlo a escuchar." Véase la reseña de María Lilibeth Da Corte, "Chávez respira por cánula traqueal que le dificulta hablar. Arreaza: Él comunica perfectamente sus decisiones, cuando no las escribe," en *El Universal*, Caracas 16-2-2013, en http://www.eluniversal.com/nacional-y-politica/130216/chavez-res-pira-por-canula-traqueal-que-le-dificulta-hablar. Véase igualmente en http://globovision.com/articulo/ministro-villegas-en-breve-co-municado-y-fotografias-del-presidente-chavez

33 Véase la reseña de Ender Ramírez Padrino, "Jaua informó que se reunió con el presidente en La Habana," *El Nacional*, 21 de enero de 2013, en http://www.el-nacional.com/politica/Jaua-asegura-converso-Chavez-Habana_0_122390427.html

34 Véase "Maduro asegura que se reunió con Chávez por más de cinco horas," en *El Universal*, 23 de febrero de 2013, en http://www.eluniversal.com/nacional-y-politica/salud-presidencial/130223/maduro-asegura-que-se-reunio-con-chavez-por-mas-de-cinco-horas; y En "Maduro: Chávez continúa con cánula traqueal y usa distintas vías de entendimiento," Publicado por Caracas en Febrero 23, 2013, en

El día 4 de marzo de 2013, in embargo, el Ministro de Comunicaciones anunciaba al país que Chávez había tenido "un empeoramiento de la función respiratoria relacionado con el estado de inmunodepresión propio de su situación clínica," presentando "una nueva y severa infección" siendo su estado de salud "muy delicado,"[35] lo que presagiaba ya un desenlace final. Y ello fue confirmado el día 5 de marzo de 2013 en horas de mediodía en una extraña y sombría rueda de prensa o reunión de gabinete presidida por el Vicepresidente Ejecutivo Nicolás Maduro, convocada "luego de que se informara oficialmente de un deterioro en la salud del presidente Hugo Chávez"[36] anunciándose ya, sin anunciarlo, lo que evidentemente había ocurrido o estaba ocurriendo, y que era el fallecimiento del Presidente Chávez.

De allí, luego de los diversos anuncios contradictorios sobre el agravamiento de la salud del Presidente, lo que siguió fue el anuncio formal del hecho del fallecimiento unas pocas horas después, en exposiciones separadas y televisadas del Vicepresidente Nicolás Maduro,[37] del Presidente de la Asamblea Nacional, Diosdado Cabello[38] y del Ministro de la Defensa, general Diego Molero Bellavía.[39]

---

http://venezuelaal-dia.com/2013/02/ma-duro-chavez-continua-con-la-canula-traqueal-y-usa-distintas-vias-de-entendimiento/.

35 "Villegas, "El estado general sigue siendo delicado," en Kikiriki, 4-3-2013, en http://www.kikiriki.org.ve/villegas-el-estado-general-sigue-siendo-delicado/.

36 Véase "Venezuela transmitirá reunión entre Maduro, Gabinete y militares: oficial," en Reuters, 5-3-2013, en http://ar.reuters.com/article/topNews/idARL1N0BX9B220130305.

37 Véase en "Muere el presidente Hugo Chávez," en *ElTiempo.com*, 5-3-2013, en http://www.eltiempo.com/mundo/latinoamerica/ARTICULO-WEB-NEW_NOTA_INTERIOR-12639963.html.

38 Véase en http://cnnespanol.cnn.com/2013/03/05/diosdado-cabello-nuestros-hijos-tendran-patria-gracias-a-lo-que-hizo-chavez/

39 Véase lo expresado por Diego Molero Bellavía, Ministro de la Defensa, al comprometerse en que las Fuerzas Armadas respetarían la Constitución, expresando,, " Vicepresidente Nicolás Maduro, señor Diosdado Cabello, presidente de la Asamblea Nacional, y todos los poderes, cuenten con la Fuerza Armada, que es del pueblo y para el pueblo," en "Ministro de la defensa venezolano hace un llamado a la unidad," CNN, 5-3-2013, en CNN es la Noticia, 5-3-2013, en

Sobre ello, tal y como se afirmó en la sentencia Nº 141 de la Sala Constitucional del Tribunal Supremo de Justicia, "el 5 de marzo de 2013, el Vicepresidente Ejecutivo ciudadano Nicolás Maduro Moros anunció, desde la sede del Hospital Militar de Caracas 'Dr. Carlos Arvelo,' el lamentable fallecimiento del Presidente de la República ciudadano Hugo Chávez Frías"[40]; hecho que ocurrió, según dicho anuncio, a las 4.25 pm.,[41] sesenta años después del fallecimiento de Joseph Stalin, hecho éste último que ocurrió el día 5 de marzo de 1953. Nótese que la Sala Constitucional no afirmó que en esa fecha indicada había ocurrido el fallecimiento, pues no tenía pruebas de ello, y sólo se basó en el anuncio hecho por el Vicepresidente, sin prueba alguna.

Se trató, en todo caso, de un hecho singular en la vida política del país, pues desde que el presidente Juan Vicente Gómez falleció en diciembre de 1935, estando en ejercicio del cargo, no había ocurrido en Venezuela que un Presidente de la República falleciera siendo titular del cargo, y nunca con la popularidad que había tenido el Presidente Chávez.

Como hecho relevante en la vida política del país, el mismo, sin duda, el anuncio del fallecimiento del Presidente Chávez produjo una serie de consecuencias jurídicas que deben identificarse claramente. El derecho precisamente regula las consecuencias jurídicas que en determinados momentos producen ciertos hechos o actos adoptados por los sujetos de derecho, así como las relaciones jurídicas que se establecen entre esos sujetos de derecho. Normas, actos y sujetos de derecho configuran, en definitiva, el mundo en el cual opera el derecho, de manera que el hecho del fallecimiento de una persona titular del cargo de Presidente de República, quién incluso

---

http://cnnespanol.cnn.com/2013/03/05/ministro-de-la-defensa-venezolano-hace-un-llamado-a-la-unidad/.

40 Véase el texto de la sentencia de interpretación del artículo 233 de la Constitución en http://www.tsj.gov.ve.decisiones/scon/Mar-zo/141-9313-2013-13-0196.html.

41 Afirmando incluso que no descartaba "que la enfermedad del presidente Chávez haya sido inducida." Véase "Muere el presidente Hugo Chávez,", en *ElTiempo.com*, 5-3-2013, en http://www.eltiempo.com/mundo/latino-america/ARTICULO-WEB-NEW_NOTA_INTERIOR-12639963.html.

no se llegó a posesionar del mismo, amerita ser analizado para tratar de establecer sus consecuencias jurídicas. Ese hecho del fallecimiento del Presidente de la República Hugo Chávez Frías, se produjo además en medio de una serie de otros hechos y actos jurídicos que condicionaron sus efectos jurídicos y que es necesario tener también presente para determinar dichas consecuencias jurídicas.

Esos son, en líneas generales, los siguientes:

Primero, que el Presidente Chávez había sido reelecto Presidente de la República el 7 de octubre de 2012, para el período constitucional 2013-2019, cuando estaba en ejercicio del cargo de Presidente para el período constitucional 2007-2013, para el cual había sido reelecto en 2006; período este que terminaba el 10 de enero de 2013.

Segundo, que el Presidente Chávez, desde el día 10 de diciembre de 2012, había viajado a La Habana, luego de haber obtenido autorización de la Asamblea Nacional pues se ausentaría del territorio nacional por más de 5 días (art. 234, Constitución), para someterse a una operación quirúrgica, después de la cual nunca más se le vio en público.

Tercero, que la ausencia del Presidente del territorio nacional constituyó una falta temporal (art. 234, Constitución) que constitucionalmente el Vicepresidente Ejecutivo estaba obligado a suplir, lo que en este caso, el Vicepresidente que era Nicolás Maduro se negó a hacer, habiendo permanecido en Caracas, con viajes frecuentes a La Habana, conduciendo la acción de gobierno sólo mediante una delegación de atribuciones que el Presidente Chávez había decretado el 9 de diciembre de 2012.

Cuarto, que para tomar posesión del cargo de Presidente para el nuevo período constitucional 2013-2019, el Presidente Chávez debía juramentarse ante la Asamblea Nacional el día 10 de enero de 2013 (art. 231, Constitución).

Quinto, que si ese día 10 de enero de 2013, el Presidente electo, por alguna causa sobrevenida, no podía prestar juramento ante la Asamblea Nacional, lo podía hacer posteriormente ante el Tribunal Supremo de Justicia (art. 231, Constitución).

Sexto, que en esa fecha 10 de enero de 2013, en todo caso, comenzaba el nuevo período constitucional 2013-2019 (art. 231,

Constitución), así no se producía el acto formal de juramentación del Presidente electo, y éste se juramentase posteriormente ante el Tribunal Supremo.

Séptimo, que el Vicepresidente Nicolás Maduro informó a la Asamblea Nacional el 8 de enero de 2013, que el Presidente de la República, dado su estado de salud, no iba a poder comparecer ante la Asamblea el día 10 de enero de 2013 para juramentarse en su cargo, permaneciendo en La Habana.

Octavo, que el Presidente Chávez, efectivamente no compareció ante la Asamblea Nacional a tomar posesión del cargo para el período constitucional 2013-2019, de manera que su fallecimiento ocurrió sin haberse juramentado ni haber tomado posesionado de su cargo.

Noveno, que antes de que se iniciara el nuevo periodo constitucional el 10 de enero de 2013, sin embargo, como hemos mencionado antes, el Tribunal Supremo de Justicia, el día 9 de enero de 2013, decidió mediante una sentencia interpretativa, que en virtud de que el Presidente Chávez había sido reelecto y había estado en ejercicio de la Presidencia de la República, su no comparecencia ante la Asamblea Nacional no significaba que no continuara en ejercicio de sus funciones junto con todo su gabinete (Vicepresidente y Ministros), todos ellos nombrados en el período constitucional que concluyó el 10 de enero de 2013; para lo cual la Sala Constitucional del Tribunal Supremo aplicó a la cuestión constitucional planteada el "principio de la continuidad administrativa."[42]

Décimo, que luego de que se informara que el Presidente Chávez fuera trasladado desde un Hospital en La Habana, al Hospital Mili-

42 La Sala dijo en la sentencia, en cuanto al Presidente Chávez, que se trataba "de un Jefe de Estado y de Gobierno que no ha dejado de desempeñar sus funciones y, como tal, seguirá en el ejercicio de las mismas hasta tanto proceda a juramentarse ante el Máximo Tribunal." Agregó además, que " la falta de juramentación en tal fecha no supone la pérdida de la condición del Presidente Hugo Rafael Chávez Frías, ni como Presidente en funciones, ni como candidato reelecto, en virtud de existir continuidad en el ejercicio del cargo". Véase, Expediente N° 12-1358, Solicitante: Marelys D'Arpino. Véase el texto de la sentencia en: http://www.tsj.gov.ve/decisiones/scon/Enero/02-9113-2013-12-1358.html.

tar de Caracas el día 18 de febrero de 2013, donde habría permanecido recluido sin ser visto en público, al anunciar el Vicepresidente que se había producido su fallecimiento el día 5 de marzo de 2013, puede decirse que cesó el régimen de "continuidad administrativa" del Presidente electo de su Vicepresidente y del tren ministerial anterior, que la Sala Constitucional del Tribunal Supremo había dispuesto que continuaban en sus funciones, fundamentándose en el hecho de que para el 9 de enero de 2013 el Presidente reelecto estaba en ejercicio de su cargo, por lo que hasta que se juramentase, todos debían continuar en el desempeño de sus funciones o en el ejercicio de sus cargos, y entre ellos el Vicepresidente y sus Ministros, hasta que el Presidente se juramentase; y

Decimoprimero, que tal juramento y la toma de posesión del cargo por el Presidente electo nunca pudo tener lugar, a causa del fallecimiento del Presidente.

Para entender bien las consecuencias jurídicas de éste último hecho, por tanto, es bueno refrescar con precisión lo que decidió la Sala Constitucional del Tribunal Supremo de Justicia, en la sentencia Nº 2 del 9 de enero de 2013 sobre la no comparecencia anunciada del Presidente de la República para su toma de posesión el día siguiente, 10 de enero de 2013, por encontrarse totalmente incapacitado para ello por yacer en una cama de hospital en La Habana después de haber sido operado un mes antes (11 de diciembre de 2012).

La Sala Constitucional consideró que en virtud de que el Presidente Hugo Chávez había sido "reelecto" Presidente para el período 2013-2019 terminando ese mismo día su período constitucional anterior (2007-2013), y que como eventualmente podría prestar dicho juramento posteriormente ante el propio Tribunal Supremo, entonces no podía considerarse que en ese día de terminación del período constitucional 2007-2013, por su ausencia, "que el gobierno queda *ipso facto* inexistente," resolviendo entonces que: "el Poder Ejecutivo (constituido por el Presidente, el Vicepresidente, los Ministros y demás órganos y funcionarios de la Administración) seguirá ejerciendo cabalmente sus funciones con fundamento en el principio de la continuidad administrativa," por supuesto, hasta que se juramentase y tomase posesión de su cargo ante el propio Tribunal.

Fue conforme a esa sentencia, entonces, el Tribunal por una parte, decidió que el Presidente de la Asamblea Nacional, Diosdado Cabello no debía encargarse de la Presidencia de la República, tal como le correspondía conforme al principio democrático y que exigía la aplicación analógica de la norma que regula la falta absoluta del Presidente antes de su toma de posesión (art. 233); por la otra parte, aseguró la continuidad en el ejercicio de su cargo del Presidente de la República reelecto a pesar de estar postrado en una cama de hospital; y finalmente, decidió que el Vicepresidente Maduro a partir del 10 de enero de 2013 continuaría en ejercicio del cargo de Vicepresidente Ejecutivo. Consolidó así el Tribunal Supremo la usurpación de la voluntad popular, imponiéndole a los venezolanos un gobierno de hecho a cargo de funcionarios no electos, el Vicepresidente y los Ministros, que habían sido designados por el Presidente Chávez en el período constitucional anterior (2007-2013), y quienes continuaron ejerciendo sus cargos, situación que conforme a la sentencia de la Sala Constitucional debía permanecer hasta que el Presidente se juramentara. Esto último, ya evidentemente era una falacia pues, sin duda, para ese momento, todo el gobierno ya debía haber sabido sobre la condición de salud del Presidente y la imposibilidad que ya habría de que efectivamente se pudiera juramentar y tomar posesión de su cargo.

Hasta el 5 de marzo de 2013, por tanto, en virtud de la mencionada sentencia del Tribunal Supremo, el Vicepresidente Maduro continuó ejerciendo atribuciones del Poder Ejecutivo, pero sin siquiera haberse encargado de la Presidencia y sin siquiera suplir al Presidente en su falta temporal como se lo imponía el artículo 234 de la Constitución, no habiéndose dictado actos de gobierno algunos ni decretos presidenciales en los últimos días antes del 5 de marzo de 2013.[43]

43 Véase *Gacetas Oficiales* Nos 40.121 de 1-3-2013; Nos 40.122 de 4-3-2013; Nos 40.123 de 5-3-2013; Nos 40.124 de 6-3-2013.

II. EL JUEZ CONSTITUCIONAL, ANTE LA "FALTA ABSOLUTA" DEL PRESIDENTE ELECTO QUE NUNCA TOMÓ POSESIÓN DE SU CARGO, EXTENDIENDO LA CONTINUIDAD DE UN GOBIERNO SIN LEGITIMIDAD DEMOCRÁTICA, EN MARZO DE 2013

El fallecimiento del Presidente electo, quién según estableció la sentencia Nº 2 del Tribunal Supremo de enero de 2013, como había sido reelecto, a pesar de no haberse juramentado en cargo, sin embargo, había continuado en ejercicio de sus funciones del Poder Ejecutivo (aun cuando, de hecho, ello era imposible por su situación de salud), y con él, el Vicepresidente Ejecutivo y los Ministros; en todo caso, originaba una serie de cuestiones jurídicas inmediatas que requerían solución urgente, las cuales giraban en torno a determinar jurídica y constitucionalmente, quién, a partir del 5 de marzo de 2013, debía encargarse de la Presidencia de la República en ese supuesto de efectiva falta absoluta de un Presidente electo, no juramentado, mientras se procedía a una nueva elección presidencial. En virtud de que el Presidente electo ya no podía tomar posesión de su cargo, el régimen de la "continuidad administrativa" impuesto por el Tribunal Supremo, al producirse la falta absoluta del Presidente con su fallecimiento, sin duda cesó. Todo cambió, por tanto, cuando se anunció el fallecimiento del Presidente y se produjo su efectiva falta absoluta.

La norma constitucional que rige los supuestos de falta absoluta del Presidente de la República es el artículo 233, el cual dispone los siguientes tres supuestos generales en los cuales ese hecho puede ocurrir, con sus consecuencias jurídicas inmediatas:[44]

---

44 El artículo 233 dispone en la materia", lo siguiente, "Cuando se produzca la falta absoluta del Presidente electo o Presidenta electa antes de tomar posesión, se procederá a una nueva elección universal, directa y secreta dentro de los treinta días consecutivos siguientes. Mientras se elige y toma posesión el nuevo Presidente o la nueva Presidenta, se encargará de la Presidencia de la República el Presidente o Presidenta de la Asamblea Nacional. // Si la falta absoluta del Presidente o Presidenta de la República se produce durante los primeros cuatro años del período constitucional, se procederá a una nueva elección universal, directa y secreta dentro de los treinta días consecutivos siguientes. Mientras se elige y toma posesión el nuevo Presidente o la

Primero, que la falta absoluta se produzca ***antes de que el Presidente electo tome posesión del cargo***, en cuyo caso, dice la norma, el Presidente de la Asamblea Nacional ***se encarga*** de la Presidencia de la República mientras se realiza una nueva elección y toma posesión el nuevo Presidente. En este caso, el Presidente de la Asamblea no pierde su investidura parlamentaria, ni asume la Presidencia de la República, sino que solo se "encarga" temporalmente de la misma.

Segundo, que la falta absoluta se produzca ***dentro de los primeros cuatro años del periodo constitucional,*** se entiende por supuesto después de ya el Presidente electo tomó posesión de su cargo mediante su juramentación, en cuyo caso, dice la norma, el Vicepresidente Ejecutivo ***se encarga*** de la Presidencia mientras se realiza una nueva elección y toma posesión el nuevo Presidente. Dicho Vicepresidente, por supuesto, debe haber sido nombrado por el propio Presidente de la República antes de su falta absoluta, durante el ejercicio de su cargo. En este caso, el Vicepresidente Ejecutivo tampoco pierde su investidura, ni asume la Presidencia de la República, sino que solo se "encarga" temporalmente de la misma.

Tercero, que la falta absoluta se produzca ***durante los últimos dos años del período constitucional***, en cuyo caso, el Vicepresidente Ejecutivo ***asume*** la Presidencia de la República hasta completar el período. En este caso, el Vicepresidente Ejecutivo si pierde su investidura y asume en forma permanente el cargo de Presidente de la República, hasta completar el período constitucional, debiendo nombrar un nuevo Vicepresidente Ejecutivo. En es el único caso en la Constitución en el cual el Vicepresidente podría considerarse como "Presidente encargado de la República."

El anunciado fallecimiento del Presidente de la República Hugo Chávez Frías el 5 de marzo de 2013, sin haberse juramentado ni haber tomado posesión de su cargo, ni ante la Asamblea Nacional ni ante el Tribunal Supremo de Justicia, exigía precisar, por tanto, cuál de los dos primeros supuestos antes mencionados debía aplicarse para determinar la sucesión presidencial.

---

nueva Presidenta, se encargará de la Presidencia de la República el Vicepresidente Ejecutivo o la Vicepresidenta Ejecutiva".

Como el régimen de la "continuidad administrativa" decretada ilegítimamente por el Tribunal Supremo en todo caso concluyó evidentemente el mismo día cuando se produjo la falta absoluta del Presidente Chávez, quien por su estado de salud para el momento de su muerte no pudo juramentarse ni pudo tomar posesión de su cargo, es claro que se aplicaba el primer supuesto previsto en el artículo 233 de la Constitución, ya que la falta absoluta del Presidente electo se produjo en todo caso "***antes de tomar posesión***" de su cargo. La primera parte de la norma se aplica en los dos supuestos que conforme a sus previsiones podrían darse: primero, que el fallecimiento del Presidente ocurra sin tomar posesión de su cargo antes del inicio del período constitucional el 10 de enero; o segundo, que el fallecimiento del Presidente ocurra sin tomar posesión de su cargo por alguna causa sobrevenida después de haberse iniciado el período constitucional el 10 de enero. Este último fue, precisamente, el supuesto que ocurrió el 5 de marzo de 2013, de manera que conforme a la norma del artículo 233 de la Constitución, el Presidente de la Asamblea Nacional, Diosdado Cabello debió de inmediato encargarse de la Presidencia de la República, *ex constitutione*.[45]

---

45 Así por ejemplo lo consideró el diputado Soto Rojas, al señalar tras el fallecimiento del Presidente Chávez que "Diosdado Cabello debe juramentarse y nuestro candidato es Nicolás Maduro", en referencia a las próximas elecciones que deben realizarse," en *6to.Poder*, 5-3-2013, en http://www.6topoder.com/venezuela/politica/diputado-soto-rojas-diosdado-cabello-debe-juramentarse-y-nuestro-candidato-es-nicolas-maduro/ Por ello, con razón, el profesor José Ignacio Hernández, explicó que "interpretando de manera concordada los artículos 231 y 233 de la Constitución, puede concluirse que ante la falta absoluta del Presidente electo antes de tomar posesión (mediante juramento), deberá encargarse de la Presidencia el Presidente de la Asamblea Nacional. Es ésa la conclusión que aplica al caso concreto, pues el Presidente Hugo Chávez falleció sin haber prestado juramento, que es el único mecanismo constitucional previsto para tomar posesión del cargo, con lo cual debería asumir la Presidencia quien fue designado como Presidente de la Asamblea Nacional." Véase José Ignacio Hernández, "A propósito de la ausencia absoluta del Presidente,", en PRODAVINCI, 5-3-2013, en http://prodavinci.com/blogs/a-proposito-de-la-ausencia-absoluta-del-presidente-de-la-republica-por-jose-ignacio-hernandez-g/.

Por tanto, en el mismo momento en que se anunció la falta absoluta del Presidente Chávez, de inmediato, el Vice-Presidente Maduro dejó de ejercer las funciones del Presidente, por haber cesado la llamada "continuidad administrativa" impuesta por la Sala Constitucional, la cual dependía de que el Presidente electo pudiera llegar a tomar posesión efectiva de su cargo; y el Presidente de la Asamblea, sin necesidad de acto alguno, se debía, *ex constitutione*, encargar de la Presidencia de la República.

Sin embargo, debe mencionarse que una primera lectura del artículo 233 de la Constitución, también podía conducir a considerar, (i) que como la falta absoluta se produjo después de iniciado el periodo constitucional, el cual comenzó el 10 de enero, así no se hubiera juramentado el Presidente electo; (ii) que entonces, como la falta absoluta se produjo "durante los primeros cuatro años del periodo constitucional"; y (iii) que como ya existía una interpretación constitucional, aunque errada, dispuesta por la Sala Constitucional, de que desde el 10 de enero de 2013 había una "continuidad administrativa", haciendo que los titulares del Poder Ejecutivo anterior siguieran en funciones (Presidente, Vicepresidente y ministros); entonces se podía aplicar el segundo supuesto de falta absoluta previsto en el artículo 233 (la que ocurría durante los primeros cuatro años del período constitucional que comenzó el 10 de enero de 2013), lo que podía conducir a considerar que el Vicepresidente Ejecutivo debía encargarse de la Presidencia quien ya estaba en funciones por la mencionada "continuidad administrativa" decretada por el Tribunal Supremo.

Esta aproximación que podía derivarse de una primera lectura de la norma, sin embargo, con una lectura detenida debía descartarse, porque la denominada "continuidad administrativa" que se había fundamentado en el hecho de que había un Presidente electo, que era Hugo Chávez, quien por causas conocidas, pero sobrevenidas, no había podido tomar posesión de su cargo, pero supuestamente lo haría; había cesado totalmente con el anuncio del fallecimiento del Presidente. A partir de entonces ya la "continuidad administrativa" no podía sobrevivirle, pues la misma estaba ligada a su propia existencia, razón por la cual, como la falta absoluta se producía entonces sin que el Presidente Chávez hubiese llegado a tomar posesión efectiva de su cargo mediante su juramento, entonces el Presidente de la Asamblea Nacional era quien debía encargarse de la Presidencia.

Sin embargo, ello no fue lo que ocurrió en la práctica política, incumpliendo el Presidente de la Asamblea Nacional el mandato de la Constitución, habiendo sido la segunda opción a la cual hemos hecho referencia la que de hecho se impuso en el ámbito del gobierno, de manera que el mismo día 5 de marzo de 2013, la Procuradora General de la República afirmaba a la prensa que con la muerte del Presidente Hugo Chávez, "inmediatamente se pone en vigencia el artículo 233, que establece que se encarga el Vicepresidente Nicolás Maduro (...) .Ya la falta absoluta determina que el que se encarga es el Vicepresidente, Nicolás Maduro."[46] Y ello fue efectivamente lo que ocurrió quedando evidenciado en *Gaceta Oficial* del mismo día, mediante la publicación del Decreto Nº 9.399 declarando Duelo Nacional, dado y firmado por Nicolás Maduro, ni siquiera como "Vicepresidente encargado de la Presidencia," sino como "Presidente Encargado de la República."[47] Nada se supo, ese

46 Véase "Muerte de Chávez. 06/03/2013 03:16:00 p.m.. Aseguró la Procuradora General de la República Cilia Flores: La falta absoluta determina que se encargará el Vicepresidente Maduro," en Notitarde.com, 7-3-2013, en http://www.notitarde.com/Muerte-de-Chavez/Cilia-Flores-La-falta-absoluta-determina-que-se-encargara-el-Vicepresidente-Maduro/2013/03/06/169847.

47 *Gaceta Oficial* 40.123 de 5 de marzo de 2013. Con relación a este Decreto, que fue refrendado por todos los Ministros y publicado en *Gaceta Oficial*, Juan Manuel Raffalli apreció que "no hay duda de que Nicolás Maduro es el Presidente encargado de la República," llamando la atención respecto a que "Maduro no ha designado un Vicepresidente y si ostenta la doble condición de Presidente y Vicepresidente, no puede ser candidato," e indicando que "para que pueda ser candidato, tendría que designar a un Vicepresidente." Véase en "Raffalli: Maduro no puede ser candidato mientras también ostente la Vicepresidencia," en *6to. Poder*, Caracas 7-3-2013, en http://www.6topoder.com/venezuela/politica/raffalli-maduro-no-puede-ser-candidato-mientras-tambien-ostente-la-vice-presidencia/; y en "Dudas Constitucionales. ¿Maduro es Vicepresidente y encargado de la Presidencia, o es Presidente encargado a secas?, en *El Universal*, 8=3-2013, en http://www.eluniversal.com/opinion/130308/dudas-constitucionales. Sin dejar de considerar que con ese Decreto, efectivamente y de hecho, el Vicepresidente Maduro asumió sin título alguno la Presidencia de la República, es decir, ilegítimamente; sin em-

día, por lo demás, de la posición del Presidente de la Asamblea Nacional Diosdado Cabello sobre el porqué no había dado cumplimiento a la norma constitucional que lo obligaba a encargarse de la Presidencia.[48]

Lo cierto es que el régimen de la llamada "continuidad administrativa" había cesado, pues había sido impuesta por el Tribunal Supremo para permitirle al Presidente Chávez que se pudiera juramentar posteriormente en su cargo una vez recuperada su salud, a lo cual tenía derecho, como lo indico el Tribunal Supremo, y hubiera

---

bargo consideramos que debe puntualizarse que de acuerdo con el texto de la Constitución, en cualquier caso en el cual se produzca una falta absoluta del Presidente en los términos del artículo 233 de la Constitución, tanto el Presidente de la Asamblea Nacional como del Vicepresidente, es sus respectivos casos, lo que deben y pueden hacer es "encargarse" de la Presidencia, pero nunca pasan a ser "Presidentes encargados de la República."

48 Sobre el tema de la sucesión presidencial en este caso, el profesor Hermán Escarrá, en una entrevista de televisión ese mismo día 5 de marzo, afirmaba que ante la muerte de Hugo Chávez se abrían dos ámbitos de actuación, de manera que (i), "si era el caso de "un Presidente electo que no ha tomado posesión; en este caso [...] debe sustituir la falta el Presidente de la Asamblea Nacional, Diosdado Cabello"; y que (ii), si era el caso de "un Presidente en ejercicio de sus funciones," entonces en ese caso "le corresponde al Vicepresidente sustituir por el periodo en el que debe convocarse a elecciones para que al final sea el pueblo el que decida quién será su Presidente." De estas opciones, según sus propias palabras, el primer supuesto era el que aparentemente se aplicaba. Pero no; fue la segunda opción, la que consideró aplicable el profesor Escarrá, argumentando que la sentencia del Tribunal Supremo de 9 de enero de 2013 había dicho que "Chávez era un Presidente reelecto que nunca estuvo ausente, 'por lo que debía entonces aplicarse el Artículo 233 de la Constitución.' [...] El Vicepresidente queda encargado, puesto que aunque el Presidente no se juramentó, de conformidad a la sentencia, estaba en el cargo cumpliendo sus funciones." Agregó además, el profesor Escarrá, que "Maduro dejó de ser vicepresidente en el momento en que se supo de la muerte del presidente Chávez y se decretó la falta absoluta. Una vez que opera la falta absoluta asume el poder el vicepresidente." Véase "Hermann Escarrá: Maduro es Presidente encargado desde que se anunció la muerte de Chávez," en Globovisión.com, 6-3-2013, en http://globovision.com/articulo/hermann-escarra-maduro-es-presidente-encargado-desde-que-se-anuncio-la-muerte-de-chavez.

podido en ese caso tomar posesión de su cargo. Esa posibilidad fue, precisamente, la que se disipó con el anuncio del fallecimiento del Presidente, concluyendo allí el régimen de la "continuidad administrativa," entrando en aplicación, precisamente, el primer supuesto del artículo 233 de una falta absoluta del Presidente ocurrida ***antes de que tomara posesión de su cargo***, lo que nunca ocurrió, en cuyo caso debía encargarse de la Presidencia el Presidente de la Asamblea Nacional.

Ahora bien, salvo que se trate de falta absoluta ocurrida en los dos últimos años del período constitucional en cuyo caso, el Vicepresidente ***asume*** el cargo de Presidente, es decir, es Presidente, en ningún otro caso, sea en caso del Presidente de la Asamblea Nacional o del Vicepresidente Ejecutivo, en los supuestos respectivos previstos en la Constitución, puede decirse que se convierten en "Presidentes encargados" ya que en ningún caso pierden su investidura. Al contrario, siguen siendo titulares de sus respectivos cargos de Presidente de la Asamblea y de Vicepresidente, y es en ese carácter que se pueden "encargar" de la Presidencia. En el caso del Vicepresidente Ejecutivo, cuando se "encarga" de la Presidencia, no puede auto considerarse ni ser calificado como "Presidente encargado de la República" como erradamente se indicó en el Decreto N° 9399 declarando Duelo Nacional. Y esta no es una cuestión de redacción, es una cuestión sustantiva, pues el Vicepresidente, cuando se encarga de la Presidencia, no deja de ser Vicepresidente; es más, es porque es Vicepresidente que se encarga de la Presidencia.

Por tanto, no es correcto afirmar que el Vicepresidente, en esos supuestos, se transforme en "Presidente encargado de la República," ni que el mismo pueda designar un Vicepresidente. Esto sólo lo puede hacer un Presidente electo una vez en funciones, pero no un Vicepresidente encargado de la Presidencia. El Vicepresidente, en la Constitución, además de tener atribuciones, tiene cargas o deberes, y uno de ellos es precisamente "encargarse" de la Presidencia en esos casos, por lo que debe asumir todas sus consecuencias. Por ello es que, por ejemplo, no puede en ningún caso ser candidato a Presidente en las elecciones a las que debe procederse en el breve lapso de 30 días.

Precisamente, conforme a artículo 229 de la Constitución, quien esté en ejercicio del cargo de Vicepresidente en el día de su postulación o en cualquier momento entre esta fecha y la de la elección, no puede ser elegido Presidente. Y como el Vicepresidente no puede abandonar su cargo de Vicepresidente al encargarse de la Presidencia, simplemente no puede ser candidato a Presidente.

Esa debió haber comenzado a ser la situación constitucional del Vicepresidente Maduro después de haberse encargado de la Presidencia el día 5 de marzo de 2013. Sin embargo, no fue así, y el anuncio antes mencionado de la Procuradora General de la República, de que el Vicepresidente Maduro había pasado a ser "Presidente encargado de la República," mostraba otra realidad, inconstitucional, a lo que se agregaba la situación inconstitucional derivada de la declaración dada por el Ministro de la Defensa al afirmar pocas horas después de darse a conocer oficialmente la muerte del Presidente Chávez, que "Ahora más que nunca, la FAN debe estar unida para llevar a Maduro a ser el próximo presidente electo de todos los venezolanos."[49] Para una institución como la Fuerza Armada, "sin militancia política" y que "está al servicio exclusivo de la Nación y en ningún caso al de persona o parcialidad política alguna" (art. 328, Constitución), esa manifestación violaba abiertamente el texto fundamental. Luego le correspondería a la Sala Constitucional del Tribunal Supremo de Justicia, en sentencia Nº 141 de 8 de marzo de 2013, que se comenta más adelante, consolidar todo este fraude constitucional.

---

49 Véase en "Ministro de la Defensa venezolano: "La Fuerza Armada Nacional debe estar unida para llevar a Maduro a ser presidente", en Vínculocrítico.com. Diario de América, España y Europa, en http://www.vinculocritico.com/politica/venezuela/elecciones-venezuela/fuerzas-militares-venezolanas/muere-chavez/muerte-chavez/anuncio-muerte-chavez/ministro-defensa/vtv-/apoyo-de-militares-maduro-/294618. En la nota publicada en ese diario se concluía con la siguiente reflexión "La clara posición expresada por el Ministro de la Defensa resulta preocupante para muchos ciudadanos, toda vez que bajo sus órdenes se encuentra la Fuerza Armada Nacional que debe velar por la seguridad de Venezuela, pero no obedecer a la voluntad de una sola persona y menos aún en materia electoral. Su posición no presagia una situación de imparcialidad, con la gravedad que ello conlleva para el futuro en democracia de dicha nación latinoamericana."

Pero volvamos a la situación el día 5 de marzo. Nicolás Maduro, como Vicepresidente encargado de hecho de la Presidencia (porque ello correspondía al Presidente de la Asamblea Nacional), y como "Presidente encargado de la República" como se autodenominó, en todo caso, tenía entre sus atribuciones inmediatas, velar por que se procediera "a una nueva elección universal, directa y secreta dentro de los treinta días consecutivos siguientes" contados a partir de la falta absoluta del Presidente, es decir, contados a partir del 5 de marzo de 2013.[50]

Esto significaba que la elección presidencial conforme a la Constitución, debía necesariamente efectuarse en ese lapso, para lo cual el Consejo Nacional Electoral debía adoptar todos los actos y realizar todas diligencias necesarias, como la convocatoria, postulación, y organización electoral.[51] Y en ese proceso electoral, en ningún caso el Vicepresidente podía ser candidato a la Presidencia, primero, porque la Constitución expresamente establece que quien esté en ejercicio del cargo de Vicepresidente para el momento de la postulación, es inelegible (art. 229); y segundo, porque el Vicepresidente, en este caso de haberse encargado de la Presidencia, así ello hubiera sido ilegítimo, no podía separarse de su cargo, pues era en tal carácter de Vicepresidente que se encargó de la Presidencia. Si lo hacía crearía un vacío en el Poder Ejecutivo al dejar acéfala la jefatura del

---

50 No es correcta la afirmación del diputado Calixto Ortega en el sentido de afirmar que "tras los actos fúnebres, la Asamblea Nacional debe reunirse y declarar formalmente "la ausencia de derecho del presidente", tras lo cual el CNE pasa a organizar y convocar las elecciones dentro de un plazo estimado de 30 días que pudiera extenderse." Ello es contrario a la Constitución, no sólo porque en la misma la falta absoluta del Presidente por muerte no requiere de declaración formal alguna, sino porque los treinta días consecutivos para que se proceda a realzar la elección deben contarse a partir de dicha falta absoluta. Véase la reseña de la declaración en "Oposición venezolana trabaja en escenario electoral", ABC color, 7-3-2013, en http://www.abc.com.py/internacionales/oposicion-venezolana-trabaja-en-escenario-electoral-546632.html

51 Sin embargo, el día 8 de marzo se anunciaba en la prensa que el Consejo Nacional Electoral estaría listo para las elecciones presidenciales a partir del día 14 de abril de 2013. Véase en *El Universal*, Caracas 8-3-2013, en http://www.eluniversal.com/nacional-y-politica/130307/cne-listo-para-presidenciales-a-partir-del-14-de-abril

Estado. Quizás por ello, en vez de encargarse de la Presidencia, Nicolás Maduro procedió el 5 de marzo de 2013 a autonombrarse "Presidente encargado de la República," para así, seguramente, proceder en el futuro a nombrar un Ministro como "encargado" de la Vicepresidencia, como lo hizo durante el mes de diciembre de 2012.

En todo caso, y aún en el supuesto que se pretendiera que el Vicepresidente no era tal "Vicepresidente encargado de la Presidencia" sino que era "Presidente encargado de la República," tampoco podía ser candidato a la Presidencia en las elecciones a realizarse en breve, ya que el único funcionario en la Constitución que puede participar en un proceso electoral sin separarse de su cargo es el Presidente de la República cuando una vez ya electo popularmente, acude a la reelección, es decir, cuando ya ha sido previamente electo en una elección anterior. Ningún otro funcionario, ni siquiera cuando se autodenomine "Presidente encargado de la República" podría ser considerado Presidente a tales efectos de reelección sin separarse de su cargo, pues no ha sido electo popularmente.

Pero el tema de la sucesión presidencial por la anunciada falta absoluta del Presidente Chávez, a pesar de todo lo que disponía la Constitución, para el mismo día 5 de marzo de 2013, al anunciarse su fallecimiento, ya estaba de hecho resuelto al haberse encargado de la Presidencia de la República el Vicepresidente Nicolás Maduro, bien en contra de lo previsto en la Constitución, y ante el silencio del Presidente de la Asamblea Nacional, quien debió hacerlo; y haberlo hecho ni siquiera como "Vicepresidente encargado de la Presidencia," sino como consta del Decreto antes mencionado que dictó ese mismo día como "Presidente encargado de la República," carácter que no tenía pues sólo era "Vicepresidente encargado de la Presidencia."

Por ello, al inicio causó extrañeza el anuncio que hizo Presidente de la Asamblea Nacional, Diosdado Cabello, en horas de la noche del día 7 de marzo, en el sentido de que "el vicepresidente Nicolás Maduro será juramentado este viernes a las 7:00 de la noche como Presidente de la República encargado," indicando además, que "una vez juramentado, corresponderá a Maduro convocar a nuevas elecciones para elegir al próximo jefe de Estado."[52] Era extraño porque quien ya se había encargado de hecho de la Presidencia, y ya había dictado un decreto presidencial en uso de la atribución presidencial de "dirigir la acción de gobierno," (arts. 226 y 236.2 de la Constitución que son los que se citan en el decreto) como Presidente encargado de la República, iba a juramentarse *ex post facto*, para el cargo que ya había comenzado a ejercer.

Ello lo que puso en evidencia fue la tremenda inseguridad que debía existir en las esferas de gobierno sobre la "encargaduría" de la Presidencia a la muerte del Presidente Chávez. El arte del desconcierto que tanto aplicó, siguió guiando el comportamiento del gobierno en su "continuidad administrativa" de tiempo indefinido. Sin embargo, con el anuncio, al menos ya quedaba expresada por primera vez la opinión de quien constitucionalmente debió encargarse de la Presidencia.[53]

Ese anuncio ponía fin, momentáneamente, a las "interpretaciones" de las normas constitucionales a conveniencia, quedando acor-

---

52 Véase Alejandra M. Hernández, "Maduro será juramentado mañana como Presidente encargado," *El Universal*, 7-3-2013, en http://www.eluniversal.com/nacional-y-politica/hugo-chavez-1954-2013/130307/maduro-sera-juramentado-manana-como-presidente-encargado; y "Nicolás Maduro asumirá hoy como Presidente," en http://www.eluniversal.com/nacional-y-poli-tica/130308/nicolas-maduro-asumira-hoy-como-presidente

53 Diosdado Cabello destacó "que la juramentación se efectuará de conformidad con lo establecido en el artículo 233 de la Constitución, el cual establece que cuando "la falta absoluta del Presidente de la República se produce durante los primeros cuatro años del período constitucional (...) mientras se elige y toma posesión el nuevo Presidente, se encargará de la Presidencia de la República el Vicepresidente Ejecutivo." "Cabello aclaró que no le corresponde a él como presidente de la AN, sino a Maduro como vicepresidente asumir la jefatura de Estado, ya que se produjo la falta absoluta del presidente de la República." "Recordó que Hugo Chávez, quien falleció el pasado martes, era un mandatario en posesión de su cargo y no un Jefe de Estado electo que por primera vez iba a cumplir funciones." "Agregó que se cumplirán las órdenes dadas por Chávez." Véase Alejandra M. Hernández, "Nicolás Maduro asumirá hoy como Presidente," en http://www.eluniver-sal.com/nacional-y-politica/130308/nicolas-maduro-asumira-hoy-como-presidente

dada la situación políticamente en el seno del gobierno, pues lo que había pasado en el país respecto de la situación constitucional originada con motivo del inicio del período constitucional presidencial 2013-2017, dada la situación de ausencia del territorio nacional del Presidente electo a partir del 9 de diciembre de 2012, su reclusión hospitalaria en Caracas a partir del 18 de febrero de 2013; y el anuncio de su fallecimiento el 5 de marzo de 2013, no fue lo que debió pasar,[54] tal y como lo fuimos explicando."

En realidad, lo que pasó desde el 10 de diciembre de 2012, al margen de la Constitución, fue que el Vicepresidente Maduro se negó a suplir la falta temporal del Presidente ausente; el Presidente ausente no pudo comparecer el 10 de enero de 2013 ante la Asamblea Nacional para jurar el cargo y tomar posesión del mismo para el período 2013-2013, situación en la cual, en lugar de que el Presidente de la Asamblea Nacional se encargara de la Presidencia, el Tribunal Supremo decidió la sentencia Nº 2 de 9 de enero de 2013 disponiendo que el Presidente reelecto, ausente y enfermo, su Vicepresidente y sus Ministros, seguían en ejercicio de sus funciones, hasta que el Presidente se juramentase ante el propio Tribunal; que

54 Como lo resumió con toda precisión Gerardo Blyde al responder la pregunta ¿Qué debió ocurrir?: "Cuando el Presidente solicitó ausentarse del país para tratarse en Cuba *debió declararse la ausencia temporal y encargarse el Vicepresidente hasta el fin de ese período constitucional.* / Al no regresar para el 10 de enero, fecha constitucional para la juramentación, *debió encargarse de la Presidencia el presidente de la Asamblea Nacional para el nuevo período hasta tanto el Presidente electo pudiera juramentarse y asumir.* / Al regresar, el Presidente electo *debió ser juramentado por el TSJ.* Si no era posible, el TSJ *ha debido nombrar una junta médica* que determinara si había causas que le impedían asumir la Presidencia y si éstas serían permanentes o temporales. En caso de haberse determinado que eran permanentes, el TSJ *debió enviar el informe a la Asamblea Nacional para que se declarara la falta absoluta.* / Una vez declarada la falta absoluta, el CNE *debía convocar a nuevas elecciones presidenciales* y, una vez elegido el nuevo Presidente, el presidente de la AN debía entregarle para que éste culminara el período presidencial en curso." Véase en Gerardo Blyde, "Lo que pasó y no debió pasar. El Vicepresidente encargado de la Presidencia no puede nombrar a otro Vicepresidente," en *El Universal*, 8-3-2013, en http://www.eluniversal.com/opinion/130308/lo-que-paso-y-no-debio-pasar

una vez anunciado el fallecimiento del Presidente Chávez, y producida su falta absoluta antes de tomar posesión efectiva y formalmente de su cargo, a pesar de haber cesado el régimen de "continuidad administrativa" impuesto por el Tribunal Supremo, en lugar de que el Presidente de la Asamblea Nacional se encargara de la Presidencia, el Vicepresidente Maduro asumió el cargo de "Presidente encargado de la República."

Contrastado lo que pasó[55] con lo que debía haber pasado, constitucionalmente hablando, la situación de incertidumbre sólo podía quedar resuelta, de hecho, razón por la cual se anunció el acto mediante el cual el Presidente de la Asamblea Nacional, quien era quien debía estar encargado de la Presidencia, iba a tomar el juramento del Vicepresidente, pero no sólo como encargado de la Presidencia, sino como "Presidente encargado de Venezuela," cuando ya desde el 5 de marzo éste ya estaba "ejerciendo" dicho cargo

Todo lo anterior se consolidó luego, mediante sentencia Nº 141 de la Sala Constitucional del Tribunal Supremo de Justicia de 8 de marzo de 2013, dictada al resolver un nuevo recurso de interpretación que se había interpuesto (por *Otoniel Pautt Andrade*) el día 6 de marzo de 2013 sobre la aplicación del artículo 233 de la Constitución a la situación concreta derivada de la anunciada falta absoluta del Presidente Chávez.[56] En dicha decisión la Sala comenzó con un error de interpretación de la norma cuya interpretación se había requerido, al concluir, después de transcribirla íntegramente, que "De la lectura de dicho precepto se observa que cuando se produce la falta absoluta del Presidente de la República se habrá de realizar una nueva elección y *se encargará de la Presidencia de la República el Vicepresidente Ejecutivo o la Vicepresidenta Ejecutiva*", cuando ello no es correcto, porque en el primer supuesto de falta absoluta regulado en la norma (de los tres que regula), quien se en-

---

55 Véase igualmente los comentarios de Gerardo Blyde en *Idem*, "Lo que pasó y no debió pasar. El Vicepresidente encargado de la Presidencia no puede nombrar a otro Vicepresidente," en *El Universal*, 8-3-2013, en http://www.eluniversal.com/opinion/130308/lo-que-paso-y-no-debio-pasar.

56 Véase el texto de la sentencia en http://www.tsj.gov.ve.decisiones/scon/Marzo/141-9313-2013-13-0196.html.

carga de la Presidencia es el Presidente de la Asamblea Nacional. Esa parte de la norma fue completamente ignorada en la sentencia.[57]

Aparte de este error, la sentencia de 8 de marzo de 2013, en definitiva, resolvió que como en la sentencia anterior de la misma Sala

---

57 Días después de dictada la sentencia, el 12 de marzo de 2013, en un programa de televisión, la Presidente del Tribunal Supremo diría lo siguiente según la reseña: "La Constitución debemos leerla muy claramente, a mi una de las cosas que más me preocupa es la falta de lectura por parte de algunas personas, o no diría falta de lectura (...) sino la falta gravísima y el engaño que hacen al pueblo cuando se refieren al texto constitucional saltándose párrafos para que se malinterprete el resultado," detalló durante el programa Contragolpe que transmite Venezolana de Televisión. / La magistrada cuestionó que hay quienes pretenden irrespetar la Constitución, al afirmar que debe ser el presidente de la Asamblea Nacional, en este caso Diosdado Cabello, quien debió asumir la Presidencia Encargada. / Refirió que el artículo 233 expresa que "mientras se elige y toma posesión el nuevo Presidente o nueva Presidenta se encargará de la Presidencia de la República el Vicepresidente Ejecutivo o la Vicepresidenta Ejecutiva. Yo estoy leyendo la Constitución, no estoy diciendo algo que a mí se me ocurre." Véase la reseña en http://www.vive.gob.ve/actualidad/noticias/designaci%C3%B3n-de-nicol%C3%A1s-maduro-como-presidente-e-es-constitucional; y en http://www.el-nacional.com/politica/Luisa-Estella-Morales-Maduro-Constitucion_0_152387380.html Por lo visto no se percató la magistrada que quien analizó la Constitución "saltándose párrafos para que se malinterprete el resultado," fue ella misma y la Sala Constitucional que dictó la sentencia bajo su Ponencia, al ignorar (o saltarse) el primer párrafo sobre la falta absoluta del Presidente del artículo 233 que dispone que "Cuando se produzca la falta absoluta del Presidente electo o Presidenta electa antes de tomar posesión, se procederá a una nueva elección universal, directa y secreta dentro de los treinta días consecutivos siguientes. Mientras se elige y toma posesión el nuevo Presidente o la nueva Presidenta, se encargará de la Presidencia de la República el Presidente o Presidenta de la Asamblea Nacional." Tan esa parte fue "saltada" por la Sala que luego de copiar el texto íntegro del artículo la sentencia expresa, pura y simplemente que: "De la lectura de dicho precepto se observa que cuando se produce la falta absoluta del Presidente de la República se habrá de realizar una nueva elección y *se encargará de la Presidencia de la República el Vicepresidente Ejecutivo o la Vicepresidenta Ejecutiva.*" Basta comparar los dos textos para saber quién se saltó un párrafo de la norma para malinterpretarla.

Constitucional Nº 2 de 9 de enero de 2013, ya se había dispuesto que a pesar de que el período constitucional 2013-2019 comenzó el 10 de enero de 2013, en virtud de que el Presidente Chávez había sido reelecto y que en relación con el mismo "no era necesaria una nueva toma de posesión [...] en virtud de no existir interrupción en ejercicio del cargo," entonces dijo la Sala:

> "se desprende que el Presidente reelecto inició su nuevo mandato el 10 de enero de 2013, que se configuró una continuidad entre el período constitucional que finalizaba y el que habría de comenzar y que por lo tanto, se entendía que el Presidente reelecto, a pesar de no juramentarse dicho día, continuaba en funciones."

Ello, por supuesto, fue una falacia, pues el Presidente Chávez, desde el 10 de diciembre de 2013 nunca salió de un Hospital. Sin embargo, de allí la Sala concluyó que al momento de anunciarse la falta absoluta del Presidente Chávez el 5 de marzo de 2013, en virtud de que el mismo "se encontraba en el ejercicio del cargo de Presidente de la República, es decir, había comenzado a ejercer un nuevo período constitucional," entonces como la falta absoluta se produjo dentro de los primeros cuatro años del período constitucional:

> "es aplicable a dicha situación lo previsto en el segundo aparte del artículo 233 de la Constitución, esto es, debe convocarse a una elección universal, directa y secreta, y se encarga de la Presidencia de la República el ciudadano Nicolás Maduro Moros, quien para ese entonces ejercía el cargo de Vicepresidente Ejecutivo."

Estableció la Sala Constitucional, adicionalmente que "dicha encargaduría comenzó inmediatamente después de que se produjo el supuesto de hecho que dio lugar a la falta absoluta," consolidando así lo que efectivamente había ocurrido el 5 de marzo de 2013. Agregó además la Sala que "El Presidente Encargado debe juramentarse ante la Asamblea Nacional," ratificando así, también, lo que de hecho había sido anunciado, a pesar de que la misma Sala antes había dicho que el Vicepresidente ya se había encargado desde el 5 de marzo de 2013 de la Presidencia.

Quedaron así muy convenientemente resueltas por el Poder Judicial todas las dudas e incertidumbres pasadas, que ya habían sido resueltas políticamente entre los órganos del Poder Ejecutivo y del Poder Legislativo. La Sala Constitucional, una vez más, interpretó la Constitución a la medida del régimen autoritario, distorsionándola.

Sobre el futuro cercano, la Sala Constitucional también pasó a resolver de antemano todas las dudas que podían presentarse en el funcionamiento del nuevo gobierno de transición, declarando que al encargarse el Vicepresidente Ejecutivo Nicolás Maduro "de la Presidencia de la República [...] deja de ejercer dicho cargo para asumir la tarea que el referido precepto le encomienda." Es decir, ni más ni menos, deja de ser Vicepresidente encargado de la Presidencia y pasa a ser "Presidente encargado"

De ello derivó la Sala Constitucional, que en cuanto a la previsión de la condición de inelegibilidad establecida en el artículo 229 de la Constitución, según el cual no puede ser elegido Presidente de la República quien esté en ejercicio del cargo de Vicepresidente Ejecutivo en el día de su postulación o en cualquier momento entre esta fecha y la de la elección; la misma – dijo la Sala - sólo se aplica "mientras el Vicepresidente Ejecutivo o la Vicepresidenta Ejecutiva esté en el ejercicio de dicho cargo," considerando que en dicho "supuesto de incompatibilidad" previsto en la norma, "no está comprendido el Presidente Encargado de la República."

Por tanto, estableció la Sala, que como "el ahora Presidente Encargado no sigue ejerciendo el cargo de Vicepresidente, el órgano electoral competente, una vez verificado el cumplimiento de los requisitos establecidos por la ley, puede admitir su postulación para participar en el proceso que lleve a la elección del Presidente de la República, sin separarse de su cargo," de manera que "durante dicho proceso electoral, el Presidente Encargado está facultado para realizar las altas funciones que dicha investidura trae aparejadas como Jefe del Estado, Jefe de Gobierno y Comandante en Jefe de la Fuerza Armada Nacional Bolivariana, de acuerdo con la Constitución y las leyes."

Tal y como la misma Sala Constitucional lo resumió en su sentencia N° 1116 de 7 de agosto de 2013, el "régimen constitucional de la transición presidencial con ocasión de la muerte del Presidente Hugo Rafael Chávez Frías" que estableció en la sentencia N° 141 de 8 de marzo de 2013, en definitiva fue el siguiente:

"a) Ocurrido el supuesto de hecho de la muerte del Presidente de la República en funciones, el Vicepresidente Ejecutivo deviene Presidente Encargado y cesa en el ejercicio de su cargo anterior. En su condición de Presidente Encargado, ejerce todas las atribuciones constitucionales y legales como Jefe del Estado, Jefe de Gobierno y Comandante en Jefe de la Fuerza Armada Nacional Bolivariana;

b) Verificada la falta absoluta indicada debe convocarse a una elección universal, directa y secreta;

c) El órgano electoral competente, siempre que se cumpla con los requisitos establecidos en la normativa electoral, puede admitir la postulación del Presidente Encargado para participar en el proceso para elegir al Presidente de la República por no estar comprendido en los supuestos de incompatibilidad previstos en el artículo 229 constitucional;

d) Durante el proceso electoral para la elección del Presidente de la República, el Presidente Encargado no está obligado a separarse del cargo."[58]

Y nada más.[59] El Tribunal Supremo de Justicia, de nuevo, mutó ilegítimamente la Constitución, cambiando materialmente la condi-

---

58 Véase en http://www.tsj.gov.ve/decisiones/scon/agosto/1116-7813-2013-13-0566.html

59 La Sala Constitucional, en su sentencia, procedió a "sistematizar las conclusiones vertidas a lo largo de esta decisión," de manera resumida, así: a) Ocurrido el supuesto de hecho de la muerte del Presidente de la República en funciones, el Vicepresidente Ejecutivo deviene Presidente Encargado y cesa en el ejercicio de su cargo anterior. En su condición de Presidente Encargado, ejerce todas las atribuciones constitucionales y legales como Jefe del Estado, Jefe de Gobierno y Comandante en Jefe de la Fuerza Armada Nacional Bolivariana; / b) Verificada la falta absoluta indicada debe convocarse a una elección universal, directa y secreta; / c) El órgano electoral competente, siempre que se cumpla con los requisitos establecidos en la normativa electoral, puede admitir la postulación del Presidente Encargado para participar en el proceso para elegir al Presidente de la República por no estar comprendido en los supuestos de incompatibilidad previstos en el artículo 229 constitucional; / d) Durante el proceso electoral para la elección del Presidente de la República, el Presidente Encargado no está obligado a separarse del cargo." Véase en

ción de inelegibilidad establecida en la Constitución para la elección del cargo de Presidente de la República, y además, permitiendo de antemano, también ilegítimamente, que el "Presidente encargado de la República" en el período de sucesión presidencial, pudiera participar en la campaña electoral sin separarse del cargo, lo que está reservado a los Presientes electos que buscan la reelección, pudiendo ser electo Presidente sin haber sido elegido previamente.

La decisión de la Sala Constitucional, como lo expresó el profesor Jesús María Casal, "se construyó a partir de la ficción de que Chávez ejercía su cargo, lo cual sabemos que es falso,"[60] y como lo consideró el profesor Enrique Sánchez Falcón, "atenta contra la Constitución, el Estado de Derecho, la Democracia y la paz ciudadana, [...] porque ella dice que el Vicepresidente no puede participar en las elecciones presidenciales, a menos que se separe de ese cargo; y no se puede decir que puede participar porque ya no es Vicepresidente, porque él es el encargado de la Presidencia precisamente porque estaba en la Vicepresidencia." Consideró Sánchez Falcón que la decisión violaba, además, la democracia, en lo que

---

http://www.tsj.gov.ve.decisiones/scon/Marzo/141-9313-2013-13-0196.html

60 No es cierto, por tanto, como lo expresó la profesora Hildegard Rondón de Sansó, que "el presidente Chávez al momento de fallecer era un Presidente reelecto y no electo por primera vez, pero además estaba en posesión del cargo. Era un Presidente electo que estaba en posesión del cargo para ser precisos, pero por esa condición de la posesión del cargo no era esencial la juramentación." Véase en Juan Francisco Alonso, "Acusan al TSJ de alentar la desobediencia ciudadana," en *El Universal*, 10-3-2013, en http://www.eluniversal.com/nacional-y-politica/130310/acusan-al-tsj-de-alentar-la-desobediencia-ciudadana. El Presidente Chávez estaba en posesión del cargo para el cual fue electo en 2007 y que duraba hasta el 10 de enero de 2013. En esta fecha, para tomar posesión del cargo de Presidente para el período constitucional 2013-2019, tenía que juramentarse ante la Asamblea nacional o ante el Tribunal Supremo, y no o hizo. No se puede afirmar seriamente que porque hubiera sido electo, estaba "en posesión de su cargo." Eso, por lo demás, no fue lo que decidió la sala Constitucional, que lo que hizo fue declarar que estaba en ejercicio de sus funciones desde el período anterior, ratificando, por lo demás el acto de juramentación como un requisito esencial para la toma de posesión el cargo.

coincidió el profesor Jesús María Casal, al expresar que "enrarecía" el clima político, pues "parece ir destinada a favorecer o reforzar el ventajismo electoral del que venía haciendo gala el Gobierno Nacional en los últimos años y eso obviamente genera desconfianza en el proceso electoral."[61]

Lo que es cierto, de la polémica, inconstitucional, distorsionante y mutante decisión de la Sala Constitucional es que ahora, sin duda, el Secretario General de la Organización de Estados Americanos tendrá de nuevo ocasión para decir que "*El tema ha sido ya resuelto por los tres poderes del Estado de Venezuela*: *lo planteó el Ejecutivo, lo consideró el Legislativo, y lo resolvió el Judicial"*; y puede concluir de nuevo que "Las instancias están agotadas y por lo tanto, el proceso que se llevará a cabo en ese país es el que han decidido los tres poderes,"[62] así esos tres poderes no sean independientes ni autónomos entre sí, lo que es indispensable para el funcionamiento de un régimen democrático. Eso, por lo visto, no importaba.!!

Lo que siguió, en todo caso, se ajustó al libreto ya escrito, de manera que una vez juramentado ante la Asamblea Nacional como Presidente encargado de la República el día 8 de marzo de 2013, incluso mediante la colocación de la banda presidencial;[63] el mismo

---

61 Véase Juan Francisco Alonso, "Acusan al TSJ de alentar la desobediencia ciudadana," en *El Universal*, 10-3-2013, en http://www.eluniversal.com/nacional-y-politica/130310/acusan-al-tsj-de-alentar-la-desobediencia-ciudadana

62 Véase en "J. M. Insulza: OEA respeta decisión de los poderes constitucionales sobre la toma de posesión del presidente Chávez," 11-1-2013, en http://www.noticierovenevision.net/politica/2013/enero/11/51405=oea-respeta-decision-de-los-poderes-constitucionales-sobre-la-toma-de-posesion-del-presidente-chavez; y en http://globovision.com/articulo/oea-respeta-cabalmente-decision-del-tsj-sobre-toma-de-posesion-de-chavez

63 En esa oportunidad, el Presidente de la Asamblea Nacional, que "a pesar de ser un acto necesario, el Gobierno hubiera preferido no tener que celebrarlo" Luego de leer el artículo 233 de la Constitución sobre las faltas absolutas del Presidente, "Añadió que el vicepresidente de la República debe tomar el cargo cuando la falta absoluta se produzca mientras el primer mandatario está en funciones. En ese sentido, dijo que Chávez "tenía 14 años mandando", por lo que se justifica la continuidad del período presidencial." Véase en *El Universal*, 9-3-2013,

día, el "Presidente encargado" dictó su segundo Decreto Nº 9.401, nombrando como Vicepresidente Ejecutivo a quien hasta ese momento había sido Ministro de Ciencia Tecnología, Jorge Arreaza, yerno del fallecido Presidente;[64] el día 9 de marzo de 2013, la Presidenta del Consejo Nacional Electoral convocó las elecciones presidenciales fijando el 14 de abril para su realización;[65] el 11 de marzo de 2013, el "Presidente encarado" inscribió su candidatura para dichas elecciones;[66] y el mismo día dictó el Decreto Nº 9.402 delegando en el Vicepresidente recién nombrado un conjunto de atribuciones presidenciales,[67] con lo cual quedaba más libre para participar en la campaña presidencial sin separarse del cargo.

---

en http://www.eluniver-sal.com/nacional-y-politica/hugo-chavez-1954-2013/130308/maduro-se-juramento-como-presidente-encargado

64 Véase en *El Universal*, 9-3-2013, en http://www.eluniver-sal.com/nacional-y-politica/hugo-chavez-1954-2013/130308/juramentado-jorge-arreaza-como-vicepresidente-de-la-republica. Véase Decreto Nº 9401 de 8-3-2013 en *Gaceta Oficial* Nº 40.126 de 11-3-2013.

65 Véase la reseña de Alicia de la Rosa, "CNE convoca elecciones presidenciales para el 14 de abril," en *El Universal*, Caracas 9-3-2013, en http://www.eluniversal.com/nacional-y-politica/130309/-cne-convoca-elecciones-presidenciales-para-el-14-de-abril

66 Véase en http://www.eluniversal.com/nacional-y-politica/eleccio-nes-2013/130311/nicolas-maduro-formaliza-inscripcion-de-su-candidatura-ante-el-cne

67 En el artículo 1 de dicho decreto se enumeraron las siguientes atribuciones que se delegaron: 1. Traspasos de partidas presupuestarias; 2. Rectificaciones al presupuesto; 3. Prórroga para la liquidación de órganos o entes públicos; 4. Nombramiento de algunos altos funcionarios públicos; 5. Afectación para expropiación; 6. Reforma organizacional de entes descentralizados; 7. Puntos de cuenta ministeriales sobre las anteriores materias; 8. Dictar decretos y actos autorizados por el Presidente de la República y el Consejo de Ministros; 9. Las actuaciones presidenciales como parte de cuerpos colegiados; 10. Jubilaciones especiales a funcionarios; 11. Puntos de cuenta ministeriales sobre adquisición de divisas; 12. Puntos de cuentas sobre presupuestos de los entes descentralizados; 13. Insubsistencias presupuestarias; 14. Exoneraciones del Impuesto al Valor Agregado; 15 Exoneraciones del Impuesto sobre la renta. Véase en *Gaceta Oficial* Nº 40.126 de 11-3-2013.

III. EL JUEZ CONSTITUCIONAL, ANTE LAS IMPUGNACIONES DE LA ELECCIÓN PRESIDENCIAL DE ABRIL DE 2013, LAS IGNORÓ, DECLARANDO LA "LEGITIMIDAD" DE LA MISMA MEDIANTE UNA "NOTA DE PRENSA," EN AGOSTO DE 2013

A partir de marzo de 2013, en todo caso, se desarrolló una singular campaña electoral en medio del extraordinario legado de odio y resentimiento políticos que había dejado el recién fallecido Presidente Hugo Chávez, para elegir a la persona que debía completar el período constitucional 2013-2019 que no pudo iniciar, por imposibilidad física, no sólo porque como se informó, estaba ausente del país postrado en una cama de hospital en La Habana, sino porque como también se informó, estaba totalmente incapacitado para juramentarse el 10 de enero. En dicha campaña electoral, el candidato de la oposición democrática, Henrique Capriles Radonski se enfrentó al Vicepresidente Ejecutivo Nicolás Maduro, tornado en "Presidente encargado" de la República, actuando como candidato del Estado y alegando ser el "hijo" de Chávez, para lo cual contó con todo el soporte de todos los órganos del poder público.

El Consejo Nacional Electoral luego de una larga espera ya casi a la media noche del mismo día 14 de abril de 2013, anunció mediante un boletín informativo los resultados obtenidos después de escrutados el 92% (14,775,741) de los votos emitidos en el país, en el cual dio como ganador al candidato del Estado y del gobierno, quien además estaba en ejercicio de la Presidencia, Nicolás Maduro por un margen del 1.59 %, en relación a la votación obtenida por el candidato de la oposición, Henrique Capriles Radonski.[68]

Con ello concluía el régimen que Hugo Chávez había iniciado en 1999, y comenzaba un régimen de un gobierno ilegítimo, conducido por un gobernante que había sido impuesto a los venezolanos por el Juez Constitucional violando la Constitución que estaba llamado a garantizar.

Este resultado, y las dudas existentes sobre la limpieza del proceso electoral en su conjunto, incluido su manejo electrónico luego de saberse antes de las elecciones que miembros del partido de gobier-

---

68 Los resultados ofrecidos fueron los siguientes: Henrique Capriles: 7,270,403 con 49.20%; Nicolás Maduro: 7,505,338 con 50.80%.

no tenían las claves de acceso al mismo, llevó a candidato de la oposición, como era lo esperado, a cuestionar el resultado ofrecido, razón por la cual a los pocos días de las elecciones se presentaron diversos recursos contencioso electorales de nulidad con el propósito de impugnar los resultados del proceso comicial celebrado el 14 de abril de 2013 ante la Sala Electoral del Tribunal Supremo de Justicia, que era la Sala competente conforme a la Constitución para conocer de los mismos, [69] no sin antes haberse producido varios pronunciamientos públicos de la Presidenta del Tribunal Supremo, negado la posibilidad de revisiones, auditorias o cuestionamiento de las elecciones. [70].

Dos meses después, el 20 de junio de 2013, la Sala Constitucional del Tribunal Supremo, mediante sentencia Nº 795, [71] de oficio, y sólo por notoriedad judicial, constató que ante la Sala Electoral se encontraban en sustanciación siete procesos contencioso electorales contra el proceso electoral del 14 de abril de 2013, procediendo a secuestrar la competencia de la Sala Electoral arrebatándole los procesos.

Para ello, la Sala Constitucional procedió, de oficio, es decir sin que nadie se lo solicitara, y sin tener competencia para ello, a avo-

---

69 Recursos presentados por María Soledad Sarría Pietri, Sonia Hercilia Guanipa Rodríguez y otros; Iván Rogelio Ramos Barnola, Oscar Eduardo Ganem Arenas y otros; Adriana Vigilanza García, Theresly Malavé y otros; Adolfo Márquez López; Henrique Capriles Radonski; Gilberto Rúa; María de las Mercedes de Freitas Sánchez, representante de la Asociación Civil Transparencia Venezuela; Antonio José Varela; así como Carlos Guillermo Arocha y Fernando Alberto Alban, representantes de la organización política "Mesa de la Unidad Democrática (MUD), Expedientes Nos: AA70-E-2013-000025, AA70-E-2013-000026, AA70-E-2013-000027, AA70-E-2013-000028, AA70-E-2013-000029, AA70-E-2013-000031 y AA70-E-2013-000033.

70 Véase por ejemplo en http://www.eluniversal.com/nacional-y-politica/elecciones-2013/130417/para-la-presidenta-del-tsj-no-existe-el-conteo-manual; y en http://globovision.com/articulo/presidenta-del-tsj-en-venezuela-el-sistema-manual-no-existe-se-ha-enganado-a-la-poblacion.

71 Véase en http://www.tsj.gov.ve/decisiones/scon/Junio/795-20613-2013-13-0538.html.

carse al conocimiento de dichas causas, para lo cual se limitó a analizar en el capítulo "Único" de la sentencia, el artículo 25.16 de la Ley Orgánica del Tribunal Supremo de Justicia de 2010, en el cual se había definido el avocamiento, como "competencia privativa de esta Sala Constitucional, la de "Avocar las causas en las que se presuma violación al orden público constitucional, tanto de las otras Salas como de los demás tribunales de la República, siempre que no haya recaído sentencia definitivamente firme."

Se trata, como lo identificó la Sala en la sentencia, de una "extraordinaria potestad, consecuente con las altas funciones que como máximo garante de la constitucionalidad y último intérprete del Texto Fundamental" que se han asignado a esta Sala Constitucional, reconociendo que:

> "el avocamiento es una figura de superlativo carácter extraordinario, toda vez que afecta las garantías del juez natural y, por ello, debe ser ejercida con suma prudencia y sólo en aquellos casos en los que pueda verse comprometido el orden público constitucional (*vid.* sentencias números 845/2005 y 1350/2006)."

La doctrina y la norma que autoría el avocamiento es, sin duda clara, y de aplicación estricta por la excepcionalidad de la potestad, al exigir como motivo para la avocación que "se presuma violación al orden público constitucional" para lo cual, lo mínimo que se requería era que la Sala hubiera tenido previamente conocimiento del expediente de la causa para poder deducir una presunción de violación del orden público constitucional. Por lo demás, efectivamente tiene que tratarse de que del estudio de los expedientes resulte dicha presunción de "violación al orden público constitucional" y no de cualquier otro motivo, ni siquiera que el tema debatido tenga importancia nacional

Pero por lo visto del texto de la sentencia, esta limitación legal no tuvo importancia alguna para La Sala Constitucional, la cual simplemente anunció que":

> "no sólo hará uso de esta facultad en los casos de posible transgresión del orden público constitucional, ante la ocurrencia de acciones de diversa índole en las cuales se podría estar haciendo uso indebido de los medios jurisdiccionales para la resolución de conflictos o con el fin de evitar el posible desorden

procesal que se podría generar en los correspondientes juicios, sino también cuando el asunto que subyace al caso particular tenga especial trascendencia nacional, esté vinculado con los valores superiores del ordenamiento jurídico, guarde relación con los intereses públicos y el funcionamiento de las instituciones o que las pretensiones que han generado dichos procesos incidan sobre la institucionalidad democrática o el ejercicio de los derechos fundamentales de los ciudadanos, particularmente sus derechos políticos."

Es decir, para la Sala, su poder de avocación podría ejercerse ilimitadamente, por cualquier motivo de interés general, como (i) la "posible transgresión del orden público constitucional," (ii) "la ocurrencia de acciones de diversa índole en las cuales se podría estar haciendo uso indebido de los medios jurisdiccionales para la resolución de conflictos," (iii) "con el fin de evitar el posible desorden procesal que se podría generar en los correspondientes juicios," (iv) "cuando el asunto que subyace al caso particular tenga especial trascendencia nacional," (v) cuando dicho asunto "esté vinculado con los valores superiores del ordenamiento jurídico, guarde relación con los intereses públicos y el funcionamiento de las instituciones" o (vi) "que las pretensiones que han generado dichos procesos incidan sobre la institucionalidad democrática o el ejercicio de los derechos fundamentales de los ciudadanos, particularmente sus derechos políticos."

Todo ello es esencialmente contrario a lo que dispone la norma atributiva de competencia, la cual no autoriza en forma alguna a que mediante avocamiento, la Sala Constitucional pretenda fundamentar una potestad universal para "aclarar las dudas y agenciar los procesos previstos para darle respuesta a los planteamientos de los ciudadanos y garantizar el ejercicio de sus derechos." Ello no está autorizado en norma alguna, por lo que los párrafos siguientes de la sentencia no pasan de ser pura retórica vacía, que:

> "Así pues, la jurisdicción constitucional en la oportunidad respectiva debe atender al caso concreto y realizar un análisis en cuanto al contrapeso de los intereses involucrados y a la posible afectación de los requisitos de procedencia establecidos para la avocación, en los términos expuestos, con la finalidad de atender prontamente a las posibles vulneraciones de los principios jurídicos y los derechos constitucionales de los justiciables.

De esta manera, la competencia de la Sala establecida en la referida disposición viene determinada, como se expuso, en función de la situación de especial relevancia que afecte de una manera grave al colectivo, en cuyo caso, la Sala podría uniformar un criterio jurisprudencial, en aras de salvaguardar la supremacía del Texto Fundamental y, así, el interés general.

Luego la Sala, para seguir buscando cómo justificar un avocamiento que era a todas luces improcedente apeló a un supuesto "criterio consolidado," citando las sentencias números 373/2012 y 451/2012, supuestamente relativo a "los asuntos litigiosos relacionados con los derechos de participación y postulación, se encuentra vinculado el orden público constitucional," razón por la cual, al decir de la Sala, "en el caso de autos," es decir de la impugnación de las elecciones del 14 de abril de 2013:

> "con mayor razón, existen méritos suficientes para que esta Sala estime justificado el ejercicio de la señalada potestad, pues ha sido cuestionada la trasparencia de un proceso comicial de la mayor envergadura, como el destinado a la elección del máximo representante del Poder Ejecutivo, así como la actuación de órganos del Poder Público en el ejercicio de sus atribuciones constitucionales, de lo que se deduce la altísima trascendencia para la preservación de la paz pública que reviste cualquier juzgamiento que pueda emitirse en esta causa."

O sea que la Sala Electoral podrá ser despojada de su competencia por la Sala Constitucional, a su arbitrio, cada vez que se impugne unas elecciones.

Con base en lo antes indicado, y sólo con base en ello, mediante la sentencia Nº 795 de 20 de junio de 2013, la Sala Constitucional "de oficio, en tutela de los derechos políticos de los ciudadanos y ciudadanas, del interés público, la paz institucional y el orden público constitucional, así como por la trascendencia nacional e internacional de las resultas del proceso instaurado," se avocó al conocimiento de las siete antes identificadas causas contencioso electorales

> "así como cualquier otra que curse ante la Sala Electoral de este Máximo Juzgado y cuyo objeto sea la impugnación de los actos, actuaciones u omisiones del Consejo Nacional Electoral como máximo órgano del Poder Electoral, así como sus orga-

nismos subordinados, relacionados con el proceso comicial celebrado el 14 de abril de 2013."

De todo ello, la Sala entonces ordenó a la Sala Electoral, que le remitiera todas y cada de las actuaciones correspondientes, no antes de avocarse como lo exige la Ley Orgánica, sino después de ello.

Esta decisión de la Sala Constitucional, implicó, entre otros aspectos, lo siguiente:

Primero, que la Sala Constitucional, materialmente vació de competencias a la Sala Electoral, violando la Constitución, al avocarse en este caso para conocer de impugnaciones a un proceso electoral presidencial. Cualquiera impugnación que se haga en el futuro, implicará el mismo interés general alegado por la Sala, y podrá ser avocado por esta.[72]

En segundo lugar, la Sala Constitucional tenía que comenzar decidiendo sobre la admisibilidad de los recursos contenciosos electorales, ninguno de los cuales había llegado a ser admitido judicialmente.

En tercer lugar, para ello, los Magistrados de la Sala Constitucional que participaron en las decisiones Nº 2 del 9 de enero de 2013 y Nº 141 del 8 de marzo de 2013 mediante las cuales ante la ausencia del Presidente Chávez del país, y su posterior fallecimiento, se instaló en el ejercicio de la Presidencia de la República a Nicolás Maduro, a quien además se autorizó a ser candidato a la Presidencia sin separarse del cargo de Vicepresidente; debía inhibirse de decidir sobre los proceso pues los recursos cuestionaban la forma cómo se había instalado a Maduro en la Presidencia y ésta se había ejercido desde el 8 de diciembre de 2012 hasta el 14 de abril de 2013,[73] razón por la cual fueron recusados por los apoderados de

---

72 Como lo ha dicho la profesora Cecilia Sosa Gómez, ex Presidenta de la antigua Corte Suprema de Justicia: "La Sala Constitucional por sentencia de 20 de junio de 2013 borró el artículo constitucional 297 al resolver que esa Sala no estaba en condiciones para sentenciar las demandas de nulidad de las elecciones celebradas el 14 de abril de 2013," en "La auto implosión de un Tribunal," publicado en *Panorama.com.ve*, 28 de junio de 2013, en http://m.panorama.com.ve/not.php?id=72067

73 Véase José Ignacio Hernández G., "¿Por qué la Sala Constitucional le quitó a la Sala Electoral las impugnaciones?," en http://www.ve-

Henrique Capriles Radonski, uno de los impugnantes del proceso electoral, porque consideraron que los Magistrados evidentemente tenían "comprometida su imparcialidad y su capacidad subjetiva de resolver el asunto conforme a derecho" pues habían "manifestaron su opinión al suscribir y publicar" las sentencias Nº 2 de enero de 2013 y Nº 141 de marzo de 2013, mediante las cuales la Sala Constitucional había establecido el régimen constitucional de transición ante la falta del Presidente Electo Hugo Chávez.

Pero como era previsible, nada de ello ocurrió: los recursos de nulidad ni siquiera fueron admitidos, no hubo inhibición alguna, y las recusaciones fueron declaradas "inadmisibles,"[74] de manera que desde que se decidió el avocamiento ya se sabía cómo se decidirían las causas.[75]

Por ello, en realidad, la sentencia de avocamiento de la Sala Constitucional no fue sino una muestra más de la actuación de un

---

netubo.com/noticias/%BFPor-qu%E9-la-Sala-Constitucional-le-quit%F3-a-la-Sala-Electoral-las-impugnaciones-R34977.html

74 La Presidente de la Sala declaró "inadmisible" las recusaciones contra todos los Magistrados de la misma porque supuestamente carecían de fundamentación, ya que "las sentencias que pronunció la Sala Constitucional a las que hacen referencia los recusantes, tuvieron como objeto, la resolución de circunstancias claramente distintas a las planteadas por los recusantes en la causa instaurada originalmente ante la Sala Electoral de este Supremo Tribunal, la cual esta Sala Constitucional resolvió avocar mediante la decisión n° 795 del 20 de junio de 2013." La Presidente incluso consideró que resultaba "patente la inverosimilitud de que se suponga un adelanto de opinión por parte de la Magistrada Presidenta de la Sala Constitucional, en unos fallos en los que se examinaron supuestos de hecho y de derecho disímiles de las pretensiones esgrimidas por los recusantes en el recurso contencioso electoral intentado contra la elección presidencial efectuada el 14 de abril de 2013." Véase sentencia Nº 1000 de 17 de julio de 2013. Véase en http://www.tsj.gov.ve/decisiones/scon/julio/1000-17713-2013-13-0565.html

75 Como también lo dijo la profesora Cecilia Sosa G., ex Presidenta de la antigua Corte Suprema de Justicia: "Estos expedientes ya están sentenciados, y no hay nada que esperar de la Sala Constitucional," en "La auto implosión de un Tribunal," publicado en *Panorama.com.ve*, 28 de junio de 2013, en http://m.panorama.com.ve/not.php?id=72067

órgano del Estado, no sujeto a control alguno, que se ha colocado por encima de la Constitución y la ley, que muta y reforma la Constitución a su antojo y libremente; que reforma las leyes sin límite; que las interpreta *contra legem*; que se inventa poderes por encima de la propia Constitución, como el de controlar ilimitadamente a las otras Salas del Tribunal Supremo; que confisca bienes; que impone Presidentes sin legitimidad democrática; y que hasta controla la actuación de los tribunales internacionales declarando sus sentencias inejecutables y hasta "inconstitucionales." Con esta sentencia de avocamiento, se podía decir abiertamente, que todo en Venezuela dependía de la Sala Constitucional, y que todo ella lo controla, y además, dirige.

Lo antes dicho, en todo caso, quedó confirmado con las sentencias dictadas por la Sala Constitucional en 7 de agosto de 2012, todas las cuales declararon inadmisibles los recursos contencioso electorales respecto de los cuales se había avocado; y con la "decisión" contenida en la "Nota de prensa" difundida por el Tribunal Supremo el mismo día, que fue realmente la "decisión de fondo" en todos los casos, proclamando la "legitimidad" de la elección del Sr. Maduro.

En efecto, mediante la sentencia Nº 1.111 de 7 de agosto de 2013,[76] la Sala Constitucional declaró inadmisible un recursos contencioso electoral de anulación intentado contra el Acto de Votación, de Escrutinio, de Totalización y de Proclamación del ganador de las elecciones celebradas el 14 de abril de 2013, (Caso: *María Soledad Sarría Pietri y otros*) quienes alegaron que estaban "viciados de nulidad absoluta, en virtud de que según se denunció, fueron producto de actuaciones y omisiones imputables al Consejo Nacional Electoral, y que en su conjunto constituían un fraude estructural y masivo que afectaba al sistema electoral venezolano." Entre los argumentos esgrimidos se indicó que el candidato Nicolás Maduro no había sido seleccionado en elecciones internas como lo exige la Constitución; que como la condición para ser Presidente era tener la nacionalidad venezolana por nacimiento se solicitó de la Sala que instara al Consejo Supremo Electoral para que se pronunciara sobre

---

76 Véase en http://www.tsj.gov.ve/decisiones/scon/agosto/1111-7813-2013-13-0561.html

ello; y que la elección había sido nula por fraude en la formación del Registro Electoral y por el control que el poder central ejercía sobre el sistema electoral.

Para declarar la inadmisibilidad del recurso, la Sala consideró que en demandas de ese tipo era necesario que las denuncias fueran "debidamente planteadas," particularmente por la preeminencia del principio de "*conservación de la voluntad expresada del Cuerpo Electoral, o, más brevemente, principio de conservación del acto electoral*;" afirmando que para desvirtuar la presunción de validez del acto electoral, los vicios denunciados no sólo debían estar fundados sino que debían suponer "una modificación de los resultados comiciales."

Así, a pesar de que supuestamente se trataba de una sentencia de inadmisibilidad, la base del argumento de la Sala fue que lo alegado debía estar "soportado por las pruebas necesarias y pertinentes para lograr convencer al juez de lo que la parte actora afirmó en su escrito," razonamiento que era más propiamente de una decisión de fondo. Por ello, la Sala, sin más, consideró que el juzgador también podía "examinar lo sostenido por la parte demandante, en la fase de examinar los requisitos de admisibilidad." Y fue así, por ejemplo, que en relación con el alegato de que el candidato Maduro no había sido seleccionado en elecciones internas, simplemente dijo la Sala que ya se había decidido en otros casos electorales que "ello no excluye otras formas de participación distintas a las elecciones abiertas o primarias;" agregando, sin embargo, que en el caso concreto no se habían acompañado los documentos indispensables para verificar la admisibilidad. En relación con el alegato de que el Consejo Nacional Electoral no se había pronunciado sobre el tema de la nacionalidad del candidato Maduro, la Sala lo que decidió fue que los "demandantes no impugnan ningún un acto, ni señalan ninguna actuación, abstención u omisión imputables al Consejo Nacional Electoral." En relación con la denuncia del fraude masivo en el proceso electoral, la Sala recurrió a lo previsto en el artículo 206 de la Ley Orgánica de Procesos Electorales, según el cual "si se impugnan las actuaciones materiales o vías de hecho, deberán narrarse los hechos e indicarse los elementos de prueba que serán evacuados en el procedimiento administrativo," lo que a pesar de ser un tema de fondo, juzgó que sin embargo, debía examinarse en la fase de admisión de la acción, concluyendo que las denuncias sobre fraude "no son claras, ni precisas, ni completas, y no han sido enmarcadas en una narración circunstanciada de las mismas, ni enlazadas racionalmente con el resultado que se supone provocaron." Y todo ello para, en definitiva, después de analizar el tema de fondo al considerar que la causal de nulidad de las elecciones por comisión de un fraude en la formación del Registro Electoral, en las votaciones o en los escrutinios (art. 215.2 Ley Orgánica de los procesos Electorales), "debe ser interpretada en un sentido que garantice el principio de mínima afectación del resultado a que dio lugar la expresión de la voluntad del Cuerpo Electoral, al cual se ha llamado en este fallo *principio de conservación del acto electoral;*" terminar declarando inadmisible la acción.

Repitiendo básicamente los mismos argumentos, la Sala Constitucional mediante sentencia 1113 también de 7 de agosto de 2013,[77] igualmente declaró inadmisible el recurso contencioso electoral contra el Acto de Votación, de Escrutinio, de Totalización y de Proclamación del ganador de las elecciones celebradas el 14 de abril del año en curso (Caso: *Adriana Vigilanza García y otros*).

Mediante la sentencia Nº 1112 igualmente de 7 de agosto de 2013,[78] la Sala Constitucional también decidió declarar inadmisible el recurso contencioso electoral interpuesto un grupo de personas (Caso: *Iván Rogelio Ramos Barnola y otros*), contra el Acto de proclamación de Nicolás Maduro como Presidente Electo, alegando fraude, en particular, por no haberse abierto mesas de votación en la ciudad de Miami; por haberse permitido indiscriminadamente el "voto asistido," y haberse expulsado a testigos de mesa durante el proceso electoral. En esta la sentencia la Sala lo que hizo fue ratificar la decisión de inadmisibilidad que ya había resuelto el Juzgado de Sustanciación de la Sala Electoral en el caso, antes de que se decidiera el avocamiento, por considerar que en el caso, en relación con los hechos que dieron lugar a la infracción alegada, no hubo "la indicación de los vicios de que padece el acto recurrido, en orden a

77 Véase en http://www.tsj.gov.ve/decisiones/scon/agosto/1113-7813-2013-13-0563.html.

78 Véase en http://www.tsj.gov.ve/decisiones/scon/agosto/1112-7813-2013-13-0562.html.

plantear los elementos objetivos necesarios para un pronunciamiento sobre la admisibilidad o no de los recursos para la cual es competente la jurisdicción contencioso electoral."

En la misma línea de inadmisibilidad se dictó la sentencia Nº 1114 de 7 de agosto de 2013[79] en el recurso contencioso electoral contra el acto de votación que tuvo lugar el 14 de abril de 2013 (Caso: *Adolfo Márquez López*), en el cual el recurrente había cuestionado el Registro Electoral Permanente utilizado por haber sido elaborado con fraude; la asignación de votos del partido "Podemos" al candidato Maduro; y la nacionalidad misma de dicho candidato por no ostentar las condiciones de elegibilidad para ser Presidente de la República. La Sala, para decidir la inadmisibilidad, sobre el primer alegato, consideró que el mismo no constituía "un recurso por fraude, sino relativas a la inscripción o actualización del referido Registro Electoral" cuya impugnación estimó ya era extemporánea; sobre el segundo alegato, consideró que se trataba de un tema de impugnación del acto de postulación, lo cual también consideró extemporáneo; y sobre el tercer alegato, consideró que en la demanda basada en el cuestionamiento de la nacionalidad de Nicolás Maduro, no había elementos de convicción, "hechos o vicios mas allá de opiniones particulares y la exposición de posiciones políticas del recurrente."

En otro caso, la Sala Constitucional mediante sentencia Nº 1116 de 7 de agosto de 2013, también declaró inadmisible un recurso contencioso electoral mediante el cual se solicitó la nulidad de "las "Elecciones 7 de Octubre de 2012" (sic); b) el "acto Proclamación Presidente Ejecutivo de la República Sr Nicolás Maduro Moros en fecha 14 de Abril 2013" (sic); y c) las "Elecciones 14 de Abril 2013" (sic)," (Caso: *Gilberto Rúa*), para lo cual la Sala argumentó que en relación al primer acto, el lapso de impugnación de dicha elección ya había caducado; y en relación con los otros dos actos objeto del recurso, eran inadmisibles pues el recurrente no señaló los vicios concretos ni contra "el acto de proclamación y el evento electoral del 14 de abril de 2013," considerando que se había omitido "un requisito esencial para la tramitación de la demanda, lo cual

79 Véase en http://www.tsj.gov.ve/decisiones/scon/agosto/1114-7813-2013-13-0564.html.

acarrea su inadmisibilidad." La Sala consideró, además, que el recurrente había desconocido "el contenido de la sentencia de esta Sala Constitucional signada con el N° 141 de 8 de marzo de 2013, en la cual *se dirimió cuál era el régimen constitucional de la transición presidencial* con ocasión de la muerte del Presidente Hugo Rafael Chávez Frías." Finalmente, en este caso, el recurrente fue multado por haber afirmado que la acción de amparo constitucional que había interpuesto desde 6 de marzo de 2013 en contra del Consejo Nacional Electoral, había sido "aguantado" por la Sala Constitucional," expresión que ésta consideró "como irrespetuosa [...] pues sugiere que los criterios decisorios y la gerencia judicial de este órgano jurisdiccional no obedecen a parámetros objetivos."

La Sala Constitucional en otra sentencia Nº 1118 de 7 de agosto de 2013[80] también declaró inadmisible el recurso contencioso electoral interpuesto contra la negativa tácita del Consejo Nacional Electoral en dar respuesta a un recurso jerárquico que se había intentado el 15 de mayo de 2013, contra una decisión de una Comisión del Consejo en relación con una denuncia de violaciones de los artículos 75, 76, 85 y 86 de la Ley Orgánica de Procesos Electorales solicitando se ordenase a dicho Consejo que iniciara la correspondiente "averiguación administrativa para establecer las responsabilidades relativas a la colocación de propaganda indebida y uso de recursos públicos para beneficio de una parcialidad política en las instituciones mencionadas." (Caso: *Transparencia Venezuela*) La Sala Constitucional declaró inadmisible la acción por considerar que conforme a los estatutos de la Asociación Civil recurrente, solo el Directorio de la misma podía otorgar poder para ser representada, no pudiendo hacerlo la Directora Ejecutiva, como había ocurrido en ese caso.

La Sala Constitucional, igualmente, mediante sentencia Nº 1119 de 7 de agosto de 2013[81] también declaró inadmisible la acción popular de inconstitucionalidad contra la "aceptación por parte del Consejo Nacional Electoral de las postulaciones de candidatos a los

---

80 Véase en http://www.tsj.gov.ve/decisiones/scon/agosto/1118-7813-2013-13-0568.html.

81 Véase en http://www.tsj.gov.ve/decisiones/scon/agosto/1119-7813-2013-13-0569.html.

cargos de elección popular correspondiente a las elecciones presidenciales del 14 de abril de 2013" (Caso: *Antonio José Varela*), en el cual se alegó que los postulados no habían sido electos mediante el mecanismo de elecciones internas, y en especial, en relación con el candidato Nicolás Maduro, que no había presentado programa electoral propio, además de no poder postularse por ser inelegible por estar en ejercicio del cargo de Presidente de la República. Para decidir la inadmisibilidad del recurso en este caso, la Sala argumentó que el recurso de nulidad fue "planteado en términos genéricos e indeterminados, con la inclusión de apreciaciones particulares o valorativas de orden personal del recurrente, sin que, al menos, se hayan señalado con precisión los datos que permitan identificar con exactitud el acto emanado del Consejo Nacional Electoral cuya nulidad peticionó, así como tampoco se acompañó copia del mismo, ni fueron revelados los supuestos vicios concretos de que adolecería este acto del Poder Electoral atinente a las elecciones presidenciales celebradas en abril del presente año." La Sala para concluir, recordó que había sido ella misma la que mediante la sentencia N° 141 de marzo de 2013, había resuelto que la candidatura de Nicolás Maduro como Presidente Encargado sí se podía admitir "para participar en las elecciones presidenciales, por no estar comprendido en los supuestos de incompatibilidad del artículo 229 Constitucional." Y sobre el tema de la falta de selección de los candidatos en "elecciones internas con la participación de los integrantes de los partidos políticos" que exige la Constitución, la Sala ratificó su criterio de que "ello no excluye otras formas de participación de elecciones distintas a las elecciones abiertas o primarias." La Sala, finalmente, consideró que nada de lo dicho en el escrito del recurso sobre las infracciones denunciadas, evidencia "ni tan siquiera los datos que permitan identificar con fidelidad o exactitud, el acto del Poder Electoral cuya nulidad pretende, menos aún acompañó copia del mismo, así como tampoco relató los vicios que estarían presentes en aquel, ni su fundamentación argumentativa," declarando inadmisible la acción.

En otra sentencia N° 1117 de 7 de agosto de 2013,[82] la Sala Constitucional declaró inadmisible una acción de inconstitucionali-

---

82 Véase en http://www.tsj.gov.ve/decisiones/scon/agosto/1117-7813-2013-13-0567.html.

dad por omisión que había intentado Henrique Capriles Radonski contra el Consejo Nacional Electoral por no haberse pronunciado sobre las solicitudes que le fueron formuladas los días 17 y 22 de abril de 2013 respecto a la auditoría del proceso electoral, (Caso: *Henrique Capriles Radonski*) porque el petitorio del mismo, según consideró la Sala, era contradictorio "pues constituye un absurdo pretender a través del recurso por abstención, una respuesta; y por medio del mismo recurso, indicar el desacuerdo con los términos de la respuesta recibida." La Sala consideró que se trataba de "pretensiones evidentemente excluyentes, por lo que conforme al marco normativo señalado es procedente declarar inadmisible el recurso contencioso electoral ejercido."

La Sala Constitucional mediante sentencia Nº 1120 de 7 de agosto de 2013,[83] también declaró inadmisible el recurso contencioso electoral de nulidad intentado contra "(*i*) las votaciones" efectuadas en 5.729 mesas electorales; (*ii*) 21.562 Actas de Escrutinio automatizadas y 1 Acta de Escrutinio de Contingencia, y (*iii*) los Actos de Totalización, Adjudicación y Proclamación, con ocasión del proceso comicial celebrado el 14 de abril de 2013," (Caso: *Mesa de la Unidad Democrática*) considerando la recurrente que dichos hechos tenían incidencia en los resultados de las votaciones. Para declarar la inadmisibilidad del recurso en este caso, la Sala también partió del principio de la necesaria *conservación del acto electoral*, que exigen del recurrente que: "(*i*) desvirtúe la presunción de validez y legitimidad del acto electoral; (*ii*) demuestre la gravedad de un vicio que altere la esencia del acto electoral, no de una mera irregularidad no invalidante; y (*iii*) ponga en evidencia, además, que el vicio altera de tal modo los resultados electorales que resulte imposible su convalidación." Y con base en ello consideró la Sala que en el recurso hubo "falta de especificidad," de manera que en el mismo no se "puso en evidencia, como le correspondía, no sólo suponer la ocurrencia de una supuesta irregularidad, sino dejar claro que su magnitud influyó definitivamente en los resultados comiciales." Agregó además la Sala que en estos casos "No basta, entonces, que exista una anomalía: ella debe ser decisiva para comprometer la

83 Véase en http://www.tsj.gov.ve/decisiones/scon/agosto/1120-7813-2013-13-0570.html.

voluntad del cuerpo electoral y ninguna razón se blandió en ese sentido," lo cual sin duda, era un razonamiento de una decisión de fondo, y no de inadmisibilidad.

Por último, mediante sentencia N° 1.115 de 7 de agosto de 2013[84] la Sala Constitucional también declaró inadmisible el recurso contencioso electoral de nulidad del proceso electoral para la elección presidencial del 14 de abril de 2013, que había intentado el candidato de la oposición democrática a dicha elección, Henrique Capriles Radonski, y en la cual como lo resumió la Sala, éste había denunciado contra el mismo una serie de vicios que se "produjeron: (*i*) previas a los comicios, (*ii*) durante la jornada electoral propiamente dicha y (*iii*) una vez concluida la participación de los electores en las urnas" (Caso: *Henrique Capriles Radonski*). La Sala, para decidir, destacó en cuanto a los vicios de la primera categoría, en particular:

> "las acusaciones dirigidas contra esta Sala Constitucional como integrante del Máximo Tribunal de la República, cuya actuación fue calificada sin soslayo como parcializada en favor de la candidatura del ciudadano Nicolás Maduro Moros. En este sentido, el escrito libelar pretendió delatar, desde el principio, que el ejercicio de la Vicepresidencia por parte de dicho ciudadano fue producto de una sesgada interpretación efectuada por esta Máxima Juzgadora a través de sus sentencias n[ros.] 02/2013 (caso: *Marelys D'Arpino*) y 141/2013 (caso: *Otoniel Pautt*)."

La declaración de inadmisibilidad de la demanda lo fundamentó la Sala en el hecho de que la misma contenía "conceptos ofensivos e irrespetuosos en contra de esta Sala y otros órganos del Poder Público;" es decir, como se afirmó en la sentencia, porque la Sala consideró que los representantes del actor en el libelo de la demanda incurrieron en supuestas "falta a la majestad del Poder Judicial" al haber "en diversas oportunidades y a través de distintos medios ha acusado expresa y radicalmente a la judicatura y, en particular, a esta Sala Constitucional, como un órgano completamente parcializado y llegó incluso a afirmar que este Máximo Juzgado obedecía la línea del partido de gobierno."

---

84 Véase en http://www.tsj.gov.ve/decisiones/scon/agosto/1115-7813-2013-13-0565.html

Con esta decisión, la Sala, evidentemente decidió en causa propia, pues la inadmisibilidad fue motivada por los conceptos que había emitido el accionante o sus representantes contra ella misma, motivo por el cual, precisamente, en el proceso se había recusado a todos sus Magistrados por haber firmado las mencionadas sentencias Nº 2 y Nº 141 de enero y marzo de 2013. Pero en lugar de inhibirse los magistrados como correspondía, o de haber declarado con lugar la recusación como era obligado, la Presidenta de la Sala lo que hizo fue declararla sin lugar mediante la sentencia Nº 1000 de 17 de julio de 2013, para proceder luego todos los Magistrados "ofendidos" a decidir la inadmisibilidad del la acción, no por razones sustanciales del proceso, sino por los conceptos críticos emitidos contra la Sala, que ésta consideró ofensivos e irrespetuosos, a tal punto que multó al accionante y remitió al Ministerio Público, copia del fallo y del escrito del libelo "con el objeto de que realice un análisis detallado de dichos documentos e inicie las investigaciones que estime necesarias a fin de determinar la responsabilidad penal a que haya lugar;" iniciándose así una nueva línea de persecución en contra de Capriles.[85]

Luego pasó la Sala, después de haber resuelto la inadmisibilidad de la acción, en un *Orbiter dictum*, a referirse a lo que denominó "otras falencias del escrito" del recurso, que a su juicio impedían "que la causa sea abierta a trámite," como que el libelo "se limitó a narrar supuestos abusos cometidos por los órganos del Poder Público, pero en modo alguno señala con certeza el impacto que lo que ella caracteriza como mera "*corrupción electoral*" afectó la voluntad del electorado manifestada el día de los comicios, o llanamente acusa la colusión de los órganos del Poder Público para favorecer la candidatura del ciudadano Nicolás Maduro Moros en supuesto perjuicio del actor, especialmente de esta Máxima Juzgadora Constitucional," cuando la Sala supuestamente había actuado "de conformidad con las atribuciones que la propia Carta Magna le encomienda y en total consonancia con los precedentes jurisprudenciales que ha instituido."

85 Véase por ejemplo, José de Córdova and Ezequiel Minaya, "Venezuelan Opposition Comes Under Siege," *The Wall Street Journal*, New York, Sunday, August 10-11, 2013, p. A6.

La Sala, al decidir el fondo de algunas denuncias, como la relativa al cuestionamiento de la postulación de Nicolás Maduro efectuada por el partido "Podemos," a pesar de que hubiera aclarado que lo hizo "sin entrar a analizar el mérito del asunto," afirmó, sin duda refiriéndose al fondo, que "-en una elección unipersonal como la celebrada- los supuestos vicios formales mal podrían conducir a la anulación arbitraria de los votos obtenidos por el representante electo."

Además, otra "falencia" que destacó la Sala en su sentencia fue que el actor refirió que su Comando de Campaña había recibido "más de cinco mil denuncias" de irregularidades "sin relatar con amplitud suficiente en qué consistieron las irregularidades y su concatenación con los vicios electorales contenidos en los artículos 215 del 220 de la Ley Orgánica de Procesos Electorales." Todos estos argumentos adicionales, por supuesto, no correspondían a cuestión alguna de admisibilidad, sino de fondo o mérito que debieron ser decididos en la sentencia definitiva que la Sala sin embargo se negó a dictar.

De todas las anteriores sentencias se informó oficialmente por el Tribunal Supremo de Justicia en una "Nota de Prensa" del mismo día 7 de agosto de 2013,[86] en la cual puede decirse que el Tribunal Supremo, utilizando una vía irregular de "decidir mediante notas de prensa"[87] resolvió el fondo de todas las demandas que cuestionaban el proceso electoral del 14 de abril de 2013 y sus resultados.

En dicha Nota de Prensa, en efecto, se comenzó informando que el Tribunal Supremo de Justicia, en Sala Constitucional, con ponencia conjunta, había declarado

> "inadmisibles los recursos contencioso electorales contra la elección presidencial realizada el pasado 14 de abril de 2013, los cuales fueron incoados por los ciudadanos María Soledad

---

86 Véase en http://www.tsj.gov.ve/informacion/notasdeprensa/notasdepren-sa.asp?codigo=11423

87 Véase por ejemplo, Allan R. Brewer-Carías, "Comentarios sobre el 'Caso: Consolidación de la inmunidad de jurisdicción del Estado frente a tribunales extranjeros,' o de cómo el Tribunal Supremo adopta decisiones interpretativas de sus sentencias, de oficio, sin proceso ni partes, mediante 'Boletines de Prensa,' en *Revista de Derecho Público*, N° 118, (abril-junio 2009), Editorial Jurídica Venezolana, Caracas 2009, pp. 319-330.

Sarría Pietri, Sonia Hercilia Guanipa Rodríguez y otros; Iván Rogelio Ramos Barnola, Oscar Eduardo Ganem Arenas y otros; Adriana Vigilanza García, Theresly Malavé y otros; Adolfo Márquez López; Henrique Capriles Radonski; Gilberto Rúa; María de las Mercedes de Freitas Sánchez, representante de la Asociación Civil Transparencia Venezuela; Antonio José Varela; así como Carlos Guillermo Arocha y Fernando Alberto Alban, representantes de la organización política "Mesa de la Unidad Democrática (MUD)".

Aclaró la Sala Constitucional, que todos los mencionados recursos contencioso electorales habían sido originalmente intentados ante la Sala Electoral del Máximo Tribunal, a cuyo conocimiento se avocó la Sala Constitucional mediante la sentencia n° 795 de 20 de junio de 2013,

> "en tutela de los derechos políticos de la ciudadanía, del interés público, la paz institucional y el orden público constitucional, así como por la trascendencia nacional e internacional de las resultas del proceso instaurado, sustentando que había sido cuestionada la transparencia de un proceso comicial de la mayor envergadura, como el destinado a la elección del máximo representante del Poder Ejecutivo, así como la actuación de órganos del Poder Público en el ejercicio de sus atribuciones constitucionales, de lo que se deducía la altísima trascendencia para la preservación de la paz pública que revestía cualquier juzgamiento relativo a estas causas."

Según la Nota de Prensa, la Sala procedió a examinar que los recursos intentados cumplieran con los requisitos de admisibilidad que ordenan los artículos 133 y 180 de la Ley Orgánica del Tribunal Supremo de Justicia, al igual que el artículo 206 de la Ley Orgánica de Procesos Electorales, y constató "que los mismos no observaron tales requisitos, los cuales son indispensables para la tramitación de las demandas contra actos de naturaleza electoral," pasando así a hacer el siguiente resumen de las sentencias:

> "Refieren las sentencias que en el proceso contencioso electoral corresponde realizar un acucioso examen para estimar la procedencia de esta clase de demandas y, por ello, se exige a los reclamantes la carga de exponer de manera clara, precisa y completa las circunstancias cuyo acaecimiento encuadre en los supuestos específicos de nulidad que prevé la ley; no sólo con

el propósito de que el órgano administrativo o judicial establezca sin ambages los límites de la controversia, sino porque resulta indispensable la preservación de la voluntad del pueblo expresada en comicios libres, conjugada con la necesidad de brindar garantías institucionales de paz, estabilidad y seguridad, al evitar el cuestionamiento ligero y trivial de la función pública ejercida por un representante elegido por el pueblo.

Los demandantes acaso indicaron la comisión de supuestas irregularidades en diversos centros electorales, sin identificar en forma precisa el cómo los eventos puntuales a los que aludieron produjeron vicios apreciables, capaces de alterar los resultados definitivos que se produjeron en los comicios celebrados el 14 de abril de este año para la elección del Presidente de la República.

De esta manera, queda en evidencia que no fueron alegados motivos suficientes que pongan en duda la voluntad popular expresada en las pasadas elecciones presidenciales."

Adicionalmente, narra la Nota de Prensa que

"determinados recursos esgrimieron alegatos contra la majestad del Tribunal Supremo de Justicia, lo que mereció algunos apuntes en las respectivas sentencias, entre los que destacan que ello no puede ser tenido a la ligera, no sólo porque revela el desconocimiento sobre las competencias de la Sala sino porque se pretende empañar el ejercicio de una garantía como el derecho de acceso a la justicia. Estos cuestionamientos contra las autoridades judiciales, no sólo deben ser desechados porque desconocen la función garantista de la Sala Constitucional, sino porque con su afrenta trivializa el debate democrático. Se evidencia, por tanto, que no se acude a los tribunales con el ánimo de resolver una disputa, sino para acusar al árbitro por no someterse a sus designios y voluntades. Así, por lo que respecta a tales señalamientos, se impuso la inadmisibilidad según el artículo 133, numeral 5, de la Ley Orgánica del Tribunal Supremo de Justicia."

En general, concluyó la "Nota de Prensa" que "las decisiones estatuyen que los alegatos esgrimidos por las partes recurrentes, son argumentos genéricos e imprecisos que conducen también a declarar inadmisibles las pretensiones, según el artículo 181 de la Ley

Orgánica del Tribunal Supremo de Justicia, en concatenación del artículo 180 *eiusdem*."

Como se puede colegir de la reseña que hemos efectuado al analizar las sentencias del 7 de agosto de 2013, **todas las demandas que fueron intentadas contra el proceso electoral del 14 de abril de 2013 y sus resultados tuvieron por objeto buscar del Tribunal Supremo que en definitiva se pronunciara definitivamente sobre la legitimidad o ilegitimidad de dicho proceso de votación y, más que todo, sobre la legitimidad o la ilegitimidad de la postulación y la elección declarada del candidato Nicolás Maduro**. Eso fue lo que los recurrentes persistieron al acudir ante el "máximo y último garante de la Constitución" como suele autocalificarse la Sala Constitucional del Tribunal Supremo. Como sentencias formales dictadas en sus recursos, sin embargo, no obtuvieron la decisión en justicia que esperaban, y más bien lo que obtuvieron fue la decisión de que sus peticiones eran inadmisibles, es decir, que no reunían los requisitos legales para ser siquiera consideradas y juzgadas, por lo que formalmente en ninguno de los casos se produjo pronunciamiento de fondo alguno –salvo veladamente, como antes se ha advertido– y en ningún caso sobre el tema de la legitimidad electoral que se buscaba, y que sin duda necesitaba el país.

La decisión de fondo, en realidad, se dictó en la "Nota de Prensa" del Tribunal Supremo de Justicia del 7 de agosto de 2013, en la cual, desechadas las impugnaciones por inadmisibles, en definitiva se "decidió" que el proceso electoral de abril de 2013 fue legítimo y que el Presidente Electo Maduro está amparado por una legitimidad "plena y de derecho." Ello lo "decidió" el Tribunal Supremo de Justicia en la "Nota de Prensa" antes mencionada en la cual concluyó afirmando:

Primero, sobre las impugnaciones incoadas ante el Supremo Tribunal, que:

> "no consiguieron alegar ninguna irregularidad que significase una diferencia con los resultados que emanaron del Poder Electoral, se evidencia que los mismos **fueron completamente legítimos**."

Y segundo, que en ese sentido, para el Tribunal Supremo también fue posible colegir de los fallos que:

> "**la legitimidad** del Presidente de la República Bolivariana de Venezuela Nicolás Maduro Moros, quien obtuvo la mayoría de los votos escrutados en ese proceso, **es plena y de derecho a tenor de las leyes**."

Quizás era a esa "justicia," dada a través de "Notas de Prensa," a lo que el Tribunal Supremo de Justicia se refería al final de su "Nota de Prensa," cuando en la misma quiso reiterar a la ciudadanía que podía contar "con un Poder Judicial fortalecido, que aplica en cada una de sus actuaciones, los mandatos que el Texto Fundamental señala," pidiéndole además al pueblo "puede confiar en la solidez del elenco institucional que impera en nuestro país."

New York, agosto 2013

SEGUNDA PARTE

EL GOLPE DE ESTADO DADO EN DICIEMBRE DE 2014, CON LA INCONSTITUCIONAL DESIGNACIÓN DE LAS ALTAS AUTORIDADES DEL PODER PÚBLICO

Un golpe de Estado no sólo ocurre cuando un grupo de militares, o de civiles apoyados por militares, asaltan y toman el poder en un Estado, tal como lo recuerda el imaginario político latinoamericano; sino también ocurre, como lo ha destacado el profesor Diego Valadés, cuando "el desconocimiento de la Constitución [se produce] por parte de un órgano constitucionalmente electo;" agregando incluso, como un ejemplo de esa situación, que "un presidente elegido conforme a la Constitución no puede invocar una votación, así sea abrumadoramente mayoritaria, para desconocer el orden constitucional. Si lo hace habrá dado un golpe de Estado"[1].

Y esto fue precisamente lo que una vez más sucedió en Venezuela en diciembre de 2014 con la inconstitucional "designación" de los titulares de los Poderes Ciudadano, Electoral y Judicial, efectuada en abierta violación del principio democrático que impone su elección por voto popular indirecto. Con esas designaciones, se usurpó la soberanía popular, quedando sellada la ilegitimidad de

---

1 Véase Diego Valadés, *Constitución y democracia,* Universidad Nacional Autónoma de México, México 2000, p. 35; y Diego Valadés, "La Constitución y el Poder," en Diego Valadés y Miguel Carbonell (Coordinadores), *Constitucionalismo Iberoamericano del siglo XXI*, Cámara de Diputados, Universidad Nacional Autónoma de México, México 2000, p. 145.

origen de dichas "designaciones" y de las actuaciones de dichos Poderes Públicos.

Dicha violación de la Constitución y la consecuente usurpación de la voluntad popular, en efecto, fue cometida en la siguiente forma:

Primero, por la Asamblea Nacional actuando como cuerpo legislador y no como cuerpo elector en segundo grado, como consecuencia de una conspiración en la cual participaron el Presidente de la propia Asamblea Nacional y un grupo de parlamentarios, la Presidenta del Consejo Moral Republicano (Fiscal General de la República) y los magistrados de la Sala Constitucional del Tribunal Supremo de Justicia, para lograr efectuar la "designación" de los titulares del Poder Ciudadano (Contralor General de la República, Fiscal General de la República y Defensor del Pueblo) por una mayoría simple de votos de diputados, ignorando la mayoría calificada que el principio democrático imponía.

Segundo, por la Asamblea Nacional también actuando como cuerpo legislador y no como cuerpo elector en segundo grado, en la "designación" de los Magistrados del Tribunal Supremo de Justicia, como cabeza del Poder Judicial, también por una mayoría simple de votos de diputados igualmente ignorando la mayoría calificada que el principio democrático imponía.

Y *tercero*, por la Sala Constitucional del Tribunal Supremo de Justicia, como consecuencia de una conspiración en la cual participó el Presidente de la Asamblea Nacional, en la "designación los titulares del Poder Electoral (Rectores del Consejo Nacional Electoral), usurpando las funciones de la Asamblea Nacional como cuerpo elector en segundo grado, y por tanto, igualmente violando el principio democrático que imponía una elección de dichos funcionarios por mayoría calificada de los diputados a la Asamblea nacional.

Lo ocurrido en diciembre de 2014, no fue otra cosa que un golpe de Estado, dado en este caso pues los propios órganos del Estado, al haber designado sin competencia alguna para ello y violando la Constitución, a los más altos funcionaros del Estado del Poder Ciudadano (Contralor General de la República, Fiscal General de la República y Defensor del Pueblo), quienes solo pueden ser "electos" por la Asamblea Nacional actuando como cuerpo elector de segundo grado, con el voto de una mayoría calificada de los 2/3 de sus integrantes como lo impone la Constitución, en un proceso que exige la activa participación ciudadana, de los diversos sectores de la sociedad, en la nominación de los respectivos candidatos ser considerados por la Asamblea Nacional.

Con estas inconstitucionales designaciones, los órganos de los Poderes Públicos involucrados en ello no hicieron otra cosa que no sea haber seguido la misma línea inconstitucional de golpe de Estado sistemático y continuo que se ha producido en Venezuela desde cuando el Presidente Hugo Chávez, al tomar posesión por primera vez de su cargo el 2 de febrero de 1999, convocó una Asamblea Nacional Constituyente no prevista en la Constitución que entonces estaba vigente.[2]

I. LA PENTA DIVISIÓN DEL PODER PÚBLICO Y LA ELECCIÓN POPULAR (DIRECTA E INDIRECTA) DE TODOS LOS TITULARES DE LOS ÓRGANOS DE LOS PODERES DEL ESTADO

Para entender adecuadamente la naturaleza del golpe de Estado que han dado los órganos del Poder Público, debe recordarse el sistema de separación de poderes adoptado en la Constitución de 1999, y el sentido de la previsión del principio democrático establecido en la misma, y que impone que, en todos los casos, la necesaria elección popular de los titulares de todos los Poderes Públicos, en algunos casos en primer grado, y en otros en segundo grado; pero siempre elección popular como manifestación de la soberanía del pueblo.

1. *La penta división del Poder Público y la elección popular de los altos funcionarios del Estado*

Una de las innovaciones de la Constitución venezolana de 1999 fue, sin duda, el establecimiento de una penta división del Poder Público, que quedó dividido en cinco poderes, siendo en tal sentido la única Constitución del mundo en la cual, además de los tres clásicos poderes (Poder Legislativo, Poder Ejecutivo y Poder Judicial), consagra otros dos poderes adicionales: el Poder Ciudadano

---

2 Véase Allan R, Brewer-Carías, *Golpe de Estado y proceso constituyente en Venezuela,* Universidad Nacional Autónoma de México, México 2002.

integrado por el Contralor General de la República, el Fiscal General de la República y el Defensor del Pueblo, y el Poder Electoral.

Todos los cinco poderes están regulados en la Constitución en plano de igualdad, con autonomía e independencia entre unos de otros, previéndose, para asegurarla, la legitimidad democrática de origen de los mismos siguiendo el principio democrático establecido en el artículo 6, conforme al cual el gobierno de Venezuela "es y será siempre democrático, participativo y electivo," lo que exige, precisamente, que todos los titulares de todos los órganos de los poderes públicos deben ser electos popularmente en forma democrática y participativa.

De allí la específica forma de elección prevista en la Constitución para la elección de absolutamente todos los titulares de los poderes públicos, consistente en su elección popular, es decir, por el pueblo, en forma directa en algunos casos, y en forma indirecta en otros, es decir, mediante elecciones de primer y de segundo grado; y todo con el objeto de asegurar que ningún Poder dependa de otro, y pueda haber contrapesos entre ellos.

En el primer caso de elección popular de primer grado, se trata de la elección popular directa por el pueblo, mediante sufragio universal y secreto, prevista para la elección del Presidente de la República (art. 228) y de los diputados a la Asamblea Nacional (art. 186); y en el segundo caso, de elección popular indirecta, en segundo grado, es la que se realiza en nombre del pueblo, por los diputados a la Asamblea Nacional que son sus representantes electos en forma directa, prevista para la elección de los titulares de los otros Poderes Públicos: de los Magistrados del Tribunal Supremo de Justicia (Poder Judicial) (art. 264, 265); del Contralor General de la República, del Fiscal General de la República y del Defensor del Pueblo (Poder Ciudadano) (art. 279), y de los miembros del Consejo Nacional Electoral (Poder Electoral) (art. 296).

Ello implica, conforme a las previsiones constitucionales, que todos los titulares de los órganos de los poderes públicos tienen que ser electos popularmente, sea en forma directa o sea indirectamente; de manera que nadie que no sea electo en forma directa por el pueblo puede ejercer el cargo de Presidente de la República o de diputado a la Asamblea Nacional; y nadie que no sea electo indirectamente por el pueblo a través de una mayoría calificada de diputados a la Asamblea Nacional, puede ejercer los altos cargos de los Poderes Ciudadano, Electoral y Judicial.

En el segundo caso de elección popular indirecta, por tanto, solo la Asamblea Nacional actuando como cuerpo elector, de segundo grado puede elegir a los titulares de los órganos de los Poderes Ciudadano, Electoral y Judicial, y ello exclusivamente por la mayoría calificada de las 2/3 partes de los diputados a la misma como representantes del pueblo que son.

Entre estas dos formas de elección popular, por supuesto, lo que difiere es la técnica de la elección. En el caso de la elección directa por el pueblo, cada persona o elector vota por el candidato de su preferencia; en cambio que en la elección indirecta, el cuerpo electoral de segundo grado que es el integrado por los diputados a la Asamblea Nacional, tiene que llegar a un acuerdo para elegir, lo que es propio de la lógica democrática de funcionamiento cuando un grupo político no controla la mayoría calificada de los diputados. En estos casos, por más mayoritario que sea un partido político en la Asamblea, tiene que renunciar a pretensiones hegemónicas y necesariamente tiene que llegar a acuerdos, compromisos o consensos con las diversas fuerzas políticas, de manera que se pueda asegurar la mayoría calificada de los votos para la elección. En democracia, no hay otra forma de realizar una elección indirecta, y en ningún caso, la fuerza política que sea mayoritaria, pero que no controla la mayoría calificada de votos, puede pretender imponer su voluntad individualmente, pues ello sería antidemocrático.

En todo caso, en los supuestos de elección popular indirecta de los titulares de los Poderes Públicos Electoral, Judicial y Ciudadano, los principios constitucionales son precisos para hacer que responda tanto al principio democrático representativo como al principio democrático participativo que derivan del mencionado artículo 6 de la Constitución al exigir que "el gobierno es y será siempre democrático, participativo, electivo."

2. *La lógica democrática representativa en la elección indirecta*

En cuanto a la lógica democrático representativa que deriva de dicha norma, a los efectos de garantizar la mayor representatividad democrática en la elección popular indirecta de los Magistrados del Tribunal Supremo de Justicia, del Contralor General de la República, del Fiscal General de la República, del Defensor del Pueblo y de los miembros del Consejo Nacional Electoral, la Constitución dispone que la misma sólo puede hacerse con el voto de una mayoría calificada de las 2/3 de los diputados que integran la Asamblea Nacional.

Ello está establecido en forma expresa respecto de la elección del Contralor General de la República, del Fiscal General de la República y del Defensor del Pueblo (art. 279), y de los miembros del Consejo Nacional Electoral (art. 296); y en forma implícita respecto de la elección de los Magistrados del Tribunal Supremo de Justicia al exigirse dicha votación calificada para su remoción (art. 264, 265). Con ello, el Constituyente, en lugar de establecer la elección popular directa de dichos altos funcionarios, al regular la elección indirecta sin embargo aseguró una representatividad democrática calificada.

En todo caso, lo importante a destacar de la lógica representativa del principio democrático en estos casos de elección indirecta de los altos funcionarios del Estado, es que la Asamblea Nacional, al efectuar la elección indirecta, no actúa constitucionalmente como cuerpo legislador ordinario o general, sino como cuerpo electoral, al punto que las competencias que le corresponden como tal cuerpo electoral ni siquiera están incluidas entre las competencias generales de la Asamblea Nacional enumeradas en el artículo 187 de la Constitución. Por ello, en el ejercicio de las competencias como cuerpo elector, para la elección en segundo grado de los titulares de los órganos del Poder Público, la Asamblea Nacional no puede actuar sujeta al régimen general de mayorías que se aplican y rigen para su funcionamiento general de la misma actuando como cuerpo legislador, estando en cambio sometida única y exclusivamente al régimen de mayoría calificada que regulan los artículos 264, 265, 279 y 296 de la propia Constitución.

Ahora bien, en cuanto al logro de la mayoría calificada votos de los diputados exigida para la elección indirecta, en una sociedad democrática, cuando un partido político no cuenta con dicha mayoría calificada, la elección de dichos funcionarios tiene que hacerse mediante acuerdos democráticos, para lograr un consenso. Y nada inconstitucional tiene el que dichas mayorías calificadas no se logren de inmediato. Ello lo señaló expresamente la Sala Constitucional del Tribunal Supremo en la sentencia Nº 2073 de 4 de agosto de 2003 (Caso: *Hermánn Escarrá Malaver y oros*) dictada para precisamente resolver sobre la omisión de la Asamblea Nacional en la elección de los miembros del Consejo Nacional Electoral, descartando toda situación de inconstitucionalidad cuando no se logran los acuerdos políticos necesarios, al señalar que:

> "el régimen parlamentario, en muchas oportunidades, exige la toma de decisiones por mayorías calificadas y no por mayorías absolutas o simples; y cuando ello sucede (lo que incluso puede ocurrir en el caso de la mayoría simple), si los integrantes de la Asamblea no logran el acuerdo necesario para llegar a la mayoría requerida, la elección no puede realizarse, sin que ello, en puridad de principios, pueda considerarse una omisión legislativa, ya que es de la naturaleza de este tipo de órganos y de sus votaciones, que puede existir disenso entre los miembros de los órganos legislativos nacionales, estadales o municipales, y que no puede lograrse el número de votos necesarios, sin que pueda obligarse a quienes disienten, a lograr un acuerdo que iría contra la conciencia de los votantes. Desde este ángulo no puede considerarse que existe una omisión constitucional que involucra la responsabilidad de los órganos aludidos en el artículo 336.7 constitucional."[3]

3. *La lógica democrática participativa en la elección indirecta*

Por su parte, en cuanto a la lógica democrático participativa en los casos de elección popular indirecta, ello implica, también para garantizar la mayor participación democrática, que la elección popular indirecta de los Magistrados del Tribunal Supremo de Justicia, del Contralor General de la República, del Fiscal General de la Re-

---

3 Véase en http://historico.tsj.gov.ve/decisiones/scon/agos-to/2073-040803-03-1254%20Y%201308.HTM. Véanse los comentarios en Allan R. Brewer-Carías, "El control de la constitucionalidad de la omisión legislativa y la sustitución del Legislador por el Juez Constitucional: el caso del nombramiento de los titulares del Poder Electoral en Venezuela," en *Revista Iberoamericana de Derecho Procesal Constitucional,* Nº 10 Julio-Diciembre 2008, Editorial Porrúa, Instituto Iberoamericano de Derecho Procesal Constitucional, México 2008, pp. 271-286.

pública, del Defensor del Pueblo y de los miembros del Consejo Nacional Electoral, no puede hacerse mediante la sola voluntad de los diputados de la Asamblea Nacional ni siquiera con la mayoría calificada exigida, sino que sólo puede hacerse mediante un procedimiento en el cual se debe asegurar la participación ciudadana, antes de que se efectúe la elección mediante dicha mayoría calificada.

Ello implica que la potestad de elección popular indirecta por parte la Asamblea Nacional está limitada, en el sentido de que sólo puede efectuarse respecto de los candidatos que sean nominados por sendos Comités de Postulaciones, que conforme a la Constitución son: el Comité de Postulaciones Judiciales (arts. 264, 270),[4] el Comité de Evaluación de Postulaciones del Poder Ciudadano (art. 279)[5] y Comité de Postulaciones Electorales (art. 295),[6] todos los cuales deben estar integrados exclusivamente con "representantes de los diversos sectores de la sociedad;" es decir, con personas provenientes de la sociedad civil, lo que implica que en los mismos no pueden tener cabida personas que sean funcionarios públicos. Por tanto, los diputados a la Asamblea Nacional no podrían formar parte de dichos Comités, siendo inconstitucional su inclusión en los mismos.[7]

---

4 De acuerdo con el artículo 270, el Comité de Postulaciones Judiciales "estará integrado por representantes de los diferentes sectores de la sociedad."

5 De acuerdo con el artículo 279, el Comité de Evaluación de Postulaciones del Poder Ciudadano, "estará integrado por representantes de diversos sectores de la sociedad."

6 De acuerdo con el artículo 295, el Comité de Postulaciones Electorales "estará integrado por representantes de los diferentes sectores de la sociedad."

7 Véase los comentarios sobre la inconstitucional práctica legislativa reguladora de los Comités de Postulaciones integradas, cada uno, con una mayoría de diputados, convirtiéndolas en simples "comisiones parlamentarias ampliadas," en Allan R. Brewer-Carías, "La participación ciudadana en la designación de los titulares de los órganos no electos de los Poderes Públicos en Venezuela y sus vicisitudes políticas", en *Revista Iberoamericana de Derecho Público y Administrativo*, Año 5, Nº 5-2005, San José, Costa Rica 2005, pp. 76-95.

Ahora bien, la lógica democrática tanto representativa como participativa en la elección popular indirecta de los titulares de los Poderes Públicos es de tal naturaleza en la Constitución[8] que, por ejemplo, en cuanto a la elección de los titulares de los órganos del Poder Ciudadano, el artículo 279 dispone que si de la terna de candidatos para cada cargo que presente el Comité de Evaluación de Postulaciones del Poder Ciudadano ante la Asamblea Nacional, ésta, en un lapso no mayor de treinta días continuos, no logra concertar un acuerdo para elegir con el voto favorable de las dos terceras partes de sus integrantes al titular del órgano del Poder Ciudadano que esté en consideración, entonces, dispone la norma, "el Poder Electoral someterá la terna a consulta popular."

Es decir, que si en el funcionamiento democrático del proceso de selección de los titulares del Poder Ciudadano en la Asamblea Nacional no se logran los acuerdos y consensos para lograr la mayoría calificada necesaria para la elección popular indirecta, en un lapso de 30 días, entonces la elección del titular del órgano del Poder Ciudadano de que se trate, solo puede hacerse por elección directa del pueblo.

Nada de lo anteriormente expuesto, sin embargo, se cumplió en diciembre de 2014, y los titulares de los órganos del Poder Ciudadano, es decir, el Contralor General de la República, el Fiscal General de la República y el Defensor del Pueblo; los Rectores del Consejo Nacional Electoral y los Magistrados del Tribunal Supremo de Justicia, fueron designados inconstitucionalmente, en unos casos, por una mayoría simple de votos de los diputados presentes en la sesión de la Asamblea Nacional; y en otro caso, por la Sala Constitucional del Tribunal Supremo de Justicia, violándose la Constitu-

---

8 A ello se agrega, como lo indica María Amparo Grau: la importancia de las funciones de dichos órganos del Poder Ciudadano, que requieren el mayor consenso en su selección, a estos competen atribuciones de control de la legalidad y actuación ética de los funcionarios públicos, control del uso legal y ético del dinero y de los bienes del Estado, la protección de los derechos humanos, la buena marcha de la justicia y la investigación y acción penal. Debe evitarse su dependencia política, de allí el necesario consenso para garantizar que este Poder sea un muro de contención a la arbitrariedad, a la corrupción y a la delincuencia." Véase en María Amparo Grau, "Golpe a la Constitución ¡de nuevo!," en *El Nacional*, Caracas, 24 de diciembre 2014.

ción, configurándose con ello un golpe de Estado. Para darlo, el Presidente de la Asamblea Nacional y un conjunto de diputados, conspiraron con la Fiscal General de la República, los otros miembros del Consejo Moral Republicano, y con los magistrados de la Sala Constitucional del Tribunal Supremo, en un caso, cometiendo un fraude a la Constitución, y en otro, mutando ilegítimamente su texto.

I. LA PENTA DIVISIÓN DEL PODER PÚBLICO Y LA ELECCIÓN POPULAR (DIRECTA E INDIRECTA) DE TODOS LOS TITULARES DE LOS ÓRGANOS DE LOS PODERES DEL ESTADO

En efecto, con fecha 22 de diciembre de 2014, la Asamblea Nacional, por mayoría simple de voto de diputados, como si estuviese actuado como órgano legislador general, ignorando el status de cuerpo electoral que para ello tenía conforme a la Constitución, designó a los titulares de los órganos del Poder Ciudadano, es decir, al Contralor General de la República, al Fiscal General de la República y al Defensor del Pueblo, en franca violación al artículo 279 de la Constitución, y contra toda la lógica principio democrático representativo y participativo que establece el artículo 6 de la misma.

Dicho artículo 279 de la Constitución, que desarrolla dicho principio democrático, en efecto, dispone que:

> ***Artículo 279.*** El Consejo Moral Republicano convocará un Comité de Evaluación de Postulaciones del Poder Ciudadano, el cual estará integrado por representantes de diversos sectores de la sociedad; adelantará un proceso público de cuyo resultado se obtendrá una terna por cada órgano del Poder Ciudadano, la cual será sometida a la consideración de la Asamblea Nacional. Esta, mediante el voto favorable de las dos terceras partes de sus integrantes, escogerá en un lapso no mayor de treinta días continuos, al o a la titular del órgano del Poder Ciudadano que esté en consideración. Si concluido este lapso no hay acuerdo en la Asamblea Nacional, el Poder Electoral someterá la terna a consulta popular.
>
> En caso de no haber sido convocado el Comité de Evaluación de Postulaciones del Poder Ciudadano, la Asamblea Nacional

> procederá, dentro del plazo que determine la ley, a la designación del titular o la titular del órgano del Poder Ciudadano correspondiente.
>
> Los o las integrantes del Poder Ciudadano serán removidos o removidas por la Asamblea Nacional, previo pronunciamiento del Tribunal Supremo de Justicia, de acuerdo con lo establecido en la ley.

Para cualquier lector ligeramente informado, en cuanto a la elección indirecta de los titulares del Poder Ciudadano, la norma dice esencialmente lo que expresan las palabras de su propio texto, sin que sea necesaria interpretación alguna. Lo que dice la norma es que la elección de dichos altos funcionarios la hace la Asamblea Nacional "*mediante el voto favorable de las dos terceras partes de sus integrantes,*" lo que responde a la lógica constitucional representativa y participativa de la configuración de la Asamblea como cuerpo elector.

Ello implica, *primero*, que para garantizar la máxima representatividad de la elección a que debe realizar en segundo grado, en representación del pueblo, la Asamblea Nacional debe elegir a los titulares del Poder Ciudadano mediante el voto favorable de las dos terceras partes de los integrantes de la misma; y *segundo*, que para garantizar la máxima participación ciudadana en la elección, la Asamblea Nacional, para tal efecto, no puede elegir a quien sólo escoja y decida dicha mayoría calificada de diputados, sino sólo puede elegir entre los candidatos que se le propongan en una terna que le debe presentar el Comité de Evaluación de Postulaciones del Poder Ciudadano, el cual debe estar integrado por "representantes de diversos sectores de la sociedad."

La única excepción a esta lógica constitucional democrática representativa y participativa que el texto fundamental le impone a la Asamblea Nacional actuando como tal órgano elector, no se refiere al principio democrático representativo del mismo, sino sólo al principio democrático participativo, al disponer que en caso de no que no se haya podido convocar el Comité de Evaluación de Postulaciones del Poder Ciudadano y, por tanto, aún en ausencia del mecanismo de participación popular que regula la Constitución, la Asamblea Nacional debe proceder como tal órgano elector, "a la designación del titular o la titular del órgano del Poder Ciudadano correspondiente," por supuesto, únicamente en la forma indicada con el voto favorable de las dos terceras partes de sus integrantes, pues dicha lógica democrática representativa no está sujeta a excepción alguna.

Por tanto, no es necesario siquiera ser curioso en leyes, para leer y entender bien lo que la norma dice.

Sin embargo, en un evidente fraude a la Constitución,[9] y mutando su contenido, todo ejecutado como parte de una conspiración para violarla y cambiarla con violencia institucional; conspiración en la cual participaron el Presidente de la Asamblea Nacional y un grupo de diputados, la Presidenta del Consejo Moral Republicano y sus otros miembros, y los magistrados de la Sala Constitucional del Tribunal Supremo de Justicia, el 22 de diciembre de 2014 la Asamblea Nacional procedió a "designar" al Contralor General de la República, al Fiscal General de la República y al Defensor del Pueblo sin sujetarse a la mayoría calificada con la cual sólo puede actuar como órgano elector, procediendo a hacerlo con el voto de una mayoría simple de los diputados como si se tratase de una actuación

9 Lo que no ha sido infrecuente en la conducta de los Poderes Públicos en los últimos tres lustros. Véase por ejemplo, lo indicado en Allan R. Brewer-Carías: *Reforma constitucional y fraude a la constitución (1999-2009)*, Academia de Ciencias Políticas y Sociales, Caracas 2009; "Reforma Constitucional y fraude a la Constitución: el caso de Venezuela 1999-2009," en Pedro Rubén Torres Estrada y Michael Núñez Torres (Coordinadores), La reforma constitucional. Sus implicaciones jurídicas y políticas en el contexto comparado, Cátedra Estado de Derecho, Editorial Porrúa, México 2010, pp. 421-533; "La demolición del Estado de Derecho en Venezuela Reforma Constitucional y fraude a la Constitución (1999-2009)," en El Cronista del Estado Social y Democrático de Derecho, Nº 6, Editorial Iustel, Madrid 2009, pp. 52-61; "El autoritarismo establecido en fraude a la Constitución y a la democracia, y su formalización en "Venezuela mediante la reforma constitucional. (De cómo en un país democrático se ha utilizado el sistema eleccionario para minar la democracia y establecer un régimen autoritario de supuesta "dictadura de la democracia" que se pretende regularizar mediante la reforma constitucional)" en el libro: Temas constitucionales. Planteamientos ante una Reforma, Fundación de Estudios de Derecho Administrativo, FUNEDA, Caracas 2007, pp. 13-74.

más del órgano legislativo general, violando el principio democrático representativo de la elección popular indirecta de dichos altos funcionarios de los Poderes Públicos establecido den la Constitución.[10]

Este fraude constitucional, como lo destacó José Ignacio Hernández, se cometió en "seis actos,"[11] que en esencia fueron los siguientes:

Primer acto: El Consejo Moral Republicano, integrado por los titulares de los tres órganos que lo forman (Contraloría General de la República, Fiscalía General de la República y Defensor del Pueblo), en septiembre de 2014, y bajo la presidencia de la Fiscal General de la República, elaboró, conforme al artículo 279 de la Constitución, unas **Normas Relativas para la convocatoria y conformación del Comité de Evaluación de Postulaciones del Poder Ciudadano, *que debía ser integrado*** "por representantes de diversos sectores de la sociedad," y cuyos miembros debían haber sido designados por

10 Como lo observó Sergio Sáez, apenas se adoptó la decisión de la Asamblea Nacional:"Queda en el ambiente el sabor amargo de complicidad entre los poderes. Unos por no cumplir con sus obligaciones ante la evidencia de haber estado acéfala la Contraloría General de la República por tanto tiempo; otros ante la proximidad del vencimiento de los restantes titulares del Consejo Moral Republicano, y haber planteado la imposibilidad que de cumplir con el proceso contemplado en la Constitución, para salvaguardar la reelección de sus miembros; otro poder al buscar los vericuetos de la Ley para desprenderse de la responsabilidad de verse obligado a escoger los titulares en cumplimiento estricto de la Ley; y, el último, al hacer uso de su capacidad discrecional nuevamente para mutar la Constitución en lugar de interpretarla ajustada al legítimo canon del Derecho Constitucional." Véase en Sergio Sáez, "Bochorno y desgracia en la Asamblea Nacional," 23 de diciembre de 2014, en http://www.academia.edu/9879823/Venezuela_Bochorno_y_desgracia_en_la_Asamblea._de_Ing._Sergio_Saez y en http://www.frentepa-triotico.com/inicio/2014/12/24/bochorno-y-desgracia-en-la-asamblea-nacional/

11 Véase José Ignacio Hernández, "La designación del Poder Ciudadano: fraude a la Constitución en 6 actos;" en *Prodavinci,* 22 de diciembre, 2014, en http://prodavinci.com/blogs/la-designacion-del-poder-ciudadano-fraude-a-la-constitucion-en-6-actos-por-jose-i-hernandez/.

dicho Consejo Moral Republicano. A tal efecto, sus miembros se declararon en sesión permanente.[12]

Segundo acto: A finales de noviembre de 2014, la Presidenta del Consejo Moral Republicana informó públicamente que no había habido "consenso" para designar a los miembros del Comité de Evaluaciones, sin dar explicación de naturaleza alguna, sobre todo cuando en ese momento todos los titulares de dichos órganos eran funcionarios que seguían la línea política del gobierno y de su partido. Nadie, por supuesto, podrá creer jamás que esos altos funcionarios gubernamentales no pudieron ponerse de acuerdo en designar unos miembros de dicho Comité de Evaluaciones.

Tercer acto: La "razón" de no haber llegado a un consenso en el Poder Ciudadano para nombrar los miembros del Comité de Evaluación, fue para dar curso al tercer acto, que consistió en que días después, la Asamblea Nacional, sin competencia alguna para ello, el 2 de diciembre de 2014 designo a los miembros del referido Comité de Evaluación de Postulaciones del Poder Ciudadano. Sin embargo, ningún órgano del Estado que no sea el Consejo Moral Republicano, tiene competencia constitucional alguna para designar dichos miembros del Comité de Postulaciones, por lo que al haber efectuado la Asamblea Nacional la designación de dicho Comité, violó el artículo 279 de la Constitución. Si el Consejo Moral Republicano incumple su obligación constitucional de designar a los miembros del Comité, lo que puede hacer la Asamblea es proceder a la elección popular indirecta del titular del órgano, con la mayoría calificada exigida constitucionalmente, y nada más.

Cuarto acto: El Presidente de la Asamblea Nacional, el viernes 19 de diciembre de 2014, declaró públicamente que la Asamblea procedería a designar a los titulares de los órganos del Poder Ciudadano, aun cuando sabía que no tendría posibilidad de reunir los votos de las 2/3 partes de los diputados como lo exigía la Constitución. Para superar ese escollo, sin embargo, lo que hizo el mismo día de su anuncio, fue solicitar a la Sala Constitucional del Tribunal Supremo de Justicia la "interpretación constitucional" del artículo

---

12 Véase la nota: "*Consejo Moral activa conformación del Comité que evaluará postulaciones de aspirantes al Poder Ciudadano*," en http://www.cmr.gob.ve/index.php/noticia/84-cmr-aspirante

279 de la Constitución, el cual como se dijo no requiere interpretación, para que ésta "avalara" la posibilidad de la elección de los titulares de los órganos del Poder Ciudadano por parte de la Asamblea con el voto de solo una mayoría simple, ignorando su status, en esos casos, de órgano elector que sólo puede decidir con una mayoría calificada de las 2/3 partes de sus miembros.

Paralelamente, el Presidente de la Asamblea Nacional procedió a convocar a una sesión de la Asamblea a realizarse al día siguiente sábado 20 de diciembre de 2014. Sin embargo, como seguramente habría constatado que la Sala Constitucional no podía sacar de un día para otro la sentencia que él mismo había solicitada se dictara, dicha sesión convocada para el sábado 20 de diciembre fue entonces estratégicamente diferida para el lunes 22 de diciembre de 2014. Así se le dejaba el tiempo del fin de semana a la Sala Constitucional para que dictara sentencia interpretativa solicitada.

Quinto acto: La Sala Constitucional, entonces, muy diligentemente y con ponencia conjunta, pudo elaborar la sentencia solicitada entre los días sábado 20 y domingo 21 de diciembre de 2014, la cual fue publicada el lunes 22 de diciembre de 2014, justo antes de que tuviera lugar la sesión de la Asamblea Nacional que se había convocado para "elegir" los titulares de los poderes públicos.

La Sala Constitucional, en dicha sentencia, concluyó en esencia, y por supuesto en forma inconstitucional, que como el segundo párrafo del artículo 279 de la Constitución supuestamente no especificaba cuál debía ser la mayoría que se requería para designar a los representantes del Poder Ciudadano – lo que por supuesto no era necesario pues ya estaba indicado en el primer párrafo de la norma - , entendiendo entonces que esa designación era por la "mitad más uno de los diputados y diputadas presentes en la sesión parlamentaria que corresponda," ignorando el carácter de órgano elector de segundo grado de la Asamblea Nacional que tiene en esos casos, para poder realizar, en representación del pueblo, una elección popular indirecta.

Sexto acto: En esa forma, la Asamblea Nacional procedió a "designar" a los titulares de los órganos del Poder Ciudadano, y entre ellos, ratificando en la Fiscalía General de la República, a la misma Fiscal General de la República quien como Presidenta del Consejo Moral Republicano "no había logrado" un consenso para designar a los miembros del Comité de Evaluación de Postulaciones del Poder Ciudadano, y quien había conspirado con los otros mencionados funcionarios para cambiar con violencia institucional la Constitución. Su nombramiento ilegítimo, fue reincidente, pues también había sido nombrada ilegítimamente en 2007.[13]

La Asamblea Nacional, además, "designó" como Contralor General de la República que el órgano constitucional con la función de controlar en particular a los funcionarios del Poder Ejecutivo, a un funcionario del propio Poder Ejecutivo que en ese momento estaba ejerciendo el cargo de Procurador General de la República, es decir, "designó" Contralor General nada menos que al "abogado del Estado" sujeto a las instrucciones del Poder Ejecutivo. Y como Defensor del Pueblo "designó" a un conocido militante del partido de gobierno, ex Gobernador del uno de los Estados de la República.[14]

---

13 Véase el comentario en Allan R. Brewer-Carías, "Sobre el nombramiento irregular por la Asamblea Nacional de los titulares de los órganos del poder ciudadano en 2007", en *Revista de Derecho Público*, N° 113, Editorial Jurídica Venezolana, Caracas 2008, pp. 85-88.

14 Véase el Acuerdo de la Asamblea Nacional en *Gaceta Oficial* N° 40.567 de 22 de diciembre de 2014. Así resumió el periodista Alex Velázquez lo ocurrido en la Asamblea Nacional para justificar la inconstitucional decisión de elegir con mayoría simple de diputados presentes a los titulares del Poder Ciudadano: "El chavismo jugó sus cartas. En las cuatro horas que duró la sesión extraordinaria de ayer, la bancada oficialista de la Asamblea Nacional se garantizó –en contra de lo que señala la Constitución, pero con el visto bueno del TSJ– el control del Poder Ciudadano.[...]. ¿Cómo lo hicieron? Con una explicación engorrosa, el diputado Pedro Carreño dijo que los 110 votos que ordena el artículo 279 de la Constitución solo son necesarios si la selección se hace luego de que el Consejo Moral Republicano instala el Comité de Postulaciones del Poder Ciudadano. Pero como eso no ocurrió, la carta magna señala que le corresponde a la Asamblea la designación y "no menciona cuántos votos son necesarios" en ese caso. Como le toca al Parlamento, dijo el diputado, se aplica el Reglamento Interior y de Debate, que indica que las decisiones de la Asamblea serán por mayoría absoluta –la mitad más uno de los presentes–, "salvo las que la Constitución o este reglamento especifiquen". En caso de que quedara alguna duda, el presidente del Parlamento, Diosdado Cabello, sorprendió con un anuncio: acudió el 19 de diciembre al TSJ a pedir "de urgencia" que la Sala Constitucional aclarara cuántos votos son necesarios. "Como no soy abogado, y para

Como bien lo intuyó José Ignacio Hernández en su análisis del caso, el primer acto de la conspiración estuvo a cargo de la Fiscal General de la República, como Presidenta del Consejo Moral Republicano, al supuestamente "no haber podido" llegar a un "acuerdo" o "consenso" con los otros titulares del Poder Ciudadano (Contralor General y Defensor del Pueblo) para designar los miembros del Comité de Evaluación de Postulaciones del Poder Ciudadano. Con ello, permitió que se abriera la posibilidad del fraude constitucional en la designación de los titulares del Poder Ciudadano por la Asamblea Nacional, sin la mayoría calificada que exigía su condición de órgano elector, recurriéndose en forma aislada al segundo párrafo del Artículo 279 de la Constitución, y mediante una interpretación constitucional" a la medida, proceder así a su elección por mayoría simple. Por ello, el tercer acto de la conspiración estuvo a cargo del Presidente de la Asamblea Nacional al diferir la sesión de la misma prevista para la designación mencionada, y solicitar a la Sala Constitucional dicha "interpretación constitucional" de la norma, con lo que tuvo lugar el quinto acto de la conspiración, esta vez a cargo de los magistrados de la Sala Constitucional, al pronunciarse en sentencia de 22 de diciembre de 2014 en el sentido solicitado, desconocer el status de cuerpo elector de la Asamblea Nacional en estos casos, y materializar el fraude constitucional, permitiendo la elección de los titulares del Poder Ciudadano por mayoría simple de votos de los diputados presentes, como si se tratase de un acto más de un órgano legislador.

---

que no vengan a decir que soy bruto, fui al TSJ para que explique el proceso de selección del Poder Ciudadano", dijo. La respuesta fue publicada ayer mismo en la página del máximo tribunal. Reafirmó, exacta, la tesis de Carreño: que como el dictamen recae en la Asamblea porque el Consejo Moral no realizó el proceso, las decisiones "se toman por mayoría absoluta, salvo las que la Constitución o el reglamento especifiquen". El diputado Stalin González (UNT) aclaró que no son dos procedimientos distintos y que en ambos casos se necesitan las dos terceras partes de los diputados. Se preguntó si el comité nunca se instaló, precisamente, para cometer fraude a la Constitución.". Véase Alex Vásquez, "Imponen al Poder Ciudadano al margen de la Constitución," en *El Nacional*, 23 de diciembre de 2014, en http://www.el-nacional.com/politica/Imponen-Poder-Ciudadano-margen-Constitucion_0_542345921.html.

De todo esto, José Ignacio Hernández concluyó indicando, con razón, que:

> "con esa designación, se materializó el fraude a la Constitución: una mayoría de las 2/3 partes pasó a ser una mayoría "simple" o "absoluta". La designación de los representantes del Poder Ciudadano por la mayoría simple o absoluta de los integrantes de la Asamblea puede ser calificado técnicamente de "fraude a la Constitución", pues la violación de la Constitución resulta de una serie de actos que en apariencia son válidos, pero en el fondo implican una clara violación al Artículo 279 de la Constitución, de acuerdo con el cual la designación de los representantes del Poder Ciudadano debe hacerse por la mayoría de las 2/3 partes de los integrantes de la Asamblea Nacional. De hecho, el Artículo 279 constitucional fue modificado, para avalar la designación de los representantes del Poder Ciudadano por mayoría "simple" o "absoluta".[15]

El artífice del fraude constitucional, en todo caso, finalmente fue la Sala Constitucional del Tribunal Supremo, al dictar la mencionada sentencia que fue la Nº 1864 de 22 de diciembre de 2014,[16] en respuesta a la solicitud que le formuló "el ciudadano General de División[17] Diosdado Cabello Rondón, en su condición de Presiden-

---

15 Véase José Ignacio Hernández, "La designación del Poder Ciudadano: fraude a la Constitución en 6 actos;" en *Prodavinci,* 22 de diciembre, 2014, en http://prodavinci.com/blogs/la-designacion-del-poder-ciudadano-fraude-a-la-constitucion-en-6-actos-por-jose-i-hernandez/.

16 La sentencia se publicó inicialmente el 22 de diciembre de 2014 en http://www.tsj.gob.ve/decisiones/scon/diciembre/173494-1864-221214-2014-14-1341.HTML. A los pocos días se montó en: http://historico.tsj.gov.ve/decisiones/scon/diciembre/173494-1864-221214-2014-14-1341.HTML.

17 Así apareció en la página web del Tribunal Supremo de Justicia cuando personalmente la consulté el mismo día 22 de diciembre de 2014 (en http://www.tsj.gob.ve/decisiones/scon/diciembre/173494-1864-221214-2014-14-1341.HTML). Posteriormente el texto de la sentencia fue modificado en dicha página web, eliminándose el grado militar de esa persona, y por supuesto, sin que el lector pueda saber en qué otros aspectos el texto de la sentencia pudo haber sido ilegítimamente modificado. Véase en http://historico.tsj.gov.ve/deci-

te de la Asamblea Nacional" "de interpretación acerca del contenido y alcance del artículo 279 de la Constitución," alegando dicho peticionante, incorrecta y falsamente, que la:

> *"Constitución establece claramente dos procedimientos para la designación y cada uno con su metodología. En la primera acepción cuando la Asamblea recibe la terna del comité de postulaciones del Poder Ciudadano, se establecen tres condiciones: a) el lapso para la designación (30 días), b) votación por las (2/3) dos terceras partes y c) de no tenerse dicha votación procede el Poder Electoral al sometimiento de la terna a consulta pública.*
>
> *Para el segundo procedimiento cuando el Poder Ciudadano no logra conformar el comité de evaluación de postulaciones del Poder Ciudadano, el constituyente impone a la Asamblea Nacional la responsabilidad directa de dicha designación, sin otro requerimiento que el lapso de 30 días. En ese sentido se asume que al no estar expresamente establecida la votación calificada, el procedimiento de designación es por mayoría absoluta, a tenor de lo establecido en el artículo 89 del Reglamento de Interior y Debates de la Asamblea Nacional."*

La premisa de la cual partió el mencionado "general de división" para formular su recurso de interpretación es falsa, pues la norma constitucional cuya "interpretación" se buscaba no establece sino un solo procedimiento para que la Asamblea Nacional actuando como cuerpo elector y con un mecanismo de participación ciudadana, elija a los titulares de los mencionados Poderes Públicos, con el voto de las 2/3 partes de sus miembros, siendo la segunda parte del artículo una excepción exclusivamente referida al mecanismo de participación ciudadana previsto, que no afecta el sistema de votación. Por tanto, en realidad, la norma no da origen a "duda compleja" alguna, siendo sencillamente falso el argumento del Presidente

---

siones/scon/diciembre/173494-1864-221214-2014-14-1341.HTML Véase sobre esto, lo indicado en la Nota: "Sala Constitucional forjó sentencia que autoriza nombrar autoridades con mayoría simple," en https://cloud-1416351791-cache.cdn-cachefront.net/sala-constitucional-forjo-sentencia-que-autoriza-nombrar-autoridades-con-mayoria-simple/#.VJ2Y5U9KGAE.twitter.

de la Asamblea de que primero, "las dos terceras partes solamente son requeridas para el caso, en que se haya convocado al Comité de Evaluación de Postulaciones del Poder Ciudadano," y segundo de que en caso de que "no se haya convocado al Comité de Evaluación de Postulaciones del Poder Ciudadano, entonces procedería la designación de los titulares del mismo por la mayoría absoluta o simple."

Con estas premisas falsas, y conforme se adujo, se solicitó "con urgencia" a la "docta Sala Constitucional del Tribunal Supremo de Justicia, última y máxima intérprete de nuestra Carta Magna," la interpretación del artículo 279 de la Constitución.

Y efectivamente, la Sala Constitucional, sin mayor argumentación, y sin referirse a la supuesta "duda razonable en cuanto al contenido, alcance y aplicabilidad de las normas constitucionales, respecto del supuesto fáctico" en que se encontraba el militar accionante, actuando además como Presidente de la Asamblea Nacional, muy diligente y sumisamente, durante un fin de semana, hizo lo que aquél le pidió (¿ordenó?). Para ello, consideró que el asunto era de mero derecho, eliminó el derecho de los diputados que tuvieran otra opinión distinta sobre la "interpretación" solicitada y sobre su actuación en el cuerpo elector, a ser oídos y a formular alegatos, en violación del artículo 49 de la Constitución, procediendo a decidir "sin más trámites," sin tomar en cuenta "los valores y principios axiológicos en los cuales se asienta el Estado Constitucional venezolano" como Estado democrático, que exige que los titulares del Poder Ciudadano sean designados mediante elección popular de segundo grado por la Asamblea Nacional con el voto de las 2/3 partes de los diputados, que son los términos establecidos en la Constitución.

Al contrario, la Sala lo que decidió fue que ese carácter de cuerpo elector de la Asamblea Nacional actuando con mayoría calificada, sólo existiría cuando el Consejo Moran Republicano "haya convocado un Comité de Evaluación de Postulaciones del Poder Ciudadano," de manera que supuestamente, si el mismo no se convoca, la Asamblea deja de ser cuerpo elector, y pasa a ser el órgano legislativo general, pudiendo entonces proceder a realizar la elección de dichos altos funcionarios, con mayoría simple, conforme al Reglamento Interior y de Debates de la Asamblea Nacional (art. 89), entendiendo por ello la "mayoría absoluta, que es aquella consistente en la manifestación afirmativa de la mitad más uno de los diputados y diputadas presentes."[18] Es decir, ni siquiera la mitad más uno de los diputados electos que componen la Asamblea, sino sólo de los presentes en la sesión, lo que por supuesto es contrario a "los valores y principios axiológicos en los cuales se asienta el Estado Constitucional" que en este caso son los principios democráticos que derivan del carácter de cuerpo elector de segundo grado que la norma le asigna a la Asamblea Nacional.

Como lo ha destacado María Amparo Grau, a la Sala Constitucional "no le está dado dictar sentencias contrarias al requisito que el texto, claro, diáfano y meridiano de la Constitución expresa, aunque el partido de gobierno confío que la solución del tema saldría de la sabia decisión de este órgano judicial."[19] Pero en lugar de haber sido una sabia decisión, la interpretación dada por la Sala es tan absurda que de una elección popular en segundo grado atribuida

---

18 Como se informó en *El Carabobeño* sobre lo dicho por Pablo Aure: "El Gobierno nacional utiliza al Tribunal Supremo de Justicia para violar la Constitución nacional y permanecer en el poder, afirmó Pablo Aure, coordinador del movimiento Valencia se Respeta. Puso como ejemplo "la confabulación de la Asamblea Nacional con la Sala Constitucional del Tribunal Supremo de Justicia para "con un grosero ardid" interpretar el artículo 279 de la Constitución que establece que, para nombrar el Poder Ciudadano, se requiere la aprobación de las dos terceras partes de los integrantes de la Asamblea Nacional. Sin embargo, la Sala Constitucional de manera fraudulenta interpretó que dicho porcentaje solo se requiere en el caso de que los candidatos a conformar el Poder Ciudadano sean propuestos por el Comité de Evaluación de Postulaciones del Poder Ciudadano. Pero, como de allí no partió la propuesta, bastaba con una mayoría simple, señaló Aure. Eso es una barbaridad, porque es ilógico pensar que la Constitución sea menos exigente para nombrar a esos funcionarios, en el caso de que los mismos hubiesen sido previamente preseleccionados por un comité de evaluación de postulaciones, pues la calificación para tales nombramientos, no viene dada por la forma de su preselección sino por la importancia de los cargos del Poder Ciudadano, explicó la autoridad universitaria" Véase en Alfredo Fermín, "Aure: El Gobierno utiliza al TSJ para violar la Constitución," en *El Carabobeño,* Valencia, 24 de diciembre de 2014.

19 Véase en María Amparo Grau, "Golpe a la Constitución ¡de nuevo!," en *El Nacional*, Caracas, 24 de diciembre 2014.

a un cuerpo elector como la Asamblea nacional asegurando una máxima representatividad democrática con el voto de las 2/3 partes de los diputados electos, pasó a permitir la elección de los altos funcionarios de los Podres Públicos con la mayoría simple (la mitad más uno) de los diputados presentes en la sesión respectiva, lo que es una distorsión total del sentido democrático de la elección de segundo grado regulada.

De manera que al contrario de lo decidido por la Sala, la no especificación en el segundo párrafo del artículo 279 Constitucional de un régimen de mayoría específico para la adopción del nombramiento por la Asamblea Nacional, de los titulares del Consejo Moral Republicano, lo que tiene que entenderse es que ello no cambia el régimen de mayoría calificada previsto en la norma, no teniendo ningún asidero constitucional indicar que se aplica la mayoría absoluta propia del funcionamiento ordinario del órgano legislador.

Con lo decidido por la Sala, por tanto, lo que ha se ha producido es una mutación constitucional totalmente ilegitima, pues conservando el mismo texto del artículo 279 de la Constitución, la Sala Constitucional ha cambiado su propósito y sentido, desnaturalizando el carácter de cuerpo elector de segundo grado de la Asamblea Nacional que sólo puede actuar con el voto de las 2/3 partes de los diputados electos, permitiendo en cambio que con una mayoría simple de los diputados presentes en una sesión se pueda "elegir" a los titulares del Poder Ciudadano; todo ello, para materializar la conspiración para cambiar con violencia institucional la Constitución, que desarrollaron la Fiscal General de la República y los otros miembros del Consejo Moral Republicano, y el Presidente y algunos diputados de la Asamblea Nacional.

Sobre ello, Román José Duque Corredor observó con razón que:

> "La anterior interpretación resulta acomodaticia y forzada porque al no poder obtener el partido oficial las dos terceras partes requeridas, en el lapso constitucionalmente establecido, se debía someter a una consulta popular las designaciones, por lo que por esta Sentencia se sustituyó la soberanía popular por una mayoría simple, dado que estando bajo discusión en la Asamblea Nacional la designación de los miembros del Poder Ciudadano, mediante los debates pertinentes, y puesto que el Consejo Moral Republicano había enviado las respectivas ter-

nas, subrepticiamente éste participa que no se había cumplido con la designación del Comité de Postulaciones por falta de acuerdo entre ellos para que así se designara al Poder Ciudadano por la Asamblea Nacional y no por la voluntad popular. En todo caso, en el supuesto negado que pudiera hacerlo la Asamblea Nacional, el principio intangible para la designación del Poder Ciudadano, conforme se desprende del artículo 279, constitucional, es el de la votación una mayoría calificada de dos terceras partes y no por una mayoría simple. Con esta Sentencia se violaron normas de la Constitución relativas a la legitimidad de los miembros del Poder Ciudadano y de respeto a la soberanía popular por la interpretación torticera que efectúo la Sala Constitucional."[20]

Ahora, en cuanto a los funcionarios electos en esa forma contraria a la letra y el espíritu de la Constitución, como lo ha destacado María Amparo Grau, su ilegitimidad es de origen, es decir, "independientemente del desempeño, tales funcionarios lo serán de hecho, nunca de derecho," pero con el agravante de que en este caso no se aplicaría la doctrina del "funcionario de hecho" puesto que en este caso:

> "no existe buena fe en el proceder de una Asamblea que violenta de forma flagrante el procedimiento de selección de estas autoridades para imponer a los candidatos de su preferencia, sin pasar por el necesario acuerdo parlamentario con los representantes de otras tendencias políticas y sin someterse si quiera a la voluntad popular, que es la que en última instancia ha debido resolver, a falta de acuerdo sobre quienes han debido pasar a ocupar las principales posiciones de los órganos del Poder que integran el Consejo Moral Republicano. A unos días de haber celebrado oficialmente los 15 años de la Constitución, vuelven a violarla con descaro, pero esta vez pasando por encima incluso de la competencia atribuida por esta al propio soberano. Los

20 Véase Carta de Román Duque Corredor por designación del Defensor del Pueblo, al Presidente del Instituto Latinoamericano del Ombudsman, 27 de diciembre de 2014, en En http://cronicasvenezuela.com/2014/12/27/carta-de-romn-duque-corredor-por-designacin-del-defensor-del-pueblo/

cargos así designados están viciados por una ilegitimidad de origen que los convierte en funcionarios de facto. Estamos en un régimen caracterizado por la hipernormatividad y el discurso, pero en el que el valor de la norma, incluida la constitucional, no existe."[21]

III. LA INCONSTITUCIONAL ELECCIÓN DE LOS MIEMBROS DEL CONSEJO NACIONAL ELECTORAL POR LA SALA CONSTITUCIONAL DEL TRIBUNAL SUPREMO DE JUSTICIA.

Pero el golpe de Estado de diciembre de 2014 no concluyó con la "designación" de los titulares del Poder Ciudadano, sino con la de los rectores del Consejo Nacional Electoral.

En efecto, el mismo día 22 de diciembre de 2014, al no poder la fracción parlamentaria del partido de gobierno designar por su cuenta, sin acuerdo alguno con los otros grupos parlamentarios, a los miembros del Poder Electoral, específicamente del Consejo Nacional Electoral, por no reunir la mayoría calificada de las 2/3 partes de los diputados, el mismo Presidente de la Asamblea Nacional, Sr. Diosdado Cabello, anunció públicamente "que el Tribunal Supremo de Justicia se encargará de designar a los rectores y suplentes del Consejo Nacional Electoral (CNE), pues no se lograron las dos terceras partes necesarias en el Parlamento para la designación,"[22] como si dicho órgano judicial tuviese competencia alguna para hacer esa "designación" en sustitución de la Asamblea Nacional.

La decisión inconstitucional de la Asamblea Nacional se reportó en otra noticia de prensa, indicándose que:

> **"La designación de los nuevos rectores del Consejo Nacional Electoral (CNE) fue enviada por la Asamblea Nacional al Tribunal Supremo de Justicia (TSJ) por no contar con la mayoría requerida por la Constitución de la República Bolivariana de Venezuela y por ello corresponde a la Sala**

---

21 Véase en María Amparo Grau, "Golpe a la Constitución ¡de nuevo!," en *El Nacional*, Caracas, 24 de diciembre 2014.

22 Véase "TSJ decidirá cargos de rectores del CNE", Noticias "Globovisión, Caracas, 22 diciembre de 2014, en http://globovision.com/tsj-decidira-cargos-de-rectores-del-cne/

Constitucional del TAJ designar a los rectores del Poder Electoral." [23]

En consecuencia se informó en la prensa que: "Cabello leyó y firmó la comunicación que **fue enviada "de inmediato" al máximo órgano de justicia del país,"**

Esta decisión del Presidente de la Asamblea Nacional, por supuesto fue esencialmente inconstitucional, pues la misma, como cuerpo elector en segundo grado, no puede delegar sus funciones constitucionales en órgano alguno del Estado, y menos en el Tribunal Supremo de Justicia.

Por lo demás, es falso que cuando no se logre la mayoría requerida de votos de diputados para la elección de los miembros del Consejo Nacional Electoral "corresponda" al Tribunal Supremo de Justicia, realizar tal elección. Al contrario, el Tribunal Supremo carece de competencia para realizar dicha elección; y mucho menos competencia con el argumento de que en la Asamblea Nacional "no se pudo contar con la mayoría requerida por la Constitución."

La Sala Constitucional, en efecto, es ningún caso puede suplir a la Asamblea Nacional, como cuerpo elector en segundo grado, y al hacer la elección de dichos funcionarios, como en efecto lo hizo, incurrió en usurpación de autoridad que conforme al artículo 138 de la Constitución "es ineficaz y sus actos son nulos."

En consecuencia se informó en la prensa que: "Cabello leyó y firmó la comunicación que fue enviada "de inmediato" al máximo órgano de justicia del país,"[24]

Esta decisión del Presidente de la Asamblea Nacional, por supuesto, fue esencialmente inconstitucional, pues la misma, como cuerpo elector en segundo grado, y menos su Presidente, no puede

---

23 Véase "Designación de rectores y suplentes del CNE pasa al TSJ," en *Informe21.com*, Caracas, 22 de diciembre de 2014, en http://informe21.com/cne/designacion-de-rectores-y-suplentes-del-cne-pasa-al-tsj

24 Véase "TSJ decidirá cargos de rectores del CNE", Caracas Noticias "Globovisión, 22 diciembre de 2014 en http://globovision.com/tsj-decidira-cargos-de-rectores-del-cne/

delegar sus funciones constitucionales en órgano alguno del Estado, y menos en el Tribunal Supremo de Justicia.

Por lo demás, es falso que cuando no se logre la mayoría calificada requerida de votos de diputados para la elección de los miembros del Consejo Nacional Electoral, por falta de acuerdos entre los partidos, ello pueda considerarse como una "omisión inconstitucional" (como lo decidió la Sala Constitucional en 2003); y también es falso que en esos casos "corresponda" al Tribunal Supremo de Justicia, realizar tal elección. Al contrario, el Tribunal Supremo carece de competencia para realizar dicha elección; y mucho menos competencia tiene con el argumento de que en la Asamblea Nacional "no se pudo contar con la mayoría requerida por la Constitución."

La Sala Constitucional, en efecto, es ningún caso puede suplir la voluntad popular expresada en segundo grado que solo puede emanar de la Asamblea Nacional, como cuerpo elector, por lo que al hacer la "elección" de dichos funcionarios, como en efecto lo hizo en diciembre de 2014, incurrió en usurpación de autoridad que conforme al artículo 138 de la Constitución "es ineficaz y sus actos son nulos."

1. *El inconstitucional antecedente de 2003 con ocasión del control de constitucionalidad de la omisión legislativa*

Es muy probable que el Presidente de la Asamblea Nacional, para haber tomado la inconstitucional decisión de transferir a la Sala Constitucional el ejercicio de las funciones de la Asamblea, haya recordado la inconstitucional actuación de la Sala Constitucional del Tribunal Supremo en 2003, al haber designado a los miembros del Consejo Nacional Electoral, en forma provisoria, al ejercer el control de constitucionalidad de la omisión legislativa en haber hecho la elección, que en ese entonces fue requerido por un ciudadano en ejercicio de la competencia establecida en el artículo 336.7 de la Constitución que dispone que la Sala puede:

> "Declarar la inconstitucionalidad de las omisiones del poder legislativo municipal, estadal o nacional cuando haya dejado de dictar las normas o medidas indispensables para garantizar el cumplimiento de esta Constitución, o las haya dictado en forma incompleta; y establecer el plazo y, de ser necesario, los lineamientos de su corrección."

En relación con esta competencia de la Sala Constitucional de controlar la inconstitucionalidad de la omisión legislativa, hemos considerado que la misma no puede conducir a la sustitución del legislador y a dictar la ley o medida respectiva, obviando la función de deliberación de la representación popular, como la misma Sala lo ha decidido. En efecto, en sentencia Nº 1043 de 31 de mayo de 2004 (Caso: *Consejo Legislativo del Estado Zulia*), la Sala sostuvo que a pesar de la complejidad de la materia la Jurisdicción Constitucional, difícilmente la misma podría llegar a suplir la omisión del Legislador en su totalidad, señalando que:

> "es constitucionalmente imposible incluso para esta Sala, pese a su amplia competencia constitucional, transformarse en legislador y proporcionar a la colectividad las normas que exige", sin embargo ha considerado que si está facultada para proporcionar soluciones a aspectos concretos, incluso por medio de la adopción de reglas generales que ocupen temporalmente el lugar de las normas ausentes, pero no para corregir por completo la inactividad del legislador y dictar las normas que se requieran."[25]

En esta línea, en un caso específico, precisamente el ocurrido en 2003, con motivo del recurso por omisión legislativa de la Asamblea Nacional en haber efectuado la elección de los miembros del Consejo Nacional Electoral (Rectores) como correspondía, por la peculiaridad de la situación de entonces, la Sala Constitucional declaró como inconstitucional la omisión legislativa, y se sustituyó en el ejercicio de tal atribución, aunque con carácter provisional, particularmente porque había sido la propia Sala la que había provocado la inmovilidad del Consejo Nacional Electoral nombrado en 2000, con graves consecuencias políticas, que se agravaban si no se elegían los nuevos miembros.[26]

---

25 Véase sentencia Nº 1043 de 31–5–2004 (Caso: Consejo Legislativo del Estado Zulia), en *Revista de Derecho Público*, Nº 97–98, Editorial Jurídica Venezolana, Caracas 2004, p. 408.

26 Véase Allan R. Brewer-Carías, *La Justicia Constitucional. Procesos y procedimientos constitucionales*, México, 2007, pp. 392 ss.

En dicho caso, que fue resuelto por la ya mencionada sentencia Nº 2073 de 4 de agosto de 2003 (Caso: *Hermánn Escarrá Malaver y otros*)[27] la Sala Constitucional, si bien consideró como se ha dicho que la falta de acuerdos parlamentarios, es algo normal en la actuación de los órganos democrático representativos, en ese caso, consideró que la omisión en la designación de los miembros del Consejo Nacional Electoral -aun sin ser ilegítima- podía conducir a ejercer la competencia prevista en el artículo 336.7 de la Constitución y declararla inconstitucionalidad de la omisión, estableciendo un plazo para corregirla y, de ser necesario, los lineamientos de esa concreción. Y eso fue lo que ocurrió, por lo que la Sala Constitucional en esa sentencia conminó a la Asamblea Nacional omisa, para cumplir su obligación, otorgándole para ello un plazo de 10 días, expresándole que si no lo hacía dentro de dicho término, la Sala entonces procedería a corregir en lo que fuese posible la situación que naciera de la omisión concreta, que no era otra, en ese caso, que proceder a hacer la designación "dentro de un término de diez (10) días continuos."

En la sentencia, a todo evento, la Sala hizo los siguientes razonamientos y dejó sentado los siguientes criterios que enmarcaron la forma conforme a la cual se operaría lo que en definitiva fue un secuestro del Poder Electoral:[28]

En *primer lugar*, que en caso de omisión de la elección, las designaciones que pudiera hacer la Sala no podían ser sino proviso-

---

27 Véase en http://historico.tsj.gov.ve/decisiones/scon/agosto/2073-040803-03-1254%20Y%201308.HTM. Véanse los comentarios en Allan R. Brewer-Carías, "El control de la constitucionalidad de la omisión legislativa y la sustitución del Legislador por el Juez Constitucional: el caso del nombramiento de los titulares del Poder Electoral en Venezuela," en *Revista Iberoamericana de Derecho Procesal Constitucional,* Nº 10 Julio-Diciembre 2008, Editorial Porrúa, Instituto Iberoamericano de Derecho Procesal Constitucional, México 2008, pp. 271-286

28 Véase en general sobre estas decisiones Allan R. Brewer-Carías, La sala Constitucional vs. El Estado democrático de derecho, *(El secuestro del Poder Electoral y de la Sala Electoral del Tribunal Supremo y la confiscación del derecho a la participación política).* Ediciones El nacional, Caracas 2004.

rias, de manera que los nombramientos cesarían cuando el órgano competente asumiera su competencia y realizara la elección.

En *segundo lugar*, la Sala consideró que para realizar los nombramientos provisorios, debía "adaptarse a las condiciones que la Ley exige al funcionario," pero aclarando, sin embargo, que "debido a la naturaleza provisoria y a la necesidad de que el órgano funcione," la Sala no requería "cumplir paso a paso las formalidades legales que exige la Ley al elector competente, ya que lo importante es llenar el vacío institucional, hasta cuando se formalice lo definitivo," desligándose así la Sala de las exigencias legales que en cambio sí debía cumplir el elector omiso, para la elección popular de segundo grado.

En *tercer lugar*, la Sala Constitucional en ese caso específico, constató la existencia del "vacío institucional," considerando que "la falta de designación de los rectores, en el lapso legal, constituye un vacío que debe esta Sala llenar, si no lo hace la Asamblea Nacional" pues la propia Sala Constitucional en sentencia precedente Nº 2816 de 18 de noviembre de 2002 (Caso: *Consejo Nacional Electoral*),[29] había materialmente paralizado, por supuesto inconstitucionalmente, el funcionamiento del Consejo Nacional Electoral que había sido designado por la Asamblea Constituyente en 2000. Por esta parálisis de funcionamiento, era imperioso para el funcionamiento del sistema político la elección de los nuevos miembros del Consejo Nacional Electoral.

Luego de la sentencia, la Sala Constitucional, transcurridos los 10 días que le había otorgado a la Asamblea Nacional para cumplir su obligación, al no haber logrado el partido de gobierno la mayoría de las 2/3 partes de los diputados de la Asamblea para imponer su criterio y elegir a los miembros del Consejo Nacional Electoral, procedió entonces, en ese caso, a suplir la omisión de la Asamblea Nacional, y a decidir conforme lo había querido el partido de gobierno, lo que hizo mediante sentencia Nº 2341 del 25 de agosto de 2003 (Caso: *Hermánn Escarrá M. y otros*),[30] en la cual procedió a

29 Véase en http://historico.tsj.gov.ve/decisiones/scon/noviembre/2816-181102-02-1662.HTM

30 Véase en http://historico.tsj.gov.ve/decisiones/scon/agosto/PODER%20ELECTORAL.HTM. Véanse los comentarios en Allan R.

designar a los miembros del Consejo Nacional Electoral y a sus suplentes "de acuerdo con el artículo 13 de la Ley Orgánica del Poder Electoral," sin duda, usurpando una competencia que es exclusiva de la Asamblea Nacional,[31] y por tanto, como en su momento lo expresamos en otro lugar: "extralimitándose en sus funciones y limitando injustificada e ilegítimamente la propia autonomía del Consejo Nacional Electoral como órgano rector de dicho Poder Público."[32].

El caso, a pesar de sus peculiaridades y sus propias inconstitucionalidades, era sin duda un antecedente, en la materia de la "elección" de los miembros del Consejo Nacional Electoral por parte de la Sala Constitucional, pero al cual no se hizo siquiera alusión en diciembre de 2014, ni en la solicitud del Presidente de la Asamblea Nacional ante la sala Constitucional, ni en la sentencia de la misma.[33]

Brewer-Carías, "El control de la constitucionalidad de la omisión legislativa y la sustitución del Legislador por el Juez Constitucional: el caso del nombramiento de los titulares del Poder Electoral en Venezuela," en *Revista Iberoamericana de Derecho Procesal Constitucional,* N° 10 Julio-Diciembre 2008, Editorial Porrúa, Instituto Iberoamericano de Derecho Procesal Constitucional, México 2008, pp. 271-286.

31 Véase Allan R. Brewer-Carías, Allan R. Brewer–Carías, "El secuestro del Poder Electoral y la confiscación del derecho a la participación política mediante el referendo revocatorio presidencial: Venezuela 2000–2004", en *Boletín Mexicano de Derecho Comparado*, Instituto de Investigaciones Jurídicas, Universidad Nacional Autónoma de México, N° 112. México, enero–abril 2005 pp. 11–73; y "La autonomía e independencia del Poder Electoral y de la Jurisdicción Electoral en Venezuela, y su secuestro y sometimiento por la Jurisdicción Constitucional," Ponencia presentada al *III Congreso Iberoamericano de Derecho Electoral*, Facultad de Estudios Superiores de Aragón de la Universidad Nacional Autónoma de México, Estado de México, 27-29 Septiembre de 2012.

32 Véase Allan R. Brewer-Carías, *La Justicia Constitucional. Procesos y procedimientos constitucionales*, México, 2007, p. 392.

33 Solo fue ex post facto, mediante declaraciones públicas que la Presidenta del Tribunal Supremo el día 29 de diciembre de 2014, la misma "recordó" que "la Sala "ya actuó de la misma forma en 2003 y 2005, cuando asimismo se registraron casos de la "omisión legislativa".

2. *La nueva usurpación de las funciones de la Asamblea Nacional, como cuerpo elector, por la Sala Constitucional del Tribunal Supremo.*

En efecto, el Presidente de la Asamblea Nacional, por su cuenta y sin que ello por supuesto hubiese sido decidido por la Asamblea Nacional como cuerpo colegiado, considerando erradamente que al no haberse logrado la mayoría calificada para designar a los rectores del Consejo Nacional Electoral, supuestamente, en forma automática, le "correspondía" a la Sala Constitucional proceder a hacer los nombramientos, se dirigió a la misma en fecha 22 de diciembre de 2014, solicitando se procediese a materializar esa usurpación de autoridad, lo que la Sala Constitucional ejecutó, muy diligentemente, mediante sentencia Nº 1865 de 26 de diciembre de 2014.

La solicitud del Presidente de la Asamblea, como lo resume la sentencia, en efecto, se limitó a señalar que en la Asamblea "no se logró alcanzar la mayoría requerida por la Constitución en su artículo 296, de las dos terceras partes de sus integrantes, para la designación de los Rectores y Rectoras del Consejo Nacional Electoral postulados o postuladas por la Sociedad Civil," razón por la cual decidió remitir "a ese máximo Tribunal, la presente información, para su consideración y fines correspondientes, según lo establecido en la Constitución de la República Bolivariana de Venezuela, en su artículo 336, numeral 7." De ello, la Sala Constitucional fue la que "dedujo" que se trataba de una solicitud de declaratoria de inconstitucionalidad de una omisión, para lo cual argumentó sobre su competencia en la materia prevista en el mencionado artículo 336.7 de la Constitución, haciendo referencia a su jurisprudencia, desde su sentencia Nº 1.556 del 9 de julio de 2002.

Sin embargo, dicha norma, como resulta de su propio texto, sólo autoriza a la Sala Constitucional a declarar que la Asamblea Nacional por ejemplo, no ha dictado una decisión prevista en la Constitu-

---

Véase en "*Gladys Gutiérrez: En elección de rectores del CNE se siguió estrictamente el procedimiento*: Caracas 29 de diciembre de 2014, en http://www.lapatilla.com/site/2014/12/29/gla-dys-gutierrez-en-eleccion-de-rectores-del-cne-se-siguio-estrictamente-el-procedimiento/

ción, como una ley o una medida indispensable para garantizar el cumplimiento de la Constitución, como es la elección de altos funcionarios del Estado, ordenando a la Asamblea a dictar la norma o medida, y eventualmente fijar los lineamientos para la corrección de la omisión, pero nunca puede la Sala Constitucional sustituir la voluntad de la Asamblea Nacional como órgano legislativo ni como cuerpo electoral de segundo grado, ni por tanto, dictar por si misma ni la ley ni la medida de la específica competencia de la Asamblea.

Ahora bien, la Sala, en este caso de 2014, al analizar la legitimación activa del Presidente de la Asamblea para remitir al máximo Tribunal, "la presente información, para su consideración y fines correspondientes," dado el carácter de acción popular de la acción por omisión, expresó falsamente que ejercía – como se indica en la sentencia - "la representación del órgano parlamentario y en ejercicio de la cual declaró la imposibilidad de ese cuerpo deliberante de designar a los Rectores y Rectoras del Consejo Nacional Electoral," supuestamente habiendo solicitado a la Sala "*supla la aludida omisión*," lo cual no era cierto.

Eso no lo dijo en su solicitud el mencionado funcionario. Una cosa es controlar la inconstitucionalidad de la omisión que es lo que dispone el artículo 336.7 de la Constitución, norma que fue a lo única a lo cual hizo referencia indirecta el solicitante, y otra cosa es pedirle a la Sala que "supliera" a la Asamblea, es decir, que hiciera la "elección" en lugar del cuerpo elector, lo cual no podía hacer por ser ello inconstitucional. Pero ello fue lo que en definitiva hizo la Sala Constitucional, en un "proceso" que discrecionalmente consideró como de mero derecho, decidiéndolo "sin necesidad de abrir procedimiento alguno," para negarle a los interesados, como por ejemplo, a los propios diputados de la Asamblea Nacional que no estuviesen conformes con la petición, su derecho a ser oídos, violándose así el artículo 49 de la Constitución.

Por otra parte, como bien lo observó José Ignacio Hernández,

> "en este caso, quien ejerció la omisión fue, precisamente, el Presidente de la Asamblea Nacional, que es el órgano controlado por la acción de omisión.
>
> Al hacer ello, se llegó a una situación paradójica: la Asamblea Nacional se demandó a sí misma. En efecto, quien demandó la

omisión legislativa fue el Presidente de la Asamblea, órgano que según la demanda habría incurrido en esa omisión. Una especie de "auto-demanda", tan incoherente, que devela la inconstitucionalidad de la sentencia comentada." [34]

Para decidir el caso, la Sala Constitucional, además de narrar lugares comunes sobre la penta división del Poder Público, e indicar que todos los cinco poderes nacionales, entre ellos el Poder Electoral deben contar con titulares electos conforme a los términos establecidos en la Constitución, se refirió a la información dada a la Sala por el propio Presidente de la Asamblea Nacional, lo que además consideró que era un "hecho notorio comunicacional," en el sentido de que no se había logrado "acuerdo de la mayoría respectiva de los integrantes de ese órgano al que le compete la designación de los rectores del Consejo Nacional Electoral," de lo cual la Sala evidenció inconstitucionalmente y contrariando el principio democrático representativo que rige los órganos deliberantes, "la ocurrencia de una omisión por parte del órgano parlamentario nacional," además de constatar que se habían agotado los procedimientos previstos en el artículo 296 del Texto Fundamental y en el artículo 30 de la Ley Orgánica del Poder Electoral, todo lo cual, a juicio de la Sala Constitucional, había sido reconocido por el Presidente de la Asamblea Nacional.

Precisó la Sala, que "la omisión de designación es un hecho objetivo que se constata de la solicitud que efectuó el Presidente de la Asamblea Nacional, y que obedece a que no existe en el órgano parlamentario la mayoría calificada, consistente en el voto favorable de las dos terceras partes de sus integrantes, tal como lo exige el artículo 296 del Texto Fundamental," de lo cual entonces dedujo la Sala Constitucional," que había "la existencia de la omisión por parte de la Asamblea Nacional de designar a los Rectores y Rectoras del Consejo Nacional Electoral conforme a las postulaciones realizadas por la sociedad civil."

---

34 Véase José Ignacio Hernández, "La inconstitucional designación de los rectores del CNE," en *Prodavinci*, Caracas 27 de diciembre de 2014, en http://prodavinci.com/blogs/la-inscostitucional-designacion-de-los-rectores-del-cne-por-jose-ignacio-hernandez/

Bastó este simple e infundado razonamiento para que entonces, la Sala Constitucional "en atención al mandato estatuido en los artículos 296, 335 y 336, numeral 7, de la Constitución," resolviese, no conminar a la Asamblea a que cumpliera sus funciones fijándole por ejemplo un plazo para ello como había ocurrido en el antecedente jurisprudencial de 2003, sino pasar directamente a "designar" a los miembros del Consejo Nacional Electoral, así: "como primera rectora principal a la ciudadana Tibisay Lucena, y como sus suplentes a los ciudadanos Abdón Rodolfo Hernández y Alí Ernesto Padrón Paredes; como segunda rectora principal a la ciudadana Sandra Oblitas, y como sus suplentes a los ciudadanos Carlos Enrique Quintero Cuevas y Pablo José Durán; y como tercer rector principal al ciudadano Luis Emilio Rondón, y como sus suplentes a los ciudadanos Marcos Octavio Méndez y Andrés Eloy Brito." Luego de ello, la Sala convocó a los Rectores y Rectoras designados como principales y suplentes para su juramentación, la cual se llevó a cabo en la propia Sala el día lunes 29 de diciembre de 2014.

La designación de estos rectores del Consejo Nacional Electoral por la Sala Constitucional, por otra parte, fue hecha en forma definitiva para el período constitucional correspondiente, abandonándose la idea de la "provisionalidad" en la designación que había prevalecido en el antecedente jurisprudencial mencionado de 2003.

Todo ello, por supuesto, fue absolutamente inconstitucional, pues en la Asamblea Nacional, en diciembre de 2014, en realidad, no hubo omisión inconstitucional alguna por parte de la Asamblea Nacional en la elección, al punto de que el propio Presidente de la misma ni siquiera usó la palabra "omisión" en su solicitud. Es falso, por tanto lo afirmado por la Sala Constitucional en el sentido de que la referida "omisión de designación" haya sido un "hecho objetivo que se constata de la solicitud que efectuó el Presidente de la Asamblea Nacional," pues éste nada dijo al respecto.[35] Lo único que expresó el solicitante fue que no se logró la mayoría calificada

35 Por ello José Ignacio Hernández indicó, con razón, que "se declaró una omisión que en realidad no existía." Véase José Ignacio Hernández, "La inconstitucional designación de los rectores del CNE," en *Prodavinci*, Caracas 27 de diciembre de 2014, en http://prodavinci.com/blogs/la-inscostitucional-designacion-de-los-rectores-del-cne-por-jose-ignacio-hernandez/.

de las 2/3 partes de sus integrantes para que se pudiera materializar la elección de los miembros del Consejo Nacional Electoral, y ello como la misma Sala Constitucional lo decidió en otra sentencia de 2003 antes citada, no es ni puede ser inconstitucional en sí mismo. De ello, sin embargo, fue la Sala Constitucional la que falsamente dedujo que dicha mayoría calificada no existía ("no existe en el órgano parlamentario"), y que había "la imposibilidad" de hacer la elección, diciendo entonces, como consecuencia, una supuesta "existencia de la omisión por parte de la Asamblea Nacional."

En un órgano deliberante como la Asamblea Nacional, se insiste, el que no se lleguen a acuerdos parlamentarios mediante discusión y consensos, en ocasiones determinadas, no significa que haya "omisión" y menos inconstitucional. De ello se trata la democracia, precisamente de acuerdos y consensos cuando una sola fuerza política no controla la mayoría requerida para decidir. En esos casos, tiene que llegar a un acuerdo con las otras fuerzas políticas. Como lo expresó la propia Sala Constitucional en 2003, en la antes mencionada sentencia Nº 2073 de 4 de agosto de 2003 (Caso: *Hermánn Escarrá Malaver y oros*),[36] cuando "los integrantes de la Asamblea no logran el acuerdo necesario para llegar a la mayoría requerida, la elección no puede realizarse, sin que ello, en puridad de principios, pueda considerarse una omisión legislativa, ya que es de la naturaleza de este tipo de órganos y de sus votaciones, que puede existir disenso entre los miembros de los órganos legislativos, y que no puede lograrse el número de votos necesarios, sin que pueda obligarse a quienes disienten, a lograr un acuerdo que iría contra la conciencia de los votantes." En esos casos, por tanto no hay inconstitucionalidad alguna sino necesidad de que las fuerzas políticas lleguen a un acuerdo, cediendo y acordándose mutuamente, que es lo propio en la democracia.

---

36 Véase en http://historico.tsj.gov.ve/decisiones/scon/agosto/2073-040803-03-1254%20Y%201308.HTM. Véanse los comentarios en Allan R. Brewer-Carías, "El control de la constitucionalidad de la omisión legislativa y la sustitución del Legislador por el Juez Constitucional: el caso del nombramiento de los titulares del Poder Electoral en Venezuela," en *Revista Iberoamericana de Derecho Procesal Constitucional,* Nº 10 Julio-Diciembre 2008, Editorial Porrúa, Instituto Iberoamericano de Derecho Procesal Constitucional, México 2008, pp. 271-286.

Como lo observó Román José Duque Corredor, la Sala Constitucional:

> "consideró como una omisión inconstitucional la falta del acuerdo político entre los integrantes de la Asamblea Nacional para alcanzar la mayoría de las 2/3 partes necesarias para designar los Rectores del CNE, cuando no se trata de falta alguna para dictar una ley o alguna medida jurídica indispensable para que se cumpla la Constitución, sino de la falta del consenso, en las discusiones parlamentarias, para lograr la decisión política requerida para la legitimidad democrática de origen de un órgano del Poder Público. Ese desacuerdo político no es propiamente una inactividad de la Asamblea Nacional, como lo quiere hacer ver la Sala Constitucional."[37]

Por tanto, al decidir la Sala Constitucional, de oficio, que por no haberse logrado una determinada mayoría en la Asamblea, como la quería el partido de gobierno, ya ello implicaba que "no existía" la posibilidad de lograr dicha mayoría, que por tanto había "la imposibilidad" de hacer la elección, y había una "omisión inconstitucional," lo que estableció en definitiva es que la democracia parlamentaria en sí misma es inconstitucional, siendo al contrario, "constitucional," la situación en la cual un partido imponga su voluntad sin necesidad de llegar a acuerdos con los otros partidos o grupos políticos representados en la Asamblea.

Se trata, en definitiva, de una decisión que legitima el autoritarismo, considerándose en ella como "constitucional" que el partido de gobierno adopte decisiones sin oposición alguna, y al contrario, como "inconstitucional" que entre en juego la democracia parlamentaria representativa, y que en alguna sesión de la Asamblea el partido de gobierno no logre imponer su voluntad por no disponer

---

37 Véase Román José Duque Corredor, "El logaritmo inconstitucional: 7 Magistrados de la Sala Constitucional son iguales a 2/3 partes de la representación popular de la Asamblea Nacional: Caracas 29 de diciembre de 2014, en http://www.frentepatriotico.com/inicio/2014/12/29/logaritmo-inconstitucional/

de la mayoría calificada de las 2/3 partes de los diputados, y tenga que llegar a acuerdos o consensos con otros grupos.[38]

Y en medio de este absurdo, es todavía más absurdo que en forma muy antidemocrática, la Sala Constitucional no sólo usurpe la voluntad popular que debía expresar en segundo grado la Asamblea Nacional como órgano elector en estos casos para decidir con mayoría calificada de votos de las 2/3 partes de sus miembros, sino que considere "constitucional" el hecho de que sus siete magistrados, que son personas no electas por voto directo, asumiendo dicha condición de órgano elector que solo corresponde a la Asamblea nacional, sustituyan la voluntad de los 2/3 de sus diputados, y "elijan" sin cumplir los requisitos constitucionales, a los miembros del Consejo Supremo Electoral.

Toda esta aberrante situación la resumió Román José Duque Corredor, al analizar lo que llamó el "logaritmo inconstitucional":

> "La Sala In-Constitucional , o mejor dicho , la Sala Celestina, del Tribunal Supremo de Justicia, manipula torticeramente los

---

38 Como lo ha destacado José Ignacio Hernández, "La existencia de mayorías calificadas para designar a ciertos funcionarios, como es el caso de las dos terceras partes de los integrantes de la Asamblea necesarias para designar a los Rectores del CNE, tiene un claro propósito: forzar al acuerdo de voluntades entre los distintos partidos políticos, evitando que el partido de la mayoría simple (o absoluta) dicte todas las decisiones. Esto es así, pues si un solo partido político en la Asamblea puede dictar todas las decisiones, sin tener que pactar con otros partidos, estaríamos ante lo que Alexis de Tocqueville llamó la "tiranía de la mayoría". [...] Por eso es que la Constitución de 1999 no permite a la Sala Constitucional asumir la designación de los Rectores del CNE, pues esa designación solo podía ser efectuada por la voluntad de las dos terceras partes de los diputados de la Asamblea. Es decir, no basta –no debe bastar– la voluntad de uno solo para efectuar esa designación. La Sala Constitucional asumió, así, de manera unilateral, una designación que por Constitución debía ser plural. Lo hizo, además, ignorando a esas dos terceras partes de la Asamblea –que es una entidad distinta a quien preside la Asamblea– pues ni siquiera siguió previo juicio." Véase José Ignacio Hernández, "La inconstitucional designación de los rectores del CNE," en *Prodavinci*, Caracas 27 de diciembre de 2014, en http://prodavinci.com/blogs/la-inscostitucional-designacion-de-los-rectores-del-cne-por-jose-ignacio-hernandez/

artículos 336.7 y 296, de la Constitución, para designar para el Consejo Nacional Electoral, en lugar de las 2/3 partes de los integrantes de la Asamblea Nacional, los postulados por el PSUV que no obtuvieron el acuerdo de esa mayoría calificada. Para ello dicha Sala declaró como inconstitucional el que en las sesiones parlamentarias los diputados no hubieren alcanzado esa mayoría de las 2/3 partes y consideró competente a sus 7 Magistrados para sustituir esa mayoría calificada en un nuevo logaritmo. Es decir, que exponencialmente 7 Magistrados equivalen a 110 diputados. Con esta fórmula la Sala Celestina designó los Rectores del CNE que 99 oficialistas no pudieron designar. La base de este logaritmo inconstitucional es la tergiversación de normas constitucionales que para que esa designación tenga la legitimidad democrática de una elección de segundo grado, exigen un consenso o una gran mayoría de la representación popular por la que sufragó el pueblo al elegir la Asamblea Nacional. Con esas 2/3 partes lo que la Constitución pretende es garantizar la autenticidad de la base popular de dicha designación. En otras palabras, que la exigencia de esa mayoría calificada es una manera de que la soberanía popular indirectamente intervenga en la conformación del Poder Electoral, cuya titularidad le corresponde en los términos del artículo 5° de la Constitución. [...]

En base, pues, a su torticera interpretación, la Sala Constitucional, de nuevo en su función de Sala Celestina del gobierno y de ejecutora de ordenes cuartelarías, mediante un logaritmo inconstitucional sustituyó a las 2/3 partes de la representación popular de la Asamblea Nacional, es decir, a 110 de sus diputados, por sus 7 Magistrados, con lo que una vez más contribuye con la perdida de vigencia y con la desinstitucionalización del Estado de Derecho democrático en Venezuela."[39]

39 Véase Román José Duque Corredor, "El logaritmo inconstitucional: 7 Magistrados de la Sala Constitucional son iguales a 2/3 partes de la representación popular de la Asamblea Nacional", Caracas 29 de diciembre de 2014, en http://www.frentepatriotico.com/inicio/2014/12/29/logaritmo-inconstitucional/

IV. LA INCONSTITUCIONAL ELECCIÓN DE LOS MAGISTRADOS DEL TRIBUNAL SUPREMO DE JUSTICIA POR LA ASAMBLEA NACIONAL

El último paso de la conspiración para consolidar en diciembre de 2014 el total acaparamiento y control de los Poderes Públicos por parte del partido de gobierno, ocurrió el 28 de diciembre de 2014 con la elección, por parte de la Asamblea Nacional, de doce de los magistrados del Tribunal Supremo de Justicia

Conforme a lo establecido en los artículos 264 y 265 de la Constitución, en efecto, como hemos señalado, también se dispone la elección popular en segundo grado de los magistrados del Tribunal Supremo de Justicia por la Asamblea Nacional, como cuerpo elector, y si bien en dichas normas no se precisa como en los otros casos de funcionamiento del cuerpo elector que la elección debe hacerse con el voto de las 2/3 partes de los diputados que integran la Asamblea, al preverse sin embargo que la remoción de los mismos sólo puede realizarse con el voto de dichas 2/3 partes, se debe entender dentro de la lógica constitucional democrática que rige la elección popular de segundo grado, que la elección también tiene que realizarse mediante dicha mayoría calificada.

Ello se estableció como principio en el artículo 38 de la Ley Orgánica del Tribunal Supremo de Justicia, pero con una lamentable e incongruente previsión, al regularse la designación de los Magistrados del Tribunal Supremo de Justicia por la Asamblea Nacional por un período único de 12 años, conforme al siguiente procedimiento:

> "Cuando sea recibida la segunda preselección que consigne el Poder Ciudadano, de conformidad con el artículo 264 de la Constitución y la presente Ley, en sesión plenaria que sea convocada, por lo menos, con tres días hábiles de anticipación, la Asamblea Nacional hará la selección definitiva con el voto favorable de las dos terceras (2/3) partes de sus miembros. En caso de que no se logre el voto favorable de la mayoría calificada que se requiere, se convocará a una segunda sesión plenaria, de conformidad con este artículo; y si tampoco se obtuviese el voto favorable de las dos terceras (2/3) partes, se convocará a una tercera sesión y, si en ésta tampoco se consiguiera el voto favo-

rable de las dos terceras (2/3) partes de los miembros de la Asamblea Nacional, se convocará a una cuarta sesión plenaria, en la cual se harán las designaciones con el voto favorable de la mayoría simple de los miembros de la Asamblea Nacional".

Mediante la previsión de la última parte de este artículo 38 de la Ley Orgánica, en definitiva, si no se logra reunir la mayoría calificada de los diputados de la Asamblea para la elección de los Magistrados, los mismos se podrían elegir con una mayoría simple de los diputados presentes, lo cual como hemos expresado en otro lugar, "es completamente incongruente" con la mayoría requerida para su remoción conforme al artículo 265 de la Constitución.[40]

Ahora bien, precisamente conforme a esa incongruencia legislativa, el 27 de diciembre de 2014 se informó en la prensa por el Presidente de la Asamblea Nacional, que en virtud de que en la sesión de ese día, "no hubo mayoría calificada, dos terceras partes con 110 diputados, para la designación de magistrados para el Tribunal Supremo de Justicia,[...] convocó a una cuarta sesión extraordinaria para este domingo 28 de diciembre a las 10:00 am," anunciando simplemente que ***"Vamos a designarlos con el voto favorable de la mayoría simple (99 diputados)."***[41]

Y efectivamente eso fue lo que ocurrió en la sesión de la Asamblea Nacional del 28 de diciembre de 2014, en la cual, con una votación de mayoría simple,[42] los diputados oficialistas designaron a doce magistrados del Tribunal Supremo de Justicia,[43] sin que además se hubiera garantizado efectivamente la participación de los

---

40 Véase Allan R. Brewer-Carías y Víctor Hernández Mendible, *Ley Orgánica del Tribunal Supremo de Justicia 2010*, Editorial Jurídica Venezolana, Caracas 2010, p. 34.

41 Véase en: "AN convoca a cuarta sesión para designar a magistrados del TSJ," en Globovisión.com, Caracas 27 de diciembre de 2014, en http://globovision.com/an-convoca-a-cuarta-sesion-para-designar-a-magistrados-del-tsj-2/.

42 Véase en: "AN designa a los magistrados del TSJ," en Globovisión.com, 28 diciembre de 2014, en http://globovision.com/an-designa-a-los-magistrados-del-tsj/

43 Véase el Acuerdo de la Asamblea Nacional con los nombramientos, en *Gaceta Oficial* N° 40.570, 29 de diciembre de 2014, y N° 6.165 Extra., 28 de diciembre de 2014.

diversos sectores de la sociedad en el Comité de Postulaciones Judiciales, el cual, en la Ley Orgánica del Tribunal Supremo de Justicia, se configuró como una comisión parlamentaria "ampliada," controlada por la Asamblea Nacional.

V. EL RESTABLECIMIENTO DE LA CONSTITUCIÓN Y EL DERECHO A LA RESISTENCIA FRENTE A AUTORIDADES ILEGÍTIMAS

En esta forma, en apenas una semana, y como producto de una conspiración para cambiar con violencia institucional la Constitución, en la cual participaron activamente la Presidenta del Consejo Moral Republicano y los otros órganos del Poder Ciudadano, el Presidente de la Asamblea Nacional y el grupo de diputados oficialistas, y los magistrados de la Sala Constitucional del Tribunal Supremo de Justicia, en Venezuela se dio un golpe de Estado y se mutó ilegítimamente la Constitución para elegir inconstitucionalmente a los titulares de los órganos del Poder Ciudadano, del Poder Electoral y del Tribunal Supremo de Justicia, por un órgano que carece de competencia para ello, como es la Asamblea Nacional actuando como órgano legislativo ordinario, cuando ello le corresponde a la Asamblea Nacional actuando cuerpo elector de segundo grado, que sólo puede proceder con la mayoría de las 2/3 partes de sus integrantes; o como es la Sala Constitucional del Tribunal Supremo de Justicia. En ambos casos ha habido una usurpación de funciones que hace nulos los actos dictados, quedando las designaciones efectuadas como ilegitimas de origen.

La Constitución violada, sin embargo, como lo precisa su artículo 333, por el hecho de haberse dejado de observar por el acto de fuerza institucional antes mencionado, no ha perdido vigencia, estando todo ciudadano obligado, esté investido o no de autoridad, de colaborar con los medios de los cuales dispone al restablecimiento de su efectiva vigencia.

Y en cuanto a las autoridades ilegitimas designadas mediante el golpe de Estado de diciembre de 2015, conforme al artículo 350 de la misma Constitución, el pueblo de Venezuela, fiel a su tradición republicana, a su lucha por la independencia, la paz y la libertad, está en la obligación de desconocerlas, por contrariar los valores, principios y garantías democráticos, y por menoscabar al menos el derecho ciudadano a la democracia y a la supremacía constitucional.

Este derecho de resistencia a la opresión o a la tiranía, como lo señaló la propia Sala Constitucional en sentencia Nº 24 de 22 de enero de 2003 (Caso: *Interpretación del artículo 350 de la Constitución*), es precisamente el que "está reconocido en el artículo 333 de la Constitución, cuya redacción es casi idéntica al artículo 250 de la Carta de 1961" agregando la Sala que:

> "Esta disposición está vinculada, asimismo, con el artículo 138 *eiusdem*, que declara que 'Toda autoridad usurpada es ineficaz y sus actos son nulos.'
>
> El derecho a la restauración democrática (defensa del régimen constitucional) contemplado en el artículo 333, es un mecanismo legítimo de desobediencia civil que comporta la resistencia a un régimen usurpador y no constitucional."[44]

Sin embargo, la misma Sala Constitucional conspiradora, al "interpretar" dicho artículo 350 de la Constitución, en la misma sentencia Nº 24 de 22 de enero de 2003 argumentó, restrictivamente, que el derecho del pueblo de desconocer las autoridades ilegítimas en él previsto, sólo:

> "puede manifestarse constitucionalmente mediante los diversos mecanismos para la participación ciudadana contenidos en la Carta Fundamental, en particular los de naturaleza política, preceptuados en el artículo 70, a saber: "la elección de cargos públicos, el referendo, la consulta popular, la revocación del mandato, las iniciativas legislativa, constitucional y constituyente, el cabildo abierto y la asamblea de ciudadanos y ciudadanas."[45]

Es decir, en general, la Sala Constitucional, materialmente redujo las formas de ejercer dicho derecho a la resistencia a los mecanismos de sufragio (de elección o de votación), cuyo ejercicio esta precisamente controlado por uno de los órganos ilegítimos que el

---

44 Véase en *Revista de Derecho Público*, Nº 93-96, Editorial Jurídica Venezolana, Caracas 2003, pp. 126-127.

45 *Idem*.

pueblo tiene derecho a desconocer, como es el Consejo Nacional Electoral cuyos titulares fueron recién electos por la propia Sala Constitucional usurpando la función de la Asamblea Nacional como cuerpo elector de segundo grado.

Ello, al hacer imposible que se pueda ejercer dicho derecho a la resistencia, tanto por la actuación de la Sala Constitucional usurpadora como contra el Consejo Nacional Electoral ilegítimo, necesariamente tendrá que abrir otras alternativas democráticas para su manifestación.[46]

Paris, en la rue des Saints Pères, 1° de enero de 2015.

46 Véase sobre ello Allan R. Brewer-Carías, "El derecho a la desobediencia y a la resistencia contra la opresión, a la luz de la *Declaración de Santiago"* en Carlos Villán Durán y Carmelo Faleh Pérez (directores), *El derecho humano a la paz: de la teoría a la práctica,* CIDEAL/AEDIDH, Madrid 2013, pp. 167-189. Véase igualmente: "El Juez Constitucional vs. El derecho a la desobediencia civil, y de cómo dicho derecho fue ejercido contra el Juez Constitucional desacatando una decisión ilegítima (El caso de los Cuadernos de Votación de las elecciones primarias de la oposición democrática de febrero de 2012)", en *Revista de Derecho Público*, N° 129 (enero-marzo 2012), Editorial Jurídica Venezolana, Caracas 2012, pp. 241-249.

TERCERA PARTE

LA ILEGÍTIMA E INCONSTITUCIONAL REVOCACIÓN DEL MANDATO POPULAR DE ALCALDES POR LA SALA CONSTITUCIONAL DEL TRIBUNAL SUPREMO, USURPANDO COMPETENCIAS DE LA JURISDICCIÓN PENAL, MEDIANTE UN PROCEDIMIENTO "SUMARIO" DE CONDENA Y ENCARCELAMIENTO

(El caso de los Alcaldes Vicencio Scarano Spisso y Daniel Ceballo)

I. SOBRE LA OBLIGATORIEDAD DE LAS SENTENCIA DE AMPARO

Ley Orgánica de Amparo sobre Derechos y Garantías Constitucionales de 1988, aún cuando formulado en forma indirecta, repitió en su artículo 29 lo que es una característica de toda decisión judicial y es la obligatoriedad de los fallos en materia de amparo, precisando que los jueces que las dicten, cuando acuerden "el restablecimiento de la situación jurídica infringida," en el dispositivo del fallo de la sentencia siempre deben ordenar "que el mandamiento sea acatado por todas las autoridades de la República, so pena de incurrir en desobediencia a la autoridad" (art. 29).

Adicionalmente, como secuela de dicha obligatoriedad, dispuso el artículo 30 de la Ley Orgánica, que cuando "la acción de amparo se ejerciere con fundamento en violación de un derecho constitucional, por acto o conducta omisiva, o por falta de cumplimiento de la autoridad respectiva," la sentencia debe siempre ordenar "la ejecución inmediata e incondicional del acto incumplido."

En consecuencia, en cuanto a los efectos de la decisión de amparo en relación con su carácter obligatorio, el principio es que como todas las decisiones judiciales, la sentencia es obligatoria no sólo para las partes del proceso, las cuales están obligadas a acatarla de inmediato, sino también respecto de todas las otras personas y funcionarios públicos que deben aplicarlas. Así se establece, además, en casi todas las legislaciones de amparo, como ocurre en las leyes que regulan la acción de amparo de Bolivia (art. 102), Colombia (arts. 27, 30), Costa Rica (art. 53), Ecuador (art. 58), Honduras (art. 65), Nicaragua (art. 48), Paraguay (art. 583) y Perú (arts. 22, 24).[1]

El juez respectivo, además, a los efectos de asegurar la ejecución de la decisión, puede *ex officio*, o a petición de parte, tomar todas las medidas necesarias dirigidas a lograr su cumplimiento, estando facultado, por ejemplo, en la ley guatemalteca, para decretar órdenes y librar oficios a las autoridades y funcionarios públicos de la administración pública o a las personas obligadas (art. 55). Los tribunales de amparo según lo dispuesto en las leyes de amparo de Guatemala (art. 105), Ecuador (art. 61), El Salvador (art. 61) y Nicaragua (art. 77) también están facultados incluso para usar los medios de fuerza pública para asegurar el cumplimiento de sus decisiones. En tal sentido, la Ley Orgánica de Amparo de Venezuela de 1988, su artículo 32.B relativo a la sentencia, también dispone que en la misma, el juez debe especificar en forma precisa "la orden a cumplirse, con las especificaciones necesarias para su ejecución.".

II. EL DESACATO DE LAS SENTENCIAS DE AMPARO Y LA AUSENCIA DE PODERES SANCIONATORIOS DEL JUEZ DE AMPARO

En relación con la obligatoriedad de las sentencias de amparo, en los casos de desacato al dispositivo de las mismas, la Ley Orgánica

---

1 Para el estudio de todas las leyes de amparo de América Latina véase: Allan R. Brewer-Carías, *Constitutional Protection of Human Rights in Latin America. A Comparative Study of the Amparo Proceedings*, Cambridge University Press, New York, 2008; y *Leyes de Amparo de America Latina*, Instituto de Administración Pública de Jalisco y sus Municipios, Instituto de Administración Pública del Estado de México, Poder Judicial del Estado de México, Academia de Derecho Constitucional de la Confederación de Colegios y Asociaciones de Abogados de México, 2 Vols., Jalisco 2009.

de 1988 lo único que prevé como delito tipificado es el incumplimiento del mandamiento de amparo, para cuyo efecto el artículo 31 prevé que "quien incumpliere el mandamiento de amparo constitucional dictado por el Juez, será castigado con prisión de seis (6) a quince (15) meses."

Ello implica que la Ley Orgánica de 1988, como sucede en general en América Latina, no le otorga al juez de amparo potestad sancionatoria directa alguna frente al desacato respecto de sus decisiones, teniendo el juez de amparo limitada su actuación en los casos de incumplimiento de las sentencias de amparo, sólo a procurar el inicio de un proceso penal ante la jurisdicción penal ordinaria, a cuyo efecto debe poner en conocimiento del asunto al Ministerio Público para que sea éste el que de inicio al proceso penal correspondiente, tendiente a comprobar (o no) la existencia del delito y a imponer (de ser el caso) la sanción penal legalmente establecida, a que ya se ha hecho referencia.

La ley venezolana, por lo demás, sigue la orientación de las leyes reguladoras del amparo en América Latina, en las cuales no se prevé para los jueces de amparo facultad directa de castigar, mediante la imposición de sanciones penales, el desacato a sus órdenes; lo que sin duda contrasta con los poderes de los jueces norteamericanos frente al desacato de las *injunction,* tan características del sistema de protección de derechos en los sistemas anglosajones. Ello fue admitido en los Estados Unidos de América a partir de la sentencia de la Corte Suprema dictada el caso *In Re Debs* (158 U.S. 564, 15 S.Ct. 900, 39 L.Ed. 1092 (1895)), donde de acuerdo con el Juez Brewer - quien pronunció la sentencia -, se decidió que:

> "el poder de un tribunal de emitir una orden también lleva consigo el poder de sancionar la desobediencia a tal orden y la pregunta acerca de la desobediencia ha sido, desde tiempos inmemoriales, la función especial del tribunal. Y esto no es un tecnicismo. Para que un tribunal pueda compeler obediencia a su orden debe tener el derecho a precisar si ha habido desobediencia a su orden. El someter la cuestión de la desobediencia a

otro tribunal, sea un jurado u otra corte, equivaldría a privar los procedimientos de la mitad de su eficacia.[2]

En otro caso, *Watson v. Williams,* 36 Miss. 331, 341, la Corte declaró lo siguiente:

> "El poder de multar y encarcelar por contumacia ha sido considerado, desde la historia más antigua del derecho, como la necesaria faceta y atributo de un tribunal, sin el cual no podría existir más de lo que pudiera existir sin un juez. Es un poder inherente a todos los tribunales de los que se tiene cuenta y coexistente con ellos por las sabias disposiciones del Common Law. Un tribunal sin el poder efectivo de protegerse a si mismo contra los asaltos de los desaforados o de ejecutar sus órdenes, sentencias o decretos contra los rebeldes a sus disposiciones, sería una desgracia al derecho y un estigma a la era que lo produjo."[3]

Estas facultades de sancionar penalmente los desacatos a decisiones judiciales protectivas han sido las que precisamente han dado a las *injunctions* en los Estados Unidos de América su efectividad en relacióncon la protección de derechos, estando el mismo tribunal que las dicta facultado para reivindicar su propio poder ante cualquier desobediencia, mediante la imposición de sanciones penales y pecuniarias, con prisión y multas.[4] Los tribunales latinoamericanos, en contraste, como hemos dicho, no tienen esas facultades o éstas son muy débiles.

---

2 Véase en Owen M. Fiss and Doug Rendleman, *Injunctions*, The Foundation Press, 1984, p. 13. v. t. William M. Tabb and Elaine W. Shoben, *Remedies*, Thomson West, 2005, pp. 72 ss.

3 *Idem.*

4 En Filipinas, el Reglamento sobre el Recurso de Amparo, faculta al tribunal competente a "ordenar al accionado que se niega a responder, o que responda falsamente, o a cualquier persona que de cualquier otro manera desobedezca o se resista a un proceso legítimo u orden del tribunal, a ser sancionado por contumacia. El contumaz puede ser encarcelado o multado." Véase los comentarios en Allan R. Brewer-Carías, "The Latin American Amparo Proceeding and the Writ of Amparo in The Philippines," en *City University of Hong Kong Law Review,* Volume 11 October 2009, pp. 73–90.

En efecto, aun cuando el desacato a la sentencia de amparo sea sancionable en las leyes de amparo latinoamericanas, no está en poder del mismo tribunal de amparo el aplicar sanciones afectando personalmente al desobediente o rebelde. Estas facultades sancionatorias están atribuidas sea a la Administración Pública respecto de los funcionarios renuentes, o a un tribunal penal diferente al emisor del fallo, frente al desacato. Así, por ejemplo, en caso de desacato por funcionarios administrativos, a los efectos de las sanciones disciplinarias, al tribunal de amparo le corresponde notificar al superior jerárquico en la Administración para que inicie un procedimiento disciplinario administrativo contra el funcionario público rebelde que debe ser decidido por el órgano superior correspondiente en la Administración Pública, como está establecido en Colombia (art. 27), Perú (art. 59) y Nicaragua (art. 48).

Respecto de la aplicación de sanciones penales a quienes desacaten la decisión de amparo, los tribunales de amparo, o la parte interesada, deben procurar el inicio de un procedimiento judicial penal en contra de aquellos, el cual debe ser iniciado por ante la jurisdicción penal competente, como es la regla general establecida en las leyes reguladoras de la acción de amparo de Bolivia (art. 104); Colombia (arts. 27, 52, 53); Costa Rica (art. 71); Ecuador (art. 58); El Salvador (arts. 37, 61); Guatemala (arts. 32, 54, 92); Honduras (art. 62); México (arts. 202, 209); Nicaragua (art. 77); Panamá (art. 2632); Paraguay (art. 584) y Venezuela (art. 31). En algunos casos excepcionales, como en Colombia (art. 27), el juez de tutela puede imponer detenciones administrativas (y sólo eso) a la parte renuente.

Por lo tanto, los jueces de amparo en Latinoamérica no tienen el poder para directamente imponer sanciones disciplinarias o penales a aquellos que desacatan sus órdenes y sólo en algunos países tienen poder para directamente imponer multas (*astreintes*) a las partes continuamente renuentes hasta lograr el cumplimiento de la orden. Este es el caso de las leyes reguladoras de la acción de amparo en Colombia (art. 27); República Dominicana (art. 28); Guatemala (art. 53); Nicaragua, (art. 66); y Perú (art. 22).[5]

---

5 Véase Samuel B. Abad Yupanqui, *El proceso constitucional de amparo*, Gaceta Jurídica, Lima, 2004, p. 136.

III. LAS PROPUESTAS DE REFORMA (NO SANCIONADAS) DE LA LEY ORGÁNICA DE AMPARO DE OCTUBRE 2013 SOBRE EL DESACATO EN MATERIA DE AMPARO

Ante esta carencia legislativa, en la propuesta de reforma de la Ley Orgánica de Amparo de Venezuela, que sólo se aprobó en primera discusión a finales de 2013, se buscaba introducir como una innovación importante, que al tribunal de amparo tendría competencia para sancionar con multa de una (1) a cincuenta (50) unidades tributarias a las personas y funcionarios, que "no acataren sus órdenes o decisiones o no le suministraren oportunamente las informaciones, datos o expedientes que solicitare de ellos, sin perjuicio de las sanciones penales, civiles, administrativas o disciplinarias a que hubiere lugar" (art. 27 del proyecto). La misma regulación también se buscaba establecer en el artículo 66 del proyecto, al asignar al tribunal de amparo, a los efectos de garantizar la ejecución del mandamiento de amparo, competencia para sancionar directamente con multa de diez (10) a quinientas (500) unidades tributarias a quienes lo incumplieren en el lapso señalado para ello, sin perjuicio de las sanciones penales a que hubiere lugar.

Además, en ese proyecto de reforma de la Ley Orgánica de 2013 se buscaba incorporar en su normativa un título dedicado a regular, en particular, "el desacato al mandamiento de amparo constitucional, de la protección para los derechos e intereses colectivos o difusos y de la libertad o seguridad personal," con disposiciones como las siguientes:

En primer lugar, la regulación general en el artículo 63 del proyecto, de un tipo delictivo más amplio para quienes incumplieren el mandamiento de amparo dictado por el tribunal, indicando que serían castigados con prisión de uno (1) a tres (3) años y la imposición de las siguientes penas accesorias por el mismo tiempo de la condena:

1. Si el agraviante fuese comerciante, se planteaba que quedaba inhabilitado para el ejercicio del comercio.
2. Si el agraviante fuese funcionario público se proponía que comportaría la destitución del cargo, salvo los funcionarios de elección popular.
3. Si el agraviante o la agraviante fuese una autoridad de elección popular quedaría inhabilitado para el ejercicio de

funciones públicas en el período siguiente a la culminación de su mandato.

4. Si el agraviante ejerciere alguna profesión, industria o arte se planteaba que quedaba inhabilitado para su ejercicio.

En estos casos de incumplimiento del mandamiento de amparo, el artículo 64 del proyecto también buscaba establecer como "procedimiento por desacato" que el tribunal de amparo remitiera copia certificada de las actuaciones al fiscal del Ministerio Público a fin de que se iniciase la investigación para la determinación del hecho punible de acuerdo a los procedimientos previstos a tales efectos. Igualmente, en el proyecto también se preveía que el juez de amparo debía remitir copia certificada a la Defensoría del Pueblo la cual podía participar de la investigación, y tener acceso al expediente y a sus actas o cualquier otra información que reposare en los archivos del Estado o en instituciones privadas, con el fin de hacer las recomendaciones a que hubiere lugar. En tales casos, también se contemplaba que el Fiscal General de la República, en el informe anual que debe presentar ante la Asamblea Nacional, debía indicar expresamente los desacatos a mandamientos de amparo que le hubieran sido remitidos por tribunales, con sus respectivas resultas (art. 65).

Por otra parte, como antes se dijo, en la misma orientación del artículo 27 del proyecto antes mencionado, el artículo 66 del mismo buscaba disponer, a los efectos de garantizar la ejecución del mandamiento de amparo, que el tribunal de amparo tenía competencia para sancionar directamente con multa de diez (10) a quinientas (500) unidades tributarias a quienes lo incumplieren en el lapso señalado para ello, sin perjuicio de las sanciones penales a que hubiere lugar. En estos casos de multas, y en los otros supuestos regulados en la Ley, conforme al "principio de proporcionalidad de la multa," el mismo artículo 67 del proyecto de reforma disponía que el importe de la multa se debía determinar atendiendo al principio de proporcionalidad, para lo cual se debía tomar en consideración "la capacidad económica del sancionado, el bien jurídico protegido, los hechos controvertidos, y demás circunstancias concurrentes." En todo caso, agregaba el proyecto de reforma que si quien hubiere sido sancionado con arreglo a las disposiciones antes mencionadas no cumpliere con el mandato de amparo ni tampoco cumpliere la sanción, la multa se debía incrementar a razón de una unidad tributaria por cada día de incumplimiento (art. 68).

Por otra parte, conforme al artículo 69 del proyecto de reforma de la Ley Orgánica, el sancionado podía reclamar por escrito la decisión judicial que le hubiera impuesto las sanciones antes mencionadas, dentro de los tres (3) días siguientes a su notificación, oportunidad en la que debía exponer las circunstancias favorables a su defensa. El reclamo debía ser decidido por el Tribunal dentro de los tres (3) días siguientes al vencimiento del lapso anterior. El tribunal, en estos casos, podía ratificar, revocar o reformar la sanción, siempre y cuando no causase mayor gravamen al sancionado.

Por último, el artículo 70 del proyecto de reforma de la Ley Orgánica buscaba declarar expresamente que sin menoscabo de las multas y sanciones antes mencionadas, el agraviado podía exigir la reparación de los daños y perjuicios causados por el incumplimiento; a cuyo efecto, la sentencia de amparo se debía tener como plena prueba pre constituida y la reclamación debía ser tramitada por el procedimiento correspondiente ante el juez de municipio del domicilio del agraviado.

Sin embargo, como ya se ha dicho, el proyecto de reforma de la Ley Orgánica de Amparo de 2013, si bien fue aprobado en primera discusión en octubre de 2013, no fue siquiera sometido a segunda discusión en el curso de 2013.

IV. LA VIOLACIÓN AL DEBIDO PROCESO (DERECHO A LA DEFENSA, A LA PRESUNCIÓN DE INOCENCIA, AL JUEZ NATURAL) POR PARTE DE LA SALA CONSTITUCIONAL, AL USURPAR LAS COMPETENCIAS DE LA JURISDICCIÓN PENAL Y PRETENDER IMPONER SANCIONES PENALES SIN PROCESO, Y ACTUANDO COMO JUEZ Y PARTE

De lo anteriormente expuesto resulta, por tanto, que en Venezuela, el desacato a las sentencias de amparo es un delito tipificado en la propia Ley Orgánica de Amparo de 1988 (art. 31), el cual - como todos los delitos para cuyo juzgamiento no existe una jurisdicción penal especial -, sólo puede ser decidido y sancionado por los tribunales competentes de la jurisdicción penal ordinaria, mediante un proceso penal, con las garantías del debido proceso, no teniendo el juez de amparo competencia alguna para sancionar en forma alguna el desacato de sus decisiones.

Ello sin embargo ha sido trastocado por la Sala Constitucional del Tribunal Supremo de Justicia, en sentencia Nº 138 de 17 de marzo de 2014,[6] en la cual, esa Sala usurpando las competencias de la Jurisdicción Penal, se arrogó la potestad sancionatoria penal en materia de desacato a sus decisiones de amparo, violando todas las garantías más elementales del debido proceso, entre las cuales están, que nadie puede ser condenado penalmente sino mediante un proceso penal, el cual es el "instrumento fundamental para la realización de la justicia" (art. 257 de la Constitución), en el cual deben respetarse el derecho a la defensa, el derecho a la presunción de inocencia, el derecho al juez natural (art. 49 de la Constitución), y la independencia e imparcialidad del juez (arts. 254 y 256 de la Constitución); juez que en ningún caso puede ser juez y parte, es decir, decidir en causa en la cual tiene interés.

En efecto, luego de que un conjunto de asociaciones y cooperativas de comerciantes interpusieron una denominada demanda "por derechos e intereses colectivos o difusos" conjuntamente con una petición de medida cautelar innominada contra el Alcalde y el Director de la Policía Municipal de un Municipio del Estado Carabobo (San Diego),[7] para que removieran supuestas obstrucciones en las

---

6 Véase en http://www.tsj.gov.ve/decisiones/scon/marzo/162025-138-17314-2014-14-0205.HTML

7 Una demanda similar se intentó simultáneamente ante la Sala Constitucional por un abogado a título personal contra los Alcaldes de los Municipios Baruta y El Hatillo, originando una medida de amparo cautelar (sentencia Nº 135 de 12 de marzo de 2014, en http://www.tsj.gov.ve/decisiones/scon/mar-zo/161913-135-12314-2014-14-0194.HTML); la cual, a petición del mismo abogado formulada a título personal, originó una decisión judicial de aplicación por efectos extensivos de la anterior medida judicial de amparo cautelar contra los Alcaldes de los Municipios Chacao, Lechería, Maracaibo y San Cristóbal (sentencia 137 de 17 de marzo de 2014 en http://www.tsj.gov.ve/decisiones/scon/marzo/162024-137-17314-2014-14-0194.HTML). Ello se anunció en la Nota de Prensa del Tribunal Supremo de Justicia de 24 de marzo de 2014. Véase en http://www.tsj.gov.ve/informacion/notasdeprensa/notasdeprensa.asp?codigo=11777. debe destacarse, sin embargo, que en la Nota de Prensa oficial del Tribunal Supremo informando sobre la primera decisión

vías públicas del Municipio que se habían producido por protestas populares contra las políticas del Gobierno, la Sala Constitucional, mediante sentencia Nº 136 de 12 de marzo de 2014, que les "fue notificada vía telefónica" a dichos funcionarios, acordó el amparo constitucional cautelar solicitado, y en líneas generales ordenó a los Alcaldes, entre múltiples actividades de tipo administrativo que son propias de la autoridad municipal como velar por la ordenación de la circulación, la protección del ambiente, el saneamiento ambiental, la prevención y control del delito, y en particular que debían realizar acciones y utilizar los recursos materiales y humanos necesarios:

> "a fin de evitar que se coloquen obstáculos en la vía pública que impidan, perjudiquen o alteren el libre tránsito de las personas y vehículos; se proceda a la inmediata remoción de tales obstáculos que hayan sido colocados en esas vías, y se mantengan las rutas y zonas adyacentes a éstas libres de basura, residuos y escombros, así como de cualquier otro elemento que pueda ser utilizado para obstaculizar la vialidad urbana y, en fin, se evite la obstrucción de las vías públicas del referido municipio."[8]

---

de detención del Alcalde del Municipio San Diego, se afirmó, que "Los alcaldes a quienes se sancionan *son de los municipios donde presuntamente se han cometido mayor número de hechos delictivos como homicidios, destrucción de organismos públicos y privados, destrucción del ambiente, incendio de vehículos y cierre de vías, desde que se iniciaron las manifestaciones violentas en el país*." Véase en http://www.tsj.gov.ve/informa-cion/notasdeprensa/notasdeprensa.asp?codigo=11768. Con ello, el Tribunal Supremo expresó claramente el propósito de su sentencia de amparo, que en definitiva no era el de proteger algún derecho ciudadano, sino el de sancionar a los Alcaldes de oposición, precisamente por ser de oposición.

8 Contra esta decisión de mandamiento de amparo cautelar el Alcalde del Municipio se opuso a la misma mediante escrito de 18 de marzo de 2014, y al día siguiente, el día 19 de marzo de 2014, la Sala Constitucional con base en el argumento de que en el procedimiento de amparo no debe haber incidencias, declaró como "IMPROPONIBLE en derecho la oposición al mandamiento de amparo constitucional cautelar planteada por el ciudadano Vicencio Scarano Spisso." Véase la sentencia Nº 139 de 19 de marzo de 2014 en

Cinco días después de dictada la referida sentencia acordando la medida de amparo cautelar, la Sala Constitucional, en sentencia No. 138 de 17 de marzo de 2014, sin que nadie se lo solicitara ni advirtiera, es decir, actuando de oficio, y con el propósito de sancionar directamente a los destinatarios de la medida cautelar por presunto desacato a la medida cautelar decretada, procedió a fijar un procedimiento *ad hoc* para ello, a los efectos de determinar "el presunto incumplimiento al mandamiento de amparo," identificando a su vez a la persona que habría incurrido en delito, anunciando además que "en caso de quedar verificado el desacato," verificación procesal que la propia Sala haría en sustitución del juez penal, en contra lo dispuesto en la Ley Orgánica de Amparo, la misma Sala impondría:

> "la sanción conforme a lo previsto en el artículo 31 de la Ley Orgánica de Amparo sobre Derechos y Garantías Constitucionales y remitirá la decisión para su ejecución a un juez de primera instancia en lo penal en funciones de ejecución del Circuito Judicial Penal correspondiente."

Es decir, la Sala Constitucional resolvió usurpar la competencia de la Jurisdicción Penal y anunció que verificaría la comisión del delito de desacato, identificando a los autores que habían incumplido el mandamiento de amparo constitucional que había dictado, por lo que les impondría directamente la pena de prisión de seis (6) a quince (15) meses, que es la sanción penal prevista en el mencionado artículo 31 de la Ley Orgánica. Ni más ni menos, el Juez Constitucional se erigió en el perseguidor de los funcionarios públicos electos responsables de los gobiernos municipales en los Municipios donde la oposición había tenido un voto mayoritario.

Para incurrir en este abuso de poder y usurpación de competencias exclusivas de los jueces de la Jurisdicción Penal, la Sala Constitucional, por supuesto, violó todos los principios más elementales de la garantía del debido proceso enumerados en el artículo 49 de la Constitución, entre ellos, el derecho de toda persona a ser juzgado a través de un proceso penal desarrollado ante jueces penales, que son el juez natural en la materia; el derecho a la defensa y el derecho a la presunción de inocencia.

---

http://www.tsj.gov.ve/decisiones/scon/marzo/162073-139-19314-2014-14-0205.HTML

1. *Violación del derecho a la defensa por falta de actividad probatoria, y a la presunción de inocencia por inversión de la carga de la prueba*

En efecto, la Sala comenzó violando el derecho a la defensa y a la presunción de inocencia al fundamentar su decisión en el simple "dicho" de que:

> "por la prensa se ha difundido información de la que pudiera denotarse el presunto incumplimiento del mandato constitucional librado en la sentencia N° 136 de 12 de marzo de 2014, lo cual esta Sala califica como un hecho notorio y comunicacional (vid. Sentencia N° 98 del 15 de marzo de 2000).

Esta supuesta motivación inicial, por supuesto, es absolutamente violatoria al debido proceso legal, pues implica que la Sala pasó a tomar una decisión sin desarrollar actividad probatoria alguna, de lo que resulta de los siguientes hechos: primero, que no indicó qué era lo que "la prensa" supuestamente había "difundido"; segundo, que no identificó a qué "prensa" se refería, es decir, cuál o cuáles periódicos o medios de comunicación, y en qué fecha, habrían sido publicados; tercero, que no hizo mención a la existencia de una supuesta "noticia" de hechos que hubieran acaecido que habría sido publicada; y que cuarto, no precisó por qué, de lo que supuestamente se habría "difundió" en la "prensa," que no dijo, podía "denotarse el presunto incumplimiento" de un mandato de amparo constitucional.

Todo ello pone en evidencia, no sólo la violación del debido proceso legal, por violación al derecho a la defensa, sino además, el grave vicio de inmotivación de la sentencia, que la hace nula en los términos del Código de Procedimiento Civil.

Pero además, por el hecho de calificar un "dicho" como "hecho notorio y comunicacional" en ese caso, lo que pretendió la Sala Constitucional fue dar por probados unos inexistentes "hechos" publicitados que no mencionó, pretendiendo invertir la carga de la prueba y violando con ello la presunción de inocencia al compelir a los Alcaldes que "probaran" lo contrario a algo que ni siquiera se decía que era. Como lo resolvió la Sala Constitucional en la sentencia N° 8 de 2000 que la misma Sala cita, el "hecho comunicacional" sólo puede ser "acreditado por el juez o por las partes con los instrumentos contentivos de lo publicado, o por grabaciones o videos, por ejemplo, de las emisiones radiofónicas o de las audiovisuales, que demuestren la difusión del hecho, su uniformidad en los distintos medios y su consolidación; es decir, lo que constituye la noticia." Nada ello ocurrió en este caso, donde la Sala no indicó "hecho" alguno concreto y específico, limitándose a afirmar que en la "*prensa se ha difundido información de la que pudiera denotarse el presunto incumplimiento del mandato constitucional*." De esa afirmación, es realmente imposible deducir que pudiera haber algo que al calificarse como "hecho notorio y comunicacional" se haya dado "por probado" que los Alcaldes sin embargo, en violación a su derecho a la defensa y a la presunción de inocencia, debían desvirtuar.

La Sala Constitucional, al dictar la sentencia N° 136 de 12 de marzo de 2014, en realidad, lo que hizo fue violar el contenido de la sentencia que invocó, la N° 98 del 15 de marzo de 2000, al pretender calificar "como un hecho notorio y comunicacional," algo que como se dijo, primero, no es ningún "hecho"; segundo, que no es nada "notorio"; y tercero, que es imposible que sea "comunicacional," pues afirmar simplemente que "por la prensa se ha difundido información de la que pudiera denotarse el presunto incumplimiento del mandato constitucional" no puede considerarse como un "hecho" y menos como un "hecho notorio y comunicacional."

En efecto, conforme a la mencionada sentencia N° 98 de 2000 que fijó la doctrina del "hecho notorio y comunicacional," y sobre la concepción del "hecho notorio", la misma Sala Constitucional consideró que para poder ser aplicada, ante todo tenía que existir un "hecho", es decir, un acontecimiento, un suceso o un acaecimiento *que efectivamente hubiera tenido lugar*, y que por haberse conocido habría entrado a formar parte de la cultura, se habría integrado a la memoria colectiva, se habría constituido en referencia en el hablar cotidiano de las personas, parte de sus recuerdos y de las conversaciones sociales. El "hecho notorio," por tanto, para la Sala Constitucional en aquella sentencia, ante todo tiene que ser un suceso o acaecimiento *cierto, real, que ha sucedido indubitablemente*, y que por su conocimiento por el común de la gente debido a su divulgación (ya que no todo el común de la gente pudo haber presenciado el hecho), entonces no requiere ser probado. De allí los precisos ejemplos que utilizó la Sala Constitucional en dicha sentencia No. 98 de 2000, todos referidos a *hechos ciertos, reales, que efectivamente sucedieron o acaecieron*, como: "el desastre de Tacoa" referido al hecho del incendio de tanques de combustible en la Planta de la Electricidad de Caracas en Tacoa (Litoral Central); "la caída de un sector del puente sobre el lago de Maracaibo", referido al hecho del choque de un barco tanquero contra una sección del puente sobre el Lago de Maracaibo y la caída de dicha sección que interrumpió el tránsito; "los eventos de octubre de 1945" referidos al hecho conocido como la "Revolución de octubre" de 1945 que originó el derrocamiento del gobierno del Presidente Isaías Medina Angarita y la instalación de una Junta de Gobierno; y "la segunda guerra mundial", hecho acaecido desde 1939 hasta 1945.

Pero además de tratarse de un "hecho" para que se trate de un "hecho publicitado" o "hecho comunicacional", el mismo debe haber adquirido "difusión pública uniforme por los medios de comunicación social," que por ello, "forma parte de la cultura de un grupo o círculo social en una época o momento determinado, después del cual pierde trascendencia y su recuerdo solo se guarda en bibliotecas o instituciones parecidas, pero que para la fecha del fallo formaba parte del saber mayoritario de un círculo o grupo social, o a el podía accederse." En esos casos, sostuvo la Sala, "los medios de comunicación social escritos, radiales o audiovisuales, *publicitan un hecho como cierto, como sucedido, y esa situación de certeza se consolida cuando el hecho no es desmentido* a pesar que ocupa un espacio reiterado en los medios de comunicación social."[9]

---

9 Véase Allan R. Brewer-Carías, "Sobre el tema del "hecho notorio" me he referido al comentar la doctrina jurisprudencial en la materia sentada por el Tribunal Supremo de Justicia de Venezuela, en los trabajos: "Consideraciones sobre el 'hecho comunicacional' como especie del 'hecho notorio' en la doctrina de la Sala Constitucional del Tribunal Supremo," en *Revista de Derecho Público*, N° 101, enero-marzo 2005, Editorial Jurídica Venezolana, Caracas 2005, pp. 225-232; y "Sobre el llamado 'hecho comunicacional' como fundamento de una acusación penal", en *Temas de Derecho Penal Económico, Homenaje a Alberto Arteaga Sánchez* (Compiladora Carmen Luisa Borges Vegas), Fondo Editorial AVDT, Obras colectivas OC N° 2, Caracas 2007, pp. 787-816.

En el caso de la sentencia Nº 136 de 12 de marzo de 2014, la "calificación" como un "hecho notorio y comunicacional" al dicho de que *"por la prensa se ha difundido información de la que pudiera denotarse el presunto incumplimiento del mandato constitucional"* equivale a considerar como un "hecho" a nada, y de la nada, como una grotesca burla al derecho y a la propia doctrina contenida en la sentencia citada Nº 98 del 15 de marzo de 2000 de la misma Sala.

Y en todo caso, quedaba por resolver qué fue lo que pretendió la Sala con declarar como tal "hecho notorio y comunicacional," al dicho de que *"por la prensa se ha difundido información de la que pudiera denotarse el presunto incumplimiento del mandato constitucional."* La consecuencia directa de la declaratoria era que la Sala habría dado por probado, no un "hecho," sino un "dicho," y por tanto, los Alcaldes supuestamente debían entonces tratar de "desvirtuar" el "dicho" ya que no había ningún "hecho," todo lo cual significa una grave violación al derecho a la defensa, pues equivalía a compelir a alguien a "defenderse" de un "hecho" que ni siquiera se identificó.

2. *El procedimiento para determinar el desacato al mandamiento de amparo*

Después del desaguisado cometido por la Sala a propósito del inexistente "hecho notorio y comunicacional", la Sala Constitucional pasó a constatar que en la Ley Orgánica de Amparo de 1988 "no está contemplado procedimiento alguno para la valoración preliminar del posible incumplimiento de un mandamiento de amparo a efectos de su remisión al órgano competente," razón por la cual invocó el artículo 98 de la Ley Orgánica del Tribunal Supremo de Justicia a los efectos de establecer el procedimiento que juzgó "más conveniente para la realización de la justicia, siempre que tenga fundamento legal." Con base en ello, la Sala entonces procedió a establecer que para determinar el presunto incumplimiento al mandamiento de amparo cautelar decretado, "el procedimiento que más se adecua para la consecución de la justicia" era el estipulado en el artículo 26 de la propia Ley Orgánica de Amparo, razón por la cual en la misma sentencia procedió a convocar al Alcalde y al Director General de la Policía Municipal del Municipio San Diego del Estado Carabobo, a una audiencia pública que fijo para realizarse dentro de las 96 horas siguientes a que conste en autos su notificación, lo que fue el día 20 de mayo de 2014, para que los Alcaldes expusieran "los argumentos que a bien tuvieren en su defensa," pero sin indicarles de qué es que tenían que defenderse, o cuales eran los "hechos" que tenían que desvirtuar.

Con ello, de nuevo, la Sala Constitucional violó el derecho a la defensa de los Alcaldes notificados, al citarlos para que comparecieran a "defenderse" pero sin decirles cuales eran los hechos que se les imputaban y de los cuales debían defenderse, y lo más grave, afirmando que conforme al artículo 23 de la Ley Orgánica, la falta de comparecencia de los citados "funcionarios municipales a la audiencia pública se tendrá como aceptación de los hechos", pero se insiste, sin indicarles cuáles eran los supuestos hechos que se le "imputaban", que debían supuestamente contradecir, y respecto de los cuales debían "defenderse", de manera que si no acudían a la audiencia se daban por aceptados por ellos. Mayor arbitrariedad, realmente, es imposible encontrar en una sentencia: que se ordene citar a alguien para que bajo la presunción de certeza de un "dicho", que se califica como "hecho notorio y comunicacional" y que por tanto no requiere prueba, comparezca ante el tribunal a defenderse y desvirtuar el supuesto "hecho", pero sin saber exactamente de qué deben defenderse, y todo bajo la amenaza de que si no comparece, se debe tener como que acepta los "hechos" que no conoce.

3. *La sanción penal al desacato: competencia exclusiva de la Jurisdicción Penal mediante un proceso penal*

Como hemos señalado, el artículo 31 de la ley Orgánica de Amparo dispone como tipo delictivo el incumplimiento del mandamiento de amparo constitucional dictado por el Juez, previendo en tal caso una sanción de prisión de seis (6) a quince (15) meses. Sobre esta norma que sanciona el desacato, la antigua Corte Suprema de Justicia, en sentencia Nº 789 de 7 de noviembre de 1995 de la Sala Política Administrativa,[10] estableció con toda precisión que la competencia en materia de desacato corresponde exclusivamente a la Jurisdicción penal. Conforme a esa sentencia, por tanto, al juez

10 Véase Caso *Francisco González Aristiguieta v. Rafael Aníbal Rivas Ostos*. Véase en *Revista de Derecho Público*, Nº 63-64, Editorial Jurídica Venezolana, Caracas 1995, pp. 370 ss.

de amparo le está vedado siquiera apreciar y hacer una calificación del delito al remitir los autos al juez penal,[11] correspondiendo tal calificación "al tribunal penal, en el contexto del debido proceso con la garantía del derecho a la defensa (artículo 68 Constitución)," no pudiendo el juez de amparo:

> "ejecutar su propia sentencia conforme al procedimiento ordinario (artículo 523 del Código de Procedimiento Civil), *en lo que se refiere a lo previsto en el articulo 31 citado,* ya que en éste, el legislador consagró un tipo delictual (desacato) que requiere de un procedimiento, tal como lo prevé el artículo 60, ordinal 5° de la Constitución: "Nadie podrá ser condenado en causa penal sin antes haber sido notificado personalmente de los cargos y oído en la forma que indique la ley". Debe precisarse al respecto que la jurisdicción ordinaria en materia penal, conforme a la Ley Orgánica del Poder Judicial le compete a los Juzgados de Primera Instancia en lo Penal y a los Tribunales Superiores (Título IV, Capítulo IV D y Título IV Capítulo II D, respectivamente). Los jueces de dichos tribunales son entonces los jueces naturales para conocer del desacato en referencia y las personas supuestamente implicadas en este delito tienen el derecho constitucional de ser juzgadas por sus jueces naturales (articulo 69 Constitución)."

---

11 Fue el vicio en el cual incurrió, según la Sala Político Administrativa, la Corte primera de lo Contencioso Administrativa en sentencia de 18 de octubre de 1995, cuando decidió como sigue: "Por tal razón, y al no haber podido el ciudadano Francisco González Aristiguieta ejercer las funciones propias del cargo de Jefe de la Brigada Territorial Número 81, lo cual ciertamente le impidió la plena y perfecta reincorporación a tal cargo que fuese ordenada en el mandamiento de amparo otorgado, esta Corte considera que el ciudadano Rafael Aníbal Rivas Ostos incurrió en abierto desacato al mandamiento de amparo, subsumiéndose tal conducta en el artículo 31 de la Ley que rige la materia. Así se declara. En consecuencia, esta Corte Primera de lo Contencioso Administrativo ordena remitir a los órganos de la jurisdicción penal copia de la presente decisión y de todas las actas contentivas del procedimiento de desacato a los fines previstos en el artículo 31 de la Ley Orgánica de Amparo sobre Derechos y Garantías Constitucionales." Véase en *Revista de Derecho Público*, N° 63-64, Editorial Jurídica Venezolana, Caracas 1995, pp. 373 y ss.

En definitiva, concluyó la Corte Suprema, que:

> "Con el fin de que el acto de administración de justicia pueda realizarse en el marco del debido proceso y con base a las exigencias legales y constitucionales imperantes, del desacato de un "mandamiento de amparo constitucional dictado por el Juez" –artículo 31 de la Ley Orgánica de Amparo sobre Derechos y Garantías Constitucionales– debe conocer la jurisdicción penal."

Este ha sido, por lo demás, el criterio invariable del Tribunal Supremo luego de sancionada la Constitución de 1999, como resulta por ejemplo de la sentencia de la propia Sala Constitucional de 31 de mayo de 2001 (Caso: *Aracelis del Valle Urdaneta*):

> "...Ahora bien, en relación con el desacato, ha señalado este Alto Tribunal que dado el carácter delictual del mismo, ***la calificación que de este delito se haga "le compete al Tribunal Penal, en el contexto del debido proceso con la garantía del derecho a la defensa*** (artículo 68 de la Constitución)" (Vid. Sentencias de la Sala Político-Administrativa del 7 de noviembre de 1995: Caso Rafael A. Rivas Ostos y del 11 de marzo de 1999: Caso Ángel Ramón Navas).
>
> En aplicación de la jurisprudencia precedente y por cuanto en el escrito contentivo de la solicitud que dio origen al recurso de apelación la solicitante imputó la comisión de un hecho punible de acción pública como lo es el desacato, previsto y sancionado en el artículo 31 de la Ley Orgánica de Amparo sobre Derechos y Garantías Constitucionales, ***esta Sala se declara incompetente para conocer del mismo, y ordena remitir copia certificada del mencionado escrito a la Fiscalía General de la República a los fines de que se inicie la investigación correspondiente...***".[12]

En otra decisión, Nº 74 del 24 de enero de 2002 de la misma Sala Constitucional, al revisar la sentencia de un juez penal de control del Estado Portuguesa que se había declarado "incompetente para conocer el desacato" que le había solicitado una juez de primera

---

12 Citada en sentencia Nº 74 de enero de 2003, en http://www.tsj.gov.ve/decisiones/scon/enero/74-240102-01-0934.HTM

instancia del Trabajo y Agrario del Circuito Judicial del mismo Estado, "por considerar que no se trata de un delito sino de una sanción administrativa, que corresponde aplicarla al juez que dictó la decisión de amparo incumplida," la Sala consideró errado dicho criterio, "ya que conforme al artículo 31 de la Ley Orgánica de Amparo sobre Derechos y Garantías Constitucionales, quien incumpla el mandamiento de amparo constitucional dictado por el juez, será castigado con prisión de seis (6) a quince (15) meses. Se trata de una pena corporal que se prescribe para toda aquella persona que incurra en el supuesto de desacato del contenido de un mandamiento de amparo, y esto es propio de la jurisdicción penal." La Sala Constitucional agregó que "así lo ha ratificado la jurisprudencia, al considerar que **es dicha jurisdicción, la encargada de conocer las causas iniciadas por incumplimiento de mandamiento de amparo**."[13]

Ello implica que conforme a los principios constitucionales particularmente desarrollados en la Constitución de 1999, y a lo dispuesto en el Código Orgánico Procesal Penal, en Venezuela nadie puede ser condenado penalmente y a nadie se le puede imponer una pena, "sin un juicio previo, oral y público, realizado, sin dilaciones indebidas, ante un juez imparcial," conforme a las disposiciones de dicho Código, "y con salvaguarda de todos los derechos y garantías del debido proceso, consagrados en la Constitución de la República, las leyes, los tratados, convenios y acuerdos internacionales suscri-

---

13 Véase en http://www.tsj.gov.ve/decisiones/scon/enero/74-240102-01-0934.HTM. En reseña de Juan Francisco Alonso, en *El Universal* de 21 de marzo de 2014, el periodista incluso informa que "Al revisar los archivos del TSJ, *El Universal* verificó que en los años posteriores ese criterio fue ratificado en decisiones como las número 728 del 2 de abril de 2002, la 662 del 4 de abril de 2003 y la 530 del 5 de abril de 2005, en las cuales reiteró que tan pronto se verifique un incumplimiento de un amparo se debe notificar al Ministerio Público sobre el mismo para que investigue al señalado y decida si pide su enjuiciamiento." Véase Juan Francisco Alonso, "Con caso Scarano TSJ echó a la basura 12 años de jurisprudencia. Juristas alertan que Sala Constitucional no puede condenar a nadie", en *El Universal* viernes 21 de marzo de 2014 12:00 AM, en http://www.eluniversal.com/nacional-y-politica/140321/con-caso-scarano-tsj-echo-a-la-basura-12-anos-de-jurisprudencia.

tos por la República" (art. 1), correspondiendo en todo caso, a "los tribunales juzgar y hacer ejecutar lo juzgado" (art. 2), y en los términos del artículo 7 del mismo Código, y correspondiendo "exclusivamente [...] a los jueces y tribunales ordinarios o especializados establecidos por las leyes, con anterioridad al hecho objeto del proceso," que son los tribunales penales de la jurisdicción ordinaria, que son los únicos que tienen "la potestad de aplicar la ley en los procesos penales."[14]

4. *La inconstitucional asunción de la competencia de la Jurisdicción Penal por la Sala Constitucional, como juez y parte, violando las garantías de la presunción de inocencia, al juez natural y a la doble instancia*

Ahora bien, contrariamente a la anteriormente expuesto, la Sala Constitucional en la sentencia N° 138 de 17 de marzo de 2014, que comentamos, luego de establecer un inconstitucional procedimiento para verificar el desacato a una sentencia cautelar que dictó en materia de amparo, concluyó afirmando que:

> "Esta Sala Constitucional, en caso de quedar verificado el desacato, impondrá la sanción conforme a lo previsto en el artículo 31 de la Ley Orgánica de Amparo sobre Derechos y Garantías Constitucionales y remitirá la decisión para su ejecución a un juez de primera instancia en lo penal en funciones de ejecución del Circuito Judicial Penal correspondiente."

---

14 Como lo ha dicho con razón el profesor Román José Duque Corredor, en este caso: "Se considero el incumplimiento del mandamiento del amparo como un delito, pero sin embargo, el enjuiciamiento del Alcalde del Municipio San Diego no se tramitó por el procedimiento ordinario penal, sino por el de una falta, por lo que no se efectuó la fase previa de averiguación, el enjuiciado no participó en esta fase y no se le acusó formalmente sino simplemente se le citó sumariamente para la audiencia oral. Siendo un delito se le juzgó, sin embargo, en una sola instancia, sin derecho a recurrir contra la sentencia condenatoria." Véase en su artículo: "Garantías constitucionales violadas por la Sala Constitucional del Tribunal Supremo de Justicia en el caso del enjuiciamiento penal del Alcalde del Municipio San Diego, Estado Carabobo, Venezuela,", Caracas 20 de marzo de 2014 (Consultado en original).

Ni más ni menos, la Sala Constitucional, decidió que una vez ella misma verificara la conducta penal de desacato, ella misma impondría directamente a los culpables la sanción penal de prisión de seis (6) a quince (15) meses prevista en el artículo 31 de la Ley Orgánica; verificación y sanción penal que sólo puede corresponder ser impuesta por un juez penal. Al contrario, en este caso, la Sala Constitucional usurpó la competencia de los tribunales de la jurisdicción penal, que son el juez natural en esos casos, previendo que sólo remitiría los autos, al juez penal "para le ejecución de la decisión," es decir, para decidir lo conducente al lugar de detención del condenado. Con ello, mediante la sentencia comentada, la Sala Constitucional usurpó la competencia de los jueces penales no sólo para "verificar el delito de desacato," sino para imponer la sanción penal prevista en la mencionada norma de la Ley Orgánica de Amparo, todo lo cual es abiertamente violatorio del artículo 49,4 de la Constitución que garantiza el derecho de "toda persona a ser juzgada por sus jueces naturales en la jurisdicción ordinaria," y del artículo 49.1 de la misma Constitución que a la garantía judicial de la doble instancia, es decir, que "toda persona declarada culpable tiene derecho a recurrir del fallo."[15]

---

15 Con razón, Juan Manuel Raffalli consideró que "este 'precedente' no solo supone el fin de un criterio reiterado sino que representa "una violación a la doble instancia, porque si el TSJ ya tomó una decisión ante quién puede apelar el Alcalde". Véase en Juan Francisco Alonso, "Con caso Scarano TSJ echó a la basura 12 años de jurisprudencia. Juristas alertan que Sala Constitucional no puede condenar a nadie", en *El Universal* viernes 21 de marzo de 2014 12:00 AM, en http://www.eluniversal.com/nacional-y-politica/140321/con-caso-scarano-tsj-echo-a-la-basura-12-anos-de-jurisprudencia. Por todo ello, con razón, el profesor Alberto Arteaga explicó que lo decidido "no tiene precedentes en el país. Es tan absurdo como una condena a pena de muerte. Si lo hizo la sala Constitucional, cuyas sentencias tienen carácter vinculante, cualquier tribunal que conozca de un procedimiento de amparo puede hacer lo mismo. Si damos por buena esta decisión cualquier alcalde puede ser destituido sin formula de juicio, como ocurrió con Scarano." Véase Edgard López, "Cualquier alcalde puede ser destituido como Scarano. Los penalistas Alberto Arteaga y José Luis Tamayo consideran que la Sala Constitucional violó la carta magna," en *El Nacional*, Caracas 21 de marzo de 2014, 12.01 am, en http://www.el-nacional.com/politica/Cualquier-alcalde-puede-destituido-Scarano_0_376162596.html.

En este caso, dicha norma fue violada al erigirse la Sala Constitucional en un tribunal *ad hoc*, de excepción, ni siquiera creado mediante ley antes de la comisión del supuesto hecho punible, violando la más elemental de las garantías al derecho proceso; y todo ello, para desarrollar un proceso sumario, alejado totalmente de las garantías del proceso penal, donde la Sala incluso actúa como juez y parte agraviada (cuyas decisiones supuestamente se han desacatado), con el único objetivo de encarcelar rápidamente a quienes "incumplan" sus propias decisiones, sin prueba alguna del supuesto incumplimiento, invirtiendo la carga de la prueba y la presunción de inocencia, e incluso, con la posibilidad de condenar en ausencia, al "presumir" la culpabilidad del supuestamente "imputado" cuando no compareciera a una audiencia fijada.

V. LA CRIMINALIZACIÓN DEL EJERCICIO DE LA FUNCIÓN ADMINISTRATIVA Y LA VIOLACIÓN DEL PRINCIPIO DEMOCRÁTICO

Mayor aberración jurídica que la antes reseñada es inconcebible, y más aún, proviniendo del juez constitucional el cual debería ser el garante de la supremacía e integridad de la Constitución.

Con ella, además, se ha abierto la puerta a la criminalización del ejercicio de la función administrativa al permitirse que mediante el simple expediente de que cualquiera puede acudir ante la Sala Constitucional y demandar a un funcionario administrativo basado en la protección de "derechos e intereses colectivos o difusos" para que ejerza sus funciones propias como lo pautan las leyes, la Sala, inventando un desacato y mediante un procedimiento breve y sumario, invirtiendo la carga de la prueba, pueda rápidamente sancionar por desacato y encarcelar al funcionario por el mal ejercicio de sus funciones. Y si se trata de un funcionario electo, como es el caso de los alcaldes, la Sala, sin ser juez penal, pueda llegar a declarar la inhabilitación política del funcionario, al encarcelarlo y separarlo de su cargo violando el principio democrático.

Y algo parecido, pero más grave fue lo que precisamente ocurrió, como estaba anunciado, en el caso del Alcalde y del Director de la Policía Municipal del Municipio San Diego, luego de efectuada la audiencia que la sentencia Nº 138 de la Sala Constitucional había inconstitucionalmente fijado para el día 19 de marzo de 2014, para decidir sobre el supuesto desacato por parte de los mismos al mandamiento de amparo cautela dictado por la propia Sala mediante sentencia Nº 136 de 12 de marzo de 2014.

La audiencia, en efecto, se realizó ante la Sala Constitucional con una duración de más de 8 horas, y al final de la noche del mismo día 19 de marzo de 2014, según se informó oficialmente en la Nota de Prensa difundida por el Tribunal Supremo,[16] como había sido anunciado, la Sala Constitucional sancionó al Alcalde Vicencio Scarano Spisso y el Director de la Policía Municipal Salvatore Lucchese Scaletta, a cumplir diez meses y quince días de prisión, más las accesorias de Ley; y además, no sólo le impuso al Alcalde la "pena" accesoria de separarlo del ejercicio de su cargo por ese tiempo, sino más grave, de "cesarlo" definitivamente "en el ejercicio de sus funciones en el cargo de Alcalde del municipio San Diego del estado Carabobo," cuando no hay ley alguna que autorice a la Sala Constitucional a "revocarle" el mandato a un Acalde como funcionario electo popularmente.

Lo que es definitivo en esta materia es el principio establecido en el artículo 23.1 de la Convención Americana de Derechos Humanos (que conforme al artículo 23 de la Constitución tiene jerarquía constitucional en el país, a pesar de que -violando la propia Constitución-, el gobierno haya denunciado la Convención en 2013) en el sentido de que toda restricción al ejercicio de derechos políticos debe estar basada en una "condena, por juez competente, en proceso penal." Ello significa que para eliminarle a un ciudadano sus derechos democráticos, consistentes por ejemplo, en el derecho a ejercer cargos públicos de elección popular, que es de la esencia de la democracia representativa, es necesario primero, que se produzca una "condena" judicial; segundo, que la misma sea pronunciada por un "juez competente", y tercero que ello ocurra "en un proceso penal." Es lo que precisamente lo que no ocurrió en el caso de la decisión que comentamos de la Sala Constitucional.

Pero teniendo en cuenta que efectivamente la Sala Constitucional usurpó las potestades de la Jurisdicción penal ordinaria, y procedió ella misma, directamente, a condenar penalmente a unos funciona-

16 Véase en http://www.tsj.gov.ve/informacion/notasdeprensa/notasdeprensa.asp?codigo=11771.

rios, aún cuando sin seguir proceso penal alguno, a una pena de prisión; la pena accesoria que podía dictar sólo podía ser la "inhabilitación política" establecida en el artículo 24 del Código Penal, que establece que la misma "no podrá imponerse como pena principal, sino como accesoria a las de presidio o prisión y produce como efecto la privación de los cargos o empleos públicos o políticos que tengan el penado y la incapacidad, durante la condena, para obtener otros y para el goce del derecho activo y pasivo del sufragio." Pero no. En este caso, la Sala ni siquiera aplicó esta pena accesoria de suspensión del ejercicio de sus funciones durante la condena (10 meses), sino que procedió a despojar al funcionario electo de su cargo, el cual como consecuencia de la cesación decidida, no podrá volver a ejercerlo. Ello por supuesto es inconstitucional, pues la Sala Constitucional no tiene competencia para declarar la "falta absoluta" del Alcalde, es decir, revocarle en este caso su mandato.[17]

Pero así lo hizo, lo que quedó corroborado con el rápido anuncio que al día siguiente de la famosa decisión de cesar al Alcalde en el ejercicio de su cargo de elección popular, hizo en rueda de prensa la Vicepresidenta del Consejo Nacional Electoral, de la cual la Agencia Venezolana de Noticias informó que dijo lo siguiente: "Al ser notificados por el Tribunal Supremo de Justicia sobre el cese en el ejercicio de funciones del ciudadano alcalde del municipio San

---

17 Sobre esto, el profesor José Ignacio Hernández ha señalado con razón, que "al margen de las irregularidades del proceso que condujo a la detención del Alcalde Scarano, lo cierto es que él sigue siendo Alcalde, pues el mandato popular no se extingue por la sola detención judicial. Tanto más, acoto, cuando esa detención fue producto de un proceso violatorio derechos fundamentales.

Al pretender convocar a elecciones en el Municipio San Diego, se está violando, por ello, el mandato popular, al crearse una ausencia absoluta que no está indicada expresamente.

Ni el TSJ ni el CNE pueden crear nuevas causales de ausencia absoluta distintas a las establecidas en la Ley, pues ello implicaría desconocer, ilegítimamente, ese mandato popular. Eso es lo que está sucediendo, precisamente, con el Alcalde Scarano." Véase en, José Ignacio Hernández, "Es constitucional que el CNE convoque elecciones en el Municipio San Diego?, 20 de Marzo de 2014, en http://prodavinci.com/blogs/es-constitucional-que-el-cne-convo-que-elecciones-en-el-municipio-san-diego-jose-ignacio-hernandez/.

Diego y, en consecuencia, su falta absoluta, la Junta Nacional Electoral ha convocado a los técnicos de este organismo para la elaboración de una propuesta de cronograma, que deberá ser discutida en las próximas horas en el Consejo Nacional Electoral."[18] El anuncio se concretó el día 21 de marzo de 2014, al anunciar a la prensa la misma vicepresidente del Consejo Nacional Electoral, Sra. Oblitas que el organismo había decidido "convocar perentoriamente elecciones en el municipio San Diego del estado Carabobo," en vista de la "notificación realizada por los magistrados del Tribunal Supremo de Justicia (TSJ) quienes declararon la falta absoluta e inhabilitación de Scarano," lo que por lo demás, parece que no debía haber sabido porque la sentencia no había sido publicada.[19]

En todo caso, lo decidido por el Consejo Nacional Electoral, además, viola abiertamente el artículo 87 de la ley Orgánica del Poder Público Municipal de 2010 que establece expresamente que "cuando la falta del alcalde se deba a detención judicial, la suplencia la ejercerá el funcionario designado por el Concejo Municipal, dentro del alto nivel de dirección ejecutiva", agregando que es el Consejo Municipal el que puede decidir convertir la falta temporal

---

18 Así lo informó la Agencia Venezolana de Noticias (AVN), Jueves, 20/03/2014 01:00 PM. Otra reseña de lo informado por la Sra. Sandra Oblitas, indica que dijo que "el ente electoral se encuentra en proceso de preparación del cronograma electoral para el municipio de San Diego" y que "ante la detención y destitución del alcalde Vicencio Scarano, emitida por Tribunal Supremo de Justicia (TSJ), la rectora del ente electoral informó que en las próximas horas se convocará a nuevos comicios." Véase la reseña en http://www.lapatilla.com/site/2014/03/20/cne-prepara-cronogra-ma-para-elecciones-en-san-diego/.

19 Véase en Eugenio Martínez, "CNE prepara comicios para elegir sustituto en San Diego," en *El Universal,* 21 de marzo de 2014, Como lo escribió el periodista en la reseña de la rueda de prensa que se hizo sin preguntas: "La ausencia de preguntas no permitió aclarar interrogantes técnicas y legales sobre este proceso [...] Desde la perspectiva legal no fue posible precisar por qué el CNE admite la ausencia absoluta de Scarano cuando esta no fue dictada por un juez penal o por qué se avala la inhabilitación política del alcalde a través de un procedimiento especial no previsto taxativamente en las leyes." Véase en http://www.eluniver-sal.com/nacional-y-politica/140321/cne-prepara-comicios-para-elegir-sustituto-en-san-diego.

en absoluta cuando la "falta temporal se prolonga por más de noventa días consecutivos."[20]

En todo caso, la consecuencia inmediata de la decisión de la Sala fue que los funcionarios, es decir, el Alcalde Vicencio Scarano Spisso y el Director de la Policía Municipal Salvatore Lucchese Scaletta, fueron detenidos en el acto, por decisión nada menos que del Juez Constitucional, y puestos "a la orden del Servicio Bolivariano de Inteligencia Nacional (Sebin)," estableciéndose Caracas "como sitio de reclusión [...] hasta tanto un juez de primera instancia en funciones de ejecución determine el sitio definitivo de reclusión." Eso fue lo que leyó en la audiencia la Presidenta de la Sala Constitucional, indicándose además, en la Nota de Prensa que al haber oído a las partes en la audiencia y estar presente representantes del Ministerio Público y de la Defensoría del Pueblo "el TSJ da cumplimiento estricto al debido proceso." [21] Y la Defensora del Pueblo, obviando todo análisis jurídico y olvidándose de su función de velar por que en los procesos se garanticen los derechos humanos por los órganos del Estado, se limitó a afirmar que "Es imposible que con la presencia de todos los poderes públicos (en la au-

20 Véase la Ley Orgánica del Poder Público Municipal en *Gaceta Oficial* N° 6.015 Extra. del 28 de diciembre de 2010.

21 Véase en http://www.tsj.gov.ve/informacion/notasdeprensa/notasdepren-sa.asp?codigo=11771. Sin embargo, el abogado defensor del Alcalde de San Diego, indicó sobre la audiencia, que "la Sala Constitucional actuó como un tribunal penal. Se desarrolló un juicio sumarísimo, en el cual ni siquiera hubo una acusación de parte del Ministerio Público. Teníamos 47 testigos y, sin criterio alguno, se nos dijo que solo aceptarían 5. Apenas se nos concedió 10 minutos, compartidos entre el alcalde y yo, para exponer los alegatos de defensa. El TSJ avaló los testimonios de 5 guardias nacionales, una vecina de San Diego y un video con señalamientos del presidente de la Asamblea nacional, Diosdado cabello, contra Scarano. Todo se resolvió al final de una audiencia de 8 horas." Véase Edgard López, "Cualquier alcalde puede ser destituido como Scarano. Los penalistas Alberto Arteaga y José Luis Tamayo consideran que la Sala Constitucional violó la carta magna," en *El Nacional*, Caracas 21 de marzo de 2014, 12.01 am, en http://www.el-nacional.com/politica/Cualquier-alcalde-puede-destituido-Scarano_0_376162596.html

diencia contra Scarano) se cometa una ilegalidad."[22] Allí está la clave de tanta violación al ordenamiento jurídico en un régimen autoritario: pretender que una acción inconstitucional es "legal" porque se comete por todos los órganos del Estado.[23]

En todo caso, con el Tribunal Supremo como instrumento para someter y encarcelar los alcaldes de oposición, quien ejerce la Presidencia de la República (N. Maduro) al día siguiente de la sentencia del Tribunal Supremo, y antes de que su texto se hubiese publicado, el día 20 de marzo de 2014 ya había comenzado a amenazar directamente a los demás Alcaldes, de que usaría al Tribunal Supremo para eliminarlos,[24] y lo mismo hizo dos días más tarde el

---

22 "La defensora del Pueblo, Gabriela Ramírez, le salió al paso a las críticas que desde distintos sectores se le han formulado al procedimiento realizado por la Sala Constitucional contra Scarano y defendió su legalidad," limitándose dicha funcionara a decir que "Es imposible que con la presencia de todos los poderes públicos se cometa una ilegalidad", afirmó, al tiempo que aseguró que el hoy exalcalde tuvo la oportunidad de defenderse de los señalamientos en una "audiencia muy larga". Véase en Juan Francisco Alonso, "Con caso Scarano TSJ echó a la basura 12 años de jurisprudencia. Juristas alertan que Sala Constitucional no puede condenar a nadie", en *El Universal* viernes 21 de marzo de 2014 12:00 AM, en http://www.eluniversal.com/nacional-y-politica/140321/con-caso-scarano-tsj-echo-a-la-basura-12-anos-de-jurisprudencia

23 Habría que recordarle a la defensora del Pueblo lo que el político español Iñaki Ianasagasti, destacaba en su comentario a la traducción del profesor Carlos Armando Figueredo del libro de Ingo Müller, *Los Juristas del Horror*, (1987) sobre el comportamiento de los jueces durante el nazismo en Alemania, en el sentido de que "la terrible conclusión que saca del libro es que los atropellos, las prisiones, las torturas y aún el exterminio en masa se hicieron de manera legal y apegada a la norma."

24 El día 20 de marzo de 2014, a las pocas horas de haber la Sala Constitucional dictado su decisión encarcelando al Alcalde del Municipio San Diego del Estrado Carabobo, Nicolás Maduro como Presidente de la República, refiriéndose al Alcalde del Municipio Chacao del Estado Miranda, le dijo: "Ramón Muchacho póngase las pilas, porque si el Tribunal Supremo de Justicia (TSJ) toma acciones con estas pruebas, usted se va de esa alcaldía ¿oyó? llamaríamos a elecciones, para que el pueblo de Chacao tenga un alcalde o una alcaldesa que de verdad lo represente"[...] Alertó que los manifestantes pueden protestar "todos los días que quieran, pero no pueden trancar las vías. En lo que

Gobernador del Estado Barinas en relación con Alcaldes de esa entidad.[25]

Las amenazas se comenzaron a concretar de inmediato, y así, la Sala Constitucional del Tribunal Supremo de Justicia, muy obedientе y diligentemente, mediante sentencia Nº 150 de ese mismo día 20 de marzo de 2014, con base en las mismas solicitudes de "demandas de protección por intereses colectivos o difusos," y en vista de la extensión de la medida cautelar de amparo dictada por la sentencia Nº 135 de 12 de marzo de 2014, al Alcalde del Municipio San Cristóbal del Estado Táchira, Sr. Daniel Ceballos, mediante sentencia Nº 137 de 17 de marzo de 2014; resolvió, con la misma motivación de que "por la prensa se ha difundido información de la que pudiera denotarse el presunto incumplimiento del mandato de amparo constitucional" mencionado, lo cual la Sala igualmente lo calificó "como un hecho notorio y comunicacional," convocar al Alcalde, a quien además se había detenido acusado de rebelión,[26] a que

---

lo hagan, entraremos y formará parte del expediente de desacato de Ramón Muchacho. Mírese en el espejo". Véase en "Maduro amenaza con elecciones en el municipio Chacao", en *El Universal*, jueves 20 de marzo de 2014 05:53 pm, en http://www.eluniversal.com/nacional-y-politica/140320/maduro-amenaza-con-elecciones-en-el-municipio-chacao

25 Véase en Walter Obregón, "Adán Chávez amenazó con poner presos a dos alcaldes de Barinas. En un acto, el gobernador de Barinas advirtió al alcalde José Luis Machín (Barinas) y Ronald Aguilar (Sucre) que "podrían acabar como Scarano y Ceballos," en *El Universal* viernes 21 de marzo de 2014 12:31 pm, en http://www.eluniversal.com/nacional-y-politica/protestas-en-venezuela/140321/adan-chavez-amenazo-con-poner-presos-a-dos-alcaldes-de-barinas

26 El día 19 de marzo de 2013 oficialmente se informó de la detención del Alcalde Daniel Ceballos por parte del Servicio Bolivariano de Inteligencia (Sebin) por supuesta decisión del Tribunal 1ro de Control de Táchira, el cual había ordenado su captura para juzgarlo por rebelión civil, en la cárcel militar de Ramo Verde (Caracas). Véase en http://www.vtv.gob.ve/articulos/2014/03/19/detenido-alcalde-de-san-cristobal-daniel-ceballos-por-rebelion-civil-y-agavi-llamiento-2064.html y en http://www.elnacional.com/politica/De-tenidos-Sebin-Daniel-Ceballos-Scarano_0_376162385.html. El 22 de marzo, incluso, se anunciaba en los medios que sería presentado ante dicho juez penal de San Cristóbal.

concurriera a la misma y famosa "audiencia oral" preconstituida[27] para en todo caso considerarlo culpable de desacato, condenarlo sin juicio penal en violación de todas las garantías del debido proceso, encarcelarlo y revocarle inconstitucionalmente su mandato popular. Y así ocurrió en una audiencia que tuvo lugar el 25 de marzo de 2014, en la cual como lo anunció la Nota de Prensa del Tribunal Supremo "se sancionó a Daniel Ceballos a cumplir 12 meses de prisión," decidiéndose además que "cesa en el ejercicio del cargo de alcalde del municipio San Cristóbal del Estado Táchira."[28]

El Alcalde Ceballos, en todo caso, en la Audiencia del 25 de marzo de 2014 ante la Sala Constitucional, le expresó a los magistrados directamente, entre otras cosas, que estaba allí "porque no existe estado de derecho y justicia," que de esa Sala, no esperaba justicia, y que estaba "preparado para recibir una sentencia de unos verdugos que están a punto de consumar un Golpe de Estado contra el Pueblo de San Cristóbal." Se identificó como "un civil secuestrado en una prisión militar que comparte celdas con Enzo Scarano, un alcalde legítimo y depuesto y Leopoldo López, el hombre que con dignidad y valentía despertó al pueblo. Soy perfectamente consciente de por qué estoy aquí. Tengo muy claro las razones que me traen a este patíbulo." Y dichas razones, las resumió en la siguiente forma:

> "Estoy aquí porque el 8 de diciembre, los dignos ciudadanos de San Cristóbal me dieron el honor y el privilegio de gobernar a la capital del Táchira, otorgándome un mandato incuestionable: me eligieron con el 70% de los votos.

Estoy aquí, porque durante 77 días he trabajado sin descanso durante día y noche, para ser digno de ese mandato que el pueblo me

---

27 Véase en http://www.tsj.gov.ve/decisiones/scon/marzo/162286-150-20314-2014-14-0194.HTML

28 Véase en http://www.tsj.gov.ve/informacion/notasdeprensa/no-tasdeprensa.asp?codigo=11784. En la Nota de Prensa se informa que se habría dado "estricto cumplimiento al debido proceso" por el hecho de que se oyó al encausado y a la Asociación Civil que accionó contra él. Se le olvidó a la Sala Constitucional que conforme al artículo 49 de la Constitución, el debido proceso no se agota en el derecho a ser oído, sino a la defensa, a la presunción de inocencia, al juez natural, a la doble instancia entre otros, todos violados en dicha audiencia.

confirió: El de acatar las leyes y llevar a mi ciudad hacia un camino de prosperidad. Han sido los mejores 77 días de mi vida: gobernar a un pueblo valiente y libre que se resiste ante todas las dificultades.

> Estoy aquí porque he manifestado públicamente mi rechazo frente a un régimen que ha empobrecido a mi patria, que ha desfalcado sus arcas, que ha encarcelado a inocentes, que ha torturado a estudiantes, que ha asesinado a mis compatriotas. Es un régimen que no merece estar un minuto más en el Poder y contra el que siempre me opondré.
>
> Estoy aquí porque he defendido la Constitución que ha sido violentada en sus principios por una tiranía que ha burlado el sagrado principio de la separación de poderes."[29]

Lamentablemente, sin embargo, en el texto de la sentencia publicada diecisiete días después, la Sala Constitucional no recogió todo lo expresado por el Alcalde.

Nueva York, 26 de marzo de 2014

VI. EL FALLIDO INTENTO DE LA SALA CONSTITUCIONAL DE JUSTIFICAR LO INJUSTIFICABLE: LA VIOLACIÓN DE TODOS LOS PRINCIPIOS DEL DEBIDO PROCESO EN EL CASO DE LAS SENTENCIAS DICTADAS CONTRA LOS ALCALDES, REVOCÁNDOLES SU MANDATO POPULAR

La anunciada y esperada sentencia en el caso de *Vicencio Scarano Spisso*, Alcalde del Municipio San Diego del estado Carabobo y de *Salvatore Lucchese Scaletta* Director General de la Policía Municipal de San Diego del Estado Carabobo, que se adoptó en la audiencia de fecha 19 de marzo de 2014, y que fue publicada con el Nº 245 el día 9 de abril de 2014,[30] enjuiciándolos, condenándolos penalmente y encarcelándolos, y en cuanto al Alcalde Scarano, re-

---

29 http://cifrasonlinecomve.wordpress.com/2014/03/28/alcalde-daniel-ceballos-le-da-hasta-por-la-cedula-a-los-magistrados-del-tsj/

30 Véase en http://www.tsj.gov.ve/decisiones/scon/abril/162860-245-9414-2014-14-0205.HTML Véase también en *Gaceta Oficial* Nº 40.391 de 10 de abril de 2014.

vocándole su mandato popular, es un compendio de violaciones al debido proceso que está garantizado en el artículo 49 de la Constitución, y que el "máximo garante de la misma" simplemente violó impunemente.

Igualmente repite el compendio de dichas violaciones, la sentencia adoptada en la audiencia del día 25 de marzo de 2014, y publicada con el Nº 263 el 11 de abril de 2014[31] dictada en contra del Alcalde del Municipio San Cristóbal del Estado Táchira, Daniel Ceballos, en la cual se aplicó la "doctrina vinculante" que se estableció inconstitucionalmente en la primera, e igualmente, se lo enjuició, condenó penalmente, encarceló y se le revocó su mandato popular en contra de todos los principios del debido proceso.

En las líneas que siguen son referiremos básicamente a la primera de dichas sentencias, en el entendido que todos los razonamientos y críticas que formulamos a la misma se aplican también a la segunda, pues tienen idéntico contenido.

1. *Sobre el debido proceso*

En efecto, la garantía constitucional al debido proceso[32] que se ha desarrollado detalladamente en el artículo 49 de la Constitución, ha sido analizada extensamente por el Tribunal Supremo de Justicia, siendo calificada por la Sala Constitucional como una "garantía suprema dentro de un Estado de Derecho"[33], configurada por un

---

31 Véase en http://www.tsj.gov.ve/decisiones/scon/abril/162992-263-10414-2014-14-0194.HTML.

32 Véase en general, Antonieta Garrido de Cárdenas, "La naturaleza del debido proceso en la Constitución de la República Bolivariana de Venezuela de 1999", en *Revista de Derecho Constitucional,* Nº 5 (julio-diciembre), Editorial Sherwood, Caracas, 2001, pp. 89-116; Antonieta Garrido de Cárdenas, "El debido proceso como derecho fundamental en la Constitución de 1999 y sus medios de protección", en *Bases y principios del sistema constitucional venezolano (Ponencias del VII Congreso Venezolano de Derecho Constitucional realizado en San Cristóbal del 21 al 23 de Noviembre de 2001),* Volumen I, pp. 127-144.

33 Véase sentencia Nº 123 de la Sala Constitucional (Caso: *Sergio J. Meléndez*) de 17 de marzo de 2000, en *Revista de Derecho Público,* Nº 81, (enero-marzo), Editorial Jurídica Venezolana, Editorial Jurídica Venezolana, Caracas 2000, p. 143.

conjunto de derechos como son: el derecho al Juez natural (numeral 4 del artículo 49); el derecho a la presunción de inocencia (numeral 2 del artículo 49); el derecho a la defensa y a ser informado de los cargos formulados (numeral 1 del artículo 49); el derecho a ser oído (numeral 3 del artículo 49); el derecho a un proceso sin dilaciones indebidas (numeral 8 del artículo 49); el derecho a utilizar los medios de prueba pertinentes para su defensa (numeral 1 del artículo 49); el derecho a no confesarse culpable y no declarar contra sí misma (numeral 5 del artículo 49); y el derecho a la tutela judicial efectiva de los derechos e intereses del procesado (artículo 26 de la Constitución).[34]

Por tanto, conforme lo ha decidido Sala Constitucional del Tribunal Supremo de Justicia, por ejemplo, en sentencia N° 97 de 15 de marzo de 2000 (Caso: *Agropecuaria Los Tres Rebeldes, C.A. vs. Juzgado de Primera Instancia en lo Civil, Mercantil, Tránsito, Trabajo, Agrario, Penal, de Salvaguarda del Patrimonio Público de la Circunscripción Judicial del Estado Barinas*), "se denomina *debido proceso* a aquél proceso que reúna las garantías indispensables para que exista una tutela judicial efectiva," de manera que "cualquiera sea la vía procesal escogida para la defensa de los derechos o intereses legítimos, las leyes procesales deben garantizar la existencia de un procedimiento que asegure el derecho de defensa de la parte y la posibilidad de una tutela judicial efectiva."[35]

En el caso del enjuiciamiento y condena sin proceso, a los Alcaldes de los Municipios San Diego del Estado Carabobo y San Cristóbal del Estado Táchira, es precisamente un caso de violación flagrante del debido proceso, al haberse a "juzgado," condenado y encarcelado a los mismos por el "delito" de desacato de una decisión cautelar de amparo, por un tribunal incompetente por no ser parte de la Jurisdicción penal, es decir, violándose el derecho al juez natural, sin proceso penal alguno cuando al tratarse de un hecho punible de acción pública se requería de la iniciativa del Ministerio

34 Véase sentencia de la Sala Político Administrativa del Tribunal Supremo en sentencia N° 157 de 17 de febrero de 2000, (Caso: *Juan C. Pareja P. vs. MRI*), en *Revista de Derecho Público*, N° 81, Editorial Jurídica Venezolana, Caracas 2000, p. 136 ss.

35 Véase en *Revista de Derecho Público*, N° 82, Editorial Jurídica Venezolana, Caracas, 2000.

Público, mediante un procedimiento sumarísimo en el cual la Sala Constitucional actuó como juez y parte, invirtiendo la carga de la prueba, al presumir la culpabilidad de los encausados, violándose el derecho a la presunción de inocencia, y además, el mismo derecho a la defensa.

2. *La inconstitucional "presunción" de desacato al mandamiento de amparo y su declaración final"*

Esas violaciones ocurrieron en particular, en la antes mencionada sentencia en el caso de Vicencio Scarano Spisso, Alcalde del Municipio San Diego del estado Carabobo y de Salvatore Lucchese Scaletta Director General de la Policía Municipal de San Diego del estado Carabobo, dictada a raíz de una la "acción autónoma de amparo constitucional para la defensa de derechos e intereses colectivos y difusos de la población venezolana", intentada el 7 de marzo de 2014 por varias asociaciones y organizaciones contra dichos ciudadanos, por omisión de acciones tendentes a prevenir desórdenes públicos dentro del Municipio San Diego"

La Sala Constitucional del Tribunal Supremo de Justicia mediante sentencia N° 136, del 12 de marzo de 2014, había admitido la acción y acordado una medida de "amparo constitucional cautelar." Posteriormente, mediante sentencia N° 138, del 17 de marzo de 2014, la Sala advirtió el posible desacato del amparo cautelar impuesto, convocando a los demandados a audiencia pública que se efectuó el 19 de marzo de 2014, al final de la cual la Sala declaró "el desacato y sancionó a los nombrados ciudadanos a cumplir diez (10) meses y quince (15) días de prisión," de conformidad con lo dispuesto en el artículo 31 de la Ley Orgánica de Amparo sobre Derechos y Garantías Constitucionales, acordando además, "en consecuencia, el cese en el ejercicio de los cargos públicos que ostentaban ambos ciudadanos."

Después de hacer un recuento de la audiencia y su objeto, de las pruebas y de las exposiciones de los intervinientes en la misma, entre ellos de la representante del Ministerio Público (Roxana Orihuela) quien aclaró que ella no había venido a la misma "a imputar o acusar sino a que se restituya la situación jurídica infringida," promoviendo sin embargo los testimonios de cinco oficiales de la Guardia Nacional," limitándose sólo a solicitar de "la Sala que haga lo conducente para que se cumpla el amparo," pero no sin antes afirmar "Que todas estas acciones desestabilizadoras lo que persiguen es un golpe de estado."

Sobre el "hecho probado" la Sala Constitucional de nuevo ratificó que su sentencia Nº 138 de 17 de marzo de 2014, había apelado a lo que "*... por la prensa se ha difundido información de la que pudiera denotarse el presunto incumplimiento del mandato constitucional librado*" lo que calificó como "*un hecho notorio y comunicacional*" en los términos expuestos en su de sus sentencias sentencia N° 98 del 15 de marzo de 2000 (caso: "*Oscar Silva Hernández*"), ratificada en la sentencia N° 280 del 28 de febrero de 2008 (caso: *Laritza Marcano Gómez*), ignorando sin embargo que en las mismas la propia Sala dispuso que la figura del "hecho público comunicacional" no podía invocarse como medio para eludir la carga probatoria, si el mismo había sido *desmentido* por las personas implicadas en el hecho, tal como se expresa en esas sentencias, en las partes que la sala omitió transcribir. La Sala, con base en ello, declaró en la sentencia que fue "el hecho notorio comunicacional [el] que generó la presunción del desacato del fallo dictado por esta Sala Constitucional," de manera que con base en ello, en su recuento de las pruebas que hizo, lo que apreció fue que las aportadas, en su criterio, no desvirtuaban esa ilegítima e inconstitucional "presunción" de culpabilidad que ella misma había construido y que a su juicio, en violación al derecho a la presunción de inocencia, eran los "imputados" quienes debían desvirtuarla. De ello concluyó entonces la Sala, como estaba ya previsto, declarando que las pruebas apreciadas que "acreditaban" el "hecho notorio comunicacional", "le dan certeza y convencimiento de que los ciudadanos Vicencio Scarano Spisso y Salvatore Lucchese Scaletta son responsables del desacato al amparo cautelar decretado en sentencia dictada el 12 de marzo de 2014," y que "aun después de dictado el mandamiento de amparo cautelar se ha mantenido la abstención u omisión de los prenombrados ciudadanos en ejercer las competencias que por la Constitución y las leyes de la República Bolivariana de Venezuela le han sido atribuidas." De todo ello, la Sala concluyó que "quedó demostrada la falta de acatamiento del amparo cautelar dictado por esta Sala, por parte de los encartados de autos, quienes incumplieron las órdenes contenidas en el mismo."

Luego pasó la Sala a analizar "el derecho", partiendo del contenido y de las órdenes impartidas en su "mandamiento de amparo constitucional cautelar" considerando que "en la audiencia de autos quedó demostrado que los demás cuerpos de seguridad del Estado no tuvieron respuesta de la Policía y de la Alcaldía del Municipio San Diego, en materia de prevención y control de acciones violentas," y que "el Alcalde del Municipio San Diego del estado Carabobo no cumplió cabalmente con la inmediata remoción de los obstáculos ubicados en varias vías públicas que se encuentran en el Municipio," ni de "evitar, según la ley y el mandato de esta Sala, la obstrucción total y parcial de vías públicas en el territorio de ese Municipio," considerando en definitiva como co-responsable en esos hechos al ciudadano Salvatore Lucchese Scaletta, todo conforme a "lo previsto en los artículos 34, 44 y 46 de la Ley Orgánica del Servicio de Policía y del Cuerpo de Policía Nacional Bolivariana." En razón de todo lo expuesto, finalmente, la sala estimó

> "demostrado que los ciudadanos Vicencio Scarano Spisso y Salvatore Lucchese Scaletta, omitieron cumplir el mandamiento de amparo cautelar dictado por esta Sala mediante sentencia N° 136, del 12 de marzo de 2014, en los términos ordenados por este Máximo Tribunal de la República, contraviniendo lo resuelto por el más alto nivel de la administración de justicia (vid. artículo 3 de la Ley Orgánica del Tribunal Supremo de Justicia), atentando contra su imagen, autoridad y adecuado acatamiento y funcionamiento, además de poner en riesgo los derechos de la comunidad cuya protección motiva la presente sentencia."

3. *La consecuencia del desacato y la usurpación de la competencia de la jurisdicción penal por la Sala Constitucional*

Luego de declarar el desacato al mandamiento de amparo, la Sala consideró "de manera definitiva" que la conducta de los ciudadanos Vicencio Scarano Spisso y Salvatore Lucchese Scaletta "encuadra en el supuesto de hecho del precepto establecido en el artículo 31 de la referida Ley Orgánica de Amparo sobre Derechos y Garantías Constitucionales." De allí pasó la Sala, después de considerar que los mencionados ciudadanos violaron los artículos 2, 131, 132 de la Constitución, a constatar que la Constitución dispone que corresponde al poder Judicial "*ejecutar o hacer ejecutar sus sentencias*" (art. 253), para lo cual el ordenamiento jurídico dispone de mecanismos "expeditos y eficaces", con el revestimiento "a la jurisdicción de la fuerza coercitiva necesaria para que ello pueda materializarse de manera efectiva," como resulta del citado artículo 31 de la Ley de Amparo.

Sobre esta norma, que prevé, como se ha visto, una sanción penal tipificada como delito con pena de prisión para quienes desacaten decisiones de amparo, que sólo puede aplicarse por la Jurisdicción Penal, luego de constatar que el artículo 28 de la Ley de Amparo le atribuye potestad sancionatoria de arresto al juez de amparo –inconstitucional por lo demás– en casos de amparos temerarios, pasó a hacer una afirmación insólita, sin base legal alguna, en el sentido de que:

> "si bien no hace referencia expresa "al tribunal" como ente sancionador, lo que pudo estimarse innecesario por parte del legislador, [...] ello no es determinante para privar al juzgador de amparo, cuya decisión ha sido desacatada [...], de aplicar tal sanción en protección no sólo de los derechos que persigue tutelar mediante la misma y el proceso que la contiene, sino también de la labor del juez y del sistema de administración de justicia, pues si no hubiere una reivindicación inmediata de la decisión adoptada, la jurisdicción perdería la fuerza suficiente para cumplir las atribuciones que le asigna la Constitución y el resto del orden jurídico, dejando pasos a otras formas de control de los conflictos e interacciones sociales, que no sólo pudieran contrariar la parte orgánica de la Constitución, sino y sobre todo, su dimensión dogmática: valores, principios, derechos y garantías."

Lo cierto es que buenas intenciones o buenos deseos no pueden ser la premisa para que un juez de impartir justicia; además de ello, necesita tener el poder de hacerlo que sólo la Ley le puede atribuir; y no hay ley alguna en Venezuela que permita a juez alguno distinto a los de la jurisdicción penal, aplicar una sanción penal por ningún motivo ni siquiera por el desacato a sus decisiones; y las Salas del Tribunal Supremo no son ni pueden ser la excepción. Pero no.!! La Sala Constitucional en Venezuela, ante la Ley y la Constitución, se erige a sí misma, por su propia voluntad, en la suprema hacedora de leyes. Por ello, el simple razonamiento en el cual cayó la Sala Constitucional, al afirmar que el hecho de que la misma no tenga la posibilidad de sancionar los desacatos a sus mandamientos, aún existiendo una norma como la del artículo 31 de la Ley Orgánica de Amparo, implicaría en sí mismo "un desacato a la ley," como también lo sería el tener que dirigirse al Ministerio Público para que este, si lo estima iniciase la acción penal correspondiente, lo que podría hacer "completamente ilusorio el cumplimiento del mandamiento de amparo."

Pero es que el tema no es de buenos deseos o de buenas intenciones; sino que es de lo que la ley efectivamente establece, siendo que la misma obligatoria para todos, incluso para la Sala Constitucional. Pero ello, por supuesto no le importó a la Sala Constitucional, la cual concluyó que "para garantizar los artículos 31 de la referida Ley Orgánica de Amparo sobre Derechos y Garantías Constitucionales y 253 de la Constitución," reiteró en su sentencia que los ciudadanos Vicenso Scarano Spisso y Salvatore Lucchese Scaletta "efectivamente incurrieron en desacato del mandamiento de amparo constitucional decretado" por ella misma, y a juicio de la Sala, "subvirtieron la autoridad y el correcto funcionamiento de la Administración de Justicia," representada por la propia Sala Constitucional, razón simple por la cual concluyó imponiendo directamente a los mencionados ciudadanos la sanción de prisión en su término medio de diez (10) meses y quince (15) días, prevista en el mencionado artículo 31 de la Ley Orgánica de Amparo.

Ello por supuesto era totalmente contrario a la Constitución y a la ley e, incluso, a la propia jurisprudencia de la Sala Constitucional que había determinado que la imposición de dicha sanción es de la exclusiva competencia de los tribunales penales.

4. *La pena accesoria de inhabilitación política.*

Ahora bien, siendo que la sanción que impuso con usurpación de funciones, fue una de prisión, la Sala pasó a pronunciarse "respecto de las accesorias de ley," como si fuera un tribunal penal, partiendo de lo dispuesto en el artículo 16 del Código Penal, al disponer que es una pena accesoria a la de prisión "la inhabilitación política durante el tiempo de la condena." Para imponer esta pena accesoria sí se refirió la Sala Constitucional, en su argumentación, a que ello debía ser así porque su determinación "sólo le corresponde al legislador"; hecho que sin embargo no tuvo en cuenta la misma Sala Constitucional al imponer la pena principal, que precisamente el legislador la reserva a la Jurisdicción penal, y le impedía a la Sala aplicarla. Pero por lo visto eso no le importó a la Sala Constitucional: lo que el legislador disponía si era bueno para imponer una pena accesoria de inhabilitación política, pero de nada valía para impedir que pudiera imponer la pena principal, para lo cual no tenía competencia.

Partiendo de esta premisa acomodaticia, pasó entonces la Sala a referirse al artículo 24 del Código Penal que se refiere a los efectos de la inhabilitación política como pena accesoria a la de prisión, en el sentido de que "produce como efecto la privación de los cargos o empleos públicos o políticos, que tenga el penado y la incapacidad durante la condena, para obtener otros y para el goce del derecho activo y pasivo del sufragio," aplicando en consecuencia dichos efectos a los señores Vicenso Scarano Spisso y Salvatore Lucchese Scaletta., a partir del día en que emitió el dispositivo de la sentencia, el día 19 de marzo de 2014. Para imponer esta pena accesoria si lo basó la Sala Constitucional en "el irrevocable mandato de Ley" vinculado a "la voluntad del legislador, representante de la voluntad popular"; lo cual sin embargo ignoró totalmente al imponer la pena principal, para lo cual no tenía competencia alguna.

De allí de este doble estándar del valor de la ley, que la Sala aplica sólo cuando le conviene (y nada importa, que lo haga arbitrariamente, pues sus decisiones no tienen a nadie que las controle), que llevó a la misma Sala a afirmar que en este caso, la inhabilitación política que decretaba en contra de Vicenso Scarano Spisso y Salvatore Lucchese Scaletta, implicaba que los mismos

> "están privados y cesaron en el ejercicio del cargo Alcalde del Municipio San Diego del estado Carabobo, y Director de la Policía de ese Municipio, respectivamente, y no podrán, durante el cumplimiento de la sanción, obtener otros cargos públicos o políticos y gozar del derecho activo y pasivo del sufragio. Así se decide."

5. *El intento de justificar lo injustificable: que un delito no es un delito y que una pena de prisión no es una pena "penal"*

La decisión de la Sala Constitucional en este caso, de aplicar estrictamente la Ley para imponer una pena accesoria pero ignorando lo que la ley dispone para aplicar la pena principal, que es la que origina la accesoria, la llevó a tratar de justificar lo injustificable, argumentando sobre la competencia para imponer dicha pena principal, que la misma Sala "en algunas decisiones" citando las Nº 74 del 24 de enero de 2002 y Nº 673 del 26 de marzo de 2002, le había dado correctamente el tratamiento que se le da a los ilícitos penales,

> "en el sentido de que, al advertir el desacato, ordenaba oficiar al Ministerio Público para que investigara si se cometió o no el desacato y, si así lo estimare, acusara ante la jurisdicción penal o, en su defecto, solicitara el sobreseimiento de la causa o archivara el expediente. Actuación que se desplegaba aun a pesar de haber podido comprobar el hecho del desacato por notoriedad comunicacional o por medios de prueba que constaban en la causa."

Frente a ello, todo el argumento subsiguiente de la Sala Constitucional en su sentencia, se redujo a una rebuscado intento de ignorar su propia jurisprudencia, indicando que en este caso, la demanda de amparo había sido intentada ante la propia Sala Constitucional en protección de derechos e intereses colectivos, conforme a las previsiones de la Ley Orgánica del Tribunal Supremo de Justicia de 2010, y que la misma había dictado conforme a dicha Ley, una medida de amparo cautelar. Por ello, entonces, afirmó la Sala, que su propia doctrina "no puede permanecer estática" cuando la Ley Orgánica de Amparo no establece "procedimiento alguno para la valoración preliminar del posible incumplimiento de un mandamiento de amparo a efectos de su remisión al órgano competente," pasando luego a apelar al expediente de que conforme al artículo 98 de la Ley Orgánica del Tribunal Supremo de Justicia de 2010, "cuando en el ordenamiento jurídico no se preceptúe un proceso especial a seguir, se aplicará el que exclusivamente las Salas de este Alto Tribunal juzguen más conveniente para la realización de la justicia, siempre que tenga fundamento legal," ignorando por supuesto, que en materia de aplicación de una pena de prisión como pena principal, si hay un procedimiento establecido que es el del Código Orgánico Procesal Penal a ser desarrollado exclusivamente por los tribunales de la Jurisdicción penal.

En este marco de ignorancia deliberada de lo que la ley establecía, fue que la Sala en su sentencia N° 138 del 17 de marzo de 2014, considerando que la Ley del Tribunal Supremo era de 2010 y que aplicar la ley, es decir, el Código Orgánico Procesal Penal, no era el "tratamiento jurídico que debe dársele al referido ilícito" penal, apeló entonces inconstitucionalmente a la previsión del artículo 26 de la Ley Orgánica de Amparo para "determinar el presunto incumplimiento al mandamiento de amparo cautelar decretado," citando así a los "encausados" a una audiencia oral en la cual no se garantizaron en forma alguna los principios del debido proceso legal, para proceder de inmediato, como se lo exigía el poder político, a declarar su culpabilidad, condenarlos y encarcelarlos *ipso facto*, en un solo acto y momento en el cual supuestamente podían exponer "los argumentos que a bien tuvieren en su defensa." Y todo ello, tratando de justificar que la norma sancionatoria del artículo 31 de la Ley Orgánica de Amparo, a pesar de que fija un tipo delictivo de desacato y una sanción penal de prisión, supuestamente, "carece de carácter penal" porque ninguna norma la califica como "ilícito penal."

O sea que de acuerdo con la Sala, una tipificación de una conducta en una norma legal como "delito," sancionado con pena de "prisión," no sería un "delito," sino quién sabe qué otra cosa, lo que por tanto no amerita aplicar las garantías del debido proceso, que son entre otras, el derecho al juez natural (jurisdicción penal), y a la presunción de inocencia y el derecho a la defensa; y todo para tratar de tratar de justificar que en esos casos es el propio juez que lleva el proceso el que debe aplicar la sanción, máxime -a juicio de la Sala- cuando se trate de decisiones que "dicte este Máximo Tribunal de la República, en tutela de intereses y derechos constitucionales." Todo ello, por supuesto, es totalmente inconsistente con el régimen de protección de la libertad individual, que garantiza que sólo mediante decisión de un juez penal se puede imponer una pena privativa de libertad como la de prisión, siendo absolutamente falaz la argumentación que hizo la Sala Constitucional en su sentencia de que "no toda norma que contenga sanciones restrictivas de la libertad es necesariamente una norma penal." Ello es cierto, sólo referido a las sanciones de "arresto" establecida como sanción administrativa (incluso la impuesta por autoridades judiciales), pero simplemente no es cierto si se refiere a la pena de "prisión," que siempre, siempre, tiene carácter penal, por más que la Sala pretenda decir que "que hoy día, materialmente hablando, [el arresto] no reporta mayores diferencias con la prisión." A la luz de toda la doctrina citada y copiada en la sentencia, al contrario, si hay diferencia, por lo que la pena de "prisión" impuesta por desacato de una medida de amparo, por más que la Sala la considere anacrónica, si es una sanción que pertenece "al derecho penal" y no simplemente al derecho público," pues no es una simple sanción a una "desobediencia o conducta indebida ante un tribunal." Por lo demás, se le olvidó a la Sala que el arresto, al no ser una pena, no conlleva la pena accesoria de inhabilitación política; en cambio la pena de prisión si la conlleva, como la propia Sala lo ha aplicado en este caso. No se entiende entonces cómo la Sala puede empeñarse en negarle el carácter de pena, de derecho penal a la sanción prevista en el artículo 31 de la Ley Orgánica de Amparo, pero a la vez empeñarse en aplicarle la pena accesoria de inhabilitación política que sólo procede cuando hay una "pena (penal) principal, como la de prisión.

Después de estos argumentos contradictorios, la argumentación de la Sala se quedó en rumiar sobre lo ineficaz que sería "la intervención penal en el caso del desacato de amparo," y sobre "la presencia de tal ilícito en una ley no penal" como la Ley Orgánica de Amparo; y todo para justificar el inconstitucional procedimiento establecido en su decisión para juzgar y condenar por tal delito de desacato, sin seguir el debido proceso penal, considerándolo como "una intervención jurisdiccional absolutamente legítima," y pretender "asimilar" la sanción penal al desacato en materia de amparo y la sanción penal de prisión, a las simples sanciones administrativas y jurisdiccionales de arresto que prevén muchas normas del ordenamiento procesal aplicables por los propios jueces, a las que se refirió la sentencia de la Sala N° 1184 del 22 de septiembre de 2009, que la Sala copió extensamente (diez páginas) en su sentencia.

Se le olvidó a la Sala Constitucional, sin embargo, hacer referencia y copiar su más reciente sentencia en la materia que fue la N°

1013 de 11 de julio de de 2012, en la cual cita a su vez la sentencia N° 341 de 1° de marzo de 2007 y otras decisiones anteriores, en la cual "expresamente se estableció lo siguiente sobre lo establecido en el artículo 31 de la Ley Orgánica de Amparo sobre Derechos y Garantías Constitucionales:

> "ha sido criterio de la Sala que lo señalado en el artículo anteriormente transcrito se trata de una *pena corporal* que se prescribe para toda aquella persona que incurra en el supuesto de desacato del contenido de un mandamiento de amparo, y *esto es propio de la jurisdicción penal.*
>
> *Así lo ha ratificado la jurisprudencia, al considerar que es dicha jurisdicción, la encargada de conocer las causas iniciadas por incumplimiento de mandamiento de amparo.*

En sentencia del 31 de mayo de 2001 (Caso: *Aracelis del Valle Urdaneta*) la Sala dijo:

> *"(...) Ahora bien, en relación con el desacato, ha señalado este Alto Tribunal que dado, el* ***carácter delictual del mismo****, la calificación que de* ***este delito*** *se haga "le* ***compete al Tribunal Penal****, en el contexto del debido proceso con la garantía del derecho a la defensa (artículo 68 de la Constitución)" (Vid. Sentencias de la Sala Político-Administrativa del 7 de noviembre de 1995: Caso Rafael A. Rivas Ostos y del 11 de marzo de 1999: Caso Angel Ramón Navas).*
>
> Por esta razón, la jurisprudencia citada dispuso que: "al alegarse el incumplimiento del mandamiento de amparo constitucional dictado por el Juez, conforme al artículo 31 ejusdem, **el Tribunal que actuó en la causa, no es el competente para realizar la calificación jurídica del mencionado incumplimiento.**"[36]

Por tanto, la jurisprudencia constante de la Sala Constitucional había sido la de considerar que como el artículo 31 de la Ley Orgánica de Amparo prevé un *delito* sancionado con *pena de prisión*, es

36 Véase Caso Ramón Isidro Nava Aponcio, en http://www.tsj.gov.ve/decisiones/scon/julio/1013-11712-2012-2011-1466.HTML

decir, dijo la Sala, tipifica un "hecho punible de acción pública," decidió en el caso que conocía en apelación, que la Corte de Apelaciones que había actuado aplicando la mencionada norma, "*no es* el competente para realizar la calificación jurídica del mencionado incumplimiento" del mandamiento de amparo constitucional, razón por la cual, igualmente decidió:

> "en aplicación de la jurisprudencia precedente y por cuanto en el escrito contentivo de la solicitud que dio origen al recurso de apelación la solicitante imputó la comisión de un hecho punible de acción pública como lo es el desacato, previsto y sancionado en el artículo 31 de la Ley Orgánica de Amparo sobre Derechos y Garantías Constitucionales, esta Sala se declara incompetente para conocer del mismo, y ordena remitir copia certificada del mencionado escrito a la Fiscalía General de la República a los fines de que se inicie la investigación correspondiente." [37]

Por todo ello, no puede sino causar asombro cómo la Sala Constitucional en la sentencia que comentamos del caso del Alcalde de san Diego, al contrario de su propia doctrina, concluyó afirmando que con la decisión ahora adoptada por ella misma de condenar y encarcelar a un Alcalde y a un alto funcionario municipal por el "delito" de desacato de una sentencia de amparo que según su propia calificación es un delito "de acción pública," imponerles una "pena de prisión" como "pena principal," y además la "pena accesoria" de inhabilitación política, -con ello dijo-:

> "la Sala no pretende juzgar ilícito penal alguno vinculado a esta causa, pues lo que está siendo objeto de decisión es si hubo o no desacato a la decisión que dictó, y, al haberlo corroborado, imponer la consecuencia jurídica que le obliga atribuir, en estos casos, la ley (artículo 31 de la Ley Orgánica de Amparo)."

O sea que la Sala Constitucional in garantizar en forma alguna el debido proceso, juzga un ilícito penal sin proceso penal alguno, impone una sanción penal como pena principal (pena de prisión), e inhabilita políticamente a los condenados (pena accesoria a la prin-

---

37 Véase Caso Ramón Isidro Nava Aponcio, en http://www.tsj.gov.ve/decisiones/scon/julio/1013-11712-2012-2011-1466.HTML

cipal), y con toda desfachatez, dice que no se está juzgando ilícito penal alguno vinculado a la causa. Y además, para justificar la inconstitucionalidad cometida, concluye que ello lo ha hecho "en ejercicio de la potestad sancionatoria de la jurisdicción constitucional," que supuestamente "no se contrapone a la competencia penal del Ministerio Público, de la policía de investigación penal y de la jurisdicción penal (*stricto sensu*), la cual no se extiende hasta este ilícito judicial constitucional de desacato." Aparte de que para que exista una "potestad sancionatoria de la jurisdicción constitucional," se requiere texto legal expreso que la regule, la única forma de quitarle el carácter penal al supuesto "ilícito judicial constitucional de desacato" que no es nada más que en palabras de la corte "un hecho punible de acción pública" es mediante una reforma de la ley, y no mediante una sentencia de la Sala Constitucional.

6. *Las violaciones a las garantías del debido proceso: violación al derecho a la presunción de inocencia*

No es más que una flagrante violación del debido proceso la que cometió en este caso la Sala Constitucional, en el cual procedió a condenar y encarcelar a unos funcionarios públicos, aplicándoles una pena de prisión prevista en la Ley Orgánica de Amparo y una pena accesoria de inhabilitación política prevista en el Código Penal, que sólo un juez penal puede juzgar, por la comisión de un hecho punible de acción pública, sin que haya habido proceso iniciado por el Ministerio Público quien tiene el monopolio de iniciar los procesos penales en estos casos. Como se indicó en la propia sentencia, en este caso, aún cuando la presencia pasiva de la representante del Ministerio Público en la audiencia pública avaló el inconstitucional procedimiento, la misma se cuidó de precisar que ella no había ido a la misma "a imputar o acusar," a nadie, lo que por supuesto no podía hacer sino ante la Jurisdicción Penal con las debidas garantías en aplicación del Código Orgánico Procesal Penal. Pero en lugar de denunciar la inconstitucionalidad que la Sala estaba en proceso de cometer, lo que simplemente expresó – como cualquier ciudadano, sin percatarse que era ella precisamente la representante del Ministerio Público - que lo que quería era que "se restituya la situación jurídica infringida," limitándose a solicitarle a la Sala, "que haga lo conducente para que se cumpla el amparo."

La decisión de la Sala Constitucional, en realidad, violó abiertamente todos los principios del debido proceso que regula el artículo 49 de la Constitución: *violó el derecho a la defensa* al desarrollar un procedimiento sumario "presumiendo la culpabilidad" de los funcionarios por unas informaciones de prensa, quienes sin embargo, no habían sido "imputadas" o " acusadas" formalmente, como para poder defenderse; *violó abiertamente la garantía de la presunción de inocencia*, al "presumir" más buen la culpabilidad de los encausados, sin aportar prueba alguna contra ellos; *violó la garantía de imparcialidad de la justicia*, al erigirse en parte "acusadora" de una parodia de "proceso penal" que ella misma juzgó, actuando por tanto como "juez y parte"; *violó la garantía del juez natural*, al usurpar con su decisión las competencias exclusivas de los tribunales de la Jurisdicción penal; *violó la garantía de la doble instancia* que tofo proceso penal en el cual se condene a alguien; y en fin *violó la esencia misma de la justicia*, al iniciar de oficio un proceso penal de un delito de acción pública, y condenar y encarcelar por un hecho punible a unos funcionarios públicos, pero sin haber "acusado" a nadie de delito, y sin haber desarrollado un verdadero proceso judicial entre partes, con las garantías del contradictorio, y que en materia penal se produce entre el Ministerio Público y los acusados.

Para tratar de justificar estas violaciones, la Sala Constitucional se limitó a afirmar que los "encausados" sabían del "contenido de este ilícito judicial" porque se los había convocado a una audiencia, simplemente informándoles que se había obtenido "información por notoriedad comunicacional," del "presunto incumplimiento del mandato constitucional librado en la sentencia N° 136 de 12 de marzo de 2014," para que allí expusieran "los argumentos que a bien tuvieren en su defensa." Con eso, dijo la Sala, se actuó:

> "en garantía a los derechos a ser oídos y al debido proceso que les asisten, respetando en todo instante, hasta el momento inmediatamente anterior al pronunciamiento del dispositivo, el derecho a la presunción de inocencia."

No se percató la Sala, que en la misma sentencia, lo que antes había dicho era lo contrario, que un "el hecho notorio comunicacional" era el que había generado "la *presunción del desacato* del fallo dictado por esta Sala Constitucional," de manera que con base en ello, en el recuento de las pruebas presentadas que hizo la propia sala en el texto de la sentencia, lo que apreció fue que las mismas no desvirtuaban esa ilegítima e inconstitucional "presunción" de culpabilidad que ella misma había construido y que a su juicio, en violación al derecho a la presunción de inocencia, eran los "imputados" quienes debían desvirtuarla. Afirmar por tanto en la sentencia que a los encausados supuestamente se les respetó el derecho a la presunción de inocencia "hasta el momento inmediatamente anterior al pronunciamiento del dispositivo," no es más que una burla que la Sala se hace de sí misma, de derecho y de la propia jurisprudencia del Tribunal Supremo.

Debe recordársele a la Sala Constitucional, en efecto, que como lo precisó la Sala Político Administrativa del Tribunal Supremo, "la presunción de inocencia es el derecho que tiene toda persona de ser considerada inocente mientras no se pruebe lo contrario, el cual formando parte de los derechos, principios y garantías que son inmanentes al debido proceso,"[38] lo que implica el "derecho a no sufrir sanción que no tenga fundamento en una *previa actividad probatoria* sobre la cual el órgano *competente* pueda fundamentar un juicio razonable de culpabilidad."[39] En otros términos, "la presunción de inocencia debe abarcar todas las etapas del procedimiento sancionatorio, y ello implica que se de al investigado *la posibilidad de conocer los hechos que se le imputan, se le garantice la existencia de un contradictorio, la oportunidad de utilizar todos los elementos probatorios que respalden las defensas que considere pertinente esgrimir, y una resolución precedida de la correspondiente actividad probatoria* a partir de la cual pueda el órgano competente fundamentar un juicio razonable de culpabilidad."[40]

---

38 Véase TSJ-SPA (5907) 13-10-2005, Caso: Administradora Convida C.A., vs. Ministerio de la Producción y el Comercio, *Revista de Derecho Público,* N° 104, Editorial Jurídica Venezolana, Caracas 2005, pp. 81-82.

39 Véase TSJ-SPA (2189) 5-10-2006, Caso: Seguros Altamira, C.A. vs. Ministerio de Finanzas, *Revista de Derecho Público,* N° 108, Editorial Jurídica Venezolana, Caracas 2006, pp. 90-91.

40 Véase TSJ-SPA (2673) 28-11-2006, Caso: *Sociedad Williams Enbeidge & Compañía (SWEC) vs. Ministerio de Energía y Minas, Revista de Derecho Público,* N° 108, Editorial Jurídica Venezolana, Caracas 2006, p. 91.

Por tanto, condenar a alguien por un delito, presumiéndolo desde el inicio como culpable, sin actividad probatoria previa y sin competencia jurisdiccional para ello, como ha ocurrido en este caso del Alcalde del Municipio San Diego, es una violación flagrante de dicho derecho.

7. *Las violaciones a las garantías del debido proceso: violación al derecho a la presunción de inocencia*

Otra violación flagrante al debido proceso en este caso, fue la violación de la garantía al juez natural, al haberse dictado una sentencia de condena penal por un tribunal incompetente para ello como lo es la Sala Constitucional.

Sin embargo, en otro intento de justificar las violaciones cometidas al debido proceso, la Sala Constitucional afirmó en la sentencia que comentamos, sin pudor alguno, que en este caso, la "Sala no sólo es el juez natural de la causa en la que dictó el amparo cautelar sino también en la presente incidencia," afirmando que "en ambos procesos el único interés de esta Sala estriba en la Administración de Justicia," siendo supuestamente por ello, que "es el Tribunal que debe declarar el desacato a la decisión que dictó y sancionar la conducta contraria a esta última, conforme a la norma vigente y válida prevista en el artículo 31 de la Ley Orgánica de Amparo," afirmando pura y simplemente que los "atributos en general de las garantías constitucionales del juez natural se mantienen incólumes (artículo 49.4 del Texto Fundamental)."

O sea, conforme a lo decidido por la sala, ello es lo mismo que decir que si en el curso de un proceso civil ante un juez de instancia surge una incidencia con motivo de una medida cautelar por ejemplo de prohibición de enajenar y gravar una propiedad, y un testigo o uno expertos llamados por la autoridad judicial comete un delito contra la administración de justicia, declarando falsamente o excusándose de comparecer sin motivo justificado en el proceso civil y su incidencia, que son delitos tipificados y penados en el Código Penal (arts. 239 y 243); entonces, supuestamente, conforme al absurdo criterio de la Sala Constitucional sería el propio el juez civil como supuesto "juez natural de la causa" en la cual se dictó la medida cautelar, el que luego de interpretar que la pena por dichos delitos de falso testimonio o excusa sin justificación en el curso de un juicio sería una "sanción judicial"; el que entonces tendría competencia para juzgar y condenar al presunto delincuente por la misma, sin proceso, simplemente después de presumirlos culpables, llamándolos a una audiencia para que pruebe, que no son culpables. Ello, por supuesto, sería una aberración jurídica, pues el juez natural para juzgar cualquier delito es el juez penal preexistente en la Jurisdicción penal.

En ese absurdo ejemplo, sin embargo, aplicando la misma fraseología que usó la Sala Constitucional en su sentencia, quizás la Sala pudiera llegar a afirmar que en ese hipotético caso, como la falsificación se habría cometido en el curso de un proceso civil, entonces se estaría "ante un ilícito judicial" cuya "conducta típica y sanción están descritas con precisión en la ley (principios de legalidad y reserva de ley), ante un proceso con todas las garantías orientado por la Constitución de la República Bolivariana de Venezuela e instrumentos internacionales en materia de derechos humanos (principios de exclusividad procesal y debido proceso), y ante una sanción impuesta por la jurisdicción," concretamente, en el hipotético caso, por la Jurisdicción Civil "(principios de exclusividad judicial, juez natural –preexistente al hecho, imparcial y competente [...] y tutela judicial efectiva)," y todo ello "a partir de una interpretación garantista" (en la absurda hipótesis de los artículos 239 o 243 del Código Penal), "debidamente ejecutada –como toda sanción judicial– por la jurisdicción."

Este ejemplo muestra en realidad que la argumentación de la Sala parece no haber tomado en cuenta que juez natural es el "órgano judicial creado por la Ley, al cual ésta le haya *investido de jurisdicción y competencia con anterioridad al hecho motivador de la actuación o proceso judicial.*"[41] Es decir, a juicio de la propia Sala Constitucional,

> "el derecho al juez natural consiste, básicamente en la necesidad de que el proceso sea decidido por el juez ordinario predeterminado en la ley. Esto es, aquél al que le corresponde el conocimiento según las normas vigentes con anterioridad. Esto

41 Así lo estableció desde hace lustros la antigua CSJ-SPA (234) 8-5-97, *Revista de Derecho Público,* N° 69-70, Editorial Jurídica Venezolana, Caracas 1997 pp. 188-189.

supone, en primer lugar, que el órgano judicial haya sido creado previamente por la norma jurídica; en segundo lugar, que esta lo haya investido de autoridad con anterioridad al hecho motivador de la actuación y proceso judicial; en tercer lugar, que su régimen orgánico y procesal no permita calificarlo de órgano especial o excepcional para el caso; y, en cuarto lugar, que la composición del órgano jurisdiccional sea determinado en la Ley, siguiéndose en cada caso concretó el procedimiento legalmente establecido para la designación de sus miembros, vale decir, que el Tribunal esté correctamente constituido. En síntesis, la garantía del juez natural puede expresarse diciendo que es la garantía de que la causa sea resuelta por el juez competente o por quien funcionalmente haga sus veces."[42]

Por tanto, sobre la garantía del juez natural ha sido en la propia doctrina jurisprudencial de la Sala donde ha establecido que son jueces naturales sólo "los jueces a quienes *la ley ha facultado para juzgar a las personas en los asuntos correspondientes a las actividades que legalmente pueden conocer,"* de manera que "el órgano que ejerce la jurisdicción, en cuanto a la *competencia por la materia, es por excelencia el juez natural* de las personas que tengan que ventilar litigios relativos a esas materias", el cual "debe existir como órgano jurisdiccional *con anterioridad a los hechos litigiosos* sin que pueda crearse un órgano jurisdiccional para conocer únicamente dichos hechos después de ocurridos." De lo anterior concluyó la propia Sala Constitucional que "esta garantía judicial es una de las claves de la convivencia social y por ello confluyen en ella la condición de derecho humano de jerarquía constitucional y de disposición de orden público, entendido el orden público como un valor destinado a mantener la armonía necesaria y básica para el desarrollo e integración de la sociedad;" [43] insistiendo, en otra sen-

42 Véase TSJ-SC (520) 7-6-2000, Caso: *Mercantil Internacional, C.A. vs. Decisión Juzgado Superior*, *Revista de Derecho Público,* N° 82, Editorial Jurídica Venezolana, Caracas 2000, pp. 265 y ss.

43 Véase TSJ-SC (144) 24-3-2000, Caso: *Universidad Pedagógica Experimental Libertador vs. Decisión Juzgado Superior Quinto del Trabajo de la Circunscripción Judicial del Área Metropolitana de Caracas*, *Revista de Derecho Público,* N° 81, Editorial Jurídica Venezolana, Caracas 2000, pp. 150 y ss.

tencia, que la garantía exige que "se asegure la presencia de un *juez competente de acuerdo a factores preestablecidos por la ley*, de orden material, territorial y funcional."[44]

Y ha sido precisamente esa garantía la que ha sido violada por la propia Sala en este caso, al usurpar la competencia del juez natural y aplicar una sanción penal a u hecho punible de acción pública, sin proceso ni competencia para ello. La consecuencia de ello, en todo caso, como lo resolvió la Sala Político Administrativa de la antigua Corte Suprema de Justicia, es que "la infracción a un factor de competencia de orden absoluto como lo son la competencia por la materia y la funcional – inderogables por las partes – acarrea la nulidad absoluta de lo actuado, pues constituye violación a un presupuesto esencial del acto procesal (artículo 206 del Código de Procedimiento Civil)."[45] En otras palabras, como la propia Sala Constitucional lo ha argumentado:

> "La infracción de la garantía del Juez Natural, plantea el problema de las consecuencias que tiene en la sentencia dictada, la violación del orden público constitucional. Es decir, qué efectos produce en el fallo proferido, constatar que no intervinieron en su formación los jueces predeterminados en la Ley o dictado en un procedimiento en el cual no se siguieron las reglas previstas en la ley, para efectuar la sustitución de los jueces por sus ausencias absolutas, accidentales o temporales.
>
> La respuesta se encuentra en el artículo 246 del Código de Procedimiento Civil, en el que se declara que *no se considerará como sentencia ni se ejecutará*, la decisión a cuyo pronunciamiento aparezca que no han concurrido todos los jueces llamados por la ley. Esta declaración, [...] pone de relieve *que el incumplimiento de la garantía del juez predeterminado en la Ley lo que incluye su legítima constitución, hace inexistente la actividad jurisdiccional, pues sólo puede dictar la sentencia quien*

---

44 Véase TSJ-SC (3167)9-12-2002, Caso: *Interpretación del artículo 29 de la Constitución de la República Bolivariana de Venezuela*, *Revista de Derecho Público,* N° 89-90/91-92, Editorial Jurídica Venezolana, Caracas 2002, pp. 123 y ss.

45 Véase CSJ-SPA (332) 04-07-91, *Revista de Derecho Público,* N° 47, 1991, pp. 87-88.

tiene en la normativa vigente y de acuerdo a las reglas establecidas en ella la responsabilidad de administrar justicia."[46]

Y ese, y no otro, es el vicio que acompaña a la sentencia de condena y encarcelamiento del Alcalde de San Diego, que comentamos, que como la propia Sala Constitucional lo ha argumentado en su doctrina jurisprudencial, simplemente debe considerarse como inexistente.

8. *Las violaciones a las garantías del debido proceso: violación al derecho a la doble instancia*

Por último, siguiendo en su fallido intento de justificar lo injustificable en materia de violación de las garantías al debido proceso, la sala Constitucional se refirió al "principio de la doble instancia," afirmando simplemente que el mismo "al igual que la gran mayoría de los axiomas jurídicos, no son absolutos y encuentran excepciones, inclusive, dentro de la propia Constitución (vid., entre otros, los artículos 335 Constitucional y 3 de la Ley Orgánica del Tribunal Supremo de Justicia)."

Efectivamente, al disponer el artículo 49.1 de la Constitución, que la Sala cita, que "Toda persona *declarada culpable* tiene *derecho a recurrir del fallo, con las excepciones establecidas en esta Constitución y la ley*", establece el parámetro exacto de la posible limitación a dicho derecho constitucional, y es que en la propia Constitución o en la Ley establezcan expresamente la excepción. No otra cosa resulta de la norma, siendo engañosa la referencia que hizo la Sala en su sentencia, a los dos artículos citados, en los cuales habría supuestas excepciones al principio, pues en los mismos lo único que se dice es que las decisiones del Tribunal Supremo no está sujetas a recurso alguno pues no hay tribunal superior al mismo. Ello lo único que implica es que habría una excepción al derecho a la doble instancia, en aquellos casos en los cuales la Constitución o la ley atribuyan expresamente al Tribunal Supremo, o sus Salas, la potestad jurisdiccional de condenar a alguien por algún delito, como los previstos en el artículo 266.3 de la Constitución y en el artículo 24.2 de la Ley Orgánica del Tribunal Supremo, luego

---

46 Véase TSJ-SC (520) 7-6-2000, Caso: *Mercantil Internacional, C.A. vs. Decisión Juzgado Superior*, *Revista de Derecho Público,* N° 82, Editorial Jurídica Venezolana, Caracas 2000, pp. 265 y ss.

de realizado el correspondiente antejuicio de mérito (A ello incluso se refirió la Sala, citando lo decidido por la Sala Plena en sentencia N° 1684 del 4 de noviembre de 2008).

La forma de evadir esta limitación constitucional, y la garantía constitucional de las personas que ratifica el Pacto Internacional de Derechos Civiles y Políticos en el sentido del derecho de "toda persona declarada culpable de un *delito* [...] a que el fallo *condenatorio* y la *pena* que se le haya impuesto sean sometidos a un tribunal superior" (art. 14.5); y que la Sala estaba obligada a interpretar conforme al principio de la progresividad como se lo imponía el artículo 19 de la Constitución; de nuevo fue simplemente ignorar que lo que establece el artículo 31 de la Ley Orgánica de Amparo es un delito" de acción pública" cuyo juzgamiento correspondía a la "jurisdicción penal," como ella mismo lo había decidido anteriormente, y convertirlo en una simple "sanción judicial," "reformando" ilegítimamente el texto de la ley Orgánica.[47]

De allí concluyó la Sala olímpicamente que como "el caso de autos no es penal." y sólo en los casos penales existe la garantía de la doble instancia, al decidir esto la Sala Constitucional entonces "no existe" un tribunal superior, y por tanto "no existe" el derecho humano garantizado en la Constitución respecto de la Sala, porque

47 Por ello, con razón, en la reseña hecha en el diario *El Universal* sobre lo decidido por la Sala Constitucional, el periodista *Juan Francisco Alonso,* se preguntó: "¿Pero esto no viola las normas básicas del proceso penal, según las cuales un ciudadano debe ser notificado de lo que se le investiga, se le debe garantizar el derecho a la defensa y a que una eventual condena sea revisada por una instancia de alzada? No, según el fallo redactado y firmado por los magistrados Gladys Gutiérrez (presidenta), Francisco Carrasquero, Arcadio Delgado, Luisa Estella Morales, Carmen Zuleta, Marco Tulio Dugarte y Juan José Mendoza, pues el desacato de un amparo no es un delito, sino una infracción judicial y el procedimiento para determinar que uno incurrió en esta infracción no es un juicio. / Asimismo dejaron en claro que el criterio que durante 12 años vinieron manteniendo, según el cual un eventual incumplimiento de un mandato de amparo debía ser analizado por el Ministerio Público para que éste decidiera acusaba o no su presunto ejecutor, es "anacrónica" e "ineficaz". Véase *El Universal*, Caracas 10 de abril de 2014, en http://www.eluniversal.com/nacional-y-politica/140410/sala-constitucional-tambien-puede-enviar-gente-a-la-carcel.

supuestamente, "cuando ejerciere su potestad sancionatoria constitucional, como ocurre en este asunto, no vulneraría el principio de la doble instancia." Y de allí la lapidaria conclusión a la que llegó la Sala Constitucional al barrer de un plumazo el derecho constitucional a la doble instancia, resolviendo que:

> "En razón de lo antes expuesto, es absolutamente evidente la imposibilidad constitucional y legal de recurrir de la sanción de la jurisdicción constitucional, que esta Sala debe imponer a los responsables de autos. Así se declara."

En definitiva, después de todos estos argumentos para justificar lo injustificable, y poner fin a cualquier discusión en la materia, y en virtud de la necesidad que tenía de enjuiciar y encarcelar a dos alcaldes de oposición en un momento particular de crisis política y manifestaciones callejeras, la Sala Constitucional procedió a "reformar" lo dispuesto en el artículo 31 de la Ley Orgánica de Amparo, estableciendo "con criterio vinculante":

> "el carácter *jurisdiccional constitucional* de la norma establecida en el artículo 31 de la Ley Orgánica de Amparo sobre Derechos y Garantías Constitucionales, ello para garantizar el objeto y la finalidad de esa norma y, por tanto, para proteger los valores que ella persigue tutelar: los derechos y garantías constitucionales, el respeto a la administración de justicia, la administración pública, el funcionamiento del Estado, el orden jurídico y social, la ética, la convivencia ciudadana pacífica y el bienestar del Pueblo, junto a los demás valores e intereses constitucionales vinculados a éstos. *Por lo tanto, las reglas del proceso penal y de la ejecución penal no tienen cabida en este ámbito* (fijación de la competencia territorial respecto de la ejecución, intervención fiscal, policial y de la jurisdicción penal – la cual, valga insistir, encuentra su último control constitucional en esta Sala-, suspensión condicional de la pena, fórmulas alternas de cumplimiento de la pena, entre otras tantas), más allá de lo que estime racionalmente esta Sala, de caras al cumplimiento del carácter retributivo, reflexivo y preventivo de la misma y cualquier otra circunstancia que encuentre sustento en el texto fundamental. Así se decide."

¿Qué más se puede decir frente a una decisión tan inconstitucional como voluntarista? Nada más que el juez constitucional en Venezuela perdió la brújula en su misión de ser el máximo intérprete de la Constitución, sobre todo al habérsele olvidado, primero, que sólo está facultada para establecer interpretaciones "vinculantes" respecto de normas y principios constitucionales (art. 335); y segundo, que al establecer una que interpretación vinculante de una norma legal, así ello sea inconstitucional, la misma, al implicar una reforma de la norma, no podría tener nunca efectos retroactivos conforme a la garantía del artículo 24 de la Constitución, que también ignoró la Sala, y sólo se podría aplicar hacia el futuro, respecto de desacatos futuros de mandamientos de amparo.

Pero ello por lo visto tampoco le importa a la Sala Constitucional. Como sus decisiones no pueden ser controladas y no hay nadie que las controle, simplemente puede hacer lo que políticamente le venga en ganas.

9. *La inhabilitación política, la ausencia absoluta, y el cese de funciones públicas y consecuencias*

Por último, la Sala Constitucional en su sentencia, finalizó con unas consideraciones sobre los efectos de la misma al argumentar sobre "la ausencia absoluta, y el cese de funciones públicas y consecuencias" en relación con el Sr. Vincencio Scarano, como Alcalde del Municipio San Diego del estado Carabobo a partir de la fecha "en que se celebró la presente audiencia y se dictó el dispositivo de esta sentencia firme.

Para ello, sin embargo, ignorando lo que antes había decidido en el texto de la misma sentencia, hizo caso omiso al hecho de que como si hubiera sido un tribunal penal a(que luego negó), luego de haberle impuesto al Alcalde una "pena principal" (prisión), procedió a aplicarle "las accesorias de ley" conforme al artículo 16 del Código Penal, entre ellas, "la inhabilitación política durante el tiempo de la condena," pasando a referirse al artículo 24 del Código Penal que establece los efectos de la misma, en el sentido de que "produce como efecto la privación de los cargos o empleos públicos o políticos, que tenga el penado y la incapacidad durante la condena, para obtener otros y para el goce del derecho activo y pasivo del sufragio," aplicando en consecuencia dichos efectos a los señores

Vicenso Scarano Spisso y Salvatore Lucchese Scaletta, a partir del día en que emitió el dispositivo de la sentencia, el día 19 de marzo de 2014.

Sin embargo, ignorando que ya había impuesto al Alcalde una "pena accesoria" a una "pena principal" conforme al Código Penal, aplicándole los efectos dispuestos en el mismo, pasó a hacer caso omiso a sus propias consideraciones, y al final de su sentencia se fue a analizar el artículo 87 de la Ley Orgánica de Poder Público Municipal, que se refiere a las ausencias temporales y absolutas de los alcaldes, el cual en esencia para lo que interesa respecto del fallo, se dispone que las "faltas absolutas" sólo pueden ocurrir por "la muerte, la renuncia, la incapacidad física o mental permanente, certificada por una junta médica, por sentencia firme decretada por cualquier tribunal de la República y por revocatoria del mandato," las dos últimas, conforme a las normas que regulan ambos casos: por un tribunal penal "competente" para dictar la sentencia firme en un proceso penal con las debidas garantías; y conforme al procedimiento de referendo de revocación de mandatos populares que prevé la Constitución. Sólo en esos casos es que puede haber falta absoluta de un alcalde electo, y sólo en esos casos es que se pueden aplicar los efectos de corcovar una nueva elección si la ausencia absoluta se produce antes de cumplir la mitad de su período legal.

En este caso, a pesar de que la sentencia firme haya sido decretada por "el más alto tribunal de la República," el mismo no tiene competencia para condenar penalmente en única instancia a un Alcalde, e imponerle una pena de prisión y una pena accesoria de inhabilitación política. Solo una sentencia dictada por un tribunal penal competente, antes de que la sala Constitucional modificara la ley con esta sentencia, es que ello podría producir los efectos del artículo 87 de la Ley Orgánica del Poder Público Municipal. Pero de nuevo, esas minucias del principio de legalidad parecen no importar, cuando se trata de quien decide es el "máximo intérprete y garante" de la Constitución, así la distorsione. Eso es lo que precisamente implica "contrariar tanto la Constitución como la propia jurisprudencia de la Sala," como en nuestro criterio ha ocurrido en este caso. Con una sentencia firme sancionatoria dictada usurpando la jurisdicción penal, por más que sea dictada por la Sala Constitucional, simplemente no se puede producir "la materialización jurídica de la falta absoluta del Alcalde del Municipio San Diego del Estado Carabobo," conforme a lo dispuesto en el mencionado artículo 87 de la Ley Orgánica del Poder Público Municipal, y menos que la misma Sala disponga que en el caso decidido, por cuanto el Alcalde Vincencio Scarano no habría cumplido la mitad de su período legal, entonces "debe procederse a una nueva elección para proclamar al nuevo Alcalde, en la fecha que fije el organismo electoral competente," lo que casual y coordinadamente fijó el Consejo nacional Electoral el mismo día de publicarse la sentencia, el 9 de abril de 2014.

De paso, la Sala Constitucional, al considerar que como consecuencia de su inconstitucional decisión, se debía encargar de la Alcaldía el Presidente del Concejo Municipal del Municipio, procedió a "extenderle" al mismo "el amparo cautelar dictado en la presente causa," blandiendo la "espada de Damocles" de un sumarísimo enjuiciamiento, condena y encarcelamiento como el ya ocurrido con el Alcalde electo, a juicio de la Sala, cuando aparezcan noticias de prensa que hagan presumir un desacato.

Y por si no fuera poco, finalizó la Sala remitiendo los autos al Ministerio Público, ahora sí, pero para que persiguiera las conductas que pudieran haber vulnerado los intereses tutelados por el Código Penal y otras leyes penales, inclusive en comisión por omisión, y, por lo menos, en grado de co-intervención o co-participación, respecto de:

> "los ciudadanos aquí sancionados y a otras personas, por los posibles atentados penalmente relevantes contra el libre tránsito, el medioambiente, el patrimonio público y privado, el orden público, la paz social e, inclusive, los Poderes Públicos, la seguridad de la Nación, la independencia nacional, entre otros que también han podido lesionar o poner en peligro pequeños grupos de personas, en especial ciertos voceros, que en algunos Municipios del país han venido generando hechos de violencia que, en algunos casos, no sólo han vulnerado derechos humanos individuales (incluyendo la vida, entre otros tantos) sino también colectivos, e, inclusive, han generado terror en la población."

Llegando incluso a afirmar que esos atentados

> "probablemente, también han podido provenir, mediante inducción y otras formas de participación criminal, de personas que se han encontrado o se encuentran fuera del espacio geográfico de la República, y que, en algunos casos, la República Bolivariana de Venezuela tiene jurisdicción para su enjuiciamiento, conforme a las reglas de extraterritorialidad de la ley penal venezolana, contempladas en el artículo 4 del Código Penal y en otras normas previstas en otras leyes y normas penales de la República. Así se decide."

Como se dijo, dos días después de publicada la sentencia Nº 245 el día 9 de abril de 2014, revocándole su mandato popular al Alcalde *Vicencio Scarano Spisso*, se publicó la sentencia Nº 263 el 11 de abril de 2014, también revocándole el mandato al Alcalde *Daniel Ceballo,* en la cual se la aplicó el criterio "vinculante" sentado en la primera; siendo ambas –ya que tienen igual contenido– un compendio de las masivas violaciones a las garantías del debido proceso y al principio democrático que hemos comentado anteriormente. Todo parece responder a un libreto predeterminado de con un golpe más, continuar demoliendo el Estado de Derecho y la democracia, por lo que no es de extrañar las palabras que dijo el Alcalde Ceballos de San Cristóbal en la propia audiencia ante la Sala Constitucional el 25 de marzo de 2014, en el sentido de que estaba allí "porque no existe estado de derecho y justicia," y que por tanto, "no esperaba justicia" de esa Sala, diciéndoles a los magistrados que sin embargo "preparado para recibir una sentencia de unos verdugos que están a punto de consumar un Golpe de Estado contra el Pueblo de San Cristóbal."[48]

Quizás por ello, la pena de prisión que la Sala Constitucional le impuso al Alcalde de San Cristóbal, sin ningún razonamiento en el texto de la sentencia que lo justificara fue mayor a la impuesta al Alcalde de San Diego –lo que le agrega un vicio más–. Quizás fue producto de la reacción mezquina de un cuerpo en el cual ya nadie cree, contra el ejercicio de la libertad de expresión del pensamiento

48 http://cifrasonlinecomve.wordpress.com/2014/03/28/alcalde-daniel-ceballos-le-da-hasta-por-la-cedula-a-los-magistrados-del-tsj/

por parte del Alcalde, por haberla ejercido ante los propios magistrados.

COMENTARIO FINAL

Y así concluyó esta primera fase de la arremetida de la Sala Constitucional contra el mandato popular de Alcaldes, despojándolos inconstitucionalmente del mismo, mediante una "reforma" de la Ley Orgánica de Amparo, aplicada retroactivamente, con la consecuencia de permitir condenar penalmente a funcionarios, sin debido proceso, en "juicios" sumarísimos, violando todas las garantía del debido proceso, y todo porque el máximo intérprete y garante de la Constitución no tiene quien lo controle.

Por ello, con razón, al conocerse la sentencia, los profesores Alonso Medina, Alberto Arteaga y José Luis Tamayo expresaron, en rueda de prensa transmitida por el canal de internet de *El Nacional:*

> "su estupor frente a un acto de la Sala Constitucional que consideran "incalificable", porque a su ver y entender no respeta ninguna regla constitucional ni derecho a la defensa. Coinciden en señalar que en este día el Tribunal Constitucional abre una nueva etapa en la administración de la justicia en Venezuela al asumir ilegalmente una parodia de juicio penal, sin acusación por delante, actuando como juez de instrucción (no vigente en el ordenamiento jurídico venezolano actual), y dictando una condena que viola flagrantemente normas procesales y el principio de libertad. En este acto sin nombre, indican que se viola todo principio constitucional comenzando (1) por el Principio fundamental de la Competencia, que es de materia de orden público, y pasando por (2) el Principio de Juez Natural; (3) el Principio del Derecho a la Defensa; y (4) el principio del Debido Proceso. Además de que viola completamente el Código Orgánico Procesal Penal."[49]

Nueva York, 11 de abril de 2014

---

49 Véase en "La anti justicia", VenEconomia.com, 10 de abril de 2014, en http://www.veneconomia.com/site/modulos/m_visor.asp?pub=4228

CUARTA PARTE

LA REVOCACIÓN DEL MANDATO POPULAR DE UNA DIPUTADA A LA ASAMBLEA NACIONAL POR LA SALA CONSTITUCIONAL DEL TRIBUNAL SUPREMO, DE OFICIO, SIN JUICIO NI PROCESO ALGUNO (El caso de la Diputada María Corina Machado)

I. LA ELECCIÓN POPULAR DE LOS DIPUTADOS Y LA EXCLUSIVA REVOCACIÓN POPULAR DE SU MANDATO

Conforme a lo establecido en la Constitución, los diputados que integran la Asamblea Nacional en Venezuela, que son electos por el pueblo mediante sufragio universal directo y secreto conforme a sus artículo 63 y 186 de la Constitución, "son representantes del pueblo y de los Estados en su conjunto, no sujetos a mandatos ni instrucciones, sino sólo a su conciencia" (art. 201), por lo que su voto en la Asamblea "es personal" (art. 201). Dado su origen popular, su mandato sólo puede ser revocado por el mismo pueblo que lo eligió en la "circunscripción" respectiva, como también lo indica el artículo 197 de la Constitución, siguiendo para ello las previsiones del artículo 72 de la misma, donde se regulan los referendos revocatorios de mandatos de elección popular.

Estas referidas normas regulan parte de la esencia del principio democrático en la Constitución, con las consecuencias de que: *primero*, el origen democrático de la elección popular de un diputado implica que su mandato sólo puede revocarse por el mismo voto del pueblo que lo eligió; y *segundo*, que los diputados, electos por el pueblo, conforme a los dictados de su conciencia, deben actuar en beneficio de los intereses del pueblo, atendiendo a las opiniones y sugerencias de los electores, ante quienes deben dar cuenta de su gestión (art. 197). En sus atribuciones, como se indicó, los diputados no están sujetos a mandatos ni a instrucciones de ninguna naturaleza, ni de partidos, ni de bloques o fracciones parlamentarias, ni de directiva alguna del parlamento, ni de lo que decida el Ejecutivo Nacional o cualquier otro órgano de cualquier otro poder del Estado. Sólo están sujetos a su conciencia en lo que estimen es lo que beneficia a los intereses del pueblo.

Estas disposiciones constitucionales fueron desconocidas por la Sala Constitucional del Tribunal Supremo de Justicia, mediante sentencia Nº 207 de 31 de marzo de 2014,[1] a través de la cual declaró inadmisible una demanda intentada por dos concejales del Municipio Baruta del Estado Miranda (*José Alberto Zambrano García y David Ascensión*), negándoles su legitimación activa para accionar en defensa de "intereses colectivos o difusos" que habían formulado contra el Presidente de la Asamblea Nacional Sr. Diosdado Cabello, por la usurpación de funciones y vías de hecho en que había incurrido al eliminarle el día 24 de marzo de 2014, sin tener competencia para ello, el carácter de diputado a la diputada María Corina Machado, es decir, pretender revocarle su mandato, porque ésta habría acudido en tal carácter de diputada a exponer en la reunión del Consejo Permanente de la Organización de Estados Americanos del día 21 de marzo de 2014, sobre la situación política de Venezuela, como su conciencia le exigía en representación del pueblo que la eligió, siendo para ello acreditada por la representación de Panamá.

En efecto, la Sala, después de desestimar la demanda por considerar que los concejales que la habían intentado carecían de la cualidad necesaria para ello, en lugar archivar el expediente (que era lo que correspondía), "aprovechó la ocasión" para, de oficio, –es decir, sin que nadie se lo pidiera–, "interpretar" el artículo 191 de la Constitución –mal interpretado, por cierto–, y de paso, pronunciarse,

1 Véase en http://www.tsj.gov.ve/decisiones/scon/marzo/162546-207-31314-2014-14-0286.HTML Véase además en *Gaceta Oficial* Nº 40385 de 2 de abril de 2014.

pero cuidándose de no "decidir" sobre la pérdida de la investidura de la diputada María Corina Machado, sobre lo cual afirmó que su mandato popular había quedado revocado "de pleno derecho"; y todo ello sin debido proceso alguno, es decir, sin juicio ni pruebas, y sin siquiera oír a la diputada garantizándole el derecho a la defensa. Como si ello no fuera suficiente, la Sala Constitucional no decidió lo que realmente se le había requerido por los concejales demandantes y era que, como lo afirmaron en su libelo, el Diputado Cabello había incurrido "en usurpación de funciones, la violación del debido proceso y el menoscabo de los derechos políticos de los ciudadanos del Municipio Baruta y de todos los ciudadanos venezolanos," al haber anunciado "el día 24 de marzo al país, que haría cesar en sus funciones a la Diputada María Corina Machado por su participación en la Organización de Estados Americanos, lo cual fue ratificado en el día de ayer 25 de marzo, retirándola de la nómina de parlamentarios."

Para no decidir lo que se le había pedido que era declarar que el Presidente de la Asamblea Nacional había incurrido en arbitrariedad y abuso de poder, y para no proteger al mandato popular de la diputada María Corina Machado, lo que hizo la Sala Constitucional fue avalar lo que aquél había dicho para despojar a la diputada Machado de su curul parlamentaria, afirmando, cínicamente, que actuaba así:

> "como máxima autoridad de la Jurisdicción Constitucional, siendo la garante de la supremacía y efectividad de las normas y principios constitucionales, y máximo y último intérprete de la Constitución, [por lo que] le corresponde velar por su uniforme interpretación y aplicación, tal como lo dispone el artículo 335 constitucional, tiene el deber de interpretar el contenido y alcance de las normas y principios constitucionales, y por ello, si bien puede declarar inadmisible una demanda como la planteada en el caso de autos, también puede, para cumplir su función tuitiva y garantista de la Constitución, como norma suprema conforme lo expresa su artículo 7, analizar de oficio la situación de trascendencia nacional planteada, que tal y como se ha indicado, y así fue planteado en el escrito "*afecta la institucionalidad democrática*"".

Lo cierto es que la Sala Constitucional, si bien podría entrar a analizar de oficio una "situación de trascendencia nacional" *en el curso de un juicio*, la verdad es que no tenía ni tiene competencia alguna para pretender iniciar de oficio un proceso constitucional, así fuera el de interpretación de la Constitución,[2] fuera de un proceso en curso o que ya ha concluido, así fuera con la excusa de analizar una "situación de trascendencia nacional," que sólo podría iniciarse a petición de parte interesada, como la propia Sala lo tiene establecido; y ello no cambia al auxilio del artilugio o subterfugio al que recurrió la Sala para pretender revestir de "legalidad" su actuación, de aprovechar el "expediente" de un proceso terminado formalmente (al haberse declarado inadmisible la demanda que había sido intentada), para pasar, con la excusa de interpretar el artículo 191 de la Constitución, a revocarle el mandato popular a una diputado para lo que no tiene competencia.

En realidad, con la sentencia que se comenta, lo que se puso en evidencia fue que la Sala Constitucional ya tenía instrucciones o sugerencias de decidir revocarle el mandato a la diputada Machado de inmediato, con o sin proceso, antes del día martes 1° de abril de 2014, para cuando estaba anunciada movilización en Caracas para acompañar a la diputado Machado a la Asamblea Nacional a incorporarse en sus sesiones, a los efectos de que para ese momento la diputada Machado ya no fuera "formalmente" diputado. El Presidente de la Asamblea Nacional ya la había despojado de hecho de su mandato popular;[3] quien ejerce como Presidente de la República,

---

2 Véase sobre los poderes de actuación de oficio del Tribunal Supremo de Justicia, en Allan R. Brewer-Carías, "Régimen y alcance de la actuación judicial de oficio en materia de justicia constitucional en Venezuela", en *Estudios Constitucionales. Revista Semestral del Centro de Estudios Constitucionales*, Año 4, N° 2, Universidad de Talca, Santiago, Chile 2006, pp. 221-250. Publicado también en *Crónica sobre la "In" Justicia Constitucional. La Sala Constitucional y el autoritarismo en Venezuela*, Colección Instituto de Derecho Público. Universidad Central de Venezuela, N° 2, Editorial Jurídica Venezolana, Caracas 2007, pp. 129-159.

3 Como en efecto lo reportó la agencia EFE sobre lo dicho por Cabello: "Caracas. EFE.- El presidente de la Asamblea Nacional (Congreso unicameral) de Venezuela, Diosdado Cabello, informó este lunes que se le retiró la inmunidad parlamentaria a la diputada opositora María Corina Machado y que pedirá que sea juzgada por traición a la patria. Cabello dijo a periodistas que solicitará el Ministerio Público investigar si Machado cometió el delito de traición a la patria, por su parti-

ya la había calificado como "ex diputada,"[4] y la propia Presidenta del Tribunal Supremo ya había anunciado formalmente por dónde

---

cipación en una sesión de embajadores de la Organización de Estados Americanos (OEA)." En efecto, el Presidente de la Asamblea Nacional, expresó según fue reseñado por Globovisión: "Cabello explicó que Machado violó el artículo 191 y el 149 de la Carta Magna, este último se refiere a la autorización a funcionarios públicos para aceptar cargos, honores o recompensas de gobiernos extranjeros..", "Hay que sumarle a la investigación (el delito de) tradición a la patria", dijo Cabello, / Aclaró que ya no hace falta allanarle la inmunidad parlamentaria a Machado "porque según el artículo 191, según este nombramiento (por parte de Panamá), y según sus actuaciones y acciones la señora Machado dejó de ser diputada"./ El presidente del Parlamento anunció que Machado no tendrá más acceso al Hemiciclo "por lo menos, en este periodo". "No tienen acceso porque ella ya no es diputada", recalcó" Véase "Cabello: Por el artículo 191 de la Constitución, María Corina machado "dejó de ser diputada", *Globovisión,* 24 de marzo de 2014, en http://globovi-sion.com/articulo/junta-directiva-de-la-an-anuncia-rueda-de-prensa.

4 Véase lo expresado por Nicolás Maduro: Primero: "El Presidente calificó a María Corina Machado de "exdiputada" y rechazó las intenciones de la parlamentaria de presentarse en la reunión de la Organización de Estados Americanos (OEA) que se realizó este viernes en Washington," en reseña de Alicia de la Rosa, *El Universal,* 23 de marzo de 2014, en http://www.eluniver-sal.com/nacional-y-politica/140323/maduro-califico-a-maria-corina-machado-de-exdiputada. Segundo: "Exdiputada", la llamó el presidente Nicolás Maduro el sábado, pero ayer el coordinador de la fracción del PSUV, Pedro Carreño, citó la Constitución para argumentar que Machado estaría fuera del Parlamento. "El Artículo 191 de la Constitución señala: 'Los diputados o diputadas a la AN no podrán aceptar o ejercer cargos públicos sin perder su investidura'. Machado es delegada de Panamá en OEA," en la reseña sobre "Presumen despojo de inmunidad de Machado**"**, *La Verdad,* 24 de marzo de 2014, en http://www.laverdaddemo-nagas.com/noti-cia.php?ide=25132. Tercero: "Nicolás Maduro, indicó que "la exdiputada María Corina Machado la nombraron embajadora de la Organización de Estados Americanos, de un gobierno extranjero, se convirtió en funcionaria para ir a mal poner a Venezuela, a pedir la intervención", Reseña de M.C. Henríquez, "Maduro: "La exdiputada de la AN, María Corina Machado fue a mal poner a Venezuela," 22 de marzo de 2014, en http://noti-cias24carabobo.com/actualidad/no-ticia/38925/maduro-la-exdiputada-de-la-an-maria-corina-machado-fue-a-mal-poner-a-venezuela/

vendría la actuación de la Sala Constitucional, al declarar en la televisión el domingo 30 de marzo de 2014, que:

> "obviamente tiene consecuencias jurídicas" que la parlamentaria María Corina Machado haya "aceptado un destino diplomático en un país extranjero", pero indicó que era necesario esperar el pronunciamiento del Máximo Tribunal sobre ese tema.
>
> Hemos tenido noticia por la prensa en el sentido de que ella en la condición de diputada habría aceptado un destino diplomático en un país extranjero. Obviamente tiene consecuencias jurídicas pero preferimos hacer el estudio, y de manera formal pronunciarnos en el Tribunal Supremo, esto no es una conclusión, es necesario esperar el pronunciamiento del Tribunal Supremo de Justicia."[5]

Las "consecuencias jurídicas, por supuesto ya estaban establecidas, de manera que al día siguiente se publicó la sentencia que comentamos, con ponencia conjunta de todos los magistrados para que no cupiera duda de su colusión, pero no sin antes aclarar la propia Presidenta del Tribunal Supremo, en el mismo programa de televisión donde ya anunciaba la "justicia" que iba a impartir, que en Venezuela:

> "Hoy en día contamos con un Poder Judicial autónomo, independiente, apegado en sus actuaciones a la Constitución y a las leyes de manera irrestricta y haciendo cumplir la voluntad del pueblo; es al pueblo al que nos debemos, estamos allí haciéndole llegar al colectivo la seguridad que cuenta con un Poder Judicial cuyas decisiones dependen solamente del bien común, de lo que les beneficie, por cuanto esa es la misión, ese es el mandato que tenemos constitucional y legalmente."[6]

---

5 Véase la reseña de lo que expresó durante el programa *José Vicente Hoy*, transmitido por **Televen**, publicado por @Infocifras, 31 de marzo de 2014, en http://cifrasonlinecomve.wordpress.com/2014/03/30/presidenta-del-tsj-actuacion-de-machado-tiene-consecuencias-juridicas/

6 Véase la *Nota de Prensa* del Tribunal Supremo de Justicia: "Aseguró la Presidenta del Tribunal Supremo de Justicia: Contamos con un Poder Judicial autónomo, independiente y apegado a la Constitución y

Pero no! En este caso, como resulta de las propias expresiones públicas de la Presidenta del Tribunal Supremo de Justicia el día antes de tomar la decisión revocándole inconstitucionalmente el mandato a la diputada Machado, en lugar de quedar "patente" que el Tribunal actuaría con independencia (teniendo en cuenta que la independencia judicial es cuando un tribunal actúa sólo sometido a la Constitución y a la ley), lo que quedó "patente" fue lo que la misma funcionaria dijo en el antes indicado programa de televisión, en el sentido de que el Tribunal actuaría:

> "dando cumplimiento al principio de colaboración entre los Poderes, abogamos por los fines esenciales del Estado trabajando de manera coordinada, de manera armónica, con los demás Poderes del Estado."[7]

Es decir, había una decisión tomada entre todos los poderes del Estado para actuar de manera coordinada y en colaboración, de manera de arrebatarle en breve tiempo y sin debido proceso, pero con apariencia de legalidad (es decir, con auxilio de una decisión judicial), el mandato popular a una diputada a la Asamblea Nacional (que si es representante del pueblo). Esa era la "consecuencia jurídica" de la aplicación del artículo 191 de la Constitución a las actuaciones de la Diputado Machado, que la Presidenta del Tribunal Supremo había anunciado, y que operaba –dijo-:

> "*de pleno derecho*, ante la aceptación de una representación alterna de un país, indistintamente a su tiempo de duración, ante un órgano internacional por parte de la ciudadana María Corina Machado, quien estaba desempeñando su cargo de diputada a la

---

las leyes", 30 de marzo de 2014, en http://www.tsj.gov.ve/informacion/notasdeprensa/notasdeprensa.asp?codigo=11797 Debe destacarse que la Presidenta del Tribunal, afirmó que el Poder Judicial era una institución que supuestamente tiene la misión de "cumplir la voluntad del pueblo," como si se tratase de un órgano electo popularmente, lo cual no es cierto. El Poder Judicial y el Tribunal Supremo imparten justicia, y actúan "en nombre de la República y por autoridad de la ley" como lo expresa el artículo 253 de la Constitución, siendo su misión la de impartir justicia, única y exclusivamente aplicando la Constitución y las leyes de la República.

7 *Idem*.

Asamblea Nacional, lo cual constituye una actividad incompatible durante la vigencia de su función legislativa en el período para el cual fue electa, pues esa función diplomática no solo va en desmedro de la función legislativa para la cual fue previamente electo o electa, sino en franca contradicción con los deberes como venezolana (artículo 130 constitucional) y como Diputada a la Asamblea Nacional (artículo 201 *eiusdem*)."[8]

Esto, que se anunció en la Nota de Prensa del Tribunal Supremo, es precisamente el texto del párrafo final de la sentencia dictada en el "caso" Nº 207 de 31 de marzo de 2014, la cual, sin duda, para los anales de la justicia, o de la "in" justicia en Venezuela, amerita unos comentarios jurídicos más detallados.

II. SOBRE LA DECLARATORIA DE INADMISIBILIDAD DE LA DEMANDA POR CARECER LOS DEMANDANTES DE LEGITIMACIÓN PARA REPRESENTAR INTERESES COLECTIVOS Y DIFUSOS EN DEFENSA DEL PRINCIPIO DEMOCRÁTICO Y EN CONTRA DEL ABUSO DE PODER DEL PRESIDENTE DE LA ASAMBLEA NACIONAL

La demanda intentada en el caso concreto en el cual, de paso, como *obiter dictum* pero *decisorum*, la Sala Constitucional formalizó la inconstitucional revocatoria del mandato de diputado de María Corina Machado, fue intentada el día 26 de marzo de 2014, por dos concejales del Municipio Baruta del Estado Miranda en su condición de "concejales y ciudadanos" por "intereses difusos y colectivos contra el Presidente de la Asamblea Nacional Diputado Diosdado Cabello" por haber incurrido, éste, en "una vía de hecho contra la Diputada" revocándole su mandato popular, vulnerándose "de este modo nuestros derechos de participación en el sufragio directo de nuestros representantes," siguiendo la misma línea de contenido que tuvieron las demandas que habían dado lugar a sendas sentencias del Tribunal Supremo de Justicia, de condena y encarcelamiento de Alcaldes por concepto de un supuesto delito de

---

8 Véase la *Nota de Prensa* del Tribunal Supremo de Justicia, de 31 de marzo de 2014: "Operó de pleno derecho. Tribunal Supremo de Justicia se pronuncia sobre la pérdida de la Investidura de la diputada María Corina Machado," en http://www.tsj.gov.ve/informacion/notasdeprensa/notasdeprensa.asp?co-digo=11799

desacato a mandamientos cautelares de amparo del Tribunal Supremo que se habían dictado días antes.[9]

Los demandantes, en efecto hicieron mención al hecho de que el Diputado Diosdado Cabello Presidente de la Asamblea, el día 24 de marzo de 2014 había anunciado al país,

> "que haría cesar en sus funciones a la Diputada María Corina Machado por su participación en la Organización de Estados Americanos, lo cual fue ratificado en el día de ayer 25 de marzo, retirándola de la nómina de parlamentarios, con lo cual incurrió en usurpación de funciones, la violación del debido proceso y el menoscabo de los derechos políticos de los ciudadanos del municipio Baruta y de todos los ciudadanos venezolanos".

Concluyeron su demanda los concejales solicitando de la Sala que ordenase al Presidente de la Asamblea Nacional, "permitir la entrada a la Asamblea Nacional a la Diputada María Corina Machado con todos los poderes inherentes a su cargo, y así poner fin a esta gravísima situación que atenta contra la institucionalidad democrática y contra los derechos políticos de los electores del Municipio Baruta".

Tremenda sorpresa que los demandantes debieron haberse llevado, cuando al ir a clamar justicia ante el máximo Tribunal de la República en defensa de intereses colectivos y difusos como electores, contra la arbitrariedad del Presidente de la Asamblea Nacional y en defensa del mandato popular de la diputada María Corina Machado, electa con abrumadora mayoría en el Municipio Baruta, donde los concejales demandantes actúan; se encontraron con que ese Tribunal no sólo declaró inadmisible su demanda, sino que con la sentencia dictada produjo el efecto que los demandantes buscaban evitar, ahorrándole al Presidente de la Asamblea Nacional la necesidad de incurrir en una inconstitucionalidad más, al decidir además el propio Tribunal, la revocación del mandato de la diputada Machado, con la excusa de que "de pleno derecho", es decir, supuestamente sin que nadie tenga que resolverlo, había perdido su investidura, por

9 Véase las *Notas de Prensa* sobre estas sentencias en http://www.tsj.gov.ve/informacion/notasdeprensa/notasdeprensa.asp?codigo=11777 y http://www.tsj.gov.ve/informacion/notasde-prensa/notasde-prensa.asp?codigo=11768.

haber aceptado que se la acreditara en la OEA, en la representación de Panamá, para hablar como diputada venezolana, sobre la situación política venezolana.

La declaratoria de inadmisibilidad de la demanda intentada (y con razón cualquiera se puede preguntar, ¿Cómo, si se declaró inadmisible la demanda, se podía resolver algo que además era distinto y contrario a lo que los demandantes solicitaron?), se basó en dos precedentes anteriores a los que hizo referencia la sentencia:

Primero, la sentencia Nº 656 de 30 de junio de 2000 (caso: *Defensoría del Pueblo* vs. *Comisión Legislativa Nacional*) en la que la Sala, si bien admitió que los particulares pueden accionar en protección de los intereses difusos o colectivos, precisó que "dentro de la estructura del Estado":

> "sólo la Defensoría del Pueblo puede proteger a las personas en materia de intereses colectivos o difusos, no teniendo tal atribución (ni la acción), ni el Ministerio Público (excepto que la ley se la atribuya), ni los Alcaldes, ni los Síndicos Municipales, a menos que la ley se las otorgue."

Segundo, la sentencia Nº 1395 del 21 de noviembre de 2000, sobre los sujetos autorizados "para reclamar la tutela efectiva de los derechos e intereses colectivos," ratificando que en la estructura del Estado "sólo la Defensoría del Pueblo tenía la potestad," agregando que también podrían actuar:

> "una pluralidad de organizaciones con personalidad jurídica, cuyo objeto esté destinado a actuar en el sector de la vida donde se requiere la actividad del ente colectivo, y que - a juicio del Tribunal - constituya una muestra cuantitativamente importante del sector".

Agregó además, la Sala Constitucional en relación con los sujetos privados, que también los ciudadanos podrían actuar en sede judicial y solicitar la tutela efectiva de los derechos e intereses colectivos, pero que:

> "tales actuaciones podían ser adelantadas por organizaciones sociales con o sin personalidad jurídica, o por individuos que acrediten debidamente en qué forma y medida ostentan la representación de al menos un sector determinado de la sociedad

> y cuyos objetivos se dirijan a la solución de los problemas de comunidad de que se trate."

De ello concluyó la Sala en dicha sentencia, que "es a dichas organizaciones o actores sociales, a los que corresponde, solicitar ante esta Sala Constitucional, la tutela judicial efectiva de los derechos o intereses colectivos de rango constitucional.".

Con base en todo ello, sin embargo, la Sala Constitucional, a pesar de que reconoció que los accionantes en el caso habían aducido actuar "afectados en este caso," sin embargo, dijo que en los alegatos o documentos del escrito no constaba:

> "que sus propios intereses estén lesionados con la actuación indicada como lesiva proveniente del Presidente de la Asamblea Nacional, lo cual los hace carecer de cualidad para intentar una acción en protección de sus intereses particulares.

Por ello declaró inadmisible la demanda, por ausencia de legitimación, a pesar de que en otras demandas intentadas con legitimación similar por otros ciudadanos contra diversos alcaldes, por intereses colectivos o difusos, la Sala si encontró que había la legitimación activa necesaria.

En todo caso, para "reforzar" su rechazo a admitir la demanda, la Sala también se refirió al hecho de que los demandantes hubiesen invocado su condición de "concejales municipales" del Municipio Baruta, indicando que además de que actuaban a título personal como ciudadanos, lo hacían "...en representación y a nombre de la mayoría de los ciudadanos electores del municipio Baruta y en defensa de los intereses colectivos del resto de los habitantes del municipio Baruta", lo cual le fue negado por la Sala, argumentando que no constaba en autos "documento alguno del cual pueda desprenderse que se les ha atribuido la representación que dicen tener de la mayoría de los habitantes de ese Municipio, que están o se podrían ver afectados por la denunciada vía de hecho proveniente del Presidente de la Asamblea." Agregó además la Sala, que menos aún constaba en el expediente que tuvieran "la representación del órgano legislativo municipal del cual son miembros," con lo cual la Sala, adicionalmente, resolvió que no estaban "legitimados para actuar en protección de los intereses colectivos que dicen representar", y declaró "*inadmisible*" la presente acción."

En esta forma, la Sala Constitucional declaró inadmisible la demanda intentada en contra las vías de hecho cometidas por el Presidente de la Asamblea Nacional y en defensa del mandato popular de la diputada Machado, frente a la pretensiones de aquél de revocarle el mandato a ésta, para lo cual no tenía competencia, a pesar de que hubiera "concierto" en el propósito con los órganos de los otros Poderes del Estado.

III. LA DECISIÓN DEL TRIBUNAL SUPREMO, ADOPTADA DE OFICIO, MEDIANTE UN *OBITER DICTUM*, SIN JUICIO NI PROCESO, QUE DESPOJÓ DE SU MANDATO POPULAR A LA DIPUTADA MARÍA CORINA MACHADO

En todo caso, la consecuencia de declarar inadmisible una demanda por falta de legitimación del demandante, es que una vez rechazada la cualidad para demandar, el juicio que se pretendía iniciar no puede iniciarse, y el expediente que se abrió para considerarla, simplemente debe archivarse. Declarada inadmisible una demanda, ya no puede haber "proceso," "causa" o "juicio" alguno. Es decir, no puede haber juicio y menos puede haber una sentencia distinta a la que decide la inadmisibilidad, ni esta puede tener un contenido distinto al fijado en la pretensión del demandante.[10]

Pero no!. En Venezuela, y no es esta la primera vez, la Sala Constitucional ha "inventado" contra todo principio elemental de la justicia constitucional, que luego de declarar inadmisible una de-

---

10 Como lo ha dicho la profesora María Amparo Grau, con su conocida experiencia como juez y Presidenta que fue de la Corte Primera de lo Contencioso Administrativo en Venezuela: "Una regla básica del derecho procesal es que al producirse la inadmisibilidad de la acción propuesta termina la labor del juez y éste no puede realizar ningún otro pronunciamiento. Inadmisible, no admite peros. Inadmisible en el derecho procesal significa que no hay proceso porque no hay acción. La función jurisdiccional, es decir, la función de decidir un caso concreto mediante la aplicación del derecho, requiere de una acción. Salvo en los casos de la actividad de control político de ciertos actos, la Sala Constitucional no puede decidir nada si no hay una acción debidamente admitida, que da inicio al proceso. De manera que inadmisible la acción nada puede el Juez agregar sobre el tema *decidendum.*" Véase en María Amparo Grau, "La sentencia política del TSJ: Inadmisible, pero...", publicado en *Badell & Grau,* disponible en http://www.badellgrau.com/?pag=37&ct=1458

manda, puede de oficio decidir otros asuntos que nadie le ha planteado, ni solicitado. Es de antología el caso de la decisión de inadmisibilidad de una acción de nulidad contra unos artículos de la Ley de Impuesto sobre la Renta, en la cual, luego de declarar inadmisible la acción por falta de legitimación de los actores, de oficio, la Sala "aprovechó" la oportunidad para "reformar" el artículo 31 de la misma relativo a la renta neta presuntiva de los trabajadores asalariados, que ni siquiera había sido de los impugnados.[11]

Pues bien, en el caso de la sentencia Nº 207 nos encontramos con una situación similar, pero más grave, pues declarada sin lugar una demanda intentada en protección de intereses difusos o colectivos, la Sala procedió a "iniciar" un proceso constitucional de interpretación de la Constitución, sin proceso alguno, y "de paso" le revocó el mandato popular a una diputada, sin siquiera haber oído sus argumentos. Tan simple como eso.

Debe recordarse que la expresión latina *obiter dictum*, que significa literalmente "dicho de paso" o "dicho de pasada," normalmente se refiere a argumentos que se exponen por el juez fuera de la decisión concreta del caso, pero que la corroboran, y que por ello, al no formar parte de la decisión, no son ni vinculantes ni obligatorias para las partes ni para el caso. Sin embargo, en la modalidad inventada por la Sala Constitucional, sus *obiter dicta* con frecuencia se convierten en verdaderas sentencias adicionales a la que se dictan en determinados casos, con los cuales se resuelven otros asuntos, en general de oficio, pero sin debido proceso alguno, es decir, a escondidas, en la oscuridad de los cubículos del tribunal, sin que nadie se

11 Véase la sentencia de la Sala Constitucional, Nº 301 de 27 de febrero de 2007, (Caso: *Adriana Vigilanza y Carlos A. Vecchio*), (Expediente Nº 01-2862), en *Gaceta Oficial* Nº 38.635 de fecha 01-03-2007. Véanse los comentarios en Allan R. Brewer-Carías, "El juez constitucional en Venezuela como legislador positivo de oficio en materia tributaria", en *Revista de Derecho Público*, Nº 109 (enero –marzo 2007), Editorial Jurídica Venezolana, Caracas 2007, pp. 193-212; y "De cómo la Jurisdicción constitucional en Venezuela, no sólo legisla de oficio, sino subrepticiamente modifica las reformas legales que "sanciona", a espaldas de las partes en el proceso: el caso de la aclaratoria de la sentencia de Reforma de la Ley de Impuesto sobre la Renta de 2007, Revista *de Derecho Público*, Nº 114, Editorial Jurídica Venezolana, Caracas 2008, pp. 267-276.

entere hasta que se publica la sentencia. Sorpresa!! Casi como por arte de magia, pero maligna !! Pero sin embargo, usando argumentos o informaciones del expediente ya cerrado.

Así, en este caso, la Sala procedió a decidir sobre otras cosas distintas a las planteadas en la demanda, y en particular, sobre una "pretensión" de interpretación constitucional sobre el sentido y alcance del artículo 191 de la Constitución, artículo que ni siquiera se citó en la demanda que dio inicio al expediente.[12] Pero por supuesto, frente a esas "formalidades" quizás privaba la instrucción que había de "cooperación" con los otros poderes del Estado, como lo destacó la Presidenta del Tribunal Supremo, sobre la "consecuencia jurídica" de la aplicación del artículo 191 de la Constitución en relación con las actuaciones de la diputado Machado. Por ello, la Sala Constitucional, "no obstante" la declaratoria de inadmisibilidad de la demanda, pasó entonces a decidir otra cosa partiendo de la consideración de que la situación planteada "en el presente caso" era de "trascendencia nacional," como si el "caso" siguiese en "proceso" y sin darse cuenta que ya estaba concluido con la decisión de inadmisibilidad. La mencionada "trascendencia nacional" derivaba, como lo afirmó la Sala, de que se trataba de "un asunto relacionado con la alegada pérdida de la investidura de una Diputada a la Asamblea Nacional." En realidad, los demandantes nada habían "alegado" sobre ello, y al contrario, lo que habían hecho había hecho era rechazar la actuación arbitraria y usurpadora del Presidente del Poder Legislativo Nacional, que pretendía despojar a una diputada de su mandato popular. Así, lo que se solicitó de la Sala Constitucional fue que:

> "ordene al Presidente de la Asamblea Nacional, Diputado Diosdado Cabello Rondón, permitir la entrada a la Asamblea Nacional a la Diputada María Corina Machado con todos los poderes inherentes a su cargo, y así poner fin a esta gravísima situación que atenta contra la institucionalidad democrática y contra los derechos políticos de los electores del Municipio Baruta."

12 Al menos, así se deduce de la narrativa de la sentencia, cuando glosa la demanda y los argumentos de los demandantes.

De allí en realidad fue que la Sala invocó sus poderes de "máximo y supremo intérprete de la Constitución," que advirtió, "*no decae porque se declare inadmisible la acción*," pero no para aplicar la Constitución, sino para distorsionarla, dándose la Sala Constitucional, a sí misma, carta blanca para decidir mediante "decisiones jurisdiccionales," lo que quiera y cuando quiera, sólo invocando tal carácter. En este caso, a lo que procedió la Sala, fue a:

> "analizar lo relativo al ejercicio de la función pública legislativa, y las disposiciones constitucionales que la regulan, esto es, hacer una *interpretación en beneficio de la Constitución*, y del Estado democrático y social de Derecho y de Justicia que propugna la misma en su artículo 2."

Sin que se sepa en el mundo del control de la constitucionalidad en el derecho comparado, qué puede entenderse por una "interpretación *en beneficio* de la Constitución" (no puede haber interpretación *válida* "en perjuicio" de la Constitución),[13] la Sala comenzó por analizar el artículo 186 de la Constitución, sobre la forma de elección de los diputados, y el ejercicio del cargo de diputado, como medio de participación política del pueblo. Sobre la materia, sin embargo, la Sala no mencionó siquiera el contenido del artículo 201 de la Constitución que declara a los diputados como "representantes del pueblo y de los Estados en su conjunto," pasando más bien a referirse al artículo 191 de la misma Constitución para concluir en que conforme al mismo, "de pleno derecho" la diputada Machado había "perdido su investidura" de diputado.

La Sala Constitucional aplicó incorrecta e indebidamente dicha norma al caso de la diputada Machado, pues para que su texto tuviese "consecuencias jurídicas" habría sido necesario que un diputado aceptase o ejerciera "cargos públicos," se entiende, dentro del Estado venezolano,[14] a dedicación exclusiva, y en cualquiera de los órganos de los poderes del Estado.

---

13 Un caso, precisamente, de interpretación inválida "en perjuicio de la Constitución," es precisamente el de la sentencia que comentamos.

14 El profesor José Ignacio Hernández interpreta con razón, que la referencia a cargo público en el artículo 191 de la Constitución es a "cargo público" como sinónimo de "cargo dentro del Estado". Véase en su trabajo: ¿María Corina Machado dejó de ser diputada?, en *Proda-*

IV. EL SENTIDO DEL ARTÍCULO 191 DE LA CONSTITUCIÓN SOBRE LA PÉRDIDA DE LA INVESTIDURA DE LOS DIPUTADOS EN EL MARCO DEL SISTEMA DE SEPARACIÓN DE PODERES Y DEL SISTEMA PRESIDENCIAL DE GOBIERNO

El artículo 191 de la Constitución, mencionado en la sentencia, y cuyas consecuencias jurídicas fueron la que se aplicaron "de pleno derecho" al diputado Machado, en efecto establece lo siguiente:

> *Artículo 191*. Los diputados o diputadas a la Asamblea Nacional no podrán aceptar o ejercer cargos públicos sin perder su investidura, salvo en actividades docentes, académicas, accidentales o asistenciales, siempre que no supongan dedicación exclusiva.

Esta norma, que ha sido tradicional en el constitucionalismo histórico de Venezuela, encontró su primera expresión en la Constitución de 1830 en la cual se dispuso que:

> "*Art. 82*. El ejercicio de cualquier otra función pública es incompatible durante las sesiones con las de representante y Senador."

Luego, a partir de la Constitución de 1858, la norma encontró el sentido de la regulación que se refleja en la norma actual, al establecerse la "consecuencia jurídica" derivada de la prohibición, al disponer que:

> "*Art. 45*. Los Senadores y Diputados no podrán aceptar destino alguno de libre elección del Poder Ejecutivo, con excepción de las Secretarías del despacho, empleados diplomáticos y mandos militares en tiempo de guerra; pero la admisión de estos empleos deja vacante los que ocupen en las Cámaras."

Por tanto, históricamente, en el constitucionalismo venezolano, con la sola excepción de la Constitución de 1947 (art. 147), la previsión constitucional del artículo 191 de la Constitución de 1999 ha derivado de un principio tradicional en los sistemas presidenciales,

---

vinci.com, 24 de marzo de 2014, en http://noticias24carabobo.com/actualidad/noticia/38925/maduro-la-exdiputada-de-la-an-maria-corina-machado-fue-a-mal-poner-a-venezuela/

conforme al cual, quien haya sido electo por el pueblo como representante o diputado al órgano legislativo, en nuestro caso a la Asamblea Nacional, no puede aceptar o ejercer un "cargo público" dentro del Estado, es decir, en ningún otro órgano del mismo Estado, y particularmente en el Ejecutivo Nacional, y si lo hace, pierde su investidura, con la consecuencia jurídica de que cuando cese en el ejercicio del cargo ejecutivo que aceptó o ejerció, no puede regresar a ocupar o ejercer el cargo de diputado para el cual había sido inicialmente electo.

El sentido de la norma, en el sistema de separación de poderes que regula la Constitución, en particular, en las relaciones entre el Poder Legislativo y el Poder Ejecutivo en el marco del sistema presidencial de gobierno, es evitar que se produzca una *turbatio* de funciones entre ambos poderes del Estado, evitando que los diputados electos a la Asamblea Nacional puedan ser nombrados para desempeñar cargos ejecutivos, que están sometidos al control del órgano legislativo, y que luego de cesar en el ejercicio de éstos, puedan volver a realizar funciones legislativas y de control político desde la Asamblea, precisamente en relación con los órganos del Poder Ejecutivo del cual habrían formado parte.

Como lo decidió la propia Sala Constitucional en la sentencia Nº 698 de 29 de abril de 2005, citada en la sentencia que comentamos:

> "un segundo destino público para un Diputado casi de seguro será en una rama distinta del Poder Público, con lo que se generaría una situación que debe siempre ser tratada con cuidado: la posible interferencia –y no colaboración– de una rama en otra. No puede olvidarse que el Poder Legislativo es contralor del Ejecutivo y a su vez controlado, de diferente manera, por el Judicial y por el Ciudadano. Una indefinición de roles pone en riesgo el principio de separación en el ejercicio del poder."[15]

Ese es el sentido y no otro, de la norma del artículo 191, que ha estado con tal intención en todas las Constituciones anteriores, en particular en el artículo 141 de la Constitución de 1961.[16] Conforme

---

15 Véase la sentencia en http://www.tsj.gov.ve/decisiones/scon/abril/698-290405-03-1305.HTM

16 Debe recordarse que en la sesión del día 3 de noviembre de 1999, al discutirse el proyecto de articulado sobre el Poder Legislativo nacio-

a ella, por tanto, para preservar la separación de poderes en el régimen presidencial de gobierno, un diputado, *primero*, no puede aceptar o ejercer un "cargo público" en cualquier otro órgano del Estado, y si lo hace pierde su investidura; *segundo*, puede ejercer un "cargo público" en actividades docentes, académicas, accidentales o asistenciales, siempre que no supongan dedicación exclusiva, en cuyo caso no pierde su investidura; y *tercero*, no puede ejercer "cargos públicos" en dichas actividades si ello supone dedicación exclusiva, y si lo hace, pierde su investidura..

De ello deriva que la aplicación de la norma, es decir, la "consecuencia jurídica" que se deriva de la misma, que es la posible "pérdida de investidura" del diputado, nunca es automática, es decir, no puede operar "de pleno derecho;" y ello, *primero*, porque si se trata de la aceptación o ejercicio de un "cargo público," no basta ni siquiera con que por ejemplo aparezca publicado el nombramien-

---

nal, se leyó el texto de un artículo que tuvo sucesivamente los números 208 y 210, con el siguiente texto: "*Los miembros de la Asamblea Nacional no podrán aceptar cargos públicos sin perder su investidura.*" Hubo un largo debate sobre la conveniencia de la propia norma e incluso sobre la necesidad de prever algunas, para actividades como las docentes y de otra índole. Incluso el Constituyente Nicolás Maduro llegó a proponer que la norma no debía incluirse y que al contrario debía preverse que "cualquier miembro del Parlamento que sea requerido por el Gobierno para una función ministerial pueda ir a cumplir su función y no pierde la investidura como miembro del Parlamento." Luego propuso que el artículo no se aprobara, lo que fue acogido y el mismo pasó de nuevo a la Comisión para darle una nueva redacción. En la sesión del día 13 de noviembre de 1999, se sometió a discusión la norma, con la siguiente redacción propuesta por el Constituyente Di Giampaolo, con quien había discutido personalmente la importancia de que la norma se incluyera en el texto constitucional, con el siguiente texto: "*Artículo 210.– Los miembros de la Asamblea Nacional no podrán aceptar o ejercer cargos públicos sin perder su investidura, salvo en actividades docentes y asistenciales, siempre que no supongan dedicación exclusiva,*" habiendo resultado aprobado, sin discusión de ninguna naturaleza. Es en definitiva el texto del artículo 191 de la Constitución de 1999, aún cuando en alguna Comisión "de estilo," como sucedió con tantas normas, entre las excepciones se agregaron los cargos "académicos" y "accidentales." Véase en el *Diario de Debates*, de la Asamblea Nacional Constituyente, sesiones del 3 y 13 de noviembre de 1999.

to en *Gaceta Oficial*, o que el mismo esté plasmado en una comunicación oficial, para que la "consecuencia jurídica" de la norma se produzca, sino que el "cargo público" de que se trate tiene que ser "aceptado" o debe ser "ejercido," y todo ello requiere ser probado. *Segundo*, porque si se trata del ejercicio de un *cargo público en actividades* docentes, académicas, accidentales o asistenciales, es necesario determinar si dicho ejercicio del cargo supone o no dedicación exclusiva, lo que de nuevo es casuístico y requiere de prueba.

Sin embargo, ignorando completamente el origen, el sentido, y el mismo texto de la norma que habla de "cargos públicos," y no de "actividades" la Sala Constitucional pasó a interpretarla incurriendo, de entrada en un error de lectura y apreciación, al referirse a que la salvedad que hace el artículo es respecto de "otras *actividades*" que puede realizar el diputado "que no generan la pérdida de su investidura, señalando *actividades* docentes, académicas, accidentales o asistenciales, cuando el desempeño de las mismas no supongan dedicación exclusiva o desmedro de las funciones que ya ejerza." Esa errada interpretación aparentemente inadvertida, fue sin duda deliberada, como se verá más adelante, para terminar "mutando" la Constitución,[17] como ya lo ha hecho en otras ocasiones.[18] En todo caso, dicha interpretación es errada: la norma no establece excepciones respecto de "actividades" que pueden o no ejercerse por los diputados sin perder su investidura. La norma lo que establece

---

17 Una mutación constitucional ocurre cuando se modifica el contenido de una norma constitucional de tal forma que aún cuando la misma conserva su contenido, recibe una significación diferente. Véase Salvador O. Nava Gomar, "Interpretación, mutación y reforma de la Constitución. Tres extractos" en Eduardo Ferrer Mac-Gregor (coordinador), *Interpretación Constitucio*nal, Tomo II, Ed. Porrúa, Universidad Nacional Autónoma de México, México 2005, pp. 804 ss. Véase en general sobre el tema, Konrad Hesse, "Límites a la mutación constitucional," en *Escritos de derecho constitucional*, Centro de Estudios Constitucionales, Madrid 1992

18 Véase Allan R. Brewer-Carías, "El juez constitucional al servicio del autoritarismo y la ilegítima mutación de la Constitución: el caso de la Sala Constitucional del Tribunal Supremo de Justicia de Venezuela (1999-2009)", en *Revista de Administración Pública*, N° 180, Madrid 2009, pp. 383-418.

es que los diputados no pueden aceptar o ejercer "*cargos públicos*," estableciendo sin embargo como excepción, los casos de ejercicio de *cargos públicos "en actividades* docentes, académicas, accidentales o asistenciales" que no supongan dedicación exclusiva, ya que conforme al artículo 197 de la Constitución, los diputados "están obligados a cumplir sus labores a dedicación exclusiva."

Esta norma nada tiene que ver con alguna supuesta "ética parlamentaria o legislativa," sino con la preservación de la separación de poderes, al no permitir que los diputados ejerzan otros cargos públicos, y si lo hacen, al cesar en ellos siguieran siendo diputados. Eso es lo que busca evitar la norma, siendo la excepción sólo para los cargos en docentes, académicos, accidentales o asistenciales que no sean de dedicación exclusiva, porque si lo son, el diputado para seguir siendo tal y no perder su investidura, no lo puede aceptar o ejercer. Nada tiene que ver esta norma, con una supuesta "prohibición" que como erradamente lo afirmó la Sala Constitucional:

> "responde a la necesidad de que exista una ética parlamentaria o legislativa, y está plenamente concatenada con otras disposiciones constitucionales tendientes a preservar la ética como valor superior de la actuación de los órganos del Estado, y principios como la honestidad, eficiencia, transparencia y responsabilidad, entre otros, en el ejercicio de la función pública, siendo la condición de funcionario o funcionaria pública, inherente a la prestación de un servicio a los ciudadanos y ciudadanas de la República Bolivariana de Venezuela, independientemente que aquélla se lleve a cabo a través del cargo que se ocupe en alguno de los órganos que conforman el Poder Público Nacional, esto es, sea el cargo ocupado de carrera, de confianza o de elección popular."

Ello, aparte de tratarse de frases floridas relativas a importantes principios y valores constitucionales, es un argumento vacío, que ignora la razón de ser de la norma, cuyas previsiones y consecuencia jurídica nada tiene que ver con el florido argumento contenido en el párrafo. Se insiste, lo que la norma busca es preservar la separación de poderes y evitar que con el vaso comunicante que se pueda establecer con diputados que pasen al Ejecutivo y luego vuelvan a la Asamblea, se pueda empeñar la función de control y balance entre los poderes; y nada cambia por el hecho de que los diputados, a los efectos de las previsiones contra la corrupción, se consideren como funcionarios públicos (art. 3.1 Ley contra la Corrupción), pero a los cuales por supuesto no se les aplica la Ley del Estatuto de la Función Pública como lo menciona la sentencia.

Sobre esta última Ley que se indica en la sentencia, además, debe advertirse que el artículo 1.1 de dicho Estatuto de la Función Pública, al disponer que "quedan excluidos de la aplicación de esta Ley [...] los funcionarios y funcionarias públicos al servicio del Poder Legislativo Nacional," no se refiere en forma alguna a los diputados, que "no están al servicio del Poder Legislativo Nacional" ya que los mismos son precisamente parte por excelencia del mismo, es decir, son quienes ejercen en la Asamblea dicho Poder. Los mismos, además, por supuesto, no ejercen sus funciones por vía "nombramiento" de nadie sino porque son electos popularmente, siendo la exclusión establecida en la norma de la Ley del Estatuto de la Función Pública destinada a los funcionarios (no electos) que están al servicio del Poder Legislativo, es decir, a los funcionarios administrativos que laboran en la Asamblea Nacional, y que están sometidos a su propio estatuto de personal. Ello no excluye por supuesto que los diputados, como todos los funcionarios públicos, estén sujetos como se recuerda en la sentencia, a la "Constitución, las leyes, los Reglamentos y normas que rijan sus funciones" sometidos a los "principios de la ética" y "sin que por ningún motivo puedan menoscabar la soberanía e independencia del país, su integridad territorial, la autodeterminación y los intereses nacionales de Venezuela."

Pero ello nada tiene que ver con el sentido del artículo 191 de la Constitución que lo que busca es evitar que los diputados pasen a ocupar cargos públicos en el Ejecutivo Nacional, a dedicación exclusiva, y luego pretendan volver a su curul parlamentaria, al cesar en el ejercicio de esos cargos. Si hay algún hecho público y notorio en el caso que fue sometido al Tribunal Supremo al demandarse la conducta de hecho y usurpadora del Presidente de la Asamblea, fue que María Corina Machado como diputada de la Asamblea Nacional, nunca aceptó ni ejerció "cargo público" alguno en el Ejecutivo Nacional, ni en la Administración Pública, ni en general, en ninguno de los otros órganos de los Poderes del Estado, por lo que la norma era completamente inaplicable a la situación generada por el hecho de haber sido acreditada, en su carácter de diputada a la Asamblea Nacional, en forma *ad hoc* y *ad tempore* en la representación de Panamá ante la OEA, para precisamente hablar en tal carácter de diputada a la Asamblea Nacional de Venezuela, sobre la crisis política y sobre la situación en el país.

Como lo ha expresado el propio Secretario General de la OEA, José Miguel Insulza, "la Diputada María Corina Machado intervino ante el Consejo Permanente de dicha Organización, en calidad de parlamentaria venezolana y que sólo a tal fin, la República de Panamá solicitó su acreditación en calidad de Representante Alterna," ratificando "que es una práctica usual de esta institución aceptar y permitir "la participación y uso de la palabra en sesiones de los órganos políticos de la OEA de representantes que no necesariamente tenían la nacionalidad del Estado miembro al que representaban", tal y como ocurrió en 2009, cuando la ex canciller hondureña, Patricia Rodas, se dirigió al Consejo Permanente como representante de Venezuela."[19].

V. LA PROHIBICIÓN A LOS DIPUTADOS DE ACEPTACIÓN DE CARGOS, HONORES O RECOMPENSAS DE GOBIERNOS EXTRANJEROS

Otra de las normas invocadas en la sentencia de la Sala Constitucional, fue el artículo 149 de la Constitución, supuestamente incorporado en la Constitución, al decir de la Sala Constitucional, para "impedir que las personas que presten la función pública incurran en hechos contrarios a la ética, a la moral y honestidad que debe imperar en todas sus actuaciones; que atenten contra la independencia y soberanía nacional, la integridad territorial, la autodeterminación y los intereses de la nación, o contra el funcionamiento de las instituciones del Estado." Después de afirmar esto la Sala se refirió al mencionado artículo 149, que dispone:

19 Véase "Insulza: Machado habló en la OEA en su condición de diputada venezolana," en *El Universal*, 28 de marzo de 2014, en http://www.eluniversal.com/nacional-y-politica/protestas-en-venezuela/140328/insulza-machado-hablo-en-la-oea-en-su-condicion-de-diputada-venezolana

> *Artículo 149.* Los funcionarios públicos y funcionarias públicas no podrán aceptar cargos, honores o recompensas de gobiernos extranjeros sin la autorización de la Asamblea Nacional.

Esta norma también tiene una larga tradición en el constitucionalismo histórico de Venezuela, habiendo estado en todas las Constituciones anteriores desde que fue incorporada por primera vez en la Constitución Federal de los Estados de Venezuela de 1811, en la cual se dispuso:

> "205. Cualquiera persona que ejerza algún empleo de confianza u honor, bajo la autoridad del Estado, no podrá aceptar regalo, título o emolumento de algún Rey, Príncipe o Estado extranjero, sin el consentimiento del Congreso."

Como se desprende del texto de dicho artículo 149, antes transcrito, y de su antecedente remoto de 1811, ningún funcionario público puede "aceptar cargos, honores o recompensas de gobiernos extranjeros sin la autorización de la Asamblea Nacional"; autorización que, por supuesto, conforme al artículo 187.13 de la Constitución, debe darla la "Asamblea Nacional" como cuerpo colegiado. Por ello esta última norma dispone que "corresponde a la Asamblea Nacional [...] autorizar a los funcionarios públicos para aceptar cargos, honores o recompensas de gobiernos extranjeros." Es un exabrupto jurídico, por tanto, lo afirmado en la sentencia que comentamos de la Sala Constitucional, en el sentido de que supuestamente:

> "en concordancia con lo establecido en el numeral 13 del artículo 187 de la Constitución, para que un funcionario público o una funcionaria pública acepte de un gobierno extranjero, un cargo, honor o recompensa, es obligatorio que cuente con la autorización, esto es, el *permiso o licencia del Poder Legislativo Nacional, en la persona de su Presidente, por cuanto es quien ejerce la dirección de esa función pública en el Poder Legislativo Nacional.*"

Es imposible creer que esta barbaridad jurídica de atribuir al Presidente de la Asamblea el ejercicio de las competencias que el artículo 187 de la Constitución dispone que "corresponden a la Asamblea Nacional," sea un error jurídico inocente de la Sala Constitucional. Lo que corresponde a la Asamblea (art. 187) sólo lo puede ejercer el cuerpo colegiado en sesión de los diputados; no teniendo el Presidente de la Asamblea en la Constitución sino atribuciones formales particularmente en el procedimiento de formación de las leyes (por ejemplo, artículos 213 y 216). Es totalmente inconstitucional, por tanto, esta atribución que la Sala Constitucional del Tribunal Supremo hace al Presidente de la Asamblea Nacional de las competencias que en la Constitución sólo corresponden a la Asamblea nacional, como cuerpo colegiado.

La norma del artículo 149, en cuanto a la prohibición que establece a los funcionarios públicos en general de aceptar "cargos, honores o recompensas de gobiernos extranjeros," y de la posibilidad de su aceptación sólo con autorización de la Asamblea Nacional, tiene el propósito de regular un mecanismo de control político por parte del órgano representativo nacional en relación con las relaciones o vínculos que existan o se establezcan entre los funcionarios públicos y los gobiernos extranjeros, y nada más. Nada tiene que ver esta norma con argumentaciones como las expresadas en la sentencia en el sentido de que la misma tenga:

> "su razón de ser y es que toda persona tiene el deber de cumplir y acatar la Constitución, las leyes y demás actos que en ejercicio de sus funciones dicten los órganos del Poder Público, y aun mas quienes ejerzan la función pública, pues de conformidad con lo dispuesto en el artículo 25 de la Constitución, "*Todo acto dictado en ejercicio del Poder Público que viole o menoscabe los derechos garantizados por esta Constitución y la Ley es nulo, y los funcionarios públicos y funcionarias públicas que las ordenen o ejecuten incurren en responsabilidad penal, civil y administrativa, según los casos, sin que les sirvan de excusa órdenes superiores*".

Aún cuando sea difícil encontrar relación alguna entre el artículo 25 de la Constitución que establece la garantía objetiva respecto de los derechos humanos, y el artículo 149 de la Constitución; lo cierto es que en cuanto a la prohibición que se establece en dicha norma, no hay en el texto fundamental, al contrario de lo regulado en el artículo 191, previsión alguna que indique cual es "la consecuencia jurídica" de la aplicación de la norma, es decir qué consecuencia existe cuando un funcionario público acepte "cargos, honores o recompensas de gobiernos extranjeros" sin haber obtenido autorización de la Asamblea Nacional. Puede tratarse, por ejemplo, de una condecoración, o de un reconocimiento o recompensa por servicios humanitarios prestados en otro país, o del ejercicio de un cargo en un Estado extranjero, si acaso un país aceptaría que un extranjero ejerza cargos que usualmente se reservan a los nacionales.

En cualquier caso, nada dice la Constitución en relación con cuál es la "consecuencia jurídica" que deriva del hecho de no obtenerse la autorización de la Asamblea Nacional respecto de los funcionarios públicos de cualquiera de las ramas del Poder Público, cuando lleguen a aceptar "cargos, honores o recompensas de gobiernos extranjeros." Es más, en relación con los funcionarios públicos en general, ni siquiera la Ley del Estatuto de la Función Pública de 2002, tipifica esa posible ausencia de autorización como "falta" disciplinaria que amerite "amonestación" y menos destitución (arts. 82 y 86).[20] La única consecuencia jurídica vinculada a la norma, en todo caso, es la previsión del artículo 142 del Código Penal que sanciona, no sólo a los funcionarios sino en general a cualquier venezolano "que acepte honores, pensiones u otras dádivas de alguna nación *que se halle en guerra con Venezuela*" en cuyo caso se prevé un castigo de seis a doce años de presidio.

Ahora bien, en cuanto a los diputados a la Asamblea Nacional, en este caso, al contrario de lo previsto en el artículo 191 de la Constitución, si llegaren a incumplir con la obligación de obtener la autorización mencionada de la Asamblea Nacional, no se prevé en norma alguna constitucional o de otra índole, sanción alguna ni que el diputado "pierda su investidura," por lo cual en el caso de la diputada Machado, para el caso negado de que el haber sido acreditada en la representación de Panamá ante el Consejo Permanente de la OEA, para hablar como diputada de Venezuela y no como "representante" de Panamá, sobre Venezuela en una sesión de la OEA sobre la situación en Venezuela, se llegase a considerar que se requería de la autorización del la Asamblea Nacional, ello en ningún caso produciría en forma alguna la pérdida de su investidura.

---

20 Debo mencionar que a propuesta nuestra, en la Ley de Carrera Administrativa de 1971, en cambio, sí se previó la sanción de destitución respecto de los funcionarios públicos que aceptaren honores, cargos o recompensas de gobiernos extranjeros, sin la autorización del Congreso (arts. 29.4 y 62.9. Véase en *Gaceta Oficial* N° 1745 de 23 de mayo de 1975.

Para que pueda aplicarse alguna sanción a un diputado en tal caso, se requeriría de una regulación legal que prevea dicha conducta como delito, en cuyo caso, se le tendría que aplicar la pena que se establezca mediante un proceso penal con las garantías debidas.[21]

VI. EL VERDADERO PROPÓSITO DE LA SALA CONSTITUCIONAL AL HABER PROCEDIDO A DECIDIR, DE OFICIO, SIN PROCESO, TORCIENDO LA INTERPRETACIÓN DEL ARTÍCULO 191 DE LA CONSTITUCIÓN, PARA REVOCARLE SU MANDATO POPULAR A LA DIPUTADA MARÍA CORINA MACHADO

La sentencia Nº 270 del Tribunal Supremo de Justicia, luego del excurso en relación con el artículo 149 de la Constitución que antes hemos destacado, volvió sobre el tema del artículo 191 constitucional a cuyo efecto citó y transcribió parte de otra sentencia de la misma Sala, la Nº 698 del 29 de abril de 2005, en la cual decidió sobre un recurso de interpretación que se había interpuesto respecto de los artículos 148, 162 y 191 de la Constitución considerándolos aplicables a los miembros de los Consejos Legislativos de los Estados, y nada más. Esta sentencia nada agregó sobre el sentido de las normas, salvo como antes se ha dicho, precisar que la norma tiene por objeto salvaguardar la separación de poderes y el contrapeso entre los Poderes Legislativo y Ejecutivo.

Pero independientemente de la cita jurisprudencial, la Sala Constitucional siguió "explicando," sobre la incompatibilidad establecida en el artículo 191, indicando que:

> "la *pérdida de investidura a la que alude el artículo 191 constitucional, es la consecuencia jurídica* prevista por el Constituyente ante el hecho o circunstancia de la aceptación de actividades **incompatibles** –que por su carácter– van en desmedro de la función pública ejercida."

Esa "explicación," en todo caso, como se ha dicho, era errada, pues el artículo 191 no se refiere a "*actividades* incompatibles" sino a "*cargos públicos*" y a "*cargos públicos en actividades*" varias.

---

21 Véase Claudia Nikken, "Notas sobre el artículo 187.20 de la Constitución," *Revista de Derecho Público*, Editorial Jurídica Venezolana, Nº 137 (enero-marzo 2014), (en preparación).

Pero de esta premisa errada, y distorsionante, fue que derivó, entonces, lo único que la Sala Constitucional quería en realidad decidir, de oficio, siguiendo sin duda el lineamiento fijado por los otros Poderes del Estado, antes mencionados, atendiendo a la "coordinación, "cooperación" y "colaboración" entre los mismos a lo cual había hecho referencia la propia Presidente de la Sala Constitucional la víspera de la decisión; y era que:

> "la aceptación de una representación (sea permanente o alterna), indistintamente a su tiempo de duración, ante un órgano internacional por parte de un Diputado o Diputada a la Asamblea Nacional que está desempeñando su cargo durante la vigencia del período para el cual fue electo o electa, constituye una *actividad* a todas luces incompatible, y no puede considerarse como actividad accidental o asistencial, pues esa función diplomática va en desmedro de la función legislativa para la cual fue previamente electo o electa."

Esta "interpretación," por supuesto, se insiste, es totalmente errada, por múltiples razones:

Primero, porque la "incompatibilidad" que establece el artículo 191 de la Constitución, como viene de decirse, es entre la condición de diputado y el ejercicio o aceptación de un "cargo público." No es una incompatibilidad entre "actividades" como se advirtió anteriormente, siendo el argumento de la Sala deliberadamente distorsionante para buscar una interpretación igualmente torcida, pero favorable al objetivo perseguido en virtud del lineamiento que debía atender.

Segundo, para que se pueda producir la "incompatibilidad," el diputado debe haber aceptado o ejercicio un "cargo público," que además sea incompatible con la dedicación exclusiva de la función parlamentaria. Sin embargo, la Sala de lo que habla en su sentencia es de la supuesta "aceptación de una representación [...] en un organismo internacional," que si se hubiese producido nada tiene que ver con "cargos públicos." Por lo demás, nada se dice en qué consiste eso de aceptar una "representación ante un organismo internacional." ¿En qué consistiría esa "representación"? ¿En cuál carácter sería aceptada? Lo que tenía que decidir la Sala, si acaso, era que ser acreditado para hablar en una sesión de un organismo internacional con el carácter de diputado de la Asamblea Nacional de Venezuela, no era aceptar o ejercer un cargo público. Nada más. Y eso no fue lo que hizo la Sala. Esta lo que hizo fue distorsionar la norma a conveniencia, argumentando sobre supuestos que la misma no regula.

Tercero, el que un diputado venezolano sea acreditado por la representación de un país que lo invite a asistir a una sesión de la OEA en el que se trataría el tema de Venezuela, para que hable en tal carácter de diputado de la Asamblea Nacional venezolana; aparte de que en los términos de la Constitución no es aceptar o ejercer ningún "cargo público" –única posibilidad de que se aplique la incompatibilidad–, es una "actividad" completamente compatible con las funciones de diputado, lo que es más, es de la esencia de dicha función teniendo en cuenta, como lo dice la Constitución, que los diputados "son representantes del pueblo, no sujetos a mandatos ni instrucciones, sino a su conciencia" (art. 201), por lo que de su actuación sólo tienen que dar cuenta a sus electores (art. 197).

Ante la sentencia, lo que cabe es preguntarse: ¿Cómo puede entenderse que realizar esa actividad (que no es ejercer "cargo público" alguno), al decir de la Sala, sin argumentación alguna, sino sólo porque sí, "constituye una actividad a todas luces incompatible, y no puede considerarse como actividad accidental o asistencial, pues esa función diplomática va en desmedro de la función legislativa para la cual fue previamente electo o electa."? ¿Cómo puede llegar la Sala a calificar la acreditación para hablar en un organismo internacional como una "función diplomática? Una función diplomática es la que realizan los funcionarios diplomáticos en representación de un Estado ante otros Estados o ante la comunidad internacional. Para ello, en cualquier Estado del mundo, esos funcionarios requieren de un nombramiento que les permita ostentar el "cargo diplomático" que es el que le puede permitir realizar funciones diplomáticas. Nada de eso ocurre cuando un diputado de la Asamblea Nacional de Venezuela va a hablar sobre Venezuela en tal carácter, sin aceptar ni ejercer "cargo público" de Venezuela ni de Estado alguno, en una sesión de la OEA donde se va a discutir la situación de Venezuela. ¿Cómo puede decirse que ello va "en desmedro de la función legislativa para la cual fue previamente electo" el diputado, cuando quien define la función legislativa es el diputado que la ejerce en representación del pueblo, conforme a su conciencia?

Pues bien, con base en todas las distorsiones del texto, letra, espíritu y razón de la norma a las cuales hemos hecho referencia, la Sala concluyó con que:

> "Esa es la interpretación que debe dársele al artículo 191 de la Constitución concatenadamente a otras disposiciones como el artículo 149 *eiusdem*, en aras de preservar la ética como valor superior del ordenamiento jurídico, el respeto a las instituciones del Estado Venezolano y el deber de cumplir de acatar la Constitución, las leyes y las normas del ordenamiento jurídico de la República Bolivariana de Venezuela. Así se declara."

Después de esta "declaración," que no es otra que considerar que el artículo 191 de la Constitución no establece lo que establece, es decir, una incompatibilidad de la situación de diputado con el ejercicio o aceptación de un "cargo público," sino que establece otra cosa –que no establece–, como es una supuesta incompatibilidad del la función legislativa con otras "actividades" que la Sala evalúa libremente, pasó entonces la Sala a arrebatarle el mandato popular a la diputada Machado. Tal como la Presidenta del Tribunal Supremo lo había anunciado el día antes, cuando expresó en un programa de televisión, como antes se ha dicho que: "obviamente tiene consecuencias jurídicas" que la parlamentaria María Corina Machado haya "aceptado un destino diplomático en un país extranjero."[22]

VII. EL RECURSO AL "HECHO PÚBLICO, NOTORIO Y COMUNICACIONAL" PARA SENTENCIAR SIN PRUEBAS, VIOLANDO EL DEBIDO PROCESO

Para "decidir" sin probar nada sobre lo que ya tenía decidido, la Sala Constitucional recurrió al ya inveterado expediente de la existencia de un "hecho público, notorio y comunicacional" para decidir, sin probar nada, recurriendo a "recortes de periódicos," para lo cual citó y transcribió lo que ya antes había decidido en sentencias

22 Véase la reseña de lo que expresó durante el programa *José Vicente Hoy*, transmitido por **Televen**, publicado por @Infocifras, 31 de marzo de 2014, en http://cifrasonlinecomve.wordpress.com/2014/03/30/presidenta-del-tsj-actuacion-de-machado-tiene-consecuencias-juridicas/

N° 98 del 15 de marzo de 2000 (caso: "*Oscar Silva Hernández*")[23] y N° 280 del 28 de febrero de 2008 (caso: "*Laritza Marcano Gómez*"),[24] considerando por tanto, como hechos que no requerían prueba para decidir, "*y se tienen como ciertos*," una serie de hechos que, dijo la Sala "se refiere el asunto examinado en la presente causa," cuando en realidad no había "causa" pues la Sala Constitucional en la sentencia, decidió terminar la única causa que se había iniciado mediante demanda, al declararla inadmisible por falta de legitimación de los demandantes, con lo cual la causa había quedado terminada..

Por ello, antes de referirnos a los "hechos públicos y notorios comunicacionales" que usó la Sala para decidir –no se sabe cuál "causa"–, es por tanto necesario y obligado volver a preguntarse sobre el tema de a cuál causa se refirió la Sala al mencionar la "presente causa." Es decir, es necesario saber cuál era la "causa" que estaba decidiendo la sala, para poder saber cuál era "el asunto examinado en la presente causa" que mencionó en la sentencia.

Y la verdad es que no había "causa" alguna, es decir, la Sala decidió revocarle el mandato popular a una diputada a la Asamblea Nacional, sin "causa" ni proceso; siendo la "causa" en materia procesal, la expresión común utilizada en el foro para referirse a un "juicio," o a un "proceso," lo que significa que la Sala Constitucional, como "máxime garante de la Constitución" actuó inconstitucionalmente al decidir un asunto de tanta trascendencia como es, en violación del principio democrático, revocarle el mandato popular a una diputada que sólo le corresponde al pueblo mediante un referendo revocatorio; y todo ello, sin causa, sin proceso, sin juicio, es decir, además, en violación del artículo 49 de la Constitución que garantiza el debido proceso.

---

23 Véase sobre esta sentencia véase los comentarios en Allan R. Brewer-Carías, "Consideraciones sobre el "hecho comunicacional" como especie del "Hecho Notorio" en la doctrina de la Sala Constitucional del Tribunal Supremo" en *Revista de Derecho Público*, N° 101, enero-marzo 2005, Editorial Jurídica Venezolana, Caracas 2005, pp. 225-232.

24 Véase en http://www.tsj.gov.ve/decisiones/scon/febrero/280-280208-07-1732.HTM

La Sala, en efecto, decidió arrebatarle el mandato popular a una diputada, sin garantizarle el derecho a la defensa, "que es inviolable en todo estado y grado de la investigación y del proceso" (art. 49.1). Quizás la Sala para justificar lo injustificable llegue entonces a decir, que como no hubo "proceso" no tenía que garantizarle este derecho a la diputado Machado, lo que haría más aberrante la decisión.

Pero sin duda que si hubo proceso o "causa" como lo calificó la propia Sala al decidir, por lo que estaba obligada a respetar la regla de que "toda persona tiene derecho a ser oída en cualquier clase de proceso" (art. 49.3) y a ser "juzgada con las garantías establecidas en la Constitución y en la ley" (art. 49.4). Nada de ello ocurrió en este caso, en el cual violando todas esas garantías, la Sala decidió una causa o proceso de interpretación de la Constitución, pero para despojar de su mandato popular a una diputado para lo cual en ningún caso tiene competencia, pues ello sólo corresponde al pueblo que la eligió.

La Sala Constitucional además, violó la regla de que "toda persona se presume inocente mientras no se pruebe lo contrario" (art. 49.2), lo que en materia procesar exige que quien alegue algo contra alguien debe probar su alegato. Es decir, que la prueba está a cargo de quien acusa o demanda. Y en este caso de inexistencia de "causa", a la pregunta de quién era el "demandante" o "acusador", no habría otra respuesta que no sea señalar a la propia Sala, que fue la que decidió actuar en este caso de oficio. A la Sala Constitucional le correspondía entonces probar el supuesto de hecho de la norma el artículo 191 de la Constitución para sacar su conclusión preconcebida sobre las "consecuencias jurídicas" de la misma, que era la pérdida de la investidura. Para ello, la Sala tenía que haber probado primero que había un "cargo público" determinado y que la diputado Machado lo había efectivamente aceptado o ejercido, para lo cual debía probar, además, por ejemplo, el nombramiento publicado en *Gaceta Oficial* o el oficio de nombramiento, o actuaciones que demostraran el "ejercicio" efectivo del cargo; y en todo caso, probar además –si estaba demostrada la aceptación o ejercicio de un "cargo público" que no era el caso–, que el nuevo "cargo público" aceptado o ejercido suponía una "dedicación exclusiva." Todo ello requería de actividad probatoria, que en este caso, como el Tribunal estaba actuando de oficio, era la Sala la que tenía que asegurarla.

Pero no! La Sala Constitucional apeló al absurdo expediente de que la norma "opera de pleno derecho" para lo cual nadie debía probar nada, sino dar por probados o por ciertos determinados hechos, y simplemente, basados en que un enemigo político de la persona involucrada formule acusaciones sin fundamento jurídico ni de hecho. Pero como quien las formuló fue el Presidente de la Asamblea Nacional, además del Presidente de la República, la Sala entonces juzgó que había que actuar de oficio, "coordinadamente," en "colaboración" y "cooperación" con ellos, y simplemente decidir que "de pleno derecho" la diputada Machado había perdido su investidura, sin alegatos ni pruebas algunas, es decir, se le revocó el mandato popular a una diputada porque así lo resolvió el "máximo intérprete y garante de la Constitución," sin causa ni proceso ni prueba alguna, de oficio.

Una vez decidida la causa iniciada por los concejales Zambrano y Ascensión del Municipio Baruta, y declarada inadmisible la demanda, que en el caso era la única "causa" existente, la misma cesó, se terminó, y había que archivar el Expediente; y si bien la Sala podía formular argumentaciones adicionales o complementarias en un *obiter dictum*, ello no lo podía hacer para iniciar otra nueva supuesta "causa," sin partes, o actuando la propia Sala Constitucional como juez y parte, que fue lo que ocurrió en esta caso, violando uno de los principios más elementales de la administración de justicia en el mundo, y es que nadie puede ser juez y parte en una causa.

Ahora bien, para cometer esta aberración jurídica, con el único propósito de revocarle el mandato a la diputada María Corina Machado, la Sala Constitucional estableció que los siguientes eran hechos notorios y comunicacionales que daba por ciertos, es decir, por probados, y por tanto que no requerían prueba:

Primero,

> "Que con fecha 5 de marzo de 2014, el Presidente Constitucional de la República Bolivariana de Venezuela, ciudadano Nicolás Maduro Moros, en su condición de Jefe de Estado, decidió romper relaciones comerciales y diplomáticas con la República de Panamá, anunciando al país lo siguiente: *"**He deci-***

dido romper con las relaciones diplomáticas y comerciales con Panamá. Nadie va a conspirar contra nuestro país. A Venezuela se respeta y no voy a aceptar que nadie conspire contra Venezuela para pedir una intervención". Tomado de la página web http://www.el-nacional.com/politica/Maduro-Venezuela-rompio-relaciones-Panama_0_367163449.html (resaltado de este fallo).

Segundo,

"Que con fecha 20 de marzo de 2014, fue dirigida una misiva al Secretario General de la Organización de Estados Americanos, ciudadano José Miguel Insulza, por parte del Representante Permanente de Panamá ante ese organismo, ciudadano Arturo Vallarino, para solicitar que a partir de ese día, la ciudadana María Corina Machado, fungiera como Representante Alterna de la Delegación de Panamá. En la misma, se lee: "*Tengo el honor de dirigirme a vuestra excelencia a fin de solicitarle tenga a bien acreditar* ***a la diputada María Corina Machado, como Representante Alterna de la Delegación de la República de Panamá*** *ante la Organización de Estados Americanos,* ***a partir de la fecha****".*(Resaltado de este fallo). Tomado de la página webhttp://www.informa-tico.com/25-03-2014/lo-dijo-insulza-maria-corina-silla-prestada."

Tercero,

"Que en Sesión Plenaria de la Asamblea Nacional del día 25 de marzo de 2014, fue solicitada la Moción de Urgencia del Diputado Andrés Eloy Méndez, mediante la cual requirió la declaratoria de pérdida de la investidura de la ciudadana María Corina Machado, como Diputada a la Asamblea Nacional; **la cual fue aprobada por ese órgano legislativo."**

De todo lo anterior, la Sala Constitucional dedujo que:

"es un hecho notorio comunicacional, el que la ciudadana María Corina Machado, en su condición de Diputada a la Asamblea Nacional, aceptó participar en el Consejo Permanente de la Organización de Estados Americanos "como representante alterna del gobierno de Panamá", por lo que la circunstancia que haya podido participar o no, y los términos en que lo hubiese hecho, son irrelevantes, ante la evidente violación de las disposiciones constitucionales que regulan la función pública le-

> gislativa, la condición de ocupar un cargo de Diputada a la Asamblea Nacional de la República Bolivariana de Venezuela, y el deber que como todo venezolano y venezolana tiene de honrar y defender a la patria, sus símbolos, valores culturales, resguardar y proteger la soberanía, la nacionalidad, la integridad territorial, la autodeterminación y los intereses de la nación (artículo 130 constitucional)."

La conclusión, por supuesto, nada tiene que ver con lo que regula el artículo 191 de la Constitución cuya "consecuencia jurídica" fue la que la Sala consideró que operaba de pleno derecho: que *pierde la investidura de diputado el que acepte o ejerza un cargo público que suponga dedicación exclusiva*. En su argumentación, sin embargo, la Sala Constitucional no se refirió a ello, sino que a lo que se refirió, fue a que la diputada Machado lo que había aceptado era "participar en el Consejo Permanente de la Organización de Estados Americanos '*como representante alterna del gobierno de Panamá,'"* que nada tiene que ver con el supuesto de hecho ni de derecho de la norma que se refiere a la aceptación de un "cargo público dentro del Estado′ venezolano; para concluir entonces, que esa sola circunstancia, planteaba una:

> "evidente violación de las disposiciones constitucionales que regulan la función pública legislativa, la condición de ocupar un cargo de Diputada a la Asamblea Nacional de la República Bolivariana de Venezuela, y el deber que como todo venezolano y venezolana tiene de honrar y defender a la patria, sus símbolos, valores culturales, resguardar y proteger la soberanía, la nacionalidad, la integridad territorial, la autodeterminación y los intereses de la nación (artículo 130 constitucional)."

Nada dijo la sentencia, sin embargo, respecto de cómo y porqué una diputado de la Asamblea Nacional de Venezuela que hable sobre Venezuela, en tal condición de diputada venezolana que actúa en representación del pueblo, en un Consejo Permanente de la OEA donde se discutía el caso de la situación en Venezuela, podría haber "violado disposiciones constitucionales" que no se citaron, sobre el deber de honrar y defender a la patria, la nacionalidad, la integridad territorial, la autodeterminación y los intereses de la nación. Una afirmación de tal calibre y envergadura no se puede formular sin pruebas que demuestren esas agresiones al país, y menos por el "máximo intérprete y garante de la Constitución," y peor, si nada tienen que ver con la aplicación del artículo 191 de la Constitución cuya "consecuencia jurídica" era lo que la Sala Constitucional a toda costa quería aplicar a la diputado Machado.

La argumentación final de la sentencia sobre cómo se desarrollan las reuniones de la Organización de Estados Americanos, y cómo los países están representados en las mismas con miembros permanentes, no tiene relevancia alguna, y menos para concluir como lo hizo la Sala que:

> "resulta evidente que la ciudadana María Corina Machado no sólo omitió solicitar la autorización al Presidente de la Asamblea Nacional, en atención al artículo 149 de la Constitución, para aceptar la designación como representante alterna de otro país (Panamá) ante un organismo internacional como lo es la Organización de Estados Americanos, sino que, peor aún, pretendió actuar como Diputada a la Asamblea Nacional ante ese organismo internacional, sin estar autorizada por la Asamblea Nacional ni por las autoridades que dirigen las Relaciones Exteriores de la República Bolivariana de Venezuela, en evidente transgresión de lo dispuesto en los artículos 152 y 236, numeral 4, de la Constitución de la República Bolivariana de Venezuela."

VIII. DE NUEVO SOBRE EL TEMA DE LA AUTORIZACIÓN DE LA ASAMBLEA NACIONAL PARA ACEPTAR CARGOS, HONORES Y RECOMPENSAS DE GOBIERNOS EXTRANJEROS, Y LA APLICACIÓN DE PLENO DERECHO DE LA PÉRDIDA DE LA INVESTIDURA DE LA DIPUTADA MACHADO, SIN PROCESO

Con el antes transcrito párrafo de la sentencia, la Sala Constitucional pasó a realizar otra argumentación, alejada del artículo 191 de la Constitución, y es la vuelta a lo dispuesto en el artículo 149 de la Constitución sobre la necesidad de los funcionarios públicos de obtener "autorización de la Asamblea Nacional" –no del Presidente de la misma, como lo afirmó erradamente la Sala en la misma sentencia– para aceptar "cargos, honores o recompensas de gobiernos extranjeros." Esta norma, tal como está redactada no tiene "en su propio texto consecuencia jurídica" alguna, y para aplicarse tendría que seguirse un procedimiento que en ningún caso podría iniciarse de oficio por la Sala Constitucional, pues es de la competencia exclusiva del Poder Legislativo, luego de que mediante legislación establezca las consecuencias jurídicas de la no obtención de la mencionada autorización.

Pero por lo demás, el hecho de haber sido acreditada la diputado Machado para hablar desde el puesto físico de Panamá en la sala de sesiones del Consejo Permanente de la OEA, como diputada de la Asamblea Nacional de Venezuela –no como "funcionaria" de Panamá ni en representación alguna de Panamá–, sobre la situación de Venezuela –no de la situación en Panamá–; es una actuación perfectamente legítima que la diputada como representante del pueblo puede hacer, quedando sólo sometida a su conciencia (at. 201) y a dar cuenta de ello al pueblo que la eligió (art. 197).

Para ello no necesitaba estar autorizada por la Asamblea Nacional, pues como se lo garantiza el artículo 201 de la Constitución, como representante del pueblo, no está sujeta a mandatos ni instrucciones y sólo a su conciencia. Tampoco estaba sujeta a obtener "autorización" de las "autoridades que dirigen las Relaciones Exteriores de la República," como impropiamente lo afirma la Sala en flagrante violación al principio de la separación de poderes, pues son sólo dichas autoridades las que deben ejecutar los principios establecidos en los artículos 152 y 236.4 de la Constitución, los cuales por supuesto la Diputada Machado no trasgredió en forma alguna, como errada y maliciosamente lo afirmó la Sala.

Lo cierto es que como ya la decisión de arrebatarle la investidura parlamentaria a la diputada Machado, o sea, su mandato popular, ya estaba tomada porque así lo querían todos los órganos de los Poderes del Estado, tal y como todos lo habían manifestado públicamente,[25] la Sala Constitucional concluyó la "causa" que no existía, y

---

25 Véase "Cabello: Por el artículo 191 de la Constitución, María Corina machado "dejó de ser diputada", *Globovisión,* 24 de marzo de 2014, en http://globovision.com/articulo/junta-directiva-de-la-an-anuncia-rueda-de-prensa ; y "Nicolás Maduro, indicó que "la exdiputada María Corina Machado la nombraron embajadora de la Organización de Estados Americanos, de un gobierno extranjero, se convirtió en funcionaria para ir a mal poner a Venezuela, a pedir la intervención", Reseña de M.C. Henríquez, "Maduro: "La exdiputada de la AN, Mar-

que ella inventó, de oficio, en la cual fue juez y parte, sin que la parte afectada pudiera alegar ni defenderse, afirmando impropiamente que la "aplicación de la consecuencia jurídica prevista en el artículo 191 de la Constitución resulta ajustada al caso planteado, al operar de pleno derecho." Por supuesto, ante este párrafo surgen las preguntas necesarias y obligantes: ¿Cuál "caso"? ¿"Planteado" por quién? En el expediente, en realidad, el único "caso planteado" fue la demanda de unos Concejales del Municipio Baruta contra el Presidente de la Asamblea Nacional acusándolo de usurpación de funciones, que la Sala declaró inadmisible con lo cual quedó concluida antes de iniciarse el proceso correspondiente.

La decisión de la Sala Constitucional de darle efectos "de pleno derecho," es decir, sin formula de juicio, a la consecuencia jurídica del artículo 191, que es la pérdida de la investidura de un diputado por aceptar o ejercer un "cargo público," aplicada a la diputada Machado, violó la misma norma que se quiso aplicar, pues como se dijo anteriormente, nunca dicha norma podría "operar de pleno derecho," sin que exista previamente una actividad probatoria en un juicio contradictorio, con partes, y las garantías judiciales debidas, *primero*, de la existencia de un "cargo público" determinado; *segundo*, de que dicho cargo público fue "aceptado o ejercido" efectivamente por el diputado; y *tercero*, que el mencionado "cargo público" supone "dedicación exclusiva." Sólo probando esos tres supuestos, es que la consecuencia jurídica de la aplicación de la norma podría aplicarse por el juez competente, en un proceso judicial.[26]

La Sala Constitucional no probó nada de eso, a pesar de que en la "causa" era juez y parte, sin que ninguna otra parte participara, y lo único que afirmó fue que la Diputado María Corina Machado había aceptado "una representación alterna de un país, [...] ante un

---

ía Corina Machado fue a mal poner a Venezuela," *Noticias24,* 22 de marzo de 2014, en http://noticias24carabobo.com/actualidad/noticia/38925/maduro-la-exdiputada-de-la-an-maria-corina-machado-fue-a-mal-poner-a-venezuela/

26 Véase sobre esto lo expuesto por Carlos J. Sarmiento Sosa, "La investidura parlamentaria y su pérdida," en *E Universal*, Caracas 27 de marzo de 2014, disponible en http://www.eluniversal.com/opinion/140327/la-investidura-parlamentaria-y-su-perdida.

órgano internacional," considerando sin fundamentación o prueba alguna, que ello "constituye una actividad a todas luces incompatible durante la vigencia de su función legislativa," calificando falsamente dicha "actividad," es decir, el hecho de que hablara por Venezuela, como diputada venezolana, en una sesión del Consejo permanente de la OEA sobre Venezuela, como una "función diplomática," considerando de nuevo sin fundamentación ni pruebas, que ello no sólo iba "en desmedro de la función legislativa para la cual fue previamente electa", sino, y es lo grave de la conclusión de la Sala, que su actuación fue "en franca contradicción con los deberes como venezolana (artículo 130 constitucional) y como Diputada a la Asamblea Nacional (artículo 201 *eiusdem*)." Y así de simple, concluyó "Así se declara."

Esta consideración final, además de inconstitucional, es una infamia imperdonable en la cual han incurrido los señores magistrados de la Sala Constitucional, contra una diputada que lo que ha hecho es cumplir su misión de representar al pueblo, sin sujeción a mandatos ni instrucciones sino conforme a su conciencia, como se lo manda precisamente el artículo 201 de la Constitución –y no en contra del mismo como maliciosamente lo indica la Sala en su sentencia–, y en tal carácter, juzgó conforme su conciencia, que debía hablar ante la OEA como diputada venezolana, sobre Venezuela, en una sesión donde se discutiría la situación política del país.

La Sala Constitucional violó además el principio de separación de poderes al pretender juzgar, "sin juicio," la actuación de una diputada electa en representación del pueblo, y se dió el lujo de concluir una decisión, afirmando –condenándola–, que la Diputada con su actuación ha contradicho sus "deberes como venezolana" que están en el artículo 130 de la Constitución, los cuales, al contrario, todos fueron por ella cumplidos al acudir ante la OEA, y que son: "honrar y defender a la patria, sus símbolos y valores culturales, resguardar y proteger la soberanía, la nacionalidad, la integridad territorial, la autodeterminación y los intereses de la Nación"; deberes todos, que en cambio, han sido violados y violentados por los que ejercen el poder en Venezuela bien "coordinadamente," en "cooperación" estrecha, en el marco del régimen autoritario que se ha establecido en los últimos quince años.[27]

IX. LA INTERPRETACIÓN INCONSTITUCIONAL DE LA CONSTITUCIÓN O LA MUTACIÓN ILEGÍTIMA DE LA CONSTITUCIÓN

Por último, se observa que en el capítulo IV de la sentencia, que contiene la "decisión," después de haber resuelto en párrafos precedentes sobre muchas otras cosas, sin control, como se ha comentado, la Sala se limitó a declarar que tenía competencia para conocer de la "acción propuesta" que no fue otra que la demanda de los concejales contra el Presidente de la Asamblea Nacional; que dicha acción propuesta fue declarada inadmisible, y que. por último:

> "INTERPRETA constitucionalmente el sentido y alcance del artículo 191 de la Constitución de la República Bolivariana de Venezuela, en lo que se refiere a la aceptación de una actividad de representación (sea permanente o alterna), indistintamente a su tiempo de duración, ante un órgano internacional por parte de un Diputado o Diputada a la Asamblea Nacional que está desempeñando su cargo durante la vigencia del período para el cual fue electo, y su incompatibilidad con dicha función legislativa."

Ya hemos mencionado en relación con el artículo 191 de la Constitución, que lo que regula es la aceptación o ejercicio de un "cargo público" por un diputado, a lo que nos hemos referido a lo largo de estos comentarios, por lo que la "interpretación" adoptada por la Sala es simplemente inconstitucional, ya que con ella lo que ha decidido es una mutación del texto y contenido del mencionada artículo 191 de la Constitución, al cambiar la expresión constitucional de "cargo público" que es la que puede originar alguna "incompatibilidad," y trastocarla por la expresión "actividad," para inventar una incompatibilidad entre actividades, usurpando así el poder

27 Véase Allan R. Brewer-Carías, *Authoritarian Government v. The Rule of Law. Lectures and Essays (1999-2014) on the Venezuelan Authoritarian Regime Established in Contempt of the Constitution*, Fundación de Derecho Público, Editorial Jurídica Venezolana, Caracas 2014.

constituyente del pueblo que es el único que puede reformar la Constitución.

Como último comentario vale la pena señalar que incluso si se aceptara que la Sala Constitucional llevó a cabo una "reforma" velada de la Constitución, a través de esta nueva "interpretación" adoptada respecto de su texto, su decisión sólo podría tener efectos hacia futuro, conforme a la garantía constitucional de la irretroactividad de la ley plasmada en la misma Constitución (art. 24), y nunca hacia el pasado o con efectos retroactivos; es decir, sólo se podría aplicar si se diera el supuesto que ahora se ha establecido o "regulado" en la sentencia después de que la misma hubiera sido publicada en la *Gaceta Oficial*, por lo que no podría aplicarse, en ningún caso, a la diputada María Corina Machado.

Con sentencias como la que hemos comentado, y con atropellos como los que contiene, como persona que le ha dedicado su vida al derecho, no podemos menos que exclamar: Qué terror! Que terrible tragedia que en Venezuela hayamos caído en manos de "jueces del horror."[28]

Por ello, con razón, en el Editorial de *Analítica.com*, del 2 de abril de 2014, titulado "El tribunal Supremo del mal," se lee lo siguiente sobre la sentencia que hemos comentado:

---

28 La expresión es una derivación del título del libro de Ingo Müller, *Furchtbare Juristen. Die unbewältigte Vergangenheit unserer Justiz*, con traducción de Carlos Armando Figueredo bajo el título: *Los Juristas del Horror. La justicia de Hitler: El pasado que Alemania no puede dejar atrás,* Caraca 2006. El libro, como se nos dice acertadamente en su Prólogo, es una obra: "que todo ser humano debería leer con cuidado y atención, para evitar que la perversión de la justicia se repita. Que nunca más la justicia se politice y se coloque en posición de servilismos frente a un Poder Ejecutivo intransigente y antidemocrático. No hay justificación alguna para que en nombre de una revolución se le haga tanto daño a pueblo alguno." Esos "los juristas del horror, como más recientemente nos lo ha recordado el propio traductor de la obra, "fueron todos aquellos catedráticos del derecho, abogados, jueces, fiscales y filósofos que se prestaron para darle una supuesta armazón jurídica a una de las peores dictaduras que ha conocido la humanidad como fue la de Adolf Hitler." Véase Carlos Armando Figueredo, "Venezuela también tiene sus 'Juristas del Horror,'" en *Analitica.com*, 3 de abril de 2009, en http://www.analitica.com/va/politica/opinion/7272707.asp

"En la Venezuela actual una sala parecida es la sala constitucional del tribunal supremo, que se ha caracterizado por ser el instrumento más dócil y más veloz en cumplir los requerimientos del régimen.

Una de esas sentencias sumarias fue la que emitieron, entre gallos y medianoche, el lunes 31 de marzo, mediante la cual, sin un debido proceso, le arrebataron de un solo plumazo la inmunidad parlamentaria a la diputada María Corina Machado. La justificación que dieron para realizar ese acto, a todas luces violatorio de los derechos de la diputada, fue por vía de la interpretación de un oscuro artículo de la Constitución y sin permitirle a la parte agraviada que esgrimiese argumento alguno en su defensa.

Esta acción de la sala constitucional entrará en los libros de derecho constitucional como un ejemplo aberrante de extra limitación de atribuciones para cometer una violación a la letra de la constitución que prevé taxativamente las únicas causas mediante las cuales se le puede quitar la inmunidad a un diputado que, no olvidemos, es el representante de la voluntad popular."[29]

New York, 3 de abril de 2014

29 Véase en http://www.analitica.com/va/editorial/8282103.asp.

QUINTA PARTE

LA ACEPTACIÓN POR LA SALA CONSTITUCIONAL DEL TRIBUNAL SUPREMO DE LIMITACIONES AL DERECHO A SER ELECTO DERIVADAS DE "INHABILITACIONES POLÍTICAS" INCONSTITUCIONALMENTE IMPUESTAS A FUNCIONARIOS PÚBLICOS COMO SANCIÓN ADMINISTRATIVA (El caso de ex Alcalde Leopoldo López) *

INTRODUCCIÓN

El artículo 39 de la Constitución venezolana de 1999, en relación con el status de las personas, además de distinguir entre venezolanos y extranjeros, regula expresamente el status de "ciudadano,"[1] que es el que corresponde a los venezolanos en virtud del vínculo

---

* Publicado en Alejandro Canónico Sarabia (Coord.), *El control y la responsabilidad en la Administración Pública, IV Congreso Internacional de Derecho Administrativo, Margarita 2012*, Centro de Adiestramiento Jurídico, Editorial Jurídica Venezolana, Caracas 2012, pp. 293-371.

1 El texto de la norma fue una innovación en relación a lo que establecía la Constitución de 1961. Véase nuestra propuesta en este sentido, en Allan R. Brewer-Carías, *Debate Constituyente,* Tomo II, *op. cit.,* pp. 64 y ss. Véase nuestro voto salvado en la primera discusión, en Allan R. Brewer-Carías, *Debate Constituyente,* Tomo III, *op. cit.,* p. 145.

político que se establece entre los mismos y el Estado,[2] conforme al cual pueden participar en el sistema político como "titulares de derechos y deberes políticos." Estos derechos, por tanto, conforme a la Constitución están reservados a los venezolanos "salvo las excepciones establecidas en la Constitución," que se refieren sólo a la posibilidad, para los extranjeros, de poder ejercer el derecho de voto en las elecciones locales (art. 64).

Salvo esta excepción, los derechos políticos por tanto, son privativos de los ciudadanos, aún cuando sometidos a las "condiciones de edad" que establece la Constitución para el ejercicio de cargos públicos, y a la exigencia de que se trate de personas hábiles en derecho, es decir, que "no estén sujetos a inhabilitación política ni a interdicción civil" (art. 39).

Ahora bien, entre esos derechos políticos privativos de los venezolanos se destaca el "derecho al sufragio" que es, por excelencia, como lo ratificó la Sala Electoral del Tribunal Supremo de Justicia en sentencia Nº 29 de 19 de febrero de 2002, (Caso: *Gustavo Pérez y otros vs. Consejo Nacional Electoral*), el "mecanismo de participación del pueblo en ejercicio de su soberanía (artículo 63 de la Constitución)," el mismo "alude a la libertad de participar en un proceso electoral, tanto en la condición de elector (sufragio activo) como en la de candidato (sufragio pasivo)."[3].

En este contexto, por tanto, el derecho a ser electo para cargos representativos es uno de los más esenciales en una sociedad democrática, que tiene todo ciudadano hábil políticamente, es decir, no sujeto a interdicción civil o a inhabilitación política, pudiendo sólo ser excluidos de su ejercicio sólo aquellos que pierden su ciu-

---

2 Véase en general, sobre la ciudadanía, Eugenio Hernández Bretón, "Nacionalidad, ciudadanía y extranjería en la Constitución de 1999", en *Revista de Derecho Público,* Nº 81 (enero-marzo). Editorial Jurídica Venezolana, Caracas, 2000, pp. 47-59; Enrique Argullol Murgadas, "El status constitucional del ciudadano y la relación jurídico-administrativa", en *El Derecho Público a comienzos del siglo XXI. Estudios homenaje al Profesor Allan R. Brewer-Carías*, Tomo II, Instituto de Derecho Público, UCV; Civitas Ediciones, Madrid, 2003, pp. 1384-1392.

3 Véase en *Revista de Derecho Público*, Nº 89-92, Editorial Jurídica Venezolana, Caracas 2002.

dadanía, lo que sólo puede ocurrir mediante decisión judicial, o quienes hayan sido objeto de una decisión adoptada por los tribunales de justicia en procesos generalmente penales, en los cuales esté garantizado el debido proceso, en los cuales su imponga la pena de inhabilitación política.

Son incompatibles con una sociedad democrática, por tanto, las inhabilitaciones políticas impuestas a los ciudadanos por autoridades administrativas, es decir, por órganos del Estado que no sean tribunales judiciales y menos aún cuando son impuestas en procedimientos administrativos en los que no se respeten las debidas garantías del debido proceso. Lo contrario significaría que estaría en manos del gobierno de turno excluir a ciudadanos de su derecho a ser electos para cargos representativos, lesionándose así el desarrollo de una democracia pluralista, pues se podría excluir de su derecho a la participación política, al antojo gubernamental, a los miembros de la oposición democrática.

Este derecho ha sido violado en Venezuela por la Contraloría General de la República, la cual al dictar autos de responsabilidad administrativa, aplicando el artículo 105 de la ley Orgánica de la Contraloría General de la República y del Sistema Nacional de Control Fiscal, imponiendo la "pena" de inhabilitación política a ex funcionarios que han sido sancionados, restringiéndoles su derecho político al sufragio pasivo que sólo puede ser restringido, acorde con la Constitución (art. 65) y la Convención Americana de Derechos Humanos (art. 32.2), mediante sentencia judicial que imponga una condena penal. Es decir, en estos primeros años del siglo XXI, una de las armas políticas más arteras contra la representatividad democrática que ha utilizado el régimen autoritario instalado en el país en fraude a la Constitución y a la democracia, ha sido recurrir al expediente de la inhabilitación política impuesta mediante decisiones administrativas dictadas por el Contralor General de la República, a determinados candidatos, generalmente de la oposición para excluirlos del ejercicio democrático, y por tanto, de la posibilidad de ser electos para cargos representativos.

Ello es completamente inconstitucional e inconvencional, pues el derecho a ser electo en Venezuela es un derecho político que sólo puede restringirse de acuerdo con la Constitución de 1999 y con la Convención Americana de Derechos Humanos, mediante sentencia judicial dictada en un proceso penal conforme a las normas del Código Orgánico Procesal Penal, cuando un juez impone a un condenado la pena de inhabilitación política, que es siempre una pena accesoria a la pena principal de prisión o presidio.

En esta materia, sin embargo, la Sala Constitucional, como juez constitucional, en franca violación de la Constitución, resolvió en sentencia Nº 1265/2008 dictada el 5 de agosto de 2008,[4] (caso *Ziomara Del Socorro Lucena Guédez vs. Contralor General de la República*) que el artículo 105 de la Ley Orgánica de la Contraloría no era violatorio de la Constitución ni de la Convención Americana de Derechos Humanos, admitiendo que mediante ley se podían establecer sanciones administrativas de inhabilitación política contra ex funcionarios impidiéndoles ejercer su derecho político a ser electos, como era el caso de las decisiones dictadas por la Contraloría General de la República.

El tema fue llevado por la Comisión Interamericana de Derechos Humanos ante la Corte Interamericana de Derechos Humanos, la cual mediante sentencia dictada en el 1º de septiembre de 2011 (caso *Leopoldo López vs. Estado de Venezuela)*, al contrario, consideró que conforme a la Convención Americana de Derechos Humanos (art. 32.2) la restricción al derecho pasivo al sufragio (derecho a ser elegido) sólo puede establecerse mediante imposición de condena dictada mediante sentencia judicial, con las debidas garantías del debido proceso, condenando en dicho caso al Estado venezolano por violación de dicho derecho en perjuicio del Sr. López, ordenando la revocatoria de las decisiones de la Contraloría General de la República y de otros órganos del Estado que le impedían ejercer su derecho político a ser electo por la inhabilitación política que le había sido impuesta administrativamente.

Ello, sin embargo fue truncado pues la Sala Constitucional del Tribunal Supremo de Justicia, al conocer de una "acción innominada de control de constitucionalidad" de la sentencia de la Corte Interamericana interpuesta por el Procurador General de la República, como abogado del Estado, en sentencia Nº 1547 (Caso *Estado Venezolano vs. Corte Interamericana de Derechos Humanos*) de fecha

4 Véase en http://www.tsj.gov.ve:80/decisiones/scon/Agosto/1265-050808-05-1853.htm

17 de octubre de 2011,[5] decidió declarar la sentencia de la Corte Interamericana como "inejecutable" en Venezuela, ratificando la violación al derecho constitucional del Sr. López que le impide ejercer su derecho a ser electo y ejercer funciones públicas representativas.

Estos comentarios van destinados a analizar esta bizarra situación de violación de derechos políticos por parte de órganos administrativos y judiciales del Estado, incluyendo la Sala Constitucional del Tribunal Supremo, y de formal desconocimiento de las sentencias dictadas por la Corte Interamericana de Derechos Humanos, al declararlas "inejecutables" en el país. Antes analizaremos el sistema de derechos políticos en el ordenamiento constitucional venezolano y en la Convención Americana de Derechos Humanos, y sus posibles restricciones.

I. LOS DERECHOS POLÍTICOS EN EL SISTEMA CONSTITUCIONAL VENEZOLANO

1. *El régimen de los derechos políticos en la Constitución y en la Convención Americana de Derechos Humanos*

En efecto, la Constitución venezolana de 1999, en el Capítulo sobre la "Ciudadanía" dispone expresamente que los derechos políticos corresponden a los ciudadanos, es decir, a los venezolanos que no estén sujetos a inhabilitación política ni a interdicción civil, y en las condiciones de edad previstas en Constitución (art. 39), agregando como principio general que su ejercicio "sólo puede ser suspendido por sentencia judicial firme en los casos que determine la ley" (art. 42).[6]

Esos derechos políticos de los ciudadanos, todos vinculados al principio democrático, que están enumerados en la Constitución de

---

5 Véase en http://www.tsj.gov.ve/decisiones/scon/Octubre/1547-171011-2011-11-1130.htmll

6 Véase en general sobre el régimen de los derechos políticos en el proyecto de Constitución, nuestra propuesta sobre "Principios generales sobre derechos políticos" y "Derecho a la participación política," en Allan R. Brewer-Carías, *Debate Constituyente (Aportes a la Asamblea Nacional Constituyente), Tomo II (9 septiembre-17 octubre 1999)*, Fundación de Derecho Público-Editorial Jurídica Venezolana, Caracas 1999, pp. 119-142.

1999, son los siguientes: (i) el derecho a la participación política en los asuntos públicos, directamente o por medio de sus representantes elegidos (art. 62) por los medios establecidos en el artículo 70; (ii) el derecho de concurrir a los procesos electorales postulando candidatos o candidatas (art. 67); (iii) el derecho a votar en referendos consultivos, revocatorios, aprobatorios y abrogatorios (arts. 71 a 74); (iv) el derecho a votar para elegir representantes populares (art. 63, 64); (v) el derecho a ser electo, del cual se excluye en la Constitución a quienes hubiesen sido condenados judicialmente por delitos cometidos durante el ejercicio de sus funciones y otros que afecten el patrimonio público (art. 63, 65); (vi) el derecho de exigir que los representantes electos rindan cuentas públicas, transparentes y periódicas sobre su gestión, de acuerdo con el programa presentado (art. 66); (vii) el derecho de asociarse con fines políticos, mediante métodos democráticos (art; 67); (viii) el derecho a manifestar, pacíficamente y sin armas (art. 68); y (ix) el derecho a no ser extraditado (art. 69). También puede considerarse como derecho político, aún cuando no enumerado en forma expresa, (x) el derecho a ejercer funciones públicas no electivas en condiciones de igualdad, lo que deriva del derecho a la participación política (arts. 62, 70) y a la igualdad y no discriminación (art. 21).[7]

Por su parte, la Convención Americana de Derechos Humanos, en su artículo 23.1 distingue y garantiza los siguientes derechos políticos a las personas, los cuales conforme al artículo 23 de la Constitución venezolana, tienen jerarquía constitucional en el país: (i) el derecho de participar en la dirección de los asuntos públicos; (ii) el derecho de votar en las elecciones para elegir representantes; (iii) el derecho de votar en las votaciones dispuestas para expresar la voluntad de los ciudadanos; (iv) el derecho de ser elegidos en sufragio universal y secreto para desempeñar cargos de representación popular; y (v) el derecho de tener acceso en condiciones de igualdad a las funciones públicas para desempeñar cargos administrativos.

---

7 Véase el comentario sobre todos estos derechos políticos en Allan R. Brewer-Carías, *La Constitución de 1999. Derecho Constitucional Venezolano*, Editorial Jurídica Venezolana, Caracas 2004, Tomo I.

Entre todos estos derechos políticos se pueden establecerse muchas distinciones, pero una básica entre ellos, es la que deriva de su vinculación esencial o no al principio democrático representativo. Así, todos los que se enumeran expresamente en la Constitución de 1999 como propios de la ciudadanía y los cuatro primeros enumerados en la Convención Americana, están sin duda estrechamente vinculados al principio democrático, siendo manifestación concreta del ejercicio de los derechos de participación política por los ciudadanos vinculados con la democracia participativa y representativa, en particular, los derechos de votar, de elegir representantes y de ser electos como representante popular. En cambio, el último de los derechos enumerados en la Convención Americana (artículo 23.1.c), que también se puede considerar que deriva de las previsiones constitucionales, de tener acceso en condiciones de igualdad a las funciones públicas para desempeñar cargos administrativos, no necesariamente tiene vínculo esencial con el principio democrático, pues se trata del derecho a acceder a las funciones públicas y ejercer cargos públicos no electivos.

Esta distinción tiene particular importancia a la hora de determinar la posibilidad y el ámbito de las restricciones al ejercicio de los derechos pues en el caso de todos los derechos políticos enumerados en la Constitución de 1999 y los cuatro primeros derechos enumerados en la Convención Americana, las restricciones implican, en definitiva, una restricción al principio democrático; y, en cambio, en el último de los derechos enumerados en la Convención Americana, y que se deduce de las previsiones de la Constitución venezolana, las restricciones que puedan establecerse al ejercicio de cargos públicos no afectan en su esencia el principio democrático.

Esta distinción en importante, sobre todo cuando se enfoca específicamente el derecho político a ejercer cargos públicos *de elección popular* regulado en los artículos 63 y 65 de la Constitución y en el artículo 23.1.b de la Convención Americana, y el derecho político de tener *acceso en condiciones de igualdad para ejercer cargos públicos no electivos*, mediante nombramiento administrativo, regulado en el artículo 23.1.c de la misma Convención Americana, y que encuentra su fundamento en los artículos 61 y 21 de la Constitución.

2. *Las limitaciones y restricciones constitucionales al ejercicio de los derechos políticos*

Ahora bien, en general, en Venezuela, el ejercicio y oportunidades de los derechos políticos de los ciudadanos, conforme a los artículos 63 y siguientes de la Constitución, es una materia de reserva constitucional, en el sentido de que la Constitución es la que puede establecer las restricciones y limitaciones a los mismos, no pudiendo el legislador establecer limitaciones no autorizadas en la Constitución

Y es así cómo en primer lugar, es la propia Constitución la que establece que el ejercicio de los derechos políticos está sometido a ciertas "condiciones de edad" que ella misma dispone directamente, y que en materia del ejercicio del derecho al sufragio, en cuanto al derecho a votar y a elegir, corresponde a los mayores de 18 años (art. 64); y en cuanto al derecho a ser electo, corresponde así: para ser electo Gobernador de un Estado se requiere ser mayor de 25 años (art. 160); para ser electo diputado a la Asamblea Nacional y legislador estadal, se requiere ser mayor de 21 años (arts. 188 y 162); para ser electo Alcalde se requiere ser mayor de 25 años (art. 174) y para ser electo Presidente de la República se requiere ser mayor de 30 años (arts. 227 y 238).

En segundo lugar, es también la propia Constitución la que dispone determinadas restricciones en cuanto al derecho a ser electo, estableciendo condiciones relativas a la nacionalidad, al disponer en el artículo 41 que sólo los "venezolanos por nacimiento y sin otra nacionalidad," son los que pueden ser electos para los cargos de Presidente de la República, y de Gobernadores y Alcaldes de los Estados y Municipios fronterizos.

En tercer lugar, la Constitución también dispone como limitación al derecho de los venezolanos por naturalización a ser electos diputados a la Asamblea Nacional, Gobernador y Alcaldes de Estados y Municipios no fronterizos, que deben tener domicilio con residencia ininterrumpida en Venezuela por un tiempo no menor de quince años y cumplir los requisitos de aptitud que se prevean en la ley (art. 41).

En cuarto lugar, la Constitución también dispone en su artículo 198, específicamente respecto del derecho a ser electo diputado que los diputados a la Asamblea Nacional cuyo mandato fuere revocado, no pueden "optar a cargos de elección popular en el siguiente período."

En quinto lugar, y aparte de las condiciones de edad, nacionalidad, residencia y de revocación de mandato antes referidas, la propia Constitución establece que sólo pueden ser excluidos del ejercicio de los derechos políticos quienes hayan sido declarados entredichos lo que en Venezuela puede ocurrir, conforme a las previsiones de la legislación civil, solo mediante sentencia judicial dictada en un proceso de interdicción civil; así como quienes hayan sido declarados inhabilitados políticamente, lo que en Venezuela puede ocurrir, conforme a las previsiones de la legislación penal, mediante condena judicial penal que la establezca como pena accesoria a una pena principal, en un proceso penal (art. 64); y, en general, a quienes hubiesen sido condenados "por delitos cometidos durante el ejercicio de sus funciones y otros que afecten el patrimonio público" respecto de los cuales el artículo 65 de la Constitución dispone que "no podrán optar a cargo alguno de elección popular."

En este sentido, en cuanto a la interdicción civil, la misma está regulada en el artículo 393 del Código Civil al establecer que: "El mayor de edad y el menor emancipado que se encuentren en estado habitual de defecto intelectual que los haga incapaces de proveer a sus propios intereses, serán sometidos a interdicción, aunque tengan intervalos lúcidos."

En cuanto a la inhabilitación política, la regula el Código Penal como pena en su artículo 24, estableciendo que "no podrá imponerse como pena principal, sino como accesoria a las de presidio o prisión y produce como efecto la privación de los cargos o empleos públicos o políticos que tengan el penado y la incapacidad, durante la condena, para obtener otros y para el goce del derecho activo y pasivo del sufragio. También perderá toda dignidad o condecoración oficial que se le haya conferido, sin poder obtener las mismas ni ninguna otra durante el propio tiempo."

En cuanto a la inhabilitación política por condena por delitos cometidos durante el ejercicio de sus funciones, y otros que afecten el patrimonio público, dentro del tiempo que fije la ley, a partir del cumplimiento de la condena de acuerdo con la gravedad del delito que prevé la Constitución, la Ley contra la Corrupción de 2003[8] ha dispuesto en su artículo 96, que el funcionario público "que haya sido condenado por cualesquiera de los delitos establecidos en la presente Ley, quedará inhabilitado para el ejercicio de la función pública y, por tanto, no podrá optar a cargo de elección popular o a cargo público alguno, a partir del cumplimiento de la condena y hasta por cinco (5) años," lo cual "será determinado por el juez, de acuerdo con la gravedad del delito, en la sentencia definitiva que se pronuncie sobre el mismo."

Y por último, en sexto lugar, el artículo 330 de la Constitución establece otra restricción al ejercicio del derecho pasivo al sufragio al disponer que "los integrantes de la Fuerza Armada Nacional en situación de actividad" no pueden "optar a cargos de elección popular."

Concentrándonos al derecho político al sufragio pasivo, las antes mencionadas restricciones son las únicos condicionantes establecidos en la Constitución para el ejercicio del mismo, las cuales tienen su fuente, en la previsión directa del supuesto en la norma constitucional, o en una decisión judicial en un proceso en el cual esté garantizado el debido proceso (que declare la interdicción civil o que imponga una pena que conduzca a la inhabilitación política), no pudiendo establecerse otras restricciones o condiciones de elegibilidad mediante ley. En ello consiste, precisamente, la garantía constitucional de este derecho a ser electo, que es de los más esenciales en una sociedad democrática, razón por la cual, el artículo 42 de la Constitución, al referirse a la ciudadanía dispone en general que el ejercicio de la misma la misma "sólo puede ser suspendido por sentencia judicial firme en los casos que determine la ley" (art. 42).[9]

---

8 Véase en *Gaceta Oficial* N° 5.637 Extraordinario del 7 de abril de 2003.

9 Véase en general sobre el régimen de los derechos políticos en el proyecto de Constitución, nuestra propuesta sobre "Principios generales sobre derechos políticos" y "Derecho a la participación política," en Allan R. Brewer-Carías, *Debate Constituyente (Aportes a la Asamblea Nacional Constituyente), Tomo II (9 septiembre-17 octubre 1999)*, Fundación de Derecho Público-Editorial Jurídica Venezolana, Caracas 1999, pp. 119-142.

En consecuencia, siendo las anteriores, las únicas restricciones y exclusiones permitidas en la Constitución respecto del ejercicio de los derechos políticos en Venezuela, en particular, del derecho a ser electo, por lo cual es completamente inconstitucional la previsión contenida en el artículo 52 de la Ley de Nacionalidad y Ciudadanía de 2004,[10] en el cual se estableció, como causales "de suspensión del ejercicio de la ciudadanía," que es la condición para el ejercicio de todos los derechos políticos, además de "la inhabilitación política y la interdicción civil" que son las únicas establecidas en la Constitución, las otras siguientes "causales:" "1. La aceptación de funciones políticas u honores de otro Estado; 2. La prestación de servicios militares a otro Estado, sin la previa autorización de la Asamblea Nacional; y 3. La ofensa a los símbolos patrios y las demás que establezcan la Constitución de la República Bolivariana de Venezuela y las leyes." Estas previsiones, se insiste, son completamente inconstitucionales, por más que el artículo 55 de la misma Ley garantice que la supuesta "decisión" que se adopte para suspender la ciudadanía corresponde ser dictada a la autoridad judicial, al disponer que el ejercicio de la ciudadanía o de alguno de los derechos políticos "sólo puede suspenderse por sentencia judicial firme". Ello es correcto, pero sólo en los casos de inhabilitación política o interdicción civil.[11]

Como se dijo, la Constitución venezolana sólo enumera como derechos políticos, los antes indicados, todos vinculados esencialmente al principio democrático, no enumerándose entre ellos en forma expresa, el derecho a acceder y ejercer en condiciones de igualdad funciones públicas no electivas, es decir, mediante nombramiento o designación, el cual, sin embargo, es evidente que también corresponde a los ciudadanos por el derecho que tienen a la participación política y a la igualdad y no discriminación.

---

10 Véase en *Gaceta Oficial* N° 37.971 de 01-07-2004.

11 Sobre estas inconstitucionalidades en la Ley de Nacionalidad y Ciudadanía véase lo que hemos expuesto en Allan R. Brewer-Carías, *Régimen Legal de Nacionalidad, Ciudadanía Y Extranjería. Ley de Nacionalidad y Ciudadanía. Ley de Extranjería y Migración. Ley Orgánica sobre Refugiados y Asilados,* Editorial Jurídica Venezolana, Caracas 2005, pp. 46 ss.

Sobre el ejercicio de este derecho, por otra parte, la propia Constitución establece restricciones y limitaciones basadas en la edad, al disponer que para ejercer los cargos de Magistrado del Tribunal Supremo de Justicia (art. 263), Procurador General de la República (art. 249) y al Fiscal General de la República (art. 284) se requiere ser mayor de 35 años; para ejercer los cargos de Vicepresidente de la República (arts. 227 y 238), de Defensor del Pueblo (art. 280) y Contralor General de la República (art. 288) se requiere ser mayor de 30 años; y para ejercer el cargo de Ministro se requiere ser mayor de 25 años (art. 244).

La Constitución también establece restricciones para el ejercicio de cargos públicos no electivos por razón de nacionalidad, al disponer en el artículo 41 que sólo los "venezolanos por nacimiento y sin otra nacionalidad," son los que pueden ejercer los cargos de Vicepresidente Ejecutivo, Presidente y Vicepresidentes de la Asamblea Nacional, Magistrados del Tribunal Supremo de Justicia, Presidente del Consejo Nacional Electoral, Procurador General de la República, Contralor General de la República, Fiscal General de la República, Defensor del Pueblo, Ministros de los despachos relacionados con la seguridad de la Nación, finanzas, energía y minas, educación; Gobernadores y Alcaldes de los Estados y Municipios fronterizos y aquellos contemplados en la Ley Orgánica de la Fuerza Armada Nacional.

En cuanto a las condiciones de residencia, el mismo artículo 41 de la Constitución dispone que para ejercer los cargos de Ministro, Gobernadores y Alcaldes de Estados y Municipios no fronterizos, se exige respecto de los venezolanos por naturalización que deben tener domicilio con residencia ininterrumpida en Venezuela no menor de quince años y cumplir los requisitos de aptitud previstos en la ley.

Ahora bien, volviendo al derecho al sufragio pasivo, como cuestión de principio, debe indicarse que es incompatible con una sociedad democrática y con la garantía del mismo, el que puedan establecerse restricciones a su ejercicio que puedan tengan su fuente en una decisión administrativa, es decir, que no sea judicial, por lo que por ejemplo, las autoridades administrativas no podrían imponer a los ciudadanos inhabilitaciones políticas, y menos aún en procedimientos administrativos en los que no se respeten las debidas garantías del debido proceso. Lo contrario significaría que quedaría en manos del gobierno de turno excluir a los ciudadanos de su derecho a ser electos para cargos representativos, lesionándose así el desarrollo de una democracia pluralista, pues se podría excluir de su derecho a la participación política, al antojo gubernamental, a los miembros de la oposición democrática.

Y eso es precisamente lo que ha venido ocurriendo en Venezuela en esta primera década del siglo XXI, donde una de las armas políticas más arteras contra la oposición política democrática que ha utilizado el régimen autoritario instalado en el país en fraude a la Constitución y a la democracia, ha sido la de recurrir al expediente de la inhabilitación política impuesta mediante decisiones administrativas dictadas por el Contralor General de la República, a líderes de la oposición para excluirlos del ejercicio democrático, y por tanto, de la posibilidad de ser electos para cargos representativos,.

Ello es completamente inconstitucional e inconvencional, pues el derecho a ser electo en Venezuela como se dijo es un derecho político que sólo puede restringirse de acuerdo con la Constitución de 1999 y con la Convención Americana de Derechos Humanos, mediante sentencia judicial dictada en un proceso civil que declare la interdicción de la persona, o en un proceso penal conforme a las normas del Código Orgánico Procesal Penal, cuando un juez impone a un condenado la pena de inhabilitación política, que es siempre una pena accesoria a la pena principal de prisión o presidio.

3. *La reglamentación al ejercicio y oportunidades de ejercicio de los derechos políticos en la Convención Americana*

En cuanto a la Convención Americana de Derechos Humanos, los derechos políticos que en ella se enuncian, tal como lo precisa el artículo 23.2 de la misma, solo pueden ser reglamentados o restringidos mediante ley ("la ley puede reglamentar"), y "exclusivamente por razones de edad, nacionalidad, residencia, idioma, instrucción, capacidad civil o mental, o condena, por un juez competente, en proceso penal."

De esta norma resulta, en consecuencia, que las limitaciones (reglamentación) al ejercicio y oportunidades de ejercicio de los derechos políticos sólo pueden establecerse en un Estado en la siguiente forma:

Primero, mediante ley, es decir, mediante el acto normativo que emane del cuerpo representativo del pueblo, integrado por representantes electos mediante sufragio universal y secreto, y que se define en el artículo 202 de la Constitución venezolana como "el acto sancionado por la Asamblea Nacional como cuerpo legislador." Sin embargo, como hemos indicado, en Venezuela es sólo la Constitución la que puede establecer esas restricciones, al disponer que el ejercicio de los derechos políticos corresponde a los venezolanos, "salvo las excepciones establecidas en esta Constitución" (art. 40), y las basadas en "las condiciones de edad previstas en esta Constitución" (art. 39), excluyendo además expresamente del ejercicio de los derechos políticos a quienes hubiesen sido condenados "por delitos cometidos durante el ejercicio de sus funciones y otros que afecten el patrimonio público"(art. 65), y a quienes estuviesen sujetos a interdicción civil o inhabilitación política (art. 64).

Segundo, conforme a la Convención Americana, las restricciones a los derechos políticos sólo se pueden establecer basadas en los siguientes motivos indicados taxativamente en la Convención: 1) edad, 2) nacionalidad; 3) residencia; 4) idioma; 5) instrucción; 6) capacidad civil o mental; o 7) condena, por juez competente, en proceso penal. En relación con estos diferentes motivos de limitaciones que deben siempre ser establecidas por ley, debe señalarse que si bien los primeros seis enumerados en el artículo 23.2 de la Convención Americana no presentan mayor dificultad en la determinación de su alcance respecto de todos los derechos políticos enumerados en el artículo 23.1 de la misma Convención Americana, particularmente en cuanto a la distinción apuntada sobre su vinculación esencial o no del derecho político en concreto al principio democrático representativo, no sucede lo mismo respecto del último de los motivos mencionados ("condena, por juez competente, en proceso penal"), el cual puede tener un tratamiento distinto según se trate de la elección popular para ejercer un cargo público o del acceso a una función pública mediante nombramiento administrativo.

A tal efecto, y en particular, refiriéndonos exclusivamente a dos de los derechos políticos establecidos en el artículo 23.1 de la Convención, el derecho de los ciudadanos a ser elegidos mediante sufragio para desempeñar cargos de elección popular (establecido también en el artículo 63 de la Constitución) y el derecho de los ciudadanos de tener acceso a las funciones públicas para desempeñar cargos administrativos, la interpretación del alcance de los motivos para su restricción mediante ley consistentes en las razones de "edad, nacionalidad, residencia, idioma, instrucción, capacidad civil o mental" puede decirse que no presenta mayor dificultad, ni amerita hacer la distinción en cuanto al origen del cargo público de que se trate, si de carácter electivo o de nombramiento administrativo, pues en general tienen el mismo tratamiento respecto de los dos derechos.

La Constitución y la ley, en efecto, en los diferentes Estados establecen una determinada "edad" para ser electo como representante o para ser nombrado funcionario público, inclusive en forma variable según el cargo electivo o el cargo administrativo de que se trate. En diversos artículos de la Constitución venezolana, como se ha dicho, se establecen edades diferentes para ser electo y para ocupar cargos. En las leyes en otros países se prevé asimismo límites de edad para ocupar cargos públicos.

La "nacionalidad" del país en cuestión se requiere en la ley, en general, tanto para ser electo como para ser funcionario público, excluyéndose a los extranjeros del ejercicio de dichos derechos. En Venezuela es la Constitución la que exige tener la ciudadanía y por ende la nacionalidad venezolana, para ejercer los derechos políticos.

Ciertas condiciones de "residencia" son requeridas en general por la ley para la elección para cargos de representación popular, generalmente en las elecciones locales.

En algunos casos de países signados por el multiculturalismo se podría incluso exigir el hablar determinado "idioma" o lengua para ser electo o para ejercer un cargo público.

Particularmente para el ejercicio de funciones públicas en ciertos cargos administrativos o judiciales, la ley requiere de determinado grado de "instrucción" o de títulos profesionales.

Finalmente en cuanto a la "capacidad civil o mental," se trata, en general, de un asunto relativo a la capacidad regulada en la legislación civil, consistente por ejemplo en la figura de la interdicción civil que sólo puede ser declarada judicialmente para la realización de actos de la vida civil, lo cual se extiende en común a la inhabilitación para el desempeño de cargos de elección popular o cargos administrativos.

Sin embargo, en el caso del último de los motivos que conforme a la Convención la ley podría regular para restringir el derecho a ser electo para cargos de representación popular, consistente en "condena, por juez competente, en proceso penal," dada la precisión del lenguaje utilizado por la Convención Americana, sin duda resulta necesario distinguir el origen del cargo público respecto del cual se trate, en el sentido de si es electivo o de nombramiento o designación.

En efecto, en el caso de la restricción al ejercicio de los derechos políticos para ser electo representante popular o para el ejercicio de funciones públicas y que la misma consista en la inhabilitación para el ejercicio del derecho, la misma, conforme lo exige la Convención, sólo puede ser establecida mediante ley en relación con los ciudadanos como resultado de una "condena" impuesta a los mismos, la cual conforme a la previsión expresa de la Convención sólo puede consistir en una sanción pronunciada en un "proceso penal" mediante decisión que debe emanar de un "juez competente."

En consecuencia, conforme al texto de la Convención Americana, para que un Estado pueda llegar a imponerle a una persona una sanción que lo inhabilite para ser elegido o para tener acceso a las funciones públicas, la misma debe estar prevista en una ley y debe ser siempre adoptada como una decisión de condena, que sea decidida por un juez penal competente, y mediante un proceso penal. Esta es precisamente la situación en Venezuela, donde es la Constitución la que dispone que solo quedan excluidos del ejercicio del derecho a ser electo los venezolanos sujetos a interdicción civil o inhabilitación política, lo que en el ordenamiento solo puede disponerse mediante sentencia judicial, y en general, los condenados por delitos cometidos durante el ejercicio de sus funciones y otros que afecten el patrimonio público (arts. 64 y 65).

II. LAS RESTRICCIONES AL EJERCICIO DE LOS DERECHOS POLÍTICOS

1. *Las restricciones conforme al principio democrático*

En todo caso, en relación con este motivo de restricción de los derechos políticos, particularmente respecto del derecho a ser elegido para cargos de elección popular y del derecho de acceder a funciones públicas para ejercer cargos público mediante nombramiento o designación, el alance de la misma y de su implementación, puede variar según la distinción antes mencionada derivada de si el derecho se vincula esencialmente al principio democrático o no.

En el primer caso, en nuestro criterio, la interpretación de la Convención Americana tiene que ser restrictiva, siendo el principio democrático esencial a la misma, entre otras razones, por una parte, por haberse dictado la Convención para consolidar "*dentro del cuadro de las instituciones democráticas,*" como lo indica en el primero de los "Considerandos," "un régimen de libertad personal y de justicia social, fundado en el respeto de los derechos esenciales del hombre;" y por otra parte, dado la vigencia de la Carta Democrática Interamericana que considera como un elemento esencial a la democracia la garantía y respeto a los derechos humanos (art. 4).

Es decir, las restricciones que impliquen inhabilitación política y que puedan imponerse al ejercicio de derechos políticos, cuando impliquen restricciones al principio democrático y sean establecidas por ley respecto del derecho a ser electo para cargos representativos mediante sufragio (derecho a ser elegido), deben ser objeto de interpretación restrictiva; pudiendo en cambio, las restricciones al ejercicio de derechos políticos que no impliquen restricción al principio democrático, ser objeto de interpretación amplia.

Esto sucede precisamente cuando se interpreta la última parte del artículo 23.2 de la Convención en cuanto al motivo de restricción al ejercicio de derechos políticos basado en "condena, por juez competente, en proceso penal." Para eliminarle a un ciudadano sus derechos democráticos, consistentes por ejemplo, en el derecho a elegir representantes populares o a ser elegido representante del pueblo, que son de la esencia de la democracia representativa, sin duda, en nuestro criterio, la previsión del artículo 23.2 debe interpretarse restrictivamente en el estricto sentido de las palabras usadas en el mismo según la conexión de ellas entre sí, de manera que es necesario que se produzca una "condena" judicial que debe ser pronunciada por un "juez competente, en un proceso penal."

No es posible eliminarle a un ciudadano el ejercicio de los derechos políticos más esenciales a la democracia representativa como son el derecho ciudadano a elegir o a ser elegido para cargos representativos de la voluntad popular, mediante un acto que no sea una sentencia judicial penal, como podría ser, por ejemplo, un acto administrativo imponiendo una sanción administrativa, dictado por un funcionario que no es parte del Poder Judicial, es decir, que no es un "juez" y que para dictarlo no ha seguido un proceso penal que es el regulado en los Códigos reguladores del Proceso Penal.

Conforme a la Convención Americana, la restricción al principio democrático de elegir y ser electo es un asunto exclusivo del Poder Judicial, que sólo puede adoptarse por un "juez penal competente," mediante un "proceso penal," en el cual se "condene" a un ciudadano por delitos o faltas regulados y tipificados en el Código Penal o en leyes penales especiales, y que impliquen o conlleven la inhabilitación política del condenado.

Este es, por lo demás, el caso de la legislación venezolana, donde como se ha dicho, la inhabilitación política está efectivamente prevista en el Código Penal como una pena accesoria a una pena principal (presidio o prisión), que se impone como consecuencia de una condena penal (art. 13 y 16), que sólo se puede dictar e imponer por un juez penal, que además de tener que ser el juez competente tiene que ser un juez profesional que es el único que puede conocer de las fases del proceso penal conforme al artículo 104 del Código Orgánico Procesal Penal, en un proceso penal desarrollado conforme a las previsiones de dicho Código. Dicha pena accesoria de inhabilitación política, que "no podrá imponerse como pena principal sino como accesoria a las de presidio y prisión," produce "como efecto, la privación de los cargos o empleos públicos o políticos que tenga el penado y la incapacidad, durante la condena, para obtener otros y para el goce del derecho activo y pasivo del sufragio" (art. 24).

Es decir, conforme a dicho Código Orgánico Procesal Penal, en Venezuela, y conforme a las previsiones de la Convención Americana, nadie puede ser condenado penalmente y a nadie se le puede imponer una pena, "sin un juicio previo, oral y público, realizado, sin dilaciones indebidas, ante un juez imparcial," conforme a las disposiciones de dicho Código, "y con salvaguarda de todos los derechos y garantías del debido proceso, consagrados en la Constitución de la República, las leyes, los tratados, convenios y acuerdos internacionales suscritos por la República" (art. 1), correspondiendo en todo caso, a "los tribunales juzgar y hacer ejecutar lo juzgado" (art. 2), y en los términos del artículo 7 del mismo Código, y correspondiendo "exclusivamente" "a los jueces y tribunales ordinarios o especializados establecidos por las leyes, con anterioridad al hecho objeto del proceso," "la potestad de aplicar la ley en los procesos penales."

La consecuencia de todo ello, es que la inhabilitación política que puede afectar a un ciudadano para ejercer su derecho político a ser electo, en cualquier ordenamiento, es efectivamente una "inhabilitación política," que sólo puede pronunciarse conforme a las modalidades previstas en los diversos ordenamientos, mediante un juicio político como el que existe en muchos países o mediante una sentencia judicial penal como es el caso de Venezuela, de manera de asegurar la vigencia de los artículos 42 y 65 de la Constitución donde se garantiza que la perdida de la ciudadanía, que implica el ejercicio de los derechos políticos como los vinculados al principio democrático, solo puede ocurrir por "sentencia judicial firme," y que los únicos que no pueden optar a cargos de elección popular por un tiempo que debe fijar la ley, son quienes han sido condenados por delitos cometidos durante el ejercicio de funciones públicas que afecten el patrimonio público.

Es rigurosamente falso, por tanto, lo ha afirmado por la Sala Constitucional del Tribunal Supremo de Venezuela en sentencia Nº 1265 de 5 de agosto de 2008, en el sentido de que el artículo 65 de la Constitución, al disponer que "no podrán optar a cargo alguno de elección popular quienes hayan sido condenados o condenadas por delitos cometidos durante el ejercicio de sus funciones," supuestamente

> "no excluye la posibilidad de que tal inhabilitación pueda ser establecida, bien por un órgano administrativo *stricto sensu* o por un órgano con autonomía funcional, como es, en este caso, la Contraloría General de la República;"

agregando además, erradamente, que:

> "la norma, si bien plantea que la prohibición de optar a un cargo público surge como consecuencia de una condena judicial por la comisión de un delito, tampoco impide que tal prohibi-

ción pueda tener un origen distinto; la norma sólo plantea una hipótesis, no niega otros supuestos análogos."[12]

Al afirmar esto, la Sala Constitucional olvidó su propia afirmación expresada unos años antes en la sentencia Nº 2444 de 20 de octubre de 2004 (caso: *Tulio Rafael Gudiño Chiraspo*) en el sentido de que:

> "en materia de ejercicio de derechos, en este caso políticos, muy vinculados al carácter participativo del gobierno del Estado venezolano, las excepciones y/o restricciones son de derecho constitucional estricto y nuestra Constitución sólo dispone de dos medios para terminar anticipadamente el mandato o representación (salvo, por supuesto, la muerte o la renuncia). Estos son: el enjuiciamiento por delitos comunes o políticos –artículo 266– y la revocatoria del mandato –artículo 72–, una de las innovaciones de la nueva Carta Magna que confiere, precisamente, el carácter participativo a nuestra democracia."[13]

El mismo razonamiento de derecho constitucional estricto que se aplica a los casos de terminación de mandatos de elección popular, por supuesto se aplica a los casos de inhabilitación para el ejercicio del derecho político a ser electo, de la esencia del régimen democrático.

2. *Las restricciones al ejercicio del derecho político de acceder a cargos públicos no electivos o de nombramiento*

En el segundo caso de motivos de restricción de los derechos políticos, particularmente en relación con el derecho de acceder a funciones públicas para ejercer cargos públicos *no electivos*, mediante nombramiento o designación, el alcance de la norma de la Convención Americana y de su implementación ha sido interpretada en muchos países en una forma menos estricta que la antes mencionada, por no estar en juego el ejercicio de un derecho esencial a la democracia como sería el derecho activo y pasivo al sufragio, este último, ante órganos representativos del pueblo.

---

12 Véase en http://www.tsj.gov.ve:80/decisiones/scon/Agosto/1265-050808-05-1853.htm

13 Véase en http://www.tsj.gov.ve/decisiones/scon/Octubre/2444-201004-04-0425%20.htm

En efecto, en los casos del ejercicio del derecho político a ejercer cargo público en la Administración Pública en sentido global, mediante nombramiento o designación administrativos, sin vínculo con el principio democrático representativo e incluso independientemente del régimen democrático que pueda existir, se ha flexibilizado la aplicación del motivo de restricción a su ejercicio basado en la "condena, por juez competente, en proceso penal," es decir, en cuanto a la necesaria exigencia en la Convención Americana de una decisión judicial de "condena," pronunciada por un "juez competente" en lo penal, en un "proceso penal," habiendo establecido las leyes, que determinados órganos administrativos como los órganos de control fiscal (Contralorías Generales), mediante un procedimiento administrativo en el cual se garantice plenamente el debido proceso, podrían dictar sanciones administrativas de inhabilitación política para hacer cesar a un funcionario en su cargo o para que un ex funcionario pudiera acceder a funciones públicas, las cuales, incluso, cuando el funcionario está ejerciendo su cargo, es una sanción administrativa accesoria a la principal de destitución.

En estos casos es que podría decirse que pudieran existir espacios no judiciales que permiten imponer medidas administrativas sancionatorias que incluyen la inhabilitación para ejercer cargos públicos, pero nunca podrían implicar (i) la destitución del representante electo por la naturaleza popular de la investidura pues de lo contrario, tal como lo ha dicho la Sala Constitucional del Tribunal Supremo de Justicia en la antes mencionada sentencia N° 2444 de 20 de octubre de 2004 (caso: *Tulio Rafael Gudiño Chiraspo*), colidiría "con la normativa constitucional que estatuye que tales cargos pueden ser objeto de referendo revocatorio";[14] ni (ii) podría implicar la inhabilitación de un ciudadano para ser elegido mediante sufragio, pues lesionaría el principio democrático representativo.

Se trata, como lo dijo la Sala Constitucional del Tribunal Supremo de Justicia en sentencia N° 1266 de 6 de agosto de 2008 (caso: Acciones de nulidad contra el artículo 105 de la Ley Orgánica de la Contraloría General de la República), refiriéndose a Venezuela, del ejercicio de una potestad sancionadora atribuida al Contralor Gene-

---

14 Véase en http://www.tsj.gov.ve/decisiones/scon/Octubre/2444-201004-04-0425%20.htm

ral de la República que está "referida al ámbito administrativo: es decir, que no es una sanción política" pues la misma "se ciñe a la función administrativa vista la naturaleza jurídica de la Contraloría General de la República."[15]

Por ello es totalmente errada y contradictoria la afirmación de la misma Sala Constitucional, en la misma sentencia últimamente citada, de que la sanción de inhabilitación impuesta por la Contraloría "surte efectos para el desempeño de la función administrativa, indistintamente de cuál sea el origen; esto es por concurso, designación o elección popular," y de que "esta inhabilitación dictada por la Contraloría "se extiende a toda función administrativa, incluso las que derivan del cargo de elección popular."

Aparte de que la Sala Constitucional no definió qué entiende por "función administrativa" se olvidó mencionar que los funcionarios electros popularmente, ante todo, cumplen una "función política" como es representar al pueblo y conducir el gobierno de una entidad política en la organización territorial del Estado.

En todo caso, para ambas circunstancias, tanto para la elección de cargos de representación como para la remoción de los representantes electos de sus cargos, rige la misma apreciación que la Sala Constitucional hizo en la citada sentencia Nº 2444 de 20 de octubre de 2004 (caso: *Tulio Rafael Gudiño Chiraspo*), aún cuando solo se haya referido a la destitución del funcionario, al señalar que dado que la destitución y la suspensión de un funcionario de un cargo de elección popular coliden con la normativa constitucional refería al referendo revocatorio de mandatos:

> "siendo ello así, al igual que con los cargos que tienen un régimen especial para la destitución, es ese el mecanismo para cuestionar la legitimidad de la actuación del representante popular, y las sanciones que sin duda alguna se le pudieran imponer con ocasión a ilícitos administrativos, civiles o disciplinarios, según el caso, encuentran su límite en esa circunstancia,

---

15 Véase en http://www.tsj.gov.ve/decisiones/scon/Agosto/1266-060808-06-0494.htm

sólo desvirtuable con ocasión al establecimiento de una responsabilidad penal."[16]

Y lo mismo sucede con el derecho a ser elegido, que es un derecho político que tiene todo ciudadano, solo desvirtuable con ocasión al establecimiento de una responsabilidad penal que implique la aplicación de la pena accesoria de inhabilitación política sólo con ocasión de penas principales de prisión o presidio.

3. *La importancia del respeto a la voluntad popular en una sociedad democrática respecto de cargos electivos*

El principio democrático representativo, por otra parte, impone la necesidad de respetar la voluntad popular, de manera que un funcionario electo no puede ser removido salvo por la voluntad popular expresada para revocarle el mandato, cuando ello esté previsto en las Constituciones, o salvo mediante un juicio político que esté igualmente regulado expresamente en las Constituciones con todas las garantías del debido proceso.

El mandato del pueblo al elegir un funcionario, en cambio, nunca puede ser revocado mediante un acto administrativo, así emane de un órgano de control fiscal. Y el mismo principio aplica a la elección del representante popular, en el sentido de que es el pueblo quién decide a quien elegir mediante su voto, lo que sólo puede ser impedido por el juez penal cuando mediante condena dictada en proceso penal inhabilita a un ciudadano para ser electo para ejercer cargos de representación popular, por lo que no puede corresponder a la decisión de un funcionario administrativo el determinar quién puede o no ser electo para cargos representativos.

Es decir, conforme a la Constitución de Venezuela, solo se puede excluir del ejercicio de los derechos políticos que corresponden a los ciudadanos (y el derecho a participar como candidato en las elecciones es uno de ellos -derecho pasivo al sufragio-), a quienes estén sujetos a inhabilitación política o a interdicción civil (art. 39 de la Constitución), y ello solo puede ocurrir mediante sentencia firme, es decir, decisión judicial dictada en un proceso penal en la que se imponga al condenado la pena de inhabilitación política (que

---

16 Véase en http://www.tsj.gov.ve/decisiones/scon/Octubre/2444-201004-04-0425%20.htm

sólo se concibe en Venezuela como una pena accesoria a la pena principal en materia penal) conforme al Código Penal, o (ii) decisión judicial dictada en un proceso civil en el cual se declare entredicha a la persona (interdicción civil) conforme al Código Civil.

III. LAS LIMITACIONES ADMINISTRATIVAS RESPECTO DEL EJERCICIO DE CARGOS PÚBLICOS DE NOMBRAMIENTO EN EL MARCO DEL RÉGIMEN DE LA ADMINISTRACIÓN PÚBLICA Y LA SANCIÓN ADMINISTRATIVA DE INHABILITACIÓN

La situación es distinta cuando se trata del derecho al ejercicio de cargos públicos mediante nombramiento. Todos los ciudadanos tienen derecho a acceder a los mismos en iguales condiciones, siendo el término de su ejercicio materia de orden administrativa, de manera que los funcionarios públicos pueden ser destituidos por las causales que establezca la Ley, mediante actos administrativos disciplinarios, incluso como consecuencia de medidas de control fiscal. Para ello se prevé en el artículo 144 de la Constitución que corresponde a la ley establecer el Estatuto de la función pública mediante normas sobre el ingreso, ascenso, traslado, suspensión y retiro de los funcionarios de la Administración Pública, y proveer su incorporación a la seguridad social.[17]

1. *Las funciones de la Contraloría General de la República*

La tradición en Venezuela con motivo de las facultades de la Contraloría General de la República de declarar la responsabilidad o culpabilidad administrativa de un funcionario público, después de establecerse en la Ley de Carrera Administrativa de 1971 que ello era una causal de "destitución" del funcionario público afectado, que como sanción disciplinaria debía imponerse por el funcionario competente (generalmente el superior jerárquico del mismo),[18] con-

17 Ley del Estatuto de la Función Pública, *Gaceta Oficial* N° 37.522 de 06-09-2002.

18 La causal de destitución de funcionarios públicos como sanción disciplinaria, como consecuencia de los autos de culpabilidad administrativa dictado por la Contraloría General de la República, se propuso inicialmente en el *Proyecto de Ley sobre Funcionarios Públicos* que elaboramos en la Comisión de Administración Pública en 1970 (Véase en http://allanbrewercarias.com/Content/449725d9-f1cb-474b-

dujo a que en la reforma de la Ley Orgánica de la Contraloría General de la República de 1975 se previera que además de la destitución, el auto de responsabilidad administrativa, podía ser acompañado de una decisión imponiendo al funcionario destituido la "inhabilitación para el ejercicio de la función pública" durante un período determinado (art. 84), como sanción disciplinaria accesoria, nunca principal.

Es decir, a la decisión de la Contraloría General declarando la responsabilidad administrativa, le debían seguir unas sanciones administrativas destinadas a ser aplicadas única y exclusivamente a funcionarios públicos nombrados en el ámbito regulado por la Ley de Carrera Administrativa de 1971, que son los que se pueden "destituir," siendo la inhabilitación para el ejercicio de la función pública" originalmente concebida como una sanción accesoria a la "destitución."

La responsabilidad o culpabilidad administrativa se podía declarar respecto de personas que ejercieran cargos de elección popular, pero como los mismos no podían ser "destituidos" administrativamente, no se previó en la Ley en forma alguna que se pudiera dictar respecto de ellos medida alguna que pudiera implicar suspensión o remoción de su cargo electivo, por ser el mismo fruto de la voluntad popular, y menos que se pudiera decidir la inhabilitación para ejercer en el futuro, así fuera temporalmente, su derecho a ser electo representante mediante sufragio.

La reforma de la Ley Orgánica de la Contraloría General de la República de 1984 en lo que se refiere a su artículo 84, sin eliminar el carácter accesorio que tiene la sanción de inhabilitación para el ejercicio de funciones públicas respecto de la sanción de destitución, aplicable sólo a los funcionarios de nombramiento o designa-

---

8ab2-41efb849fea3/Content/I,%202,%205.%20%20Proyecto%20de%20Ley%20sobre%20Funcionarios%20Públcios%20CAP%201970.doc).pdf), lo cual fue acogido en la Ley de Carrera Administrativa de 1971, artículo 62.5. Véase lo expuesto en Allan R. Brewer-Carías, *El Estatuto de los Funcionarios Públicos en la Ley de carrera Administrativa, Comisión de Administración Pública*, Caracas 1971, pp. 108 ss. y 117. Véase en http://allanbrewerca-rias.com/Content/449725d9-f1cb-474b-8ab2-41efb849fea5/Content/II.1.15.pdf ción (no electos), teniendo en cuenta que muchas veces la decisión de responsabilidad administrativa en realidad se dictaba mucho tiempo después de que el funcionario hubiese sido removido de su cargo o hubiese renunciado al mismo, lo que no extinguía su responsabilidad, tuvo por objeto única y exclusivamente agregar que dicha sanción de inhabilitación podía ser aplicada excepcionalmente "aún cuando el declarado responsable se haya separado de la función pública" correspondiendo siempre la aplicación de la sanción al máximo jerarca administrativo del organismo del Estado donde ocurrieron los hechos.

Es decir, se trata de sanciones administrativas, aplicadas en el campo de la función pública administrativa, integrada por funcionarios nombrados o designados (no electos), que correspondían ser dictadas por el superior jerárquico del órgano de la Administración Pública correspondiente, y que nunca podían implicar ni la "destitución" de funcionarios electos, ni su inhabilitación política.

El fundamento y sentido de dicha normativa puede decirse que se siguió en la Ley Orgánica de la Contraloría General de la República de 1995, en el sentido de referirse a las sanciones administrativas a funcionarios públicos designados o nombrados parte de la función pública administrativa (no electa), con solo dos variaciones:

La primera, incorporada al artículo 121 de la Ley Orgánica, que atribuyó al Contralor General de la República la potestad para imponer directamente, como consecuencia de su decisión de responsabilidad administrativa, sanciones pecuniarias de multa.

Y la segunda, incorporada en el artículo 122 de la Ley Orgánica, en la cual luego de ratificar que la sanción de "destitución" como consecuencia del auto de responsabilidad administrativa debe imponerse por la máxima autoridad jerárquica como lo preveía desde el inicio la Ley de Carrera Administrativa, agregó que dicha autoridad jerárquica "o la propia Contraloría" podían "imponer, además, la inhabilitación para el ejercicio de la función pública" por un período determinado.

De ello resultaba, que la sanción disciplinaria de inhabilitación para el ejercicio de cargos públicos, seguía siendo accesoria a la sanción disciplinaria destitución, previéndose sin embargo, como excepción, que también se podía imponer aún cuando el declarado responsable se hubiese separado del cargo.

Esta disposición fue nuevamente reformada en 2001, habiéndose seguido en la Ley Orgánica de la Contraloría General de la República (art. 105), la misma fundamentación de principio de considerar a la sanción disciplinaria de inhabilitación para el ejercicio de cargos como accesoria a la sanción disciplinaria de "destitución" y, por tanto, aplicable sólo a funcionarios administrativos (no electos) con dos nuevas variantes:

La primera, que al Contralor General de la República se le atribuyó directamente "de manera exclusiva y excluyente, la potestad de decidir la "destitución" del funcionario responsable (potestad que hasta esa reforma correspondía al superior jerárquico de la Administración correspondiente conforme a la ley de carrera Administrativa), dejándose en manos del superior jerárquico respectivo solo la "ejecución" de la decisión.

La segunda, además de imponer la sanción de destitución, se atribuye al Contralor General, en general y adicionalmente ("e imponer" dice la norma), la potestad de imponer al funcionario destituido "la inhabilitación para el ejercicio de sunciones públicas" por un tiempo determinado. Esta sanción sigue siendo concebida en la Ley Orgánica de 2001 como sanción disciplinaria accesoria a la sanción disciplinaria de destitución, y exclusivamente destinada a ser aplicada a funcionarios de nombramiento o designación, es decir, que ejerzan cargos públicos mediante designación o nombramiento por las autoridades administrativas (no electos por voto popular).

A tal efecto se especifica en la norma, siendo esta la tercera variante de la misma, que las máximas autoridades de los organismos sujetos a control, "antes de proceder a la designación de cualquier funcionario público, están obligados a consultar el registro de inhabilitados" que lleva la Contraloría; indicándose que "toda designación realizada al margen de esta norma será nula." Ello evidencia la intención de la norma al regular la inhabilitación para el ejercicio de cargos, de referirse exclusivamente a funcionarios de designación o nombramiento

De lo anterior resulta, que desde el origen del artículo 84 en la ley Orgánica de la Contraloría de 1975 hasta la norma del artículo 105 de la Ley Orgánica de la Contraloría de 2001, la intención del Legislador que se deriva del propio texto de las normas, ha sido siempre prever la sanción de inhabilitación para ejercer cargos públicos como una sanción administrativa disciplinaria aplicable sólo y exclusivamente *a funcionarios de nombramiento o designación* en la función pública (nunca de funcionarios electos), que son los que pueden ser "destituidos;" y además, siempre como una sanción administrativa disciplinaria accesoria a la sanción disciplinaria administrativa principal, que es precisamente la destitución, pudiendo sin embargo aplicarse excepcionalmente, sin implicar destitución en aquellos casos en los cuales, para el momento en que se dicta el auto de responsabilidad administrativa, ya el funcionario haya renunciado o haya sido removido.

Por tanto, no hay fundamento ni constitucional ni legal alguno en Venezuela para que se pueda considerar que el ejercicio de un derecho político esencial al principio democrático representativo como es el derecho a ser elegido para cargos de representación popular pueda ser suspendido por decisión administrativa de la Contraloría General de la República, que no tiene competencia para imponer la sanción de inhabilitación política que sólo pueden imponer los jueces penales competentes, mediante una condena penal resultado de un proceso penal, estando referida la potestad sancionatoria atribuida a la Contraloría General de la República conforme a la Ley Orgánica que rige sus funciones en materia de inhabilitación para ejercer cargos públicos, a aquellos funcionarios públicos de la Administración que pueden ser "destituidos," que son sólo los que pueden ser designados o nombrados por otras autoridades administrativas, lo que es completamente inaplicable a los funcionarios electos por sufragio universal y secreto como representantes populares.

2. *La ausencia de imparcialidad de la Contraloría General de la República en los procedimientos administrativos de imposición de sanciones de inhabilitación a los funcionarios públicos*

Pero en el supuesto negado de que se pudiera considerar que una instancia no judicial, es decir, de orden administrativo o de control fiscal, como podría ser la Contraloría General de la República de Venezuela (que no es un "juez competente"), pudiera ser competente para imponer la sanción administrativa (que no es una "condena") de inhabilitación política para impedirle a un ciudadano poder ejercer su derecho político a ser elegido, mediante un acto administrativo dictado como resultado de un procedimiento administrativo (que no es un "proceso penal") –supuesto que negamos jurídicamente en Venezuela–, la condición esencial para que ello pudiera llegarse a admitir –circunstancia que insistimos, negamos– sería que dicho procedimiento administrativo desarrollado ante la Contraloría General de la República se ajustara a las garantías judiciales del debido proceso que están establecidas en el artículo 8 de la Convención Americana, y ello, simplemente, es imposible.

En efecto, como se ha dicho, entre las garantías judiciales que establece la Convención Americana que configuran el derecho al debido proceso, están no solo la necesidad de un tribunal preexistente con autonomía e independencia, que decida con imparcialidad y con competencia para decidir, sino que el proceso que se desarrolle ante el mismo, se realice conforme a las normas de procedimiento establecidas en las leyes, respetándose el principio de la igualdad entre las partes, asegurándose la estabilidad de las actuaciones procesales, la cosa juzgada y la efectividad de lo decidido. Como lo ha detallado Héctor Faúndez Ledezma:

> "La garantía de este derecho, en cuanto eminentemente procesal, requiere de la satisfacción de ciertas condiciones previas al proceso mismo, especialmente en lo que se refiere a las características que debe presentar el tribunal; sin la satisfacción de esos requisitos mínimos, previos a la iniciación de cualquier proceso, éste nunca podría llegar a ser justo y equitativo. En segundo lugar, y en lo que se refiere al proceso como tal, este derecho debe estar basado en ciertos principios básicos, o en algunas normas generales que permitan determinar su contenido y alcance, junto con la naturaleza y características de las garantías específicas que van a derivar de los principios antes referidos, y que están diseñadas para asegurar la justicia y rectitud del proceso. En tercer término, hay que examinar las condiciones que debe tener el proceso mismo, y sin cuya concurrencia éste no podría ser justo. Por último —en lo concierne estrictamente a la determinación de acusaciones penales—, es necesario estudiar, con cierto detenimiento, cada una de las garantías específicas que benefician al acusado, así como el alcance y las circunstancias en que ellas resultan aplicables.

> Por otra parte, en cuanto instrumento para asegurar no sólo la justicia del proceso sino también la de su resultado, como ya se ha indicado precedentemente, este derecho está íntimamente relacionado con el cumplimiento de ciertas condiciones en cuanto se refiere a la naturaleza de la legislación substantiva que se va a aplicar, la cual también podría afectar la rectitud y equidad del resultado del proceso, aún antes de que éste se inicie; sin embargo, tales garantías, aunque estrechamente vinculadas al derecho a un juicio justo, son objeto de un derecho diferente (la prohibición de leyes penales ex post facto, o la garantía del principio de legalidad) y, en consecuencia, desde un punto de vista formal, estas condiciones no son consideradas como parte integrante del derecho a un juicio justo (en sentido estricto), en cuanto éste tiene un carácter eminentemente procesal."[19]

Por todo ello, podemos decir que es imposible que el procedimiento administrativo desarrollado ante la Contraloría General de la República para imponer la sanción administrativa a una persona, de inhabilitación política para el ejercicio su derecho a ser elegido como representante popular mediante sufragio universal y secreto, no se ajusta a las garantías judiciales del debido proceso que están establecidas en el artículo 8 de la Convención Americana, al menos por las siguientes razones.

En primer lugar, es imposible porque ante un órgano administrativo que ejerce funciones administrativas de control en una relación directa que se establece entre la Administración controladora que investiga, y un funcionario investigado, donde la Administración es esencialmente "juez" y "parte" en el procedimiento; aún cuando se le garantizara al funcionario investigado, efectivamente, su derecho a la defensa, nunca podría haber algo equivalente un "juicio justo" o a un "proceso equitativo," también llamado derecho al "debido proceso," o derecho a un "proceso regular," o identificado en el artículo 8 de la Convención Americana como conjunto de "garantías judiciales," que apuntan a identificar el "conjunto de normas plasmadas en el derecho positivo y cuyo propósito es, precisamente, garan-

19 Véase Héctor Faúndez Ledezma, *Administración de Justicia y Derecho Internacional de los Derechos Humanos (El derecho a un juicio justo),* Caracas 1992, pp. 222-223.

tizar la justicia, equidad, y rectitud, de los procedimientos judiciales en que pueda verse involucrada una persona;"[20] teniendo en cuenta además, su carácter instrumental para que, como lo ha señalado Héctor Faúndez, pueda servir de garantía para el ejercicio y disfrute de otros derechos, al afirmar que

> "Efectivamente, una decisión judicial injusta o arbitraria —además de constituir en sí misma una violación de un derecho humano— puede constituir la herramienta adecuada para justificar, legitimar, o amparar, la privación previa de otros derechos humanos (tales como la vida, la libertad personal, la libertad de expresión, el derecho al trabajo, etc.), o la lesión de otros intereses jurídicamente protegidos, distintos de los derechos humanos (como, por ejemplo, la privación de la propiedad); además, aún cuando tales violaciones no hayan sido directamente cometidas por el poder judicial, éste se puede hacer cómplice de las mismas mediante la adopción de decisiones que —por apartarse de los principios y normas de un proceso regular— resultan injustas y constituyen el sello mediante el cual se procura lograr la impunidad de tales atropellos y abusos de poder."[21]

Respecto de este derecho al debido proceso, como lo explicó la sentencia N° 157 de 17 de febrero de 2000 de la Sala Político Administrativa del Tribunal Supremo de Justicia de Venezuela, (Caso: *Juan C. Pareja P. vs. MRI*):

> "Se trata de un derecho complejo que encierra dentro de sí, un conjunto de garantías que se traducen en una diversidad de derechos para el procesado, entre los que figuran, el derecho a acceder a la justicia, el derecho a ser oído, el derecho a la articulación de un proceso debido, derecho de acceso a los recursos legalmente establecidos, derecho a un tribunal competente, independiente e imparcial, derecho a obtener una resolución de fondo fundada en derecho, derecho a un proceso sin dilaciones indebidas, derecho a la ejecución de las sentencias, entre otros, que se vienen configurando a través de la jurisprudencia. Todos

---

20 *Idem,* pp. 211 y 212.

21 *Idem.*, pp. 212 y 213.

estos derechos se desprenden de la interpretación de los ocho ordinales que consagra el artículo 49 de la Carta Fundamental."

Tanto la doctrina como la jurisprudencia comparada han precisado, que este derecho no debe configurarse aisladamente, sino vincularse a otros derechos fundamentales como lo son, el derecho a la tutela efectiva y el derecho al respeto de la dignidad de la persona humana...

El artículo 49 del Texto Fundamental vigente consagra que el debido proceso es un derecho aplicable a todas las actuaciones judiciales y administrativas, disposición que tiene su fundamento en el principio de igualdad ante la ley, dado que el debido proceso significa que ambas partes en el procedimiento administrativo, como en el proceso judicial, deben tener igualdad de oportunidades, tanto en la defensa de sus respectivos derechos como en la producción de las pruebas destinadas a acreditarlos."[22]

Por ello, en los procedimientos administrativos en los cuales por lo general no hay dos partes en contienda, es decir, en la terminología de la Sala Constitucional, donde no haya unas "ambas partes" con igualdad de oportunidades para su defensa y producción de pruebas, y donde, al contrario, lo que hay es por una parte, una "parte" administrativa que investiga y decide con todo el poder del Estado, y por la otra, un administrado sujeto a investigación, pero donde la primera parte es la que resuelve el asunto, es decir, es el "juez y parte", nunca podría estar garantizado plenamente el derecho al debido proceso o a las "garantías judiciales," razón por la cual, mediante esos procedimientos no se puede decidir respecto del funcionario o parte investigado, la pérdida de un derecho constitucional como el derecho a ser electo, lo que sólo podría corresponder en exclusiva a los tribunales de justicia, los cuales deben ser conducidos pos jueces independientes e imparciales encargados de dirimir los conflictos entre partes en el proceso, en plano de igualdad. Ello incluso, se concibe así, al menos teóricamente, en el proceso penal acusatorio, donde una de las partes es siempre Fiscalía General de

22 Véase en *Revista de Derecho Público*, N° 81, (enero-marzo), Editorial Jurídica Venezolana, Caracas 2000, p. 135.

la República que investiga, imputa y acusa, y la otra parte es el acusado, correspondiendo a ambas partes dirimir el conflicto ante un juez penal competente, independiente e imparcial, que debe asegurar la igualdad de oportunidades de ambas partes. Por ello, sería imposible que se pudiera llegar a hablar de existencia de debido proceso o de garantías judiciales en el proceso penal acusatorio, si en el mismo, el Fiscal del Ministerio Público fuera quien además de tener a su cargo la realización de la investigación penal contra una persona, así como la tarea de formularle la imputación y acusación sobre la comisión de delitos, fuera luego el llamado a decidir el proceso penal. Ello sería, para decir lo menos, aberrante desde el punto de vista jurídico.

Pues lo mismo puede decirse del procedimiento administrativo de investigación o averiguación administrativa establecido en la Ley Orgánica de la Contraloría General de la República para determinar la responsabilidad administrativa de los investigados e inhabilitar políticamente a los funcionarios, donde la Administración contralora es quien investiga y formula cargos y además es quien decide, imponiendo sanciones al investigado declarado culpable administrativo. Si sólo se tratara de imposición de multas administrativas e, incluso, de decidir la destitución del cargo, que son competencias esenciales de la Administración respecto de sus funcionarios, podría admitirse que el sancionado tendría recursos judiciales para su defensa; sin embargo, cuando se trata de decisiones administrativas adoptadas sin la garantía esencial del tribunal independiente e imparcial, o su equivalente, mediante las cuales se prive a un ciudadano de un derecho político como el derecho a ser electo que la Constitución le garantiza, la violación a sus garantía judiciales es aberrante, como sucede precisamente cuando se aplica el artículo 105 de la Ley Orgánica de la Contraloría General de la república tendiente a privarle a un funcionario uno de sus derechos de la ciudadanía como es el derecho a ser electo en sufragio directo y secreto para ocupar cargos de representación de la voluntad popular.

No es posible que se pueda concebir que mediante un procedimiento administrativo conducido por una Administración de control fiscal pueda despojarse a un ciudadano de un derecho político, cuando quien decide el procedimiento es la misma entidad que investiga y declara la responsabilidad del funcionario. La autoridad decisora, en ese caso, nunca podría llegar a considerarse como equivalente a nada que se parezca a un juez independiente e imparcial; al contrario, es una autoridad decisora que es esencialmente parcializada en el sentido que resulta de su propia "investigación."

3. *Las sanciones administrativas de inhabilitación administrativa impuestas por la Contraloría General de la República no se dictan en ejercicio de funciones jurisdiccionales*

Pero en segundo lugar, también es imposible que el procedimiento administrativo desarrollado ante la Contraloría General de la República conforme al artículo 105 de la ley Orgánica tendiente a despojar a un funcionario de su derecho político a ser electo por el pueblo, se pueda llegar a considerar que se pueda ajustar a las garantías judiciales del debido proceso que están establecidas en el artículo 8 de la Convención Americana, pues la Contraloría, en esos casos, actúa como un órgano administrativo de control, ejerciendo una función netamente de control, y en ningún caso equiparable a la "función jurisdiccional," que siempre implica la existencia de al menos dos partes que son ajenas a la entidad decisora, y en relación con las cuales ésta decide el asunto asegurando la igualdad de las partes.

En efecto, en Venezuela, entre las funciones del Estado y de sus órganos, además de la función normativa y de la función política, se distinguen las funciones jurisdiccionales, de control y administrativa.[23] Cuando los órganos del Estado ejercen la función jurisdiccional, conocen, deciden o resuelven controversias entre dos o más pretensiones, es decir, controversias en las cuales una parte esgrime pretensiones frente a otra. El ejercicio de la función jurisdiccional se ha atribuido como función propia a los tribunales de la República, pero sin ser ello una atribución exclusiva y excluyente, pues ciertamente otros órganos estatales pueden ejercer la función jurisdiccional.

En efecto, muchos órganos administrativos realizan funciones jurisdiccionales cuando sus autoridades deciden controversias entre

---

23 Véase Allan R. Brewer-Carías, *Principios Generales del Derecho Público*, Editorial Jurídica Venezolana, Caracas 2005, pp. 73 ss.

partes declarando el derecho aplicable en un caso concreto dentro de los límites de su competencia,[24] por lo que puede decirse que la función jurisdiccional, si bien es una "función propia" de los órganos judiciales, no es una función privativa y exclusiva de ellos, pues otros órganos estatales también la ejercen. Es decir, el "ejercicio de la jurisdicción [no está] supeditada a la jurisdicción ejercida por el poder judicial"[25]. Sin embargo, lo que sí es una función privativa y exclusiva de los tribunales es el ejercicio de la función jurisdiccional a través de un proceso (Art. 257) en una forma determinada: con fuerza de verdad legal, mediante actos denominados sentencias, que es la única forma como se pueden afectar o eliminar o suspender derechos constitucionales de las personas. Sólo los tribunales pueden resolver controversias y declarar el derecho en un caso concreto, con fuerza de verdad legal, por lo que sólo los órganos del Poder judicial pueden desarrollar la "función judicial" (función jurisdiccional ejercida por los tribunales). Los demás órganos del Estado que realizan funciones jurisdiccionales lo hacen a través de actos administrativos condicionados por la legislación.

Los órganos de la Contraloría General de la República, en ese sentido, nunca –léase bien– nunca podrían ejercer una función jurisdiccional, pues nunca, en ninguno de los procedimientos que establece su Ley Orgánica conocen, deciden o resuelven controversias entre dos o más pretensiones que corresponden a dos o más administrados o funcionarios, es decir, controversias en las cuales una parte esgrime pretensiones frente a otra, y la entidad decisora es en principio imparcial.

Al contrario, en los procedimientos que se desarrollan ante la Contraloría General de la República, esta lo que ejerce es una función de control al vigilar, supervisar y velar por la regularidad del

---

24 Véase, sentencias de la antigua Corte Suprema de Justicia en Sala Política Administrativa de 18-7-63, en *Gaceta Forense* N° 41, Caracas 1963, pp. 116 y 117; de 27-5-68, en *Gaceta Forense* N° 60, Caracas 1969, pp. 115 y 118; y de 9-7-69, en *Gaceta Forense* N° 65, Caracas 1969, pp. 70 y ss.

25 Véase sentencia de 05-10-2000 (caso *Héctor Luis Quintero),* citada en sentencia N° 3098 de la Sala Constitucional (Caso: *nulidad artículos Ley Orgánica de la Justicia de Paz*) de 13-12-2004, en *Gaceta Oficial* N° 38.120 de 02-02-2005.

ejercicio de las actividades realizadas por los funcionarios y administrados en relación con el manejo de fondos públicos.

En fin, reiterando, la Contraloría General de la República, nunca podría ser considerado como equivalente a un "juez imparcial e independiente" en el procedimiento desarrollado para determinar la responsabilidad administrativa de los funcionarios públicos (arts. 95 ss.), pues en realidad, en el mismo, es un órgano de investigación administrativa (art. 77), actor y director del procedimiento, que lo inicia cuando considere que surgen elementos de convicción o prueba que pudieran dar lugar a la declaratoria de responsabilidad administrativa o a la imposición de multas (art. 96), lo que hace mediante auto motivado que se debe notificar a los interesados, según lo previsto en la Ley Orgánica de Procedimientos Administrativos (art. 96), es decir, como lo hace cualquier otro funcionario de la Administración Pública que el procedimiento administrativo siempre es juez y parte; procedimiento en el cual es la propia Contraloría quien imputa a un funcionario de determinados hechos que investiga (art. 79) que el propio órgano decide. Como órgano de investigación o averiguación administrativa, no tiene ni puede tener nada de imparcialidad en los procedimientos que inicia ni de independencia en el ejercicio de su función investigadora.

4. *La ausencia de efectiva autonomía de la Contraloría General de la República en el régimen autoritario venezolano, dada la ausencia de separación de poderes*

En tercer lugar, tampoco es posible que el procedimiento administrativo desarrollado ante la Contraloría General de la República conforme al artículo 105 de la ley Orgánica tendiente a despojar a un funcionario de su derecho político a ser electo por el pueblo, se pueda llegar a considerar que se pueda ajustar a las garantías judiciales del debido proceso, pues en ningún caso la Contraloría General de la República se puede considerar que sea un órgano efectivamente autónomo e independiente de los otros Poderes del Estado, en particular, del Poder Ejecutivo. Al contrario, en la práctica del sistema de separación orgánica de poderes en Venezuela, aún cuando se haya incluido a la Contraloría dentro del llamado Poder Ciudadano que forma parte de la penta división del Poder Público que regula la Constitución, el sistema de tal separación de poderes se ha desdibujado en Venezuela, estando todos los poderes del Estado al servicio del Poder Ejecutivo.[26] Ello se confirma, por lo demás, con la declaración de la Presidenta del Tribunal Supremo de Justicia dada en diciembre de 2009, proponiendo una reforma a la Constitución de 1999 para definitivamente eliminar el principio de la separación de poderes el cual que "debilitaba al Estado" siendo uno de los aspectos de la Constitución que contradecía la implementación del proyecto político del régimen.[27]

---

26 Sólo así se entiende porque el Presidente de la República en Venezuela puede llegar a decir, por ejemplo, al referirse a los decretos leyes que dictó en agosto de 2008 implementando la rechazada reforma constitucional de 2007, simplemente: "*Yo soy la Ley. Yo soy el Estado*," repitiendo las mismas frases que ya había dicho en 2001, aún cuando con un pequeño giro (entonces dijo "*La Ley soy yo. El Estado soy yo*" (Véase en *El Universal,* Caracas 12 de abril de 2001, pp. 1,1 y 2,1). Es también lo único que puede explicar, que un Jefe de Estado en 2009 pueda calificar a "la democracia representativa, la división de poderes y el gobierno alternativo" como doctrinas que "envenenan la mente de las masas" (Véase la reseña sobre "Hugo Chávez Seeks To Cach Them Young," *The Economist*, 22-28 de Agosto de 2009, p. 33). Las mencionadas expresiones las utilizó el Presidente al referirse también a la legislación delegada que había sancionado violando la Constitución y que la Sala Constitucional se ha abstenido de controlar. Esas frases, como sabemos, se atribuyeron en 1661 a Luis XIV para calificar el gobierno absoluto de la Monarquía, cuando a la muerte del cardenal Gulio Raimondo Mazarino, el Rey asumió el gobierno sin nombrar un sustituto como ministro de Estado; pero la verdad histórica es que incluso Luis XIV nunca llegó a expresar esas frases (Véase Yves Guchet, *Histoire Constitutionnelle Française (1789–1958)*, Ed. Erasme, Paris 1990, p.8). Por ello, oírlas de boca de Jefe de Estado de nuestros tiempos, es suficiente para entender la trágica situación institucional de Venezuela, precisamente caracterizada por la completa ausencia de separación de poderes, de independencia y autonomía del Poder Judicial y, en consecuencia, de gobierno democrático. Véase el resumen de esta situación en Teodoro Petkoff, "Election and Political Power. Challenges for the Opposition", en *ReVista. Harvard Review of Latin America*, David Rockefeller Center for Latin American Studies, Harvard University, Fall 2008, pp. 12. Véase además, Allan R. Brewer-Carías, Dismantling Democracy, Cambridge University Press, New York, 2010.

27 Véase la reseña de Juan Francisco Alonso en relación con las declaraciones de Luisa Estela Morales, "Morales: 'La división de poderes debilita al estado.' La presidenta del TSJ afirma que la Constitución hay que reformarla," en *El Universal*, Caracas 5 de diciembre de

El desprecio al principio, por lo demás, ya ha sido objeto de decisiones de la propia Sala Constitucional, como la adoptada mediante sentencia Nº 1049 de 23 de julio de 2009 en la cual ha considerado que "la llamada división, distinción o separación de poderes fue, al igual que la teoría de los derechos fundamentales de libertad, un instrumento de la doctrina liberal del Estado mínimo" y "un modo mediante el cual se pretendía asegurar que el Estado se mantuviera limitado a la protección de los intereses individualistas de la clase dirigente."[28]

En ese contexto de un régimen político autoritario, donde el principio de la separación de poderes no es más que un eufemismo, es imposible considerar que la Contraloría General de la República pueda llegar siquiera a actuar como órgano independiente y autónomo del Poder Ejecutivo, razón por la cual nunca el procedimiento administrativo que se desarrolla en dicho organismo para determinar la responsabilidad administrativa de los funcionarios e imponerle sanciones como la inhabilitación para ejercer su derecho político a ser electos mediante sufragio como representantes populares, pueda llegar a considerarse que se desarrolla en alguna forma "similar" a un proceso en el cual se aseguren las garantías judiciales del funcionario investigado.

5. *La ausencia de garantías del debido proceso en el procedimiento administrativo desarrollado ante la Contraloría General de la República para imponer sanciones administrativas de inhabilitación a los funcionarios públicos*

Por último, en cuarto lugar, tampoco es posible que el procedimiento administrativo desarrollado ante la Contraloría General de la República conforme al artículo 105 de la ley Orgánica tendiente a despojar a un funcionario de su derecho político a ser electo por el pueblo, se pueda llegar a considerar que se pueda ajustar a las garantías judiciales del debido proceso indicadas en el artículo 8 de la Convención Americana, porque en el mismo, tal como está regula-

---

2009. Véase lo expuesto por dicha funcionaria en http://www.tsj.gov.ve/informacion/notasdeprensa/notasdeprensa.asp?codigo=7342.

28 Véase en http://www.tsj.gov.ve/decisiones/scon/Julio/1049-23709-2009-04-2233.html

do en los artículos 96 y siguientes de la ley Orgánica, no se respetan ni aseguran los múltiples derechos que derivan de dichas garantías judiciales.

En efecto, como lo ha indicado la Sala Constitucional del Tribunal Supremo en sentencia Nº 80 de 1 de febrero de 2001 (Caso: *Impugnación de los artículos 197 del Código de Procedimiento Civil y 18 de la Ley Orgánica del Poder Judicial)* al referirse al artículo 49 que establece el derecho al debido proceso en Venezuela:

> "La referida norma constitucional, recoge a lo largo de su articulado, la concepción que respecto al contenido y alcance del derecho al debido proceso ha precisado la doctrina más calificada, y según la cual el derecho al debido proceso constituye un conjunto de garantías, que amparan al ciudadano, y entre las cuales se mencionan las del ser oído, la presunción de inocencia, el acceso a la justicia y a los recursos legalmente establecidos, la articulación de un proceso debido, la de obtener una resolución de fondo con fundamento en derecho, la de ser juzgado por un tribunal competente, imparcial e independiente, la de un proceso sin dilaciones indebidas y por supuesto, la de ejecución de las sentencias que se dicten en tales procesos. Ya la jurisprudencia y la doctrina habían entendido, que el derecho al debido proceso debe aplicarse y respetarse en cualquier estado y grado en que se encuentre la causa, sea ésta judicial o administrativa, pues dicha afirmación parte del principio de igualdad frente a la ley, y que en materia procedimental representa igualdad de oportunidades para las partes intervinientes en el proceso de que se trate, a objeto de realizar -en igualdad de condiciones y dentro de los lapsos legalmente establecidos- todas aquellas actuaciones tendientes a la defensa de sus derechos e intereses."

Por otra parte, en particular, en relación con el proceso penal o sancionatorio en general, la Sala Político Administrativa del mismo Tribunal Supremo de Justicia ha precisado las siguientes garantías derivadas del debido proceso: el derecho al Juez natural (numeral 4 del artículo 49); el derecho a la presunción de inocencia (numeral 2 del artículo 49); el derecho a la defensa y a ser informado de los cargos formulados (numeral 1 del artículo 49); el derecho a ser oído (numeral 3 del artículo 49); el derecho a un proceso sin dilaciones indebidas (numeral 8 del artículo 49); el derecho a utilizar los medios de prueba pertinentes para su defensa (numeral 1 del artículo 49); el derecho a no confesarse culpable y no declarar contra sí misma (numeral 5 del artículo 49); y el derecho a la tutela judicial efectiva de los derechos e intereses del procesado (artículo 26 de la Constitución).

En cuanto a las garantía judiciales establecidas en el artículo 8 de la Convención Americana, las mismas se refieren, además de la existencia de un juez competente, independiente e imparcial, las siguientes: derecho a ser oído, con las debidas garantías y dentro de un plazo razonable, (art. 8.1); derecho a la presunción de inocencia mientras no se establezca legalmente su culpabilidad (art. 8.2); derecho a ser asistido gratuitamente por el traductor o intérprete (art. 8.2.a); derecho a recibir comunicación previa y detallada de los cargos formulados (art. 8.2.b); derecho de disponer del tiempo y de los medios adecuados para la preparación de su defensa (art. 8.2.c); derecho del inculpado de defenderse personalmente o de ser asistido por un defensor de su elección y de comunicarse libre y privadamente con su defensor (art. 8.2.d); derecho irrenunciable de ser asistido por un defensor proporcionado por el Estado, remunerado o no según la legislación interna, si el inculpado no se defendiere por sí mismo ni nombrare defensor dentro del plazo establecido por la ley (art. 8.2.e); derecho de la defensa de interrogar a los testigos presentes en el organismo y de obtener la comparecencia, como testigos o peritos, de otras personas que puedan arrojar luz sobre los hechos (art. 8.2.f); derecho a no ser obligado a declarar contra sí mismo ni a declararse culpable (art. 8.2.g); y derecho de recurrir de la decisión ante un órgano superior (art. 8.2.h); la garantía de que la confesión del inculpado no puede ser válida si es hecha bajo coacción (art. 8.3); la garantía del *non bis in idem* (art. 8.4); y el derecho a que el proceso penal sea público (art. 8.5).

Ahora bien si se confrontan estas garantías con las previsiones de los artículos 95 y siguientes de la Ley Orgánica de la Contraloría General de la República que establece el procedimiento para la formulación de reparos, la declaratoria de la responsabilidad administrativa y la imposición de multas (art. 95), se observa que en el mismo se prevé lo siguiente:

1) La iniciación del procedimiento de oficio, por denuncia o a solicitud de algún organismo si el organismo considera que hay elementos de convicción o prueba que pudiere dar lugar a para la formulación de reparos, la declaratoria de la responsabilidad administrativa y la imposición de multas (arts. 96 y 97);

2) La notificación a los interesados del auto de apertura del procedimiento en el cual deben describirse los hechos imputados, identificarse los sujetos presuntamente responsables e indicarse los correspondientes elementos probatorios y las razones que comprometen, presumiblemente, su responsabilidad (art. 98);

3) La disposición de un término de 15 días hábiles siguientes a la fecha de notificación del auto de apertura, para que los interesados puedan indicar la prueba (cualquier medio de prueba no prohibido legalmente)que a su juicio desvirtúen los elementos de prueba o convicción que motivaron el inicio del procedimiento (arts. 99 y 100);

4) La realización a los 15 días siguientes de vencido el plazo anterior, de una audiencia oral y pública ante la Contraloría para que los interesados presenten los argumentos que consideren les asisten para la mejor defensa de sus intereses (art. 101);

5) La decisión el mismo día, o a más tardar el día siguiente, en forma oral y pública, sobre si se formula el reparo, se declara la responsabilidad administrativa, se impone la multa, se absuelve de dichas responsabilidades, o se pronuncia el sobreseimiento (art. 103);

6) La atribución al Contralor General de la República para que con posterioridad "de manera exclusiva y excluyente, sin que medie ningún otro procedimiento," pueda acordar en atención a la entidad del ilícito cometido:

> "la suspensión del ejercicio del cargo sin goce de sueldo por un período no mayor de veinticuatro (24) meses o la destitución del declarado responsable, cuya ejecución quedará a cargo de la máxima autoridad; e imponer, atendiendo la gravedad de la irregularidad cometida, su inhabilitación para el ejercicio de funciones públicas hasta por un máximo de quince (15) años, en cuyo caso deberá remitir la información pertinente a la dependencia responsable de la administración de los recursos huma-

nos del ente u organismo en el que ocurrieron los hechos para que realice los trámites pertinentes"(art. 105).

7) La posibilidad de que el interesado pueda ejercer un recurso de reconsideración sin efectos suspensivos ante la misma autoridad que dictó el acto (arts. 107, 110);

8) la posibilidad de que el interesado pueda ejercer un recurso de nulidad contencioso administrativo (arts. 108, 110); y

9) La previsión final de que el procedimiento antes mencionado no impide el ejercicio inmediato de las acciones civiles y penales a que hubiere lugar ante los tribunales competentes "y los procesos seguirán su curso sin que pueda alegarse excepción alguna por la falta de cumplimiento de requisitos o formalidades exigidas por esta Ley" (art. 111).

Estas previsiones de procedimiento administrativo, por supuesto, examinadas en sí mismas y aún cuando no se realicen por un órgano que pueda considerarse equivalente a un juez competente imparcial e independiente, no responden a los estándares de las garantías judiciales establecidas en la Convención Americana. Entre otros aspectos, en el procedimiento previsto en la Ley Orgánica de la Contraloría General de la República:

1) No se garantiza el derecho a ser oído "dentro de un plazo razonable" en la sustanciación de la imputación en contra del funcionario (art. 8.1, Convención). La imputación se formula al notificársele un auto de apertura del procedimiento dándosele al funcionario sólo 15 días hábiles para aportar pruebas y defenderse (art. 99, Ley Orgánica), nada menos que frente a la perspectiva de poder perder su derecho político a ser elegido para cargos de representación popular por un período de hasta 15 años !!;

2) No se garantiza la presunción de inocencia del imputado hasta que se establezca legalmente su culpabilidad (art. 8.2, Convención), ya que iniciado el procedimiento y antes de que siquiera se notifique al imputado sobre el inicio del procedimiento, puede ser demandado por los mismos hechos no probados y los cuales no han podido haber sido desvirtuados, ante los tribunales civiles y penales (art. 111, Ley Orgánica);

3) No se garantiza al imputado del "tiempo y de los medios adecuados para la preparación de su defensa" (art. 8.2.c), ya que como

se dijo, los 15 día hábiles para indicar la prueba que presentarán en el acto público (art. 99, Ley Orgánica) son totalmente insuficientes para poder preparar una adecuada defensa sobre todo ante la perspectiva de sanciones administrativa tan draconianas como las establecidas en la Ley;

4) No se garantiza al imputado su "derecho irrenunciable" de ser asistido por un defensor proporcionado por el Estado (art. 8.2.e, Convención);

5) No se garantiza el derecho del imputado de interrogar testigos (art. 8.2.f, Convención);

6) No se garantiza la segunda instancia administrativa, es decir el derecho de recurrir la decisión ante un superior jerárquico (art. 8.2.h); y si bien se prevé la posibilidad de intentar una acción de nulidad ante la jurisdicción contencioso administrativa, se niega el derecho del recurrente a solicitar la suspensión temporal de las sanciones mientras dure el juicio de nulidad (art. 110); y

7) Finalmente se niega el derecho de toda persona de reclamar contra las violaciones de la Ley, al indicarse que intentadas acciones civiles y penales contra el imputado aún antes de que se lo haya declarado culpable o responsable administrativamente, sin embargo, se le niega toda posibilidad de que "pueda alegarse excepción alguna por falta de cumplimiento de requisitos o formalidades exigidas por esta Ley" (art. 111), lo que es la negación de la garantía de la tutela judicial efectiva y del control de legalidad de las actuaciones administrativas.

6. *La ausencia de garantía del derecho a la defensa en el procedimiento administrativo que se desarrolla ante la Contraloría General de la República para inhabilitar administrativamente a los funcionarios públicos*

En particular en relación con las mencionadas garantías vinculadas al derecho a la defensa el artículo 8 de la Convención Americana y en particular el artículo 49.1 de la Constitución de Venezuela los establecen como derechos inviolables en todo estado y grado de la investigación y del proceso, en particular, el derecho de toda persona a ser notificada de los cargos por los cuales se la investiga, de acceder a las pruebas y de disponer del tiempo y de los medios adecuados para ejercer su defensa. El derecho a la defensa, como lo dijo hace varias décadas Michael Stassinopoulos, "es tan viejo como el mundo";[29] y es quizás el derecho más esencial inherente a la persona humana. Por ello nunca está de más recordar su formulación jurisprudencial histórica en el famoso caso decidido en 1723 por una Corte inglesa (*Caso Dr. Bentley*), en el cual el juez Fortescue, al referirse al mismo como un principio de *natural justice,* señaló:

> "La objeción por falta de citación o notificación jamás puede ser superada. Las leyes de Dios y de los hombres, ambas, dan a las partes una oportunidad para ejercer su defensa. Recuerdo haber oído que se observó en un ocasión, que incluso Dios mismo no llegó a dictar sentencia respecto a Adam, sin antes haberlo llamado a defenderse: "Adam (dijo Dios) ¿dónde estás?. ¿Has comido del árbol respecto del cual te ordené que no debías comer? y la misma pregunta se la formuló a Eva."[30]

Sobre el derecho a la defensa, de indudable rango constitucional, la antigua Corte Suprema de Justicia de Venezuela, en Sala Político Administrativa, ha señalado que el mismo:

> "debe ser considerado no sólo como la oportunidad para el ciudadano encausado o presunto infractor de hacer oír sus alegatos, sino como el derecho de exigir del Estado el cumplimiento previo a la imposición de toda sanción, de un conjunto de actos o procedimientos destinados a permitirle conocer con precisión los hechos que se le imputan y las disposiciones legales aplicables a los mismos, hacer oportunamente alegatos en su descargo y promover y evacuar pruebas que obren en su favor. Esta perspectiva del derecho a la defensa es equiparable a lo que en otros Estados ha sido llamado como el principio del "debido proceso."[31]

---

29 Véase *Le droit a la défense devant les autorités administratives,* París 1976, p. 50.

30 Véase la cita en S.H. Bailey, C.A. Cross y JF. Garner, *Cases and materials in administrative Law,* London 1977, pp. 348 a 351.

31 Sentencia de 17-11-83, en *Revista de Derecho Público,* N° 16, Editorial Jurídica Venezolana, Caracas 1983, p. 151.

Ha agregado la Corte Suprema, además que el derecho a la defensa:

> "constituye una garantía inherente a la persona humana, y es, en consecuencia, aplicable en cualquier clase de procedimientos que puedan derivar en una condena."[32]

El derecho a la defensa, en todo caso, ha sido amplio y tradicionalmente analizado por la jurisprudencia del Tribunal Supremo así como por la de la antigua Corte Suprema de Justicia de Venezuela, considerándose como "garantía que exige el respeto al principio esencial de contradicción, conforme al cual, las partes enfrentadas, en condiciones de igualdad, deben disponer de mecanismos suficientes que les permitan alegar y probar las circunstancias tendientes al reconocimiento de sus intereses, necesariamente, una sola de ellas resulte ganancioso". (Sentencia Nº 1166 de 29 de junio de 2001, Ponente Magistrado Jesús Eduardo Cabrera Romero, Caso: *Alejandro Moreno vs. Sociedad Mercantil Auto Escape Los Arales, S.R.L.)*[33]

El derecho a la defensa, como garantía del debido proceso, por tanto, no puede ser desconocido ni siquiera por el legislador,[34] co-

---

32 Sentencia de la Sala Político Administrativa de 23-10-86, *Revista de Derecho Público,* N° 28, Editorial Jurídica Venezolana, Caracas 1986, pp. 88 y 89.

33 Esto ya lo había sentado la sentencia Nº 3682 de 19 de diciembre de 1999, la Sala Político Administrativa de la antigua Corte Suprema de Justicia al destacar que el reconocimiento constitucional del derecho a la defensa se extiende a todas las relaciones de naturaleza jurídica que ocurren en la vida cotidiana, y con especial relevancia, en aquellas situaciones en las cuales los derechos de los particulares son afectados por una autoridad pública o privada; de manera que el derecho constitucional impone que en todo procedimiento tanto administrativo como judicial, "se asegure un equilibrio y una igualdad entre las partes intervinientes, garantizándole el derecho a ser oída, a desvirtuar lo imputado o a probar lo contrario a lo sostenido por el funcionario en el curso del procedimiento". Véase en *Revista de Derecho Público,* Nº 79-80, Editorial Jurídica Venezolana, Caracas 1999.

34 Por ello, ha sido por la prevalencia del derecho a la defensa que la Sala Constitucional, siguiendo la doctrina constitucional establecida por la antigua Corte Suprema de Justicia, ha desaplicado por ejemplo normas que consagran el principio *solve et repete* como condición pa-

mo lo ha hecho en la Ley Orgánica de la Contraloría General de la República tal como antes se ha indicado. Así en efecto se ha expresado la misma Sala Constitucional en sentencia Nº 321 de 22 de febrero de 2002, con Ponencia del Magistrado Jesús Eduardo Cabrera Romero (Caso: *Papeles Nacionales Flamingo, C.A. vs. Dirección de Hacienda del Municipio Guacara del Estado Carabobo)* en la que indicó que las limitaciones al derecho de defensa en cuanto derecho fundamental, derivan por sí mismas del texto constitucional, y si el Legislador amplía el espectro de tales limitaciones, las mismas devienen en ilegítimas, señalando lo siguiente:

> "Debe observarse que tanto el artículo 68 de la abrogada Constitución, como el 49.1 de la vigente, facultan a la ley para que regule el derecho a la defensa, regulación que se ve atendida por el ordenamiento adjetivo. Ello en modo alguno quiere significar que sea disponible para el legislador el contenido del mencionado derecho, pues éste se halla claramente delimitado en las mencionadas disposiciones; si no que por el contrario, implica un mandato al órgano legislativo de asegurar la consagración de mecanismos que aseguren el ejercicio del derecho de defensa de los justiciables, no sólo en sede jurisdiccional, incluso en la gubernativa, en los términos previstos por la Carta Magna. De esta forma, las limitaciones al derecho de defensa en cuanto derecho fundamental derivan por sí mismas del texto constitucional, y si el Legislador amplía el espectro de tales limitaciones, las mismas devienen en ilegítimas; esto es, la sola previsión legal de restricciones al ejercicio del derecho de defensa no justifica las mismas, sino en la medida que obedezcan al aludido mandato constitucional.

El derecho a la defensa, por tanto, es un derecho constitucional absoluto, "inviolable" en todo estado y grado de la causa dice la Constitución, el cual corresponde a toda persona, sin dis-

---

ra acceder a la justicia contencioso-administrativa, por considerarlas inconstitucionales. Véase Sentencia Nº 321 de 22 de febrero de 2002 (Caso: *Papeles Nacionales Flamingo, C.A. vs. Dirección de Hacienda del Municipio Guacara del Estado Carabobo* Véase en *Revista de Derecho Público*, Nº 89-92, Editorial Jurídica Venezolana, Caracas 2002.

tingo alguno si se trata de una persona natural o jurídica, por lo que no admite excepciones ni limitaciones[35]. Dicho derecho "es un derecho, fundamental que nuestra Constitución protege y que es de tal naturaleza, que no puede ser suspendido en el ámbito de un estado de derecho, por cuanto configura una de las bases sobre las cuales tal concepto se erige"[36].

Todas las Salas del Tribunal Supremo han reafirmado el derecho a la defensa como inviolable. Así, por ejemplo, la Sala de Casación Civil en sentencia Nº 39 de 26 de abril de 1995 (Caso: *A.C. Expresos Nas vs. Otros),* ha señalado sobre "el sagrado derecho a la defensa" es un "derecho fundamental cuyo ejercicio debe garantizar el Juez porque ello redunda en la seguridad jurídica que es el soporte de nuestro estado de derecho; más cuando la causa sometida a su conocimiento se dirige a obtener el reconocimiento y posterior protección de los derechos con rango constitucional." Este derecho, ha agregado la Sala, "es principio absoluto de nuestro sistema en cualquier procedimiento o proceso y en cualquier estado y grado de la causa." [37] En otra sentencia No 160 de 2 de junio de 1998, la Sala de casación Civil reiteró dicho derecho ha "entenderse como la posibilidad cierta de obtener justicia del tribunal competente en el menor tiempo posible, previa realización, en la forma y oportunidad prescrita por la ley, de aquellos actos procesales encaminados a hacer efectivos los derechos de la persona" agregando que, por tanto, no es admisible "que alguien sea condenado si antes no ha sido

---

35 Por ello, por ejemplo, la Corte Primera de lo Contencioso Administrativo, en sentencia 15-8-97 (Caso: *Telecomunicaciones Movilnet, C.A. vs. Comisión Nacional de Telecomunicaciones (CONATEL*) señaló que. "resulta inconcebible en un Estado de Derecho, la imposición de sanciones, medidas prohibitivas o en el general, cualquier tipo de limitación o restricción a la esfera subjetiva de los administrados, sin que se de oportunidad alguna de ejercicio de la debida defensa". Véase en *Revista de Derecho Público,* Nº 71-72, Editorial Jurídica Venezolana, Caracas 1997, pp. 154-163.

36 Así lo estableció la Sala Político Administrativa de la antigua Corte Suprema de Justicia, en sentencia Nº 572 de 18-8-97. (Caso: *Aerolíneas Venezolanas, S.A. (AVENSA) vs. República (Ministerio de Transporte y Comunicaciones*).

37 Véase en *Jurisprudencia Pierre Tapia*, Nº 4, Caracas, abril 1995, pp. 9-12

citado, oído y vencido en proceso judicial seguido ante un juez competente, pues en tal caso se estaría ante una violación del principio del debido proceso."[38]

Por su parte la Sala de Casación Penal de la antigua Corte Suprema de Justicia en sentencia de 26 de junio de 1996, sostuvo que:

> "El derecho a la defensa debe ser considerado no sólo como la oportunidad para el ciudadano o presunto infractor de hacer oír sus alegatos, sino como el derecho de exigir del Estado e cumplimiento previo a la imposición de toda sanción de un conjunto de actos o procedimientos destinados o permitirle conocer con precisión los hechos que se le imputan, las disposiciones legales aplicables a los mismos, hacer oportunamente alegatos en su descargo y promover y evacuar pruebas que obren en su favor. Esta perspectiva del derecho de defensa es equiparable a lo que en otros estados de derecho ha sido llamado como principio del debido proceso."[39]

La Corte Plena de la antigua Corte Suprema de Justicia, por su parte, en sentencia de 30 de julio de 1996, enmarcó el derecho a la defensa dentro del derecho de los derechos humanos, protegido además en el ámbito de los instrumentos internacionales sobre derechos humanos, conforme al principio de la progresividad, señalando lo siguiente:

> "Por ello, la Constitución de la República estatuye que la defensa pueda ser propuesta en todo momento, "en todo estado y grado del proceso", aún antes, entendiéndose por proceso, según Calamandrei, "el conjunto de operaciones metodológicas estampadas en la ley con el fin de llegar a la justicia". Y la justicia la imparte el Estado. En el caso concreto que se estudia, a través de este Alto Tribunal. El fin que se persigue es mantener el orden jurídico.
>
> Así mismo, debe anotar la Corte que en materia de Derechos Humanos, el principio jurídico de progresividad envuelve la necesidad de aplicar con preferencia la norma más favorable a los

---

38 Véase en *Jurisprudencia Pierre Tapia*, N° 6, junio 1998, pp. 34-37

39 Véase en *Jurisprudencia Pierre Tapia*, N° 6, Caracas, junio 1996.

derechos humanos, sea de Derecho Constitucional, de Derecho Internacional o de derecho ordinario. Esta doctrina de interpenetración jurídica fue acogida en sentencia de 3 de diciembre de 1990 por la Sala Político-Administrativa, en un caso sobre derechos laborales, conforme a estos términos:

> '...Igualmente debe señalarse que el derecho a la inamovilidad en el trabajo de la mujer embarazada y el derecho a disfrutar del descanso pre y post-natal constituyen derechos inherentes a la persona humana los cuales se constitucionalizan, de conformidad con el artículo 50 de nuestro Texto Fundamental. Según el cual "la enunciación de los derechos y garantías contenido en esta Constitución no debe entenderse como negación de otros que, siendo inherentes a la persona humana, no figuren expresamente en ella. La falta de ley reglamentaria de estos derechos no menoscaba el ejercicio de los mismos...'"

Desde el punto de vista internacional, considera este Alto Tribunal que importa fortalecer la interpretación sobre esta materia, señalando la normativa existente.

Así, entre otros, el artículo 8 letra b) de la Convención Americana de Derechos Humanos (Pacto de San José de Costa Rica), establece lo siguiente:

> "Toda persona tiene derecho a ser oída, con las debidas garantías y dentro de un plazo razonable por un Juez o Tribunal competentes, independiente e imparcial establecido con anterioridad por la ley, en la sustanciación de cualquier acusación penal formulada contra ella, o para la determinación de sus derechos y obligaciones de orden civil, laboral, fiscal o de cualquier carácter".

De la misma manera, el Pacto Internacional de los Derechos Civiles y Políticos, garantiza a toda persona el derecho a ser juzgado por sus jueces naturales, mediante proceso legal y justo, en el cual se aseguren en forma transparente todos sus derechos.

Esta normativa rige en plenitud dentro del país. Al efecto y tal como se indicó anteriormente, el artículo 50 de la Constitución de la República consagra la vigencia de los derechos implícitos conforme a la cual:

"La enunciación de los derechos y garantías contenidas en esta Constitución no debe entenderse como negación de otros que, siendo inherentes a la persona humana no figuran expresamente en ella".

A ello se agrega que las reproducidas disposiciones de tipo internacional se encuentran incorporadas al ordenamiento jurídico interno, conforme a lo previsto en el artículo 128 de la Constitución de la República.[40]

Pero además, con ocasión de la entrada en vigencia de la Constitución de 1999, la nueva Sala Constitucional del Tribunal Supremo de Justicia, particularmente en sentencias con Ponencias del Magistrado Jesús Eduardo Cabrera Romero, ha insistido en el carácter absoluto e inviolable del derecho a la defensa. Así, por ejemplo, en sentencia Nº 97 de 15 de marzo de 2000 (Caso: *Agropecuaria Los Tres Rebeldes, C.A. vs. Juzgado de Primera Instancia en lo Civil, Mercantil, Tránsito, Trabajo, Agrario, Penal, de Salvaguarda del Patrimonio Público de la Circunscripción Judicial del Estado Barinas*), la Sala señaló:

"Se denomina debido proceso a aquél proceso que reúna las garantías indispensables para que exista una tutela judicial efectiva. Es a esta noción a la que alude el artículo 49 de la Constitución de la República Bolivariana de Venezuela, cuando expresa que el debido proceso se aplicará a todas las actuaciones judiciales y administrativas.

Pero la norma constitucional no establece una clase determinada de proceso, sino la necesidad de que cualquiera sea la vía procesal escogida para la defensa de los derechos o intereses legítimos, las leyes procesales deben garantizar la existencia de un procedimiento que asegure el derecho de defensa de la parte y la posibilidad de una tutela judicial efectiva.

---

40 Véase en *Revista de Derecho Público,* Nº 67-68, Editorial Jurídica Venezolana, Caracas, 1996, pp. 169-171.

De la existencia de un proceso debido se desprende la posibilidad de que las partes puedan hacer uso de los medios o recursos previstos en el ordenamiento para la defensa de sus derechos e intereses. En consecuencia, siempre que de la inobservancia de las reglas procesales surja la imposibilidad para las partes de hacer uso de los mecanismos que garantizan el derecho a ser oído en el juicio, se producirá indefensión y la violación de la garantía de un debido proceso y el derecho de defensa de las partes."[41]

Es decir, en definitiva, el procedimiento administrativo previsto en la Ley Orgánica de la Contraloría General de la República para la declaración de la responsabilidad administrativa de los funcionarios públicos, imponerles multas, destituirlos de sus cargos e imponerles la sanción administrativa de inhabilitación política para ejercer su derechos ciudadano a ser electo para cargos de elección popular por u n período hasta de 15 años, a pesar de la previsión de la notificación, de cargos, un breve lapso para presentar pruebas, de una audiencia pública y oral, y de recursos judiciales, no reúne la condición esencial del debido proceso pues no se adapta a los estándares establecidos en materia de garantía judiciales en el artículo 8 de la Convención Americana, aparte de que la Contraloría General de la República en si misma, no pueda ser considerada como equivalente a un juez "imparcial" (artículo 8.1 de la Convención), y menos aún, cuando en Venezuela existe un control político de todos los Poderes Públicos –incluido el "Poder Moral"- por parte del Poder Ejecutivo y del Poder Legislativo dada la inexistencia de separación de poderes, tampoco puede considerarse como equivalente a un juez "independiente" (artículo 8.1 de la Convención).

Ello es suficiente para considerar que en el procedimiento seguido ante la Contraloría, aparte de que no es ni siquiera sustancialmente jurisdiccional, sino administrativo, no se encuentra garantizado las bases esenciales de un debido proceso que pueda permitir que en un procedimiento administrativo se restringa el ejercicio de derechos políticos esenciales al régimen democrático.

---

41 Véase en *Revista de Derecho Público,* N° 82, Editorial Jurídica Venezolana, Caracas, 2000.

IV. LA PROTECCIÓN DEL EJERCICIO DEL DERECHO POLÍTICO AL SUFRAGIO PASIVO POR PARTE DE LA CORTE INTERAMERICANA DE DERECHOS HUMANOS (CASO *LEOPOLDO LÓPEZ VS. ESTADO VENEZOLANO*, SEPTIEMBRE 2011) DESCONOCIDA POR EL ESTADO VENEZOLANO

La Contraloría General de la República, con ocasión de diversas averiguaciones administrativas abiertas contra el Sr. Leopoldo López Mendoza, quien había sido Alcalde de uno de los Municipios de la capital de la República (Chacao), de conformidad con el artículo 105 de la Ley Orgánica de la Contraloría, le impuso diversas sanciones administrativas, y entre ellas la de inhabilitación para el ejercicio de cargos públicos, afectándole su derecho constitucional a ser electo para cargos de elección popular.

Luego de que la Sala Constitucional del Tribunal Supremo declarara sin lugar la denuncia de colisión del artículo 105 de la Ley Orgánica de la Contraloría con la Constitución y la Convención Americana de Derechos Humanos, en la sentencia antes mencionada Nº 1265/2008 dictada el 5 de agosto de 2008,[42] (caso *Ziomara Del Socorro Lucena Guédez vs. Contralor General de la República*), el Sr. López presentó denuncia de violación de diversos de sus derechos fundamentales ante la Comisión Interamericana de Derechos Humanos, y esta posteriormente presentó formal demanda contra el Estado Venezolano, denunciando la violación, entre otros, del derecho de ser elegido del Sr. Leopoldo López, que estimó le había sido inflingido por la Contraloría General de la República al imponerle sanciones de inhabilitación en aplicación del artículo 105 de la Ley Orgánica de la Contraloría, y con ocasión de un procedimiento administrativo de averiguaciones administrativas, las cuales le habían impedido a dicho ciudadano registrar su candidatura para cargos de elección popular.

La Corte Interamericana de Derechos Humanos, con fecha 1 de septiembre de 2011 dictó sentencia (caso *López Mendoza vs. Venezuela*) (Fondo, Reparaciones y Costas), en la cual, entre las múltiples violaciones denunciadas, se refirió específicamente a la viola-

42 Véase en http://www.tsj.gov.ve:80/decisiones/scon/Agosto/1265-050808-05-1853.htm

ción del derecho político a ser electo, para lo cual pasó a determinar "si las sanciones de inhabilitación impuestas al señor López Mendoza por decisión de un órgano administrativo y la consiguiente imposibilidad de que registrara su candidatura para cargos de elección popular" eran o no compatibles con la Convención Americana de derechos Humanos" (Párr. 104).

A tal efecto, la Corte Interamericana constató que el artículo 23.1 de la Convención establece que todos los ciudadanos deben gozar de los siguientes derechos y oportunidades, los cuales deben ser garantizados por el Estado en condiciones de igualdad:

> "i) a la participación en la dirección de los asuntos públicos, directamente o por representantes libremente elegidos;
>
> ii) a votar y a ser elegido en elecciones periódicas auténticas, realizadas por sufragio universal e igual y por voto secreto que garantice la libre expresión de los electores, y
>
> iii) a acceder a las funciones públicas de su país"(Párr. 106).

Estos derechos, como todos los que consagra la Convención, es bueno recordarlo, al decir de la Sala Constitucional del Tribunal Supremo de Venezuela, conforman:

> "*una declaración de principios, derechos y deberes de corte clásico que da preeminencia a los derechos individuales, civiles y políticos dentro de un régimen de democracia formal. Obviamente, como tal, es un texto que contiene una enumeración de libertades de corte liberal que son valiosas para garantizar un régimen que se oponga a las dictaduras que han azotado nuestros países iberoamericanos desde su independencia.*"[43]

---

43 Véase sentencia N° 1265/2008 dictada el 5 de agosto de 2008, en http://www.tsj.gov.ve:80/decisiones/scon/Agosto/1265-050808-05-1853.htm. La Sala, sin embargo, en la misma sentencia se lamentaba que en la Convención no había "norma alguna sobre derechos sociales (solo hay una declaración de principios acerca de su desarrollo progresivo en el artículo 26), ni tampoco tiene previsión sobre un modelo distinto al demócrata liberal, como lo es la democracia participativa, ni contempla un tipo de Estado que en lugar de construir sus

Por otra parte, la Corte Interamericana precisó que en artículo 23.2 de la Convención es el que determina cuáles son las causales que permiten restringir los derechos antes indicados reconocidos en el artículo 23.1, así como, en su caso, los requisitos que deben cumplirse para que proceda tal restricción.

Ahora bien, en el caso sometido a su consideración, que se refería "a una restricción impuesta por vía de sanción," la CIDH consideró que debería tratarse de una "condena, por juez competente, en proceso penal," estimando que en el caso:

> "ninguno de esos requisitos se ha cumplido, pues el órgano que impuso dichas sanciones no era un "juez competente", no hubo "condena" y las sanciones no se aplicaron como resultado de un "proceso penal," en el que tendrían que haberse respetado las garantías judiciales consagradas en el artículo 8 de la Convención Americana" (Párr. 107).

La Corte Interamericana, en su decisión, reiteró su criterio de que "el ejercicio efectivo de los derechos políticos constituye un fin en sí mismo y, a la vez, un medio fundamental que las sociedades democráticas tienen para garantizar los demás derechos humanos previstos en la Convención (*Cfr. Caso Castañeda Gutman, supra* nota 209, párr. 143) y que sus titulares, es decir, los ciudadanos, no sólo deben gozar de derechos, sino también de "oportunidades;" término este último que implica, al decir de la Corte Interamericana, "la obligación de garantizar con medidas positivas que toda persona que formalmente sea titular de derechos políticos tenga la oportunidad real para ejercerlos" (*Cfr. Caso Yatama, supra* nota 209, párr. 195). En el caso decidido en la sentencia, la Corte Interamericana precisamente consideró que "si bien el señor López Mendoza ha podido ejercer otros derechos políticos, está plenamente probado que se le ha privado del sufragio pasivo, es decir, del derecho a ser elegido" (Párr. 108).

Fue en virtud e los anteriores argumentos que la Corte Interamericana determinó que el Estado venezolano violó los artículos 23.1.b y 23.2 en relación con el artículo 1.1 de la Convención Americana,

---

instituciones en torno al individuo, privilegie la sociedad en su conjunto, dando lugar a un Estado social de derecho y de justicia." *Idem* en perjuicio de Leopoldo López Mendoza (Párr. 109), concluyendo que:

> "el Estado es responsable por la violación del derecho a ser elegido, establecido en los artículos 23.1.b y 23.2, en relación con la obligación de respetar y garantizar los derechos, establecida en el artículo 1.1 de la Convención Americana sobre Derechos Humanos, en perjuicio del señor López Mendoza, en los términos del párrafo 109 de la presente Sentencia" (Párr. 249).

Por otra parte, la Comisión Interamericana había solicitado la Corte Interamericana que se ordenase al Estado el adoptar las medidas necesarias para reestablecer los derechos políticos del señor Leopoldo López Mendoza (Párr. 214), sobre lo cual, sus representantes solicitaron la restitución plena en el ejercicio de su "derecho político a ser electo" según el artículo 23 de la Convención, a fin de poder presentarse "como candidato en las elecciones que se celebren en la República Bolivariana de Venezuela," solicitando además, que se dejasen sin efecto "las decisiones de inhabilitación dictadas por la Contraloría General de la República y por las distintas ramas del Poder Público Nacional "en el marco de las inhabilitaciones políticas administrativas;" y que se requiriera al Estado que el Consejo Nacional Electoral permitiera la su inscripción y postulación electoral para cualquier proceso de elecciones a celebrarse en Venezuela (Párr. 214).

Sobre esto, y en virtud de considerar que en el case se habían violado los artículos 23.1.b, 23.2 y 8.1, en relación con los artículos 1.1 y 2 de la Convención Americana (*supra* párrs. 109, 149, 205 y 206), la CIDH declaró que:

> "el Estado, a través de los órganos competentes, y particularmente del Consejo Nacional Electoral (CNE), debe asegurar que las sanciones de inhabilitación no constituyan impedimento para la postulación del señor López Mendoza en el evento de que desee inscribirse como candidato en procesos electorales a celebrarse con posterioridad a la emisión de la presente Sentencia (Párr. 217).

Consecuencialmente, la CIDH declaró que el Estado debía "dejar sin efecto las Resoluciones Nos. 01-00-000206 de 24 de agosto de 2005 y 01-00-000235 de 26 de septiembre de 2005 emitidas por el

Contralor General de la República (*supra* párrs. 58 y 81), mediante las cuales se declaró la inhabilitación para el ejercicio de funciones públicas del señor López Mendoza por un período de 3 y 6 años, respectivamente" (Párr. 218), concluyendo en la parte final del fallo, con las siguientes dos disposiciones:

> "2. El Estado, a través de los órganos competentes, y particularmente del Consejo Nacional Electoral (CNE), debe asegurar que las sanciones de inhabilitación no constituyan impedimento para la postulación del señor López Mendoza en el evento de que desee inscribirse como candidato en procesos electorales a celebrarse con posterioridad a la emisión de la presente Sentencia, en los términos del párrafo 217 del presente Fallo;"
>
> "3. El Estado debe dejar sin efecto las Resoluciones Nos. 01-00-000206 de 24 de agosto de 2005 y 01-00-000235 de 26 de septiembre de 2005 emitidas por el Contralor General de la República, en los términos del párrafo 218 del presente Fallo."

Todo lo anterior, sin embargo, fue desconocido por el Estado Venezolano.

V. EL CONTROL DE CONSTITUCIONALIDAD EJERCIDO POR LA SALA CONSTITUCIONAL RESPECTO DE LA SENTENCIA DE LA CORTE INTERAMERICANA DE DERECHOS HUMANOS EN EL *CASO LEOPOLDO LÓPEZ VS. VENEZUELA,* Y SU DECLARACIÓN COMO "INEJECUTABLE" EN VENEZUELA

En efecto, contra la antes mencionada sentencia dictada por la Corte Interamericana de Derechos Humanos el 1 de septiembre de 2011, el día 26 de septiembre de 2011, el Procurador General de la República actuando en representación del Estado Venezolano, interpuso ante la Sala Constitucional del Tribunal Supremo de Justicia lo que denominó una "acción innominada de control de constitucionalidad," que la Sala sin competencia alguna para ello, y en franca violación de la Constitución, pasó a conocer de inmediato, decidiéndola en sólo veinte días, mediante sentencia Nº 1547 (Caso

Estado Venezolano vs. Corte Interamericana de Derechos Humanos) de fecha 17 de octubre de 2011.[44]

1. *Las competencias de la Sala Constitucional del Tribunal Supremo*

Una de las características fundamentales de la Justicia Constitucional, o del derecho procesal constitucional contemporáneo, es que los Tribunales, como garantes de la Constitución, no sólo tienen que estar sometidos, como todos los órganos del Estado, a las propias previsiones de la Constitución, sino que deben ejercer sus competencias ceñidos a las competencias establecidas en la misma o en las leyes, cuando a ellas remita la Constitución para la determinación de la competencia.

En particular, la competencia de la Jurisdicción Constitucional en materia de control concentrado de la constitucionalidad siempre ha sido considerada como de derecho estricto que tiene que estar establecida expresamente en la Constitución, y no puede ser deducida por vía de interpretación. Es decir, la Jurisdicción Constitucional no puede ser creadora de su propia competencia, pues ello desquiciaría los cimientos del Estado de derecho, convirtiendo al juez constitucional en poder constituyente.[45]

En el caso de Venezuela, la Sala Constitucional del Tribunal Supremo, como Jurisdicción Constitucional, tiene asignadas las competencias que se enumeran en el artículo 336 de la Constitución y en el artículo 25 de la Ley Orgánica del Tribunal Supremo de Justicia de 2010, no estando prevista en ninguna de esas normas una supuesta competencia para someter a control de constitucionalidad, mediante el ejercicio ante ella de una acción e incluso de oficio, de las sentencias de la Corte Interamericana de Derechos Humanos. Aparte de que ello sería contrario a la Convención Americana de Derechos Humanos, que es de obligatorio cumplimiento mientras el Estado no la denuncie, es contrario al propio texto de la Constitución venezolana que en su artículo 31 prevé como obligación del

---

44 Véase en http://www.tsj.gov.ve/decisiones/scon/Octubre/1547-171011-2011-11-1130.htmll

45 Véase en general, Allan R. Brewer-Carías, *Constitutional Courts as Positive Legislators in Comparative Law*, Cambridge University Press, New York 2011.

propio Estado el adoptar, conforme a los procedimientos establecidos en la Constitución y en la ley, "las medidas que sean necesarias para dar cumplimiento a las decisiones emanadas de los órganos internacionales" de protección de derechos humanos.

Sin embargo, como se dijo, la Sala Constitucional del Tribunal Supremo de Justicia mediante sentencia Nº 1547 de fecha 17 de octubre de 2011 (Caso *Estado Venezolano vs. Corte Interamericana de Derechos Humanos*),[46] procedió al conocer de una "acción innominada de control de constitucionalidad" contra la mencionada sentencia de la Corte Interamericana de Derechos Humanos.

2. *Sobre la "acción innominada de control de constitucionalidad" de las sentencias de la Corte Interamericana de Derechos Humanos y su trámite*

Para ello, el Procurador General de la República, al intentar la acción, justificó la supuesta competencia de la Sala Constitucional en su carácter de "garante de la supremacía y efectividad de las normas y principios constitucionales" (Arts. 266.1, 334, 335 y 336 de la Constitución, el artículo 32 de la Ley Orgánica del Tribunal Supremo de Justicia), considerando básicamente que la República, ante una decisión de la Corte Interamericana de Derechos Humanos, no podía dejar de realizar "el examen de constitucionalidad en cuanto a la aplicación de los fallos dictados por esa Corte y sus efectos en el país," considerando en general que las decisiones de dicha Corte Interamericana sólo pueden tener "ejecutoriedad en Venezuela," en la medida "el contenido de las mismas cumplan el examen de constitucionalidad y no menoscaben en forma alguna directa o indirectamente el Texto Constitucional;" es decir, que dichas decisiones "para tener ejecución en Venezuela deben estar conformes con el Texto Fundamental."

Luego de analizar la sentencia de la Corte Interamericana, y referirse al carácter de los derechos políticos como limitables; y a la competencia de la Contraloría General de la República, conforme al artículo 105 de su Ley Orgánica para garantizar una "Administración recta, honesta, transparente en el manejo de los asuntos públi-

---

46 Véase en http://www.tsj.gov.ve/decisiones/scon/Octubre/1547-171011-2011-11-1130.htmll

cos, dotada de eficiencia y eficacia en la actividad administrativa en general, y especialmente en los servicios públicos" y para imponer "la sanción de suspensión, destitución e inhabilitación para el ejercicio de funciones públicas;" considerar que lo que le Contraloría le había impuesto al Sr. Leopoldo López había sido una "inhabilitación administrativa" y no una inhabilitación política que se "corresponde con las sanciones que pueden ser impuestas por un juez penal, como pena accesoria a la de presidio (artículo 13 del Código Penal;)" que las decisiones adoptadas por la Corte Interamericana con ordenes dirigidas a órganos del Estado "se traduce en una injerencia en las funciones propias de los poderes públicos," estimando que la Corte Interamericana no puede "valerse o considerarse instancias superiores ni magnánimas a las autoridades nacionales, con lo cual pretendan obviar y desconocer el ordenamiento jurídico interno, todo ello en razón de supuestamente ser los garantes plenos y omnipotentes de los derechos humanos en el hemisferio americano": y en fin, estimar que la sentencia de la Corte Interamericana de Derechos Humanos desconocía "la lucha del Estado venezolano contra la corrupción y la aplicación de la Convención Interamericana contra la Corrupción, ratificada por Venezuela el 2 de junio de 1997 y la Convención de las Naciones Unidas contra la Corrupción, ratificada el 2 de febrero de 2009;" el Procurador General de la República consideró que la mencionada sentencia de la Corte Interamericana transgredía el ordenamiento jurídico venezolano, pues desconocía

> "la supremacía de la Constitución y su obligatoria sujeción, violentando el principio de autonomía de los poderes públicos, dado que la misma desconoce abiertamente los procedimientos y actos legalmente dictados por órganos legítimamente constituidos, para el establecimiento de medidas y sanciones contra aquellas actuaciones desplegadas por la Contraloría General de la República que contraríen el principio y postulado esencial de su deber como órgano contralor, que tienen como fin último garantizar la ética como principio fundamental en el ejercicio de las funciones públicas".

Como consecuencia de ello, el Procurador General de la República solicitó de la Sala Constitucional que admitiera lo que llamó la "acción innominada de control de constitucionalidad", a los efectos de que la Sala declarase "inejecutable e inconstitucional la sentencia de la Corte Interamericana de Derechos Humanos del 1 de septiembre de 2011."

Sobre esta "nueva" acción propuesta por el Procurador para el control de constitucionalidad de sentencias dictadas en contra del Estado por la Corte Interamericana, la Sala Constitucional aclaró en su sentencia que el Procurador no pretendía que se declarase "la nulidad" ni de la Convención Americana de Derechos Humanos ni del fallo de la Corte Interamericana de Derechos Humanos, aclarando por ello, la propia Sala que, por tanto, la "acción innominada intentada" no era un "recurso de nulidad como mecanismo de control concentrado de la constitucionalidad" el cual consideró la Sala que no resultaba el idóneo.

La Sala, por otra parte, también descartó que se tratase de una acción de "colisión de leyes,"

> "pues de lo que se trata es de una presunta controversia entre la Constitución y la ejecución de una decisión dictada por un organismo internacional fundamentada en normas contenidas en una Convención de rango constitucional, lo que excede los límites de ese especial recurso, pues la presunta colisión estaría situada en el plano de dos normas de rango constitucional."

Luego de descartar esas hipótesis de acciones de nulidad o de colisión de leyes, y precisar que de lo que se trataba con la acción intentada era determinar la "controversia entre la Constitución y la ejecución de una decisión dictada por un organismo internacional," concluyó, en definitiva, que de lo que se trataba era de una acción mediante la cual se pretendía:

> "ejercer un "control innominado de constitucionalidad", por existir una aparente antinomia entre la Constitución de la República Bolivariana de Venezuela, la Convención Interamericana de Derechos Humanos, la Convención Americana contra la Corrupción y la Convención de las Naciones Unidas contra la Corrupción, producto de la pretendida ejecución del fallo dictado el 1 de septiembre de 2011, por la Corte Interamericana de Derechos Humanos (CIDH), que condenó a la República Bolivariana de Venezuela a la habilitación para ejercer cargos públicos al ciudadano Leopoldo López Mendoza."

Es bien sabido en el mundo de la justicia constitucional, que el juez constitucional como todo órgano del Estado está, ante todo, sometido a la Constitución, por lo que debe ceñirse a ella no sólo en la emisión de sus sentencias, sino en el ejercicio de sus propias competencias. Para que el juez constitucional sea garante de la Constitución tiene que ejercer las competencias que la Constitución le atribuye, pues de lo contrario si ejerciera competencias distintas estaría actuando como Poder Constituyente, modificando la propia Constitución, en violación a la misma. Eso es precisamente lo que ha ocurrido en este caso, al "inventar" la Sala Constitucional una nueva acción para el control de constitucionalidad, siguiendo la orientación que ya ha sentado en otros casos, como cuando "inventó" la acción autónoma y directa de interpretación abstracta de la Constitución mediante sentencia N° 1077 de 22 de septiembre de 2000 (Caso: *Servio Tulio León*)[47] que por lo demás cita con frecuencia en su sentencia. En aquella ocasión y en esta la Sala Constitucional actuó como poder constituyente al margen de la Constitución.[48]

Ahora bien, en el caso concreto, identificado el objeto de la acción "innominada" que intentó el Estado Venezolano ante la Sala Constitucional, la misma consideró que le correspondía en "su condición de último interprete de la Constitución," realizar "el debido control de esas normas de rango constitucional" y ponderar "si con la ejecución del fallo de la CIDH se verifica tal confrontación."

Para determinar el "alcance" de esta "acción de control constitucional" la Sala Constitucional recordó, por otra parte, que ya lo había hecho en anterior oportunidad, al "conocer sobre la conformidad constitucional del fallo de la Corte Interamericana de Derechos

47 Véase en *Revista de Derecho Público*, N° 83, Editorial Jurídica Venezolana, Caracas 2000, pp. 247 ss.

48 Véase Daniela Urosa M, Maggi, *La Sala Constitucional del Tribunal Supremo de Justicia como Legislador Positivo,* Academia de Ciencias Políticas y Sociales, Serie Estudios N° 96, Caracas 2011. Véase nuestro "Prólogo" a dicho libro, "Los tribunales constitucionales como legisladores positivos. Una aproximación comparativa," pp. 9-70. Véase en general, Allan R. Brewer-Carías, *Constitutional Courts as Positive Legislators in Comparative Law*, Cambridge University Press, New York 2011.

Humanos (CIDH) –Caso: *Corte Primera de lo Contencioso Administrativo*–,"[49] en la cual "asumió la competencia con base en la sentencia 1077/2000 y según lo dispuesto en el cardinal 23 del artículo 5 de la Ley Orgánica del Tribunal Supremo de Justicia de 2004."[50]

Ahora bien, en virtud de que esta previsión legal atributiva de competencia desapareció de la nueva ley orgánica del Tribunal Supremo de Justicia de 2010, lo que significaba que "la argumentación de la Sala Constitucional para asumir la competencia para conocer de la conformidad constitucional de un fallo dictado por la Corte Interamericana de Derechos Humanos," había "sufrido un cambio" al no estar incluido en contenido de dicha previsión atributiva de competencia en el artículo 25 de la nueva Ley Orgánica, la Sala, en ausencia de una previsión legal expresa que contemplase "esta modalidad de control concentrado de la constitucionalidad," la Sala pasó a:

> "invocar la sentencia N° 1077/2000, la cual sí prevé esta razón de procedencia de interpretación constitucional, a los efectos de determinar el alcance e inteligencia de la ejecución de una decisión dictada por un organismo internacional con base en un tratado de jerarquía constitucional, ante la presunta antinomia entre la Convención Interamericana de Derechos Humanos y la Constitución Nacional."

Debe recordarse que la mencionada sentencia "invocada" N° 1077/2000, fue la dictada en 22 de septiembre de 2000 (Caso *Servio Tulio León Briceño*) en la cual, la Sala, sin competencia constitucional ni legal alguna, y sólo como resultado de la función interpretativa que el artículo 335 de la Constitución le atribuye, "inventó" la

---

49 Véase en *Revista de Derecho Público,* N° 116, Editorial Jurídica venezolana, Caracas 2008, pp. 88 ss.

50 En dicha norma de la Ley de 2004 se disponía como competencia de la Sala: "*Conocer de las controversias que pudieran suscitarse con motivo de la interpretación y ejecución de los Tratados, Convenios o Acuerdos Internacionales suscritos y ratificados por la República. La sentencia dictada deberá ajustarse a los principios de justicia internacionalmente reconocidos y será de obligatorio cumplimiento por parte del Estado venezolano*".

existencia de un recurso autónomo de interpretación abstracta de la Constitución.[51]

Por ello, la Sala ahora hace la "invocación" a dicha sentencia, pasando luego comentar la competencia establecida en el artículo 335 de la Constitución, la cual en realidad, es una competencia que se atribuye al todo el Tribunal Supremo de Justicia, en todas sus Salas –y no sólo a la Sala Constitucional– , que es la competencia general de garantizar "la supremacía y efectividad de las normas y principios constitucionales," para lo cual el Tribunal Supremo en su totalidad –y no sólo la Sala Constitucional– se lo define como "el máximo y último intérprete de la Constitución" correspondiéndole velar "por su uniforme interpretación y aplicación."

De manera que recordando la "invención" de ese recurso autónomo de interpretación abstracta de la Constitución, la Sala pasó a constatar, sin embargo, que el Legislador había eliminado la previsión antes indicada establecida en el artículo 5.23 de la Ley Orgánica del Tribunal Supremo de Justicia de 2004 que la Sala también había "invocado" para decidir el caso mencionado de la inejecución de la sentencia de la Corte Interamericana condenando al Estado por violación de los derechos de los magistrados de la Corte Primera de lo Contencioso Administrativo; y desconocido esa expresa voluntad del Legislador de eliminar dicha norma del ordenamiento

---

51 Véase sobre esta sentencia los comentarios en Marianella Villegas Salazar, "*Comentarios sobre el recurso de interpretación constitucional en la jurisprudencia de la Sala Constitucional,*" en *Revista de Derecho Público*, N° 84, Editorial Jurídica Venezolana, Caracas 2000, pp. 417 ss.; y Allan R. Brewer-Carías, "Le recours d'interprétation abstrait de la Constitution au Vénézuéla", en *Le renouveau du droit constitutionnel, Mélanges en l'honneur de Louis Favoreu*, Dalloz, Paris, 2007, pp. 61-70, y "*Quis Custodiet Ipsos Custodes*: De la interpretación constitucional a la inconstitu-cionalidad de la interpretación," en *Revista de Derecho Público*, N° 105, Editorial Jurídica Venezolana, Caracas 2006, pp. 7-27, y en *VIII Congreso Nacional de derecho Constitucional, Perú*, Fondo Editorial 2005, Colegio de Abogados de Arequipa, Arequipa, septiembre 2005, pp. 463-489. Este último trabajo fue también recogido en el libro Allan R. Brewer-Carías, *Crónica sobre la "In" Justicia Constitucional. La Sala Constitucional y el autoritarismo en Venezuela*, Colección Instituto de Derecho Público. Universidad Central de Venezuela, N° 2, Editorial Jurídica Venezolana, Caracas 2007, pp. 47-79.

jurídico, pasó a constatar que el propio Legislador no había "dictado las normas adjetivas que permitan la adecuada implementación de las "*decisiones emanadas de los órganos internacionales*" de conformidad con lo previsto en el artículo 31 constitucional (en su único aparte)," afirmando entonces *de oficio*, que:

> "el Estado (y, en concreto, la Asamblea Nacional) ha incurrido en una omisión "*de dictar las normas o medidas indispensables para garantizar el cumplimiento de esta Constitución...*", a tenor de lo previsto en el artículo 336.7 ***eiusdem*** en concordancia con lo pautado en la Disposición Transitoria Sexta del mismo texto fundamental."

Es decir, la Sala Constitucional, no sólo desconoció la voluntad del Legislador en eliminar una norma del ordenamiento jurídico, sino que calificó dicha decisión como una "omisión de la Asamblea Nacional de dictar las normas necesarias para dar cumplimiento a las decisiones de los organismos internacionales y/o para resolver las controversias que podrían presentarse en su ejecución," siendo la consecuencia de ello, la declaratoria de la Sala de asumir la competencia, que ni la Constitución ni la ley le atribuyen:

> "para verificar la conformidad constitucional del fallo emitido por la Corte Interamericana de Derechos Humanos, control constitucional que implica lógicamente un "control de convencionalidad" (o de confrontación entre normas internas y tratados integrantes del sistema constitucional venezolano), lo cual debe realizar en esta oportunidad esta Sala Constitucional, incluso de oficio; y así se decide."

En esta forma quedó formalizada por voluntad de la Sala, la "invención" de una modalidad de control de constitucionalidad, que puede tener su origen en una acción pero que la Sala declara que también puede ejercer *de oficio*. No es esta, sin embargo, la primera vez que la Sala Constitucional muta la Constitución específicamente en materia de justicia constitucional.[52]

---

52 Véase Allan R. Brewer-Carías, "La ilegítima mutación de la constitución por el juez constitucional: la inconstitucional ampliación y modificación de su propia competencia en materia de control de constitucionalidad. Trabajo elaborado para el *Libro Homenaje a Josefina*

En cuanto a la "acción" intentada por el Procurador en este caso, la admitió pura y simplemente, pasando a establecer que como no se trataba de una "demanda" de interpretación de normas o principios del sistema constitucional (artículo 25.17 de la Ley Orgánica del Tribunal Supremo de Justicia), "sino de una modalidad innominada de control concentrado que requiere de la interpretación para determinar la conformidad constitucional de un fallo", la Sala, con fundamento en el artículo 98 de la Ley Orgánica del Tribunal Supremo de Justicia, en concordancia con el párrafo primero del artículo 145 *eiusdem*, determinó que "al tratarse de una cuestión de mero derecho," la causa no requería de sustanciación, ignorando incluso el escrito presentado por el Sr. López, entrando a decidir la causa "sin trámite y sin fijar audiencia oral para escuchar a los interesados ya que no requiere el examen de ningún hecho," incluso, "omitiéndose asimismo la notificación a la Fiscalía General de la República, la Defensoría del Pueblo y los terceros interesados," todo ello, a juicio de la sala, "en razón de la necesidad de impartir celeridad al pronunciamiento por la inminencia de procesos de naturaleza electoral, los cuales podrían ser afectados por la exigencia de ejecución de la sentencia objeto de análisis."

Quedó en esta forma "formalizada" en la jurisprudencia de la Sala Constitucional en Venezuela, actuando como Jurisdicción Constitucional, y sin tener competencia constitucional alguna para ello, la existencia de una "acción innominada de control de constitucionalidad" destinada a ejercerse contra las sentencias de la Corte Interamericana de Derechos Humanos. Es decir, el Estado venezolano, con esta sentencia, estableció un control de las sentencias que la Corte Interamericana pueda dictar contra el mismo, condenándolo por violación de derechos humanos, cuya ejecución en relación con el Estado condenado, queda a su sola voluntad, determinada por su Tribunal Supremo de Justicia a su propia solicitud a través del Procurador General de la Republica. Se trata, en definitiva, de un ab-

---

Calcaño de Temeltas. Fundación de Estudios de Derecho Administrativo (FUNEDA), Caracas 2009, pp. 319-362; "La ilegítima mutación de la Constitución por el juez constitucional y la demolición del Estado de derecho en Venezuela.," en *Revista de Derecho Político*, N° 75-76, Homenaje a Manuel García Pelayo, Universidad Nacional de Educación a Distancia, Madrid, 2009, pp. 291-325.

surdo sistema de justicia en el cual el condenado en una decisión judicial es quien determina si la condena que se le ha impuesto es o no ejecutable. Eso es la antítesis de la justicia.

3. *El tema de la jerarquía constitucional de los tratados sobre derechos humanos, la negación del poder de los jueces a decidir su aplicación preferente, y el monopolio del control de constitucionalidad asumido por la Sala respecto de las decisiones de la Corte Interamericana.*

La Sala Constitucional pasó entonces, en las "motivaciones para decidir," a analizar la sentencia de la Corte Interamericana de Derechos Humanos de 1 de septiembre de 2011, en la cual declaró responsable internacionalmente al Estado "por haber presuntamente vulnerado el derecho político a ser elegido (sufragio pasivo) del ciudadano Leopoldo López Mendoza con base en unas sanciones de inhabilitación de tres (3) y seis (6) años para el ejercicio de funciones públicas que le fueron impuestas por el Contralor General de la República;" y en la cual la Corte Interamericana resolvió el caso "mediante la aplicación de lo dispuesto por el artículo 23 de la Convención Americana, porque se trata de sanciones que impusieron una restricción al derecho a ser elegido, sin ajustarse a los requisitos aplicables de conformidad con el párrafo 2 del mismo, relacionado con "*una condena, por juez competente, en proceso penal*" (destacado de la Sala).

Ahora bien, entre los primeros párrafos de la sentencia de la Corte Interamericana, la Sala Constitucional destacó el siguiente sobre el rango constitucional y la fuerza obligatoria de los Convenios internacionales en materia de derechos humanos el derecho interno, como lo indica el artículo 23 de la Constitución,[53] y la obligación de

53 ***Artículo 23.*** Los tratados, pactos y convenciones relativos a derechos humanos, suscritos y ratificados por Venezuela, tienen jerarquía constitucional y prevalecen en el orden interno, en la medida en que contengan normas sobre su goce y ejercicio más favorables a las establecidas en esta Constitución y en las leyes de la República, y son de aplicación inmediata y directa por los tribunales y demás órganos del Poder Público. Véase sobre esta norma Allan R. Brewer-Carías, "Nuevas reflexiones sobre el papel de los tribunales constitucionales en la consolidación del Estado democrático de derecho: defensa de la Constitución, control del poder y protección de los derechos huma-

los jueces de ejercer el control de convencionalidad para asegurar su aplicación, en el cual la Corte Interamericana dijo:

> "Pero cuando un Estado es parte de un tratado internacional como la Convención Americana, todos sus órganos, incluidos sus jueces y demás órganos vinculados a la administración de justicia, también están sometidos a aquél, lo cual les obliga a velar para que los efectos de las disposiciones de la Convención no se vean mermadas por la aplicación de normas contrarias a su objeto y fin. Los jueces y órganos vinculados a la administración de justicia en todos sus niveles están en la obligación de ejercer *ex officio* un control de convencionalidad`, entre las normas internas y la Convención Americana, en el marco de sus respectivas competencias y de las regulaciones procesales correspondientes. En esta tarea, **los jueces y órganos vinculados a la administración de justicia deben tener en cuenta no solamente el tratado, sino también la interpretación que del mismo ha hecho la Corte Interamericana, intérprete última de la Convención Americana.**" (destacado nuestro)

Esta última afirmación de la Corte Interamericana, que copió la Sala Constitucional en su sentencia, sin embargo, en la misma fue abiertamente contradicha cuestionando la Sala cualquier valor o jerarquía constitucional que conforme al artículo 23 de la Constitución puedan tener las propias sentencias de la Corte Interamericana.

En efecto, sobre el tema de la jerarquía constitucional de los tratados internacionales en materia de derechos humanos conforme a la mencionada norma del artículo 23 de la Constitución, la Sala Constitucional acudió a lo que ya había decidido anteriormente en su sentencia N° 1942 de 15 de julio de 2003 (Caso: *Impugnación artículos del Código Penal sobre leyes de desacato*),[54] en la cual había precisado que el artículo 23 constitucional, "se refiere a normas que establezcan derechos, *no a fallos o dictámenes de instituciones, resoluciones de organismos, etc., prescritos en los Tratados,*

---

nos," en *Anuario de Derecho Constitucional Latinoamericano*, 13er año, Tomo I, Programa Estado de Derecho para Latinoamérica, Fundación Konrad Adenauer, Montevideo 2007, pp. 63 a 119

54 Véase en *Revista de Derecho Público*, N° 93-96, Editorial Jurídica Venezolana, Caracas 2003, pp. 136 ss.

(destacado de la Sala) sino sólo a normas creativas de derechos humanos," es decir,

> "que se trata de una prevalencia de las normas que conforman los Tratados, Pactos y Convenios (términos que son sinónimos) relativos a derechos humanos, pero no de los informes u opiniones de organismos internacionales, que pretendan interpretar el alcance de las normas de los instrumentos internacionales, ya que el artículo 23 constitucional es claro: la jerarquía constitucional de los Tratados, Pactos y Convenios se refiere a sus normas, las cuales, al integrarse a la Constitución vigente, el único capaz de interpretarlas, con miras al Derecho Venezolano, es el juez constitucional, conforme al artículo 335 de la vigente Constitución, en especial, al intérprete nato de la Constitución de 1999, y, que es la Sala Constitucional, y así se declara. (....)

De lo anterior resulta entonces la afirmación de la Sala de que es ella la que tiene el monopolio en la materia de aplicación en el derecho interno de los tratados internacionales mencionados, contradiciendo el texto del artículo 23 de la Constitución que dispone que dichos tratados "son de aplicación inmediata y directa por los tribunales y demás órganos del Poder Público," afirmando, al contrario, que ella es la única instancia judicial llamada a determinar "*cuáles normas sobre derechos humanos de esos tratados, pactos y convenios, prevalecen en el orden interno;" competencia esta última que supuestamente emanaría "de la Carta Fundamental"* –sin decir de cuál norma– afirmando que la misma "*no puede quedar disminuida por normas de carácter adjetivo contenidas en Tratados ni en otros textos Internacionales sobre Derechos Humanos* suscritos por el país" *(destacados de la Sala).* De lo contrario, llegó a afirmar la Sala en dicha sentencia, "se estaría ante una forma de enmienda constitucional en esta materia, sin que se cumplan los trámites para ello, al disminuir la competencia de la Sala Constitucional y trasladarla a entes multinacionales o transnacionales (internacionales), quienes harían interpretaciones vinculantes."

En definitiva, la Sala Constitucional decidió que las sentencias de los tribunales internacionales sobre derechos humanos no eran de aplicación inmediata en Venezuela, sino que a sus decisiones sólo "*se les dará cumplimiento en el país, conforme a lo que establezcan la Constitución y las leyes, siempre que ellas no contraríen lo esta-*

blecido en el artículo 7 de la vigente Constitución," concluyendo que "a pesar del respeto del Poder Judicial hacia los fallos o dictámenes de esos organismos, éstos no pueden violar la Constitución de la República Bolivariana de Venezuela, así como no pueden infringir la normativa de los Tratados y Convenios, que rigen esos amparos u otras decisiones"; es decir, que si la Corte Interamericana, por ejemplo, "*amparara a alguien violando derechos humanos de grupos o personas dentro del país, tal decisión tendría que ser rechazada aunque emane de organismos internacionales protectores de los derechos humanos*" (subrayados de la Sala).

Por tanto, no existe órgano jurisdiccional alguno por encima del Tribunal Supremo de Justicia, y si existiera, por ejemplo, en materia de integración económica regional o de derechos humanos, sus decisiones "*no pueden menoscabar la soberanía del país, ni los derechos fundamentales de la República*" (subrayados de la Sala), es decir, en forma alguna pueden contradecir las normas constitucionales venezolanas, pues de lo contrario "carecen de aplicación en el país" Así lo declaró la Sala.

4. *La reiteración de la negación del carácter supra-constitucional de los tratados sobre derechos humanos si contienen normas sobre su goce y ejercicio más favorables a las establecidas en la Constitución*

Ahora, sobre la prevalencia en el orden interno de la Convención Americana sobre Derechos Humanos como tratado multilateral que tiene jerarquía constitucional, afirmó la Sala que ello es solo, conforme al artículo 23 de nuestro texto fundamental, "*en la medida en que contengan normas sobre su goce y ejercicio más favorables*" a las establecidas en la Constitución; pasando entonces a juzgar sobre la constitucionalidad de la sentencia de la Corte Interamericana, comenzando por "determinar el alcance" del fallo "y su obligatoriedad."

Observó para ello la Sala que en dicho fallo se consideró como su "punto central":

> "la presunta violación del derecho a ser elegido del ciudadano Leopoldo López, infringiendo el artículo 23 de la Convención Americana, en vista de que esta disposición exige en su párrafo

2 que la sanción de inhabilitación solo puede fundarse en una condena dictada por un juez competente, en un proceso penal."

Para analizar esta decisión, la Sala Constitucional comenzó por reiterar lo que antes había decidido en la sentencia N° 1939/2008 (caso: Magistrados de la Corte Primera de lo Contencioso Administrativo)[55] en el sentido de que la protección internacional que deriva de la Convención Americana es "coadyuvante o complementaria de la que ofrece el derecho interno de los Estados americanos," es decir, que la Corte Interamericana "no puede pretender excluir o desconocer el ordenamiento constitucional interno" que goza de supremacía.

La Sala, además, indicó que el artículo 23 de la Constitución antes citado, contrariando su expreso contenido según el cual "prevalecen en el orden interno" –incluyendo la Constitución–, "en la medida en que contengan normas sobre su goce y ejercicio más favorables a las establecidas en esta Constitución," indicó que:

> "no otorga a los tratados internacionales sobre derechos humanos rango '*supraconstitucional,*' por lo que, en caso de antinomia o contradicción entre una disposición de la Carta Fundamental y una norma de un pacto internacional, correspondería al Poder Judicial determinar cuál sería la aplicable, tomando en consideración tanto lo dispuesto en la citada norma como en la jurisprudencia de esta Sala Constitucional del Tribunal Supremo de Justicia, atendiendo al contenido de los artí-

---

55 Véase en *Revista de Derecho Público,* N° 116, Editorial Jurídica venezolana, Caracas 2008, pp. 88 ss. Véase sobre esa sentencia Allan R. Brewer-Carías, "El juez constitucional vs. La justicia internacional en materia de derechos humanos," en *Revista de Derecho Público*, N° 116, (julio-septiembre 2008), Editorial Jurídica Venezolana, Caracas 2008, pp. 249-260; y "La interrelación entre los Tribunales Constitucionales de América Latina y la Corte Interamericana de Derechos Humanos, y la cuestión de la inejecutabilidad de sus decisiones en Venezuela," en Armin von Bogdandy, Flavia Piovesan y Mariela Morales Antonorzi (Coodinadores), *Direitos Humanos, Democracia e Integracao Jurídica na América do Sul*, umen Juris Editora, Rio de Janeiro 2010, pp. 661-701

culos 7, 266.6, 334, 335, 336.11 *eiusdem* y el fallo número 1077/2000 de esta Sala."[56]

5. *La interpretación de la Constitución conforme al proyecto político del gobierno y el rechazo a los valores universales sobre derechos humanos*

Adicionalmente la Sala se refirió a otro fallo anterior, Nº 1309/2001, en el cual había considerado que "el derecho es una teoría normativa puesta al servicio de la política que subyace tras el proyecto axiológico de la Constitución," de manera que la interpretación constitucional debe comprometerse "con la mejor teoría política que subyace tras el sistema que se interpreta o se integra y con la moralidad institucional que le sirve de base axiológica (*interpretatio favor Constitutione*)." Por supuesto, dicha "política que subyace tras el proyecto axiológico de la Constitución" o la "teoría política que subyace" tras el sistema que le sirve de "base axiológica," no es la que resulta de la Constitución propia del "Estado democrático social de derecho y de justicia," que está montado sobre un sistema político de separación de poderes, democracia representativa y libertad económica, sino el que ha venido definiendo el gobierno contra la Constitución y que ha encontrado eco en las decisiones de la propia Sala, como propia de un Estado centralizado, que niega la representatividad, montado sobre una supuesta democracia participativa controlada y de carácter socialista,[57] declarando la Sala que

---

56 Se refiere de nuevo la Sala a la sentencia de 22 de septiembre de 2000 (Caso *Servio Tulio León Briceño*), en *Revista de Derecho Público*, Nº 83, Editorial Jurídica Venezolana, Caracas 2000, pp. 247 ss.

57 En los últimos años puede decirse que es la doctrina política socialista, la cual, por supuesto, no está en ninguna parte de la Constitución, y cuya inclusión en la Constitución fue rechazada por el pueblo en 2007. (Véase Allan R. Brewer-Carías, "La reforma constitucional en Venezuela de 2007 y su rechazo por el poder constituyente originario," en José Ma. Serna de la Garza (Coordinador), *Procesos Constituyentes contemporáneos en América latina. Tendencias y perspectivas*, Universidad Nacional Autónoma de México, México 2009, pp. 407-449). La Sala Constitucional, incluso, ha construido la tesis de que la Constitución de 1999 ahora "privilegia los intereses colectivos sobre los particulares o individuales," habiendo supuestamente cambiado "el modelo de Estado liberal por un Estado social de derecho y de justicia" (sentencia de 5 de agosto de 2008, Nº 1265/2008,

los estándares que se adopten para tal interpretación constitucional "*deben ser compatibles con el proyecto político de la Constitución"- que la Sala no deja de llamar como el del "Estado Democrático y Social de Derecho y de Justicia," precisando que:*

> "no deben afectar la vigencia de dicho proyecto con elecciones interpretativas ideológicas que privilegien los derechos individuales a ultranza o que acojan la primacía del orden jurídico internacional sobre el derecho nacional en detrimento de la soberanía del Estado." (subrayados de la Sala)

Concluyó así, la sentencia, que "*no puede ponerse un sistema de principios supuestamente absoluto y suprahistórico por encima de la Constitución," siendo inaceptables las teorías que pretenden limitar "so pretexto de valideces universales, la soberanía y la autodeterminación nacional*" (Subrayados de la Sala).

De allí concluyó la Sala reiterando lo que ya había ya decidido en la sentencia de 5 de agosto de 2008, Nº 1265/2008,[58] en el sentido de que en caso de evidenciarse una contradicción entre la Constitución y una convención o tratado internacional, "*deben prevalecer las normas constitucionales que privilegien el interés general y el bien común, debiendo aplicarse las disposiciones que privilegien los intereses colectivos...(...) sobre los intereses particulares...*"

En el fallo de la Sala Constitucional, la misma también hizo referencia a otro fallo anterior la sentencia Nº 1309/2001, donde se había referido al mismo tema de la interpretación constitucional condicionada "ideológicamente" que debe realizarse conforme a "mejor teoría política que subyace tras el proyecto axiológico de la Constitución" ya que la misma, como derecho, está "puesta al servicio de una política," no debiendo la interpretación verse afectada por "*elecciones interpretativas ideológicas que privilegian los derechos individuales a ultranza o que acojan la primacía del orden jurídico internacional sobre el Derecho Nacional en detrimento de la soberanía del Estado*." De ello concluyó la Sala que " *la opción por la*

---

http://www.tsj.gov.ve:80/decisiones/scon/Agosto/1265-050808-05-1853.htm) cuando ello no es cierto, pues el Estado social de derecho ya estaba en la Constitución de 1961.

58 Véase en http://www.tsj.gov.ve:80/decisiones/scon/Agosto/1265-050808-05-1853.htm

primacía del Derecho Internacional es un tributo a la interpretación globalizante y hegemónica del racionalismo individualista" siendo "la nueva teoría" el "combate por la supremacía del orden social valorativo que sirve de fundamento a la Constitución;" afirmando que en todo caso, "el carácter dominante de la Constitución en el *proceso interpretativo no puede servir de pretexto para vulnerar los principios axiológicos en los cuales descansa el Estado Constitucional venezolano"* (Subrayados de la Sala).

En la sentencia Nº 1309/2001 la Sala también había afirmado que "el ordenamiento jurídico conforme a la Constitución significa, en consecuencia, salvaguardar a la Constitución misma de toda desviación de principios y de todo apartamiento del proyecto que ella encarna por voluntad del pueblo," procediendo a rechazar todo "sistema de principios supuestamente absoluto y suprahistórico, por encima de la Constitución," y que la interpretación pueda llegar "a contrariar la teoría política propia que sustenta.". Por ello, la Sala negó la validez universal de los derechos humanos, es decir, negó "cualquier teoría propia que postule derechos o fines absolutos," o cualquier *"vinculación ideológica con teorías que puedan limitar, so pretexto de valideces universales, la soberanía y la autodeterminación nacional*"(Subrayado de la Sala).

6. *El análisis del tema de fondo sobre el tema de las inhabilitaciones políticas impuestas por autoridades administrativas y rechazo al principio de que las mismas puedan ser sólo pueden ser impuestas por decisión judicial*

Con base en lo anterior, al entrar a considerar el "punto central" de la sentencia de la Corte Interamericana sobre la violación del derecho a ser elegido del ciudadano Leopoldo López, por la inhabilitación administrativa dictada en su contra conforme al artículo 105 de la Ley Orgánica de la Contraloría General de la República y del Sistema Nacional de Control Fiscal, la Sala pasó a referirse a su propia sentencia antes mencionada, la Nº 1265/2008 dictada el 5 de agosto de 2008,[59] cuando al decidir sobre una denuncia de inconstitucionalidad de dicha norma por violentar precisamente lo dispuesto en al artículo 23.2 de la Convención Americana, observó que con-

---

59 Véase en http://www.tsj.gov.ve:80/decisiones/scon/Agosto/1265-050808-05-1853.htm

forme a dicha norma, se admite la "'reglamentación` de los derechos políticos mediante ley, incluso en atención a razones de "condena, por juez competente, en proceso penal," no aludiendo la misma "a restricción en el ejercicio de estos derechos, sino a su reglamentación," destacando, sin embargo, que de una manera general, el artículo 30 de la Convención Americana "admite la posibilidad de restricción, siempre que se haga conforme a leyes que se dictaren por razones de interés general y con el propósito para el cual han sido establecidas." Concluyó la Sala que es posible, de conformidad con la Convención Americana "restringir derechos y libertades, siempre que sea mediante ley, en atención a razones de interés general, seguridad de todos y a las justas exigencias del bien común."

Ahora, al resolver la posible antinomia entre el artículo 23.2 de la Convención Interamericana y la Constitución, la Sala señaló que "la prevalencia del tratado internacional no es absoluta ni automática" siendo sólo posible si el mismo cuando se refiere a derechos humanos, contenga "normas más favorables a las de la Constitución," pasando a preguntarse la propia Sala sobre cuál debían ser los valores que debían tener presente "para determinar cuándo debe considerarse que esa disposición convencional es más ´favorable` que la normativa constitucional interna," siendo su respuesta los supuestos valores derivados del proyecto político subyacente en la Constitución ates mencionado.

De ello concluyó sobre el fondo del tema resuelto por la Corte Interamericana que "la restricción de los derechos humanos puede hacerse conforme a las leyes que se dicten por razones de interés general, por la seguridad de los demás integrantes de la sociedad y por las justas exigencias del bien común," no pudiendo el artículo 23.2 de la Convención Americana "ser invocado aisladamente, con base en el artículo 23 de la Constitución Nacional, contra las competencias y atribuciones de un Poder Público Nacional, como lo es el Poder Ciudadano o Moral." En la citada sentencia Nº 1265/2008 dictada el 5 de agosto de 2008, la Sala entonces concluyó que:

> "En concreto, es inadmisible la pretensión de aplicación absoluta y descontextualizada, con carácter suprahistórico, de una norma integrante de una Convención Internacional contra la prevención, investigación y sanción de hechos que atenten contra la ética pública y la moral administrativa (artículo 271 cons-

titucional) y las atribuciones expresamente atribuidas por el Constituyente a la Contraloría General de la República de ejercer la vigilancia y fiscalización de los ingresos, gastos y bienes públicos (art. 289.1 *eiusdem*); y de fiscalizar órganos del sector público, practicar fiscalizaciones, disponer el inicio de investigaciones sobre irregularidades contra el patrimonio público, e ´imponer los reparos y aplicar las sanciones administrativas a que haya lugar de conformidad con la ley` (art. 289.3 *eiusdem*). En tal sentido, deben prevalecer las normas constitucionales que privilegian el interés general y el bien común, debiendo aplicarse las disposiciones que privilegian los intereses colectivos involucrados en la lucha contra la corrupción sobre los intereses particulares de los involucrados en los ilícitos administrativos; y así se decide".

Finalmente, después de copiar in extenso el Voto concurrente del Magistrado Diego García-Sayán a la sentencia de la Corte Interamericana, la Sala Constitucional indicó pura y simplemente que "aunque coincide casi en su totalidad con el enfoque alternativo del Magistrado García-Sayán, no puede compartir, por los argumentos vertidos en los fallos referidos *supra*, la conclusión de que la sanción de inhabilitación solo puede ser impuesta por una "autoridad judicial."

Sobre este punto, que es precisamente, el tema *decidendum* en la sentencia de la Corte Interamericana, la Sala Constitucional se refirió de nuevo a su sentencia Nº 1265/2008, en la cual resolvió que en Venezuela, "en atención a la prevención, investigación y sanción de los hechos que atenten contra la ética pública y la moral administrativa (art. 274 Constitución), el Poder Ciudadano está autorizado para ejercer un poder **sancionador sustancialmente análogo al derecho penal**, incluyendo sanciones como las accesorias del artículo 105, cuyo objetivo es la protección del orden social general," (destacado nuestro); llegando a afirmar que *"la ´incapacitación para ejercer diversos empleos`, lo cual podría jurídicamente derivarse de una sentencia, pero también de una sanción administrativa*" (subrayado de la Sala), concluyendo entonces con su afirmación infundada y falsa de que el artículo 65 del Constitución al señalar que "no podrán optar a cargo alguno de elección popular quienes hayan sido condenados o condenadas por delitos cometidos durante el ejercicio de sus funciones, [...] no excluye la posibilidad de que tal inhabilitación pueda ser establecida, bien por un órgano administrativo *stricto sensu* o por un órgano con autonomía funcional, como es, en este caso, la Contraloría General de la República."

Ello, por supuesto, es totalmente errado, pues la restricción constitucional al ejercicio de derechos políticos es de interpretación estricta. Es por tanto errado señalar como lo hizo la Sala para llegar a esta conclusión que como la norma "plantea que la prohibición de optar a un cargo público surge como consecuencia de una condena judicial por la comisión de un delito," supuestamente ello no "impide que tal prohibición pueda tener un origen distinto." Ello es errado, pues de lo contrario no habría sido necesario establecer la restricción en la norma constitucional, siendo también errada la conclusión de que la norma sólo habría planteado "una hipótesis," y por tanto "no niega otros supuestos análogos." Esto es contrario al principio de que las restricciones a los derechos políticos establecidas en la Constitución, son sólo las establecidas en la Constitución, cuando es la propia Constitución la que **no ha dejado** la materia a la regulación del legislador.

Por tanto, es errada la conclusión de la Sala en el sentido de que supuestamente tratándose de un asunto de "política legislativa," sea al legislador al cual correspondería asignarle orientación al *ius puniendi* del Estado, de manera que "negar esta posibilidad significaría limitar al órgano legislativo en su poder autonómico de legislar en las materias de interés nacional, según lo prescribe el artículo 187, cardinal 1, en concordancia con el 152, cardinal 32 del Texto Fundamental."[60]

---

60 La Sala adicionalmente citó en su sentencia *N° 1260 del 11 de junio de 2002* (caso: *Víctor Manuel Hernández y otro contra el artículo 38, parágrafo Segundo, 52, y 54 de la Ley para Promover y Proteger el Ejercicio de la Libre Competencia) en relación con el jus puniendi y la supuesta diferencia entre el derecho administrativo sancionador y el derecho pena, concluyendo que entre ambos "no existen diferencias de tipo material, sino que la gran diferencia es relativa al ámbito normativo."*

Al contrario, la política legislativa para el desarrollo del *ius puniendi* tiene que estar enmarcada en la Constitución, cuando sea la Constitución la que remita al legislador para ello. Sin embargo, cuando la Constitución establece que la restricción al ejercicio de un derecho político como el derecho al sufragio pasivo sólo puede limitarse por condena penal mediante decisión judicial ello implica sólo eso, no pudiendo el legislador establecer otras restricciones que sean impuestas por autoridades administrativas.

7. *La ponderación entre la Convención Americana y otros tratados internacionales como los relativos a la lucha contra la corrupción*

Por otra parte, la Sala destacó que la Convención Americana no es el único tratado suscrito por Venezuela relativo a derechos humanos y, en consecuencia, de rango constitucional a tenor de lo previsto en el artículo 23 de la Constitución Nacional, que debe ser tomado en consideración para resolver sobre la ejecución del fallo de la Corte Interamericana, haciendo alusión específicamente a la Convención Interamericana contra la Corrupción de 1996, que obliga a los Estados Americanos a tomar las medidas apropiadas contra las personas que cometan actos de corrupción en el ejercicio de las funciones públicas o específicamente vinculados con dicho ejercicio, "**sin exigir que tales medidas sean necesariamente jurisdiccionales**." (destacado nuestro), concluyendo de las normas de esta Convención, que los "mecanismos modernos para prevenir, detectar, sancionar y erradicar las prácticas corruptas" (subrayado de la Sala) que deben desarrollar los Estados, a juicio de la Sala, "deben ser entendidos **como aquellos que se apartan y diferencian de los tradicionales, que exigen una sentencia penal firme por la comisión de un delito,**" "sin que se pueda concluir del contenido de dicha disposición que las conductas cuestionadas deban ser **necesariamente objeto de condena judicial**" (destacados nuestro). La Sala enumeró, así en su sentencia los órganos encargados en los diversos países de la ejecución de la Convención, generalmente de orden administrativos, siendo ello atribuido en Venezuela, como "autoridad central," al Consejo Moral Republicano constituido por la Contraloría General de la República, la Fiscalía General de la República y la Defensoría del Pueblo.

En la sentencia la Sala también hizo referencia a la Convención de las Naciones Unidas contra la Corrupción" suscrita en 2003, donde se hace referencia a la obligación de los Estados de "*procurar evaluar periódicamente los instrumentos jurídicos y las medidas administrativas pertinentes a fin de determinar si son adecuadas para combatir la corrupción*" (subrayado de la sala). Concluyendo que "no existe limitación alguna a que se trate *exclusivamente de tribunales*," destacando que conforme al artículo 30.7 de dicha Convención se establece "la posibilidad *de inhabilitar* "por mandamiento judicial *u otro medio apropiado y por un periodo determinado por su derecho interno*" a los sujetos de corrupción" (subrayado del fallo); y que la previsión de sanciones distintas a las judiciales se reitera en las Disposiciones Finales de la misma Convención (Capítulo VIII, artículo 65).

De todo ello, la Sala Constitucional en su sentencia Nº 1547 (Caso *Estado Venezolano vs. Corte Interamericana de Derechos Humanos*) de fecha 17 de octubre de 2011, concluyó que:

> "aun si se pretendiera otorgar un sentido literal y restrictivo al artículo 23 de la Convención Interamericana, impidiendo la inhabilitación de un ciudadano para el ejercicio de cargos públicos por razones de corrupción, limitando la posibilidad de sanción a una sentencia judicial; podemos advertir que tal Tratado no es el único que forma parte integrante del sistema constitucional venezolano según el artículo 23 de nuestra Carta Fundamental. La prevalencia de las normas que privilegien el interés general y el bien común sobre los intereses particulares dentro de un Estado social de derecho y de justicia obligan al Estado venezolano y a sus instituciones a aplicar preferentemente las Convenciones Interamericana y de la ONU contra la corrupción y las propias normas constitucionales internas, que reconocen a la Contraloría general de la República como un órgano integrante de un Poder Público (Poder Ciudadano) competente para la aplicación de sanciones de naturaleza administrativa, como lo es la inhabilitación para el ejercicio de cargos públicos por hechos de corrupción en perjuicio de los intereses colectivos y difusos del pueblo venezolano."

Sin embargo, ante este pronunciamiento dictado con motivo de ejercer el control de constitucionalidad de la sentencia de la Corte Interamericana, la Sala Constitucional se apresuró a afirmar, que

> "no se trata de interpretar el contenido y alcance de la sentencia de la Corte Interamericana de Derechos Humanos, ni de desconocer el tratado válidamente suscrito por la República que la sustenta o eludir el compromiso de ejecutar las decisiones según lo dispone el artículo 68 de la Convención Interamericana de Derechos Humanos,"

No, de eso no se trata, sino que de lo que se trata es:

> "de aplicar un estándar mínimo de adecuación del fallo al orden constitucional interno, lo cual ha sucedido en otros casos y ejercer un "control de convencionalidad" respecto de normas consagradas en otros tratados internacionales válidamente ratificados por Venezuela, que no fueron analizados por la sentencia de la Corte Interamericana de Derechos Humanos del 1 de septiembre de 2011, como lo son las consagradas en la Convención Interamericana contra la Corrupción y la Convención de las Naciones Unidas contra la Corrupción."

Y ha sido precisamente ello, lo que supuestamente habría "obligado" a la Sala Constitucional "a ponderar un conjunto de derechos situados en el mismo plano constitucional y concluir en que debe prevalecer la lucha contra la corrupción como mecanismo de respeto de la ética en el ejercicio de cargos públicos, enmarcada en los valores esenciales de un Estado democrático, social, de derecho y de justicia," y decidir indicando que "no puede ejercerse una interpretación aislada y exclusiva de la Convención Americana de Derechos Humanos sin que con ello se desconozca el "*corpus juris del Derecho Internacional de los Derechos Humanos,*" a los que ha aludido la propia Corte Interamericana en la sentencia del 24 de noviembre de 2004, caso: Trabajadores Cesados del Congreso vs. Perú, sus Opiniones Consultivas de la CIDH Nº OC-16/99 y Nº OC-17/2002.

8. *La denuncia de usurpación respecto de la Corte Interamericana y la inejecución de su sentencia*

Finalmente la Sala Constitucional acusó a la Corte Interamericana de Derechos Humanos de persistir

> "en desviar la teleología de la Convención Americana y sus propias competencias, emitiendo órdenes directas a órganos del Poder Público venezolano (Asamblea Nacional y Consejo Nacional Electoral), usurpando funciones cual si fuera una potencia colonial y pretendiendo imponer a un país soberano e independiente criterios políticos e ideológicos absolutamente incompatibles con nuestro sistema constitucional."

De lo cual concluyó declarando

> "inejecutable el fallo de la Corte Interamericana de Derechos Humanos, de fecha 1 de septiembre de 2011, en el que se condenó al Estado Venezolano, a través "*de los órganos competentes, y particularmente del Consejo Nacional Electoral (CNE),*" a asegurar "*que las sanciones de inhabilitación no constituyan impedimento para la postulación del señor López Mendoza en el evento de que desee inscribirse como candidato en procesos electorales";* anuló las Resoluciones del 24 de agosto de 2005 y 26 de septiembre de 2005, dictadas por el Contralor General de la República, por las que inhabilitaron al referido ciudadano al ejercicio de funciones públicas por el período de 3 y 6 años, respectivamente; se condenó a la República Bolivariana de Venezuela al pago de costas y a las adecuación del artículo 105 de la Ley Orgánica de la Contraloría General de la República y el Sistema Nacional de Control Fiscal."

Es decir, la Sala resolvió que la sentencia de la Corte Interamericana en su conjunto, es inejecutable en Venezuela, con la advertencia –cínica, por lo demás–, de que, sin embargo:

> "la inhabilitación administrativa impuesta al ciudadano Leopoldo López Mendoza no le ha impedido, ni le impide ejercer los derechos políticos consagrados en la Constitución. En tal sentido, como todo ciudadano, goza del derecho de sufragio activo (artículo 63); del derecho a la rendición de cuentas (artículo 66); derecho de asociación política (el ciudadano López Men-

doza no solo ha ejercido tal derecho, sino que ha sido promotor y/o fundador de asociaciones y partidos políticos); derecho de manifestación pacífica (el ciudadano López Mendoza ha ejercido ampliamente este derecho, incluyendo actos de proselitismo político); así como, el derecho a utilizar ampliamente los medios de participación y protagonismo del pueblo en ejercicio de su soberanía (artículo 70), incluyendo las distintas modalidades de participación "referendaria", contempladas en los artículos 71 al 74 *eiusdem*, en su condición de elector."

Se destaca, sin embargo, que la Sala Constitucional no mencionó en esta enumeración de "los derechos políticos consagrados en la Constitución" ni el derecho pasivo al sufragio (el derecho a ser electo para cargos públicos), ni el derecho a ejercer cargos públicos, que son precisamente los que le impide ejercer la decisión de la Contraloría General de la república violando lo previsto en la Convención Americana y en la propia Constitución, procedió a "aclarar" lo que no requería aclaratoria, en el sentido de que:

> "la inhabilitación administrativa difiere de la inhabilitación política, en tanto y en cuanto la primera de ellas sólo está dirigida a impedir temporalmente el ejercicio de la función pública, como un mecanismo de garantía de la ética pública y no le impide participar en cualquier evento político que se realice al interior de su partido o que convoque la llamada Mesa de la Unidad Democrática."

Ello no requería "aclararse" pues es bien evidente que las decisiones de la Contraloría o del Estado a través de cualquiera de sus órganos no le puede impedir a un ciudadano poder participar en los eventos políticos internos de las asociaciones políticas o a las cuales pertenezca o en eventos por estas convocados, de manera que la "aclaratoria" no es más que una deliberada expresión de confusión por parte de la Sala; y más aún con la frase final de la decisión que adoptó (dispositivo N° 2), luego de declarar inejecutable la sentencia de la Corte Interamericana en el sentido decidir que:

> "2) La Sala declara que el ciudadano Leopoldo López Mendoza goza de los derechos políticos consagrados en la Constitución de la República Bolivariana de Venezuela, por tratarse solo de una inhabilitación administrativa y no política."

Sin embargo, como se dijo, antes había enumerado la Sala en forma expresa cuáles eran los derechos políticos que el Sr. López podía ejercer estando vigente la inhabilitación política que le había impuesto la Contraloría, refiriéndose la Sala expresamente sólo a el "derecho de sufragio activo (artículo 63); del derecho a la rendición de cuentas (artículo 66); derecho de asociación política '[...]; derecho de manifestación pacífica [...]; derecho a utilizar ampliamente los medios de participación y protagonismo del pueblo en ejercicio de su soberanía (artículo 70)," y derecho "de participación "referendaria" (artículos 71 al 74) "en su condición de elector." La Sala, por tanto, se cuidó de no indicar que el Sr. López podía ejercer su derecho político al sufragio pasivo, derecho a ser electo y a ejercer cargos públicos electivos, que fueron precisamente los restringidos inconstitucionalmente por la Contraloría General de la República.

VI. LA INTERPRETACIÓN Y ACLARACIÓN DE LA SENTENCIA, *EX POST FACTO* Y EXTRA PROCESO, MEDIANTE "COMUNICADO DE PRENSA" POR PARTE DE LA PRESIDENTA DE LA SALA CONSTITUCIONAL

Sin embargo, el mismo día en el cual se publicó la sentencia de la sala Constitucional, la presidenta del Tribunal Supremo de Justicia y de dicha Sala, expresó mediante un "Comunicado de Prensa"[61] un criterio distinto al que se había expuesto en la sentencia, agregando mayor confusión sobre sus efectos, y en particular sobre los derechos políticos que supuestamente podía ejercer el Sr. López.

Dicha Presidente del Tribunal Supremo, en efecto, comenzó por expresar al referirse a la sentencia de la Sala Constitucional "que declaró inejecutable el fallo de la Corte Interamericana de Derechos Humanos" que había condenado al Estado venezolano, primero, que "los convenios suscritos por la República Bolivariana de Venezuela no pueden tener carácter supra constitucional, pues sus disposiciones deben ajustarse y enmarcarse en los postulados de la Carta

61 Véase Nota de Prensa del Tribunal Supremo: "Es inejecutable que Venezuela retroceda en sus avances en la lucha contra la corrupción" Afirmó la presidenta del TSJ; magistrada Luisa Estella Morales Lamuño, autor Redacción TSJ, Fecha de publicación 17/10/2011. Véase en http://www.tsj.gov.ve/in-formacion/notasdeprensa/notasdeprensa.asp?codigo=8848

Magna;" y que "Venezuela no puede retroceder en los avances que ha logrado en la lucha contra la corrupción," asegurando entre otras cosas, "que **las sanciones de inhabilitación no constituyan impedimento para la postulación de Leopoldo López Mendoza en eventos electorales**" (destacado nuestro).

Ahora bien, frente a esta afirmación de que las sanciones de inhabilitación "no constituyan impedimento para la postulación en eventos electorales," la pregunta elemental es cómo puede, en efecto, pensarse que alguien pueda tener derecho a postularse para la elección de un cargo electivo de representación popular, sin tener derecho a poder ejercer dicho cargo porque se lo impide la Contraloría General de la República? Lo que dijo la Sra. Presidenta de la Sala Constitucional, ni más ni menos era como decir, que una persona inhabilitada para ejercer cargos públicos, sin embargo, puede postularse para ser electo para un cargo público, pero una vez electo no puede ejercer dicho cargo para el cual fue electo !!

La postulación a un cargo de elección popular no es sino la primera fase del ejercicio del derecho pasivo al sufragio que implica además de la postulación, el derecho a ser elegido, y en caso de que así ocurra, el derecho a ejercer el cargo para el cual fue elegido. De resto, no es más que una cómica situación la que informó la Sra. Presidenta del Tribunal Supremo: que una persona inhabilitada para ejercer cargos públicos por la Contraloría, puede postularse para cargos de elección popular, y por tanto, con la posibilidad de salir electo, pero para nada más, pues no puede ejercer el cargo porque ha sido inhabilitado.

Expresó en efecto, la Sra. Presidenta del Tribunal Supremo que:

> "del análisis realizado por la Sala Constitucional el ciudadano López Mendoza goza **de todos** sus derechos políticos, por lo que puede elegir **y ser elegido** en los eventos electorales en los que decida participar."

Y reiteró que "la Constitución de la República Bolivariana de Venezuela es profundamente garantista, y que salvaguarda los derechos políticos de la ciudadanía" precisando que "Leopoldo López Mendoza **sí goza de todos sus derechos políticos**, tal como lo expresa el dictamen (*sic*)."

Ello es por supuesto, totalmente falso, y lo que pone en evidencia, para ser benevolentes, es que, por lo visto, la Presidenta no leyó lo que efectivamente dijo en la sentencia que firmó, pues la misma no incluyó –inconstitucionalmente por lo demás– en su contenido y enumeración de los derechos políticos que podía ejercer el Sr. López, el derecho a ser elegido (derecho pasivo al sufragio); es decir, se cuidó de decidir que el Sr. López **no gozaba de todos sus derechos políticos**.

Sin embargo, teniendo en cuenta la "interpretación" que hizo la Sra. Presidenta del Tribunal Supremo de la sentencia, la conclusión es que se trata de una modificación, *ex post facto*, introducida mediante un "Comunicado de Prensa" a la sentencia dictada, indicando que el Sr. López **si podía ejercer su derecho pasivo al sufragio y si podía "ser elegido,"** pero aclarando a renglón seguido que una vez que resultare electo, si fuese el caso, respecto al ejercicio del cargo para el cual resultare electo, ello sería una "situación futura derivada de tal participación" que "no estuvo en el análisis de la Sala, ya que no puede pronunciarse sobre hechos que no han ocurrido." Por lo que, si todo ello sucedía, ya estaba "avisado" el Sr. López de lo que le iba a pasar. Más clara no podía ser esta modificación al fallo dictada por la Presidencia del Tribunal Supremo en el "Comunicado de Prensa;" y como la Sala se atribuyó el poder de ejercer de oficio el control de constitucionalidad de las sentencias de la Corte Interamericana, nadie le tendría que requerir su futura y anunciada acción.

Crear mayor y deliberada confusión, era realmente imposible,[62] al punto de que en el diario *El Mundo* de España del día 18 de octu-

62 Según se reseña En *La patilla.com*, la Contralora General de la República, en medio de la confusión, declaró el día 18 de octubre de 2011, que "el líder opositor Leopoldo López, uno de los aspirantes a ser candidato en las elecciones presidenciales del 7 de octubre del próximo año, no puede desempeñar ningún cargo público hasta 2014. No puede desempeñar cargos públicos, ni por elección, nombramiento, contrato ni designación. ¿El cargo de alcalde, de concejal, de presidente, de gobernador es un cargo público o no? Sí lo es, entonces (López) no puede desempeñar esos cargos públicos dijo Adelina González, Contralora General en funciones. En declaraciones a la televisión estatal, González descartó el supuesto "limbo" en el que quedó López luego de que la presidenta del Tribunal Supremo de Jus-

bre de 2011, la noticia se tituló así: "*El Supremo venezolano permite que Leopoldo López sea candidato en 2012,*" precisándose sin embargo, en los subtítulos que: "*El Tribunal aclara que el opositor sí puede presentarse a las elecciones; Lo que se ha rechazado es el fallo de la Corte Interamericana que condenaba al Estado por la 'inhabilitación' para ejercer cargos públicos de López; Por lo tanto, López puede ser candidato pero no se sabe si podrá ejercer; El Tribunal dijo que aplicar* aquel fallo infringiría las leyes nacionales."[63] En la nota de prensa publicada en este Diario se afirma que:

> "El Tribunal Supremo venezolano (TSJ) **aclaró** este lunes que la decisión de la Sala Constitucional de declarar no ejecutable un fallo de la Corte Interamericana de Derechos Humanos a favor de Leopoldo López no impide al político opositor presentar su candidatura a las elecciones presidenciales."
>
> La presidenta del TSJ de Venezuela, Luisa Estella Morales, señaló que **López se puede postular**, pero el fallo de Corte Interamericana (CorteIDH), que obliga a suspender la inhabilitación administrativa del político para ejercer cargo público, es "inejecutable" porque no se pueden anular las decisiones de la Contraloría.
>
> "Leopoldo López tiene pleno derecho a elegir y ser electo, puede concurrir ante el Consejo Nacional Electoral inscribirse y participar en cualquier elección que se realice (...) libremente puede hacerlo", aclaró Estella en una conferencia de prensa.
>
> No obstante, subrayó que "son inejecutables en primer lugar la nulidad de las resoluciones administrativas de la Contraloría y también "la nulidad de los actos administrativos por los cuales se inhabilitó administrativamente al ciudadano Leopoldo López."

---

ticia (TSJ), Luisa Estella Morales, indicara que López se podía postular a las elecciones aunque evitando pronunciarse sobre qué ocurriría en caso de ser elegido. Véase "Según la Contralora si López se postula sería "un fraude a la Ley," en http://www.lapatilla.com/site/2011/10/18/segun-la-contralora-si-lopez-se-postula-seria-un-fraude-a-la-ley/

63 Véase en http://www.elmundo.es/america/2011/10/17/venezuela/131888-4331.html

Preguntada sobre la posibilidad de que López fuera elegido en los comicios para la Presidencia, convocados para el 7 de octubre de 2012, Morales se excusó de pronunciarse "acerca de situaciones futuras."

"Llegará el momento de que si eso ocurriese tendríamos que pronunciarnos, pero en este momento es ciertamente una posición incierta y futura sobre la cual la Sala no podría pronunciarse," señaló"

Con esta "aclaratoria" a la decisión adoptada mediante declaraciones públicas dadas por la Presidenta del Tribunal Supremo de Justicia, lo que hizo el Tribunal Supremo fue consolidar la incertidumbre y el desconcierto político en el país, dejando vigente la sanción de inhabilitación política que dictó la Contraloría General de la República contra el Sr. Leopoldo López y en lo que resultaba una especie de crónica de una inhabilitación política anunciada, para lo cual impuso el siguiente itinerario a se podía desarrollar en este caso entre 2011 y 2012:

Primero, en el texto de la sentencia, declaró que entre los derechos políticos que enumeró expresamente como los que podía ejercer el Sr. López **no estaba el derecho pasivo al sufragio, es decir, el derecho a ser electo**;

Segundo, sin embargo, en la "aclaratoria" a la sentencia que se "dictó" por la Presidenta del Tribunal Supremo, la misma declaró que el Sr. López **sí se podía postular para cargos electivos y tenía derecho a ser electo,** lo que por si generaba incertidumbre sobre si efectivamente gozaba o no tal derecho conforme a la sentencia de la Sala;

Tercero, lo anterior le planteaba al Sr. López la **disyuntiva de participar o no en el proceso –elecciones primarias– para la selección del candidato presidencial** de oposición, pero con la certeza de que si no lo hacía ello sería por su propia voluntad –como en efecto ocurrió– y no porque se lo hubiese "impuesto" la Sala;

Cuarto, si hubiese participado en las elecciones primarias de la oposición y hubiese llegado a salir electo en las mismas, ello le hubiera planteado una **nueva disyuntiva de postularse o no como candidato presidencial en la elección presidencial**, para lo cual si no lo hacía ello también hubiera sido por su propia voluntad y no porque se lo hubiese impuesto la Sala; y, por último,

Quinto, para el supuesto de que en ese caso hubiera llegado a ganar la elección presidencial, la posibilidad de que hubiera podido ejercer el cargo para el cual habría sido electo hubiera quedado entonces en manos del Tribunal Supremo de Justicia, el cual, en ese momento, y sólo en ese momento se habría pronunciado sobre lo que al dictar su sentencia consideró como una "situación incierta y futura."

Posteriormente, para agregar algo más a la confusión e incertidumbre, la misma Presidenta del Tribunal Supremo de Justicia en una entrevista de televisión, ratificó que la sentencia de la Corte Interamericana de Derechos Humanos "que ordena restituir los derechos políticos al ex alcalde del municipio Chacao del Estado Miranda, Leopoldo López, no puede ser cumplida por la justicia venezolana," indicando, sin embargo, que dicho ciudadano contaba "con todos sus derechos políticos" lo que no era cierto, pues se la había negado el derecho pasivo al sufragio, agregando que podía "hacer campaña o fundar partidos, [pero] lo que no puede es ejercer cargos de administración pública."[64]

La Presidenta del Tribunal Supremo indicó, además, que la sentencia de la Corte Interamericana confundía "la inhabilitación política con la inhabilitación administrativa," sin percatarse que cuando dicha "inhabilitación administrativa" impide a un funcionario electo ejercer el cargo para el cual fue electo, se convierte en una inhabilitación política; pues aunque la Magistrada parecía ignorarlo, el derecho a ejercer cargos públicos de elección popular es un derecho político. De manera que cuando se impone una sanción de inhabilitación administrativa que según la Presidenta del Tribunal era "de otra naturaleza [pues] es para poder administrar o manejar fondos públicos," y ello impide a un funcionario electo ejercer el cargo para el cual resultó electo, implica que se lo inhabilita políticamente. La Corte Interamericana no "se basó en hechos que no corres-

---

64 Véase reportaje del programa "Dando y Dando transmitido por la estatal Venezolana de Televisión," realizado por Rafael Rodríguez, en *El Universal*, Caracas 8-11-2011. En http://www.eluniversal.com/nacional-y-politica/111108/morales-no-podemos-levantar-inhabilitacion-adminstrativa-a-lopez

pondían a la realidad" como dijo la Presidenta del Tribunal considerando que la Corte Interamericana había tratado "el caso del ciudadano Leopoldo López como si él estuviera inhabilitado políticamente y el señor Leopoldo López nunca estuvo inhabilitado políticamente, él tuvo una sanción de carácter administrativo que en Venezuela está perfectamente establecida."

En fin, ignorando el propio texto de su sentencia, la Presidenta del Tribunal afirmó que la Corte Interamericana confundió "sin entrar a analizar lo que es el derecho interno venezolano,[…]dos tipos de inhabilitaciones diferentes," pues según la Presidenta del Tribunal López podía "hacer campaña y fundar partidos, lo que no podía era ocupar cargos administrativos," y las actividades políticas que podía hacer no podía "confundirse con las condiciones de elegibilidad ese es otro punto que no se ha presentado..." Lo que no explicó la Presidenta del Tribunal es cómo podía decirse que una persona no está inhabilitada políticamente si pudiendo ser electa para ocupar un cargo ejecutivo (como el de Alcalde, Gobernador o Presidente) que implica administrar o manejar fondos, en definitiva, no podía ejercer el cargo para el cual fue electo cuando exista contra la misma una sanción de inhabilitación administrativa.[65]

De todo ello, lo que quedaba claro era que independientemente de si el Sr. López participaría en las elecciones primarias de la oposición, e iba o podía resultar o no electo, respecto de él, la situación política subsiguiente no hubiera dependido de la voluntad del pueblo soberano, sino de la decisión de un Tribunal Supremo que además de usurpar el poder constituyente y rebelarse contra las decisiones del tribunal internacional encargado de la protección de los derechos humanos en América, se reservaba en definitiva el derecho de anular o no la voluntad popular de acuerdo con las circunstancias que se presentasen.

Nueva York, febrero 2011

65 Dijo la Presidenta del Tribunal: "El ciudadano Leopoldo López no está inhabilitado políticamente ni ha estado; él puede ejercer todos sus derechos políticos, en Venezuela hay una gama de derechos políticos extensos, se fundan partidos, se puede hacer campaña electoral, se puede hacer cualquier tipo de gestión, ahora, eso no debe confundirse cuando se opta a un cargo de elección popular con las condiciones de elegibilidad."

SEXTA PARTE

UN NUEVO ATENTADO CONTRA LA DEMOCRACIA: EL SECUESTRO DEL DERECHO POLÍTICO A MANIFESTAR MEDIANTE UNA ILEGÍTIMA “REFORMA” LEGAL EFECTUADA POR LA SALA CONSTITUCIONAL DEL TRIBUNAL SUPREMO

I. EL DERECHO POLÍTICO A MANIFESTAR Y SUS RESTRICCIONES

El derecho político a manifestar está establecido en el artículo 68 de la Constitución en los siguientes términos:

> *“Artículo 68.- Los ciudadanos y ciudadanas tienen derecho a manifestar, pacíficamente y sin armas, sin otros requisitos que los que establezca la ley.*
>
> *Se prohíbe el uso de las armas de fuego y sustancias tóxicas en el control de manifestaciones pacíficas. La ley regulará la actuación de los cuerpos policiales y de seguridad en el control del orden público”*

Esta norma, como lo ha explicado la Mesa de la Unidad Democrática, consagra un derecho que “forma parte de las garantías fundamentales para el funcionamiento de la democracia, pues permite la libre expresión de los reclamos o inquietudes de la ciudadanía y contribuye de esta manera a la formación de opinión pública y el control sobre los gobernantes.”[1] Por ello se trata de un derecho

---

1 Véase “Comunicado de la Mesa de la Unidad Democrática sobre inconstitucional y antidemocrático fallo del TSJ,” Caracas, 24 de abril de 2014.

político que en la forma cómo está consagrado, confirma el principio de la reserva legal en materia de regulación del ejercicio de derechos y garantías constitucionales, al sujetar expresamente su ejercicio, *única y exclusivamente a los requisitos que establezca la ley*, que en esta materia es la Ley de Partidos Políticos, Reuniones Públicas y Manifestaciones de 2010,[2] la cual reformó la Ley del mismo nombre de 1964.[3] En dicha Ley sólo se establecen los siguientes dos requisitos:

Primero, conforme al artículo 43 de la Ley, el requisito de la "*participación*" previa (con 24 horas de anticipación) que los organizadores de manifestaciones deben formular ante la primera autoridad civil de la jurisdicción *"con indicación del lugar o itinerario escogido, día, hora y objeto general que se persiga,"* a cuyo efecto *"las autoridades en el mismo acto del recibo de la participación deberán estampar en el ejemplar que entregan a los organizadores, la aceptación del sitio o itinerario y hora."* (art. 43).

En caso de haber "razones fundadas para temer que la celebración simultánea de manifestaciones en la misma localidad pueda provocar trastornos del orden público," la autoridad ante quien deba hacerse la participación puede disponer, "de acuerdo con los organizadores, que aquellos actos se celebren en sitios suficientemente distantes o en horas distantes." En estos casos la autoridad civil debe dar "preferencia para la elección del sitio y la hora quienes hayan hecho la participación con anterioridad" (art. 44).

Segundo, el requisito de la "autorización" previa que las asociaciones políticas deben solicitar ante la misma autoridad civil (primera autoridad civil de la jurisdicción) para la realización de manifestaciones en *"sitios prohibidos"* que *"no afecten el orden público, el libre tránsito u otros derechos ciudadanos."* (art. 46). La determinación de esos "sitios prohibidos" para manifestaciones, corresponde hacerla a los gobernadores de estado y los alcaldes de

---

2 *Véase en Gaceta Oficial* N° 6.013 Extra. de 23 de diciembre de 2010. El principio de la reserva legal se ratifica en el Artículo 41 de la Ley, en el cual se dispone que "*Todos los habitantes de la República tienen el derecho de reunirse en lugares públicos o de manifestar, sin más limitaciones que las que establezcan las leyes"*.

3 Véase en *Gaceta Oficial* N° 27.620 de 16 de diciembre de 1964.

municipios o de distritos metropolitanos, quienes deben fijar *"periódicamente mediante resoluciones publicadas en las respectivas Gacetas, los sitios donde no podrán realizarse reuniones públicas o manifestaciones, oyendo previamente la opinión de los partidos."* (art. 46).

La técnica de intervención administrativa establecida por el Legislador como mecanismo de restricción al ejercicio del derecho a manifestar, por tanto, en los mencionados artículos de la Ley de Partidos Políticos, Reuniones Públicas y Manifestaciones se basó en el establecimiento de dos grados de intervención administrativa según su incidencia en el ejercicio del derecho:

Primero, una técnica de "participación" previa a la autoridad civil, al disponer el artículo 43 de la Ley que para ejercer el derecho político a manifestar, basta que los organizadores de la manifestación "notifiquen" o "participen" a la autoridad civil el evento, con "indicación de lugar o itinerario escogido, día, hora y objeto general" de la misma, limitándose la acción de la administración (la autoridad civil) a dar "recibo de la participación," estampando en copia de la misma, *"la aceptación del sitio o itinerario y hora."* La autoridad civil no tiene poder alguno para "autorizar" o no el ejercicio del derecho a manifestar, ni puede negar el ejercicio de tal derecho. La "aceptación" a la cual se refiere la norma no es en relación con el ejercicio del derecho (que sería lo propio de tratarse de una autorización) sino única y exclusivamente del "sitio o itinerario y hora" del evento. Ello es lo único que podría cuestionar la autoridad civil al dar recibo de la "participación." El régimen del artículo 46 no es por tanto el de una "autorización" para el ejercicio del derecho político de manifestar, el cual es libre, sino de una "notificación" previa al ejercicio del derecho, respecto de la cual no cabe aceptar o negar el ejercicio del derecho constitucional, siendo la "aceptación" mencionada en la Ley solo respecto del sitio o itinerario y hora.

Segundo, una técnica de solicitud de una "autorización" a ser otorgada por parte de la autoridad civil, solo a solicitud de "asociaciones políticas" para el ejercicio del derecho político de manifestar en "sitios" que hubiesen sido previamente declarados como sitios prohibidos para realizar manifestaciones mediante actos administrativos de efectos generales dictados por la autoridad competente. En esos casos, conforme al artículo 46 de la ley, la prohibición no implica la negación del derecho a manifestar en tales sitios, sino que el ejercicio de dicho derecho está sujeto a la obtención de una autorización por parte de la autoridad administrativa correspondiente.

Ese régimen de restricciones al derecho a manifestar que está en la Ley de 2010, se estableció con la misma redacción en la Ley de 1964, en la cual estaba la misma distinción entre una "participación" y una "autorización" para supuestos distintos, como incluso lo advertimos hace ya cincuenta años, cuando recién se sancionó la Ley de 1964.[4]

---

4 En 1965, expresamos lo siguiente: "- **La participación previa.** "La ley, a pesar de que ha podido someter la realización de manifestaciones públicas al requisito de autorización o permiso previo por parte de la autoridad administrativa, sólo ha establecido la obligación para los organizadores de manifestaciones de *participar,* con veinticuatro horas de anticipación por lo menos, la realización de la manifestación, a la primera autoridad civil de la jurisdicción (Artículo 38 de la Ley de Partidos Políticos y artículo 129 de la Ley Electoral). Esta participación debe hacerse por escrito duplicado, donde debe indicarse el lugar o itinerario escogido para la manifestación, además del día, hora y objeto general que se persiga. // La primera autoridad civil de la jurisdicción en el mismo acto del recibo de la participación deberá estampar en el ejemplar que entregará a los organizadores, la *aceptación* del sitio o itinerario y hora. // Esta necesaria aceptación del lugar o itinerario y hora de la manifestación que se proyecta, implica la facultad de la Administración de objetarlos. Y en efecto, el artículo 39 de la ley establece que cuando hubiere razones fundadas para temer que la celebración simultánea de manifestaciones en la misma localidad pueda provocar trastornos del orden público, la autoridad ante quien deba hacerse la participación previa, podrá disponer, de acuerdo con los organizadores de las manifestaciones, que aquéllas se realicen en sitios suficientemente distantes o en horas distintas. En este caso, consagra el artículo 39 de la Ley de Partidos Políticos, "tendrán preferencia para la elección del sitio y la hora quienes hayan hecho la participación con anterioridad." Para ello el artículo 40 de la Ley de Partidos Políticos prevé que la autoridad civil ' llevará un libro en el cual irá anotando, en riguroso orden cronológico, las participaciones de reuniones públicas y manifestaciones que vaya recibiendo. // En todo caso, la ley autoriza a las autoridades de policía para tomar todas las medidas preventivas, tendientes a evitar las manifestaciones para las cuales no se haya hecho la debida participación o las que pretendan realizarse en contravención de las disposiciones de la ley (art. 44). // - **Limitaciones.** La Ley consagra determinadas limitaciones a

II. LA INTERPRETACIÓN "A LA CARTA," CONFORME A LOS DESEOS DEL GOBIERNO, MEDIANTE UNA SENTENCIA QUE RESOLVIÓ UN SUPUESTO "RECURSO DE INTERPRETACIÓN DE NATURALEZA CONSTITUCIONAL Y LEGAL"

La clara distinción, antes comentada, establecida en la Ley desde 1964, y el claro régimen general de la sola exigencia de una "participación previa" ante la autoridad civil para la realización de manifestaciones, ha sido radicalmente modificado por la Sala Constitucional del Tribunal Supremo de Justicia, supuestamente actuando como "máxima y última intérprete del Texto Fundamental," mediante sentencia Nº 276 de 23 de abril de 2014,[5] dictada a solicitud del Alcalde del Municipio Guacara del Estado Carabobo, miembro del partido político oficial.

En dicha sentencia, la Sala procedió a realizar una supuesta "interpretación abstracta" del artículo 68 de la Constitución, que es evidente que no requiere de interpretación –basta leer su texto-, solo

---

la realización de manifestaciones. Así, el artículo 43 de la misma prohíbe las manifestaciones de carácter político con uso de uniformes, estableciendo, además, que los infractores serán sancionados con arresto de quince a treinta días, sin perjuicio de las acciones a que dichos actos pudieren dar lugar. // Por otra parte se autoriza expresamente a los Gobernadores de la entidad política respectiva, para fijar periódicamente, mediante resoluciones publicadas en las respectivas Gacetas, y oyendo previamente la opinión de los partidos, los sitios donde no podrán realizarse manifestaciones (art. 41). Sin embargo, a solicitud de las asociaciones políticas, la autoridad civil podrá autorizar manifestaciones en aquellos sitios prohibidos, cuando no afecten el orden público, el libre tránsito u otros derechos ciudadanos." Véase en Allan R. Brewer-Carías, *El régimen jurídico de la nacionalidad y ciudadanía venezolanas*, Publicaciones del Instituto de Derecho Público, Universidad Central de Venezuela, Caracas 1965, pp. 104 ss. Véase igualmente Allan R. Brewer-Carías, "Sobre las manifestaciones públicas," en *El Universal*, Caracas 17 de septiembre de 2000, pp. 1-1 y 1-14, donde denunciábamos la conducta autoritaria de funcionarios del Estado al desconocer lo regulado en el artículo 68 de la Constitución.

5 Véase en http://www.tsj.gov.ve/decisiones/scon/abril/163222-276-24414-2014-14-0277.HTML Véase además en *Gaceta Oficial* Nº 40.401 de 29 de abril de 2014.

para trastocar o mutar lo establecido en el artículo 43 de la Ley de Partidos Políticos, Reuniones Públicas y Manifestaciones, ejerciendo como legislador positivo. Para ello, la Sala procedió, inconstitucional e ilegítimamente, a "reformar" dicho artículo, estableciendo, como lo anunció el propio Tribunal Supremo en la "Nota de Prensa" que se publicó a raíz de la decisión adoptada, al contrario de lo que dice la norma, que:

> "resulta *obligatorio* para las organizaciones políticas así como para todos los ciudadanos, *agotar el procedimiento administrativo de autorización* ante la primera autoridad civil de la jurisdicción correspondiente, *para poder ejercer cabalmente su derecho constitucional a la manifestación pacífica*."[6]

Ello, por supuesto no es lo que establece el artículo 43 de la Ley.

La solicitud de interpretación que se resolvió en la sentencia había sido formulada un mes antes por el Alcalde del Municipio Guacara del Estado Carabobo, asistido de abogado, en forma irregular, al presentar un "***Recurso de Interpretación de Naturaleza Constitucional y Legal,***" no sobre el antes mencionado artículo 68 de la Constitución, que no tiene nada de dudoso o de ambiguo que amerite ser interpretado, sino en realidad sobre los artículos 41, 43, 44, 46 y 50 de la Ley de Partidos Políticos, Reuniones Públicas y Manifestaciones; cuando, como es sabido, la Sala Constitucional no tiene competencia para conocer de recursos de interpretación abstracta de las leyes, sino únicamente de la Constitución.

La Sala Constitucional olvidó que en principio, solo el Legislador, es decir, la Asamblea Nacional, tiene competencia conforme a la Constitución, para "interpretar" con efectos generales las leyes, mediante su reforma; y excepcionalmente, las otras Salas del Tribunal Supremo de Justicia, en relación con las leyes, en los casos de ejercicio de recursos de interpretación de la leyes conforme a lo establecido en el artículo 31.15 de la Ley Orgánica del Tribunal Supremo de Justicia. Por ello, la Sala, consciente de su irregular proceder, al tratar de justificar la usurpación en la que estaba incu-

---

6 Véase Nota de Prensa de 24 de abril de 2014 en http://www.tsj.gov.ve/informacion/notasdeprensa/notasdeprensa.asp?codigo=11828

rriendo, indicó en la sentencia que "la Sala Constitucional ha sido siempre muy cuidadosa de no usurpar con su interpretación competencias de otras Salas (por ejemplo, el recurso de interpretación de textos legales)," lo que no pasó de ser una afirmación vacía, pues lo que hizo con su sentencia fue precisamente eso: usurpar la competencia de las otras Salas y, además, del Legislador.

En este caso, en efecto, no se ejerció recurso de interpretación "constitucional" alguno (pues la norma del artículo 68 no requiere de interpretación), ni tampoco el recurso de interpretación "de leyes" previsto en la norma referida (art. 31.15 de la ley Orgánica del Tribunal), ni la Sala hizo siquiera referencia a dicha norma.

En este caso, en concreto, lo que el Alcalde recurrente solicitó de la Sala Constitucional –como una especie de procedimiento de interpretación a la carta– fue que mediante el conocimiento de un "recurso de interpretación de la Constitución," le precisara si, conforme al artículo 43 de la Ley de Partidos Políticos, el sello que debía ponerle la autoridad municipal a la participación de realización de una manifestación como *"aceptación del sitio o itinerario y hora" de la misma,* significaba que el Alcalde podía denegar la realización de la manifestación, como si se tratase de una solicitud de "autorización previa" que debía otorgar la autoridad municipal para la realización de cualquier manifestación, y no de tomar conocimiento de una participación, como lo dispone la Ley.

En definitiva el Alcalde, en su recurso de interpretación de la Constitución, lo que destacó fue que del artículo 43 de la Ley y de todas las otras normas legales citadas, le surgía una supuesta "duda" en cuanto a la "posibilidad autorizatoria" establecida en todas esas normas. Por eso, al final de su argumentación, como lo destacó la Sala, el Alcalde se limitó a identificar su recurso como un "Recurso de Interpretación Legal" para que la Sala "declare con certeza -otorgando la debida Seguridad Jurídica- el contenido y alcance del artículo 68 de la Constitución de la República Bolivariana de Venezuela y de los artículos 41, 43, 44, 46, 50 de la Ley de Partidos Políticos, Reuniones Públicas y Manifestaciones."

Para justificar su supuesta competencia para conocer del recurso de interpretación intentado, la Sala citó su sentencia Nº 1077 del 22 de septiembre de 2000 (caso: *Servio Tulio León*),[7] en la cual ella misma auto-determinó su competencia "para interpretar el contenido y alcance de las *normas y principios constitucionales*, de conformidad con lo establecido en el artículo 335 de la Constitución, en concordancia con el artículo 336" de la misma; es decir, solo de normas y principios constitucionales, no de normas legales. Tal y como lo precisó en otra sentencia, también citada por la Sala, la interpretación que puede hacer la Sala Constitucional es de una norma que "esté contenida en la Constitución (sentencia Nº 1415/2000 del 22 de noviembre caso: *Freddy Rangel Rojas*, entre otras) o integre el sistema constitucional (sentencia Nº 1860/2001 del 5 de octubre, caso: *Consejo Legislativo del Estado Barinas*)." Precisamente por esa limitante, la Sala señaló que en el caso sometido a su consideración, se había solicitado "la interpretación del artículo 68 de la Constitución de la República Bolivariana de Venezuela c*on el objeto de determinar su contenido y alcance, así como de los artículos 41, 43, 44, 44, 46 y 50 de la Ley de Partidos Políticos, Reuniones Públicas y Manifestaciones.*"

Ello, por supuesto, no fue más que una confesión de que el objeto del recurso no era la interpretación del artículo 68 de la Constitución, que nada tiene de dudoso o ambiguo, sino solo determinar el contenido y alcance de unas normas legales. El Alcalde recurrente en realidad no señaló la existencia de ninguna "ambigüedad sobre el contenido y alcance del artículo 68 de la Constitución" como falsamente indicó la Sala, de manera que la cita del artículo 68 no fue más que una simple excusa para que la Sala procediera, ilegítima e inconstitucionalmente, a legislar, con el pretexto de interpretar los artículos 41, 43, 44, 46 y 50 de la Ley de Partidos Políticos, Reuniones Públicas y Manifestaciones, considerando que "a pesar de tener tales disposiciones rango legal, ellas guardan una estrecha vinculación con la norma constitucional." Usurpó así la Sala las competencias y funciones del legislador.

La ilegítima actuación de la Sala Constitucional se confirma por el hecho de que para "justificar" su competencia, la Sala citó los artículos 25.17 y 31.3 de la Ley Orgánica del Tribunal Supremo de

---

7 Véase en *Revista de Derecho Público,* Nº 83, Editorial Jurídica Venezolana, Caracas 2000, pp. 247 ss.

Justicia, incurriendo en realidad en una nueva confesión de "incompetencia," pues si bien la primera norma le atribuye a la Sala competencia para "conocer la demanda de interpretación *de normas y principios que integran el sistema constitucional,*" la segunda norma sólo contiene una atribución común de todas las Salas para "conocer los juicios en que se ventilen varias pretensiones conexas, siempre que al Tribunal esté atribuido el conocimiento de alguna de ellas." En este caso, por supuesto, no había varias pretensiones, sino una sola claramente de interpretación de una ley, que no podía ni puede asumir la Sala Constitucional. Por lo demás, admitir este simple razonamiento para justificar la competencia de la Sala significa que la misma podría conocer de cualquier interpretación de cualquier norma legal, en forma abstracta, bastando mencionar alguna norma constitucional que en última instancia pueda ser el sustento del orden jurídico.

La decisión, además, se adoptó sin "proceso" judicial alguno, desconociendo el artículo 257 de la Constitución que considera que el "proceso constituye un instrumento fundamental para la realización de la justicia," y fue dictada en un "procedimiento" clandestino en el cual no hubo contradictorio alguno, pues la Sala lo decidió como un "asunto de mero derecho", "sin necesidad de abrir procedimiento alguno," violando el derecho ciudadano a la participación, y además, sin convocar mediante edicto a los interesados, es decir a la ciudadanía en general, a las organizaciones políticas o al menos a los otros 337 Alcaldes del país. Recuérdese que el procedimiento relativo al recurso de interpretación constitucional está expresamente regulado en la Ley Orgánica del Tribunal Supremo de Justicia (artículos 128 y 166) y, en ninguna parte, como es lógico, está prevista la posibilidad de una interpretación sin juicio previo.

Violó, así, la Sala, con su decisión, los principios más elementales del debido proceso que garantiza el artículo 49 de la Constitución.

III. LA INCONSTITUCIONAL "REFORMA" DE LA LEY DE PARTIDOS POLÍTICOS, REUNIONES Y MANIFESTACIONES PÚBLICAS MEDIANTE UNA ILEGITIMA "INTERPRETACIÓN" O "MUTACIÓN" POR PARTE DE LA SALA CONSTITUCIONAL

Para supuestamente "determinar el alcance y el contenido del artículo 68 de la Constitución" que en realidad resultó ser una mutación, no del texto constitucional, sino del artículo 44 y siguientes de la Ley de Partidos Políticos, Reuniones Públicas y Manifestaciones en cuanto a "la actuación de los Alcaldes como primeras autoridades político territoriales frente al requerimiento de manifestaciones públicas dentro de sus referidos Municipios"; la Sala, en su sentencia, citó su anterior decisión Nº 1309 del 19 de julio de 2001 (caso: *Hermann Escarrá*), en la cual había "explicado" el sentido de la interpretación constitucional, e interpretado "la noción y alcance de su propia potestad interpretativa," indicando, en definitiva, que el artículo 68 constitucional establecía el derecho a la manifestación pacífica, como uno de los derechos políticos de los ciudadanos, afirmando sin embargo, que "no es un derecho absoluto," sino que "admite válidamente restricciones para su ejercicio... al limitar su ejercicio a las previsiones que establezca la Ley," lo que no es novedad alguna ya que es como reza el texto mismo del artículo 68. Es precisamente por ello que la Ley de Partidos Políticos, Reuniones Públicas y Manifestaciones prevé "una serie de disposiciones de cumplimiento obligatorio no sólo para los partidos políticos, sino también para todos los ciudadanos, cuando estos decidan efectuar reuniones públicas o manifestaciones." Realmente nada nuevo, se insiste, "descubrió" la Sala, pues la posibilidad de establecer restricciones al derecho a manifestar mediante las leyes es texto expreso en el artículo 68 de la Constitución.

Es decir, en cuanto al artículo 68 de la Constitución, nada "interpretó" la Sala sobre "su alcance y contenido" que no fuera decir lo que sin duda y sin ambigüedad alguna la propia norma dice en forma expresa, es decir, que el derecho a manifestar está sometido a los requisitos que establezca la ley. Dicha norma, por tanto, en términos de la propia sentencia no requería interpretación alguna.

Y en cuanto al verdadero objeto de la sentencia, que era "interpretar" la Ley de Partidos Políticos, Reuniones Públicas y Manifestaciones para "reformarla" o "mutarla," la Sala confesó que se limitaba "a efectuar dos precisiones" para lo cual, se insiste, carecía de competencia:

> "1.- *La verificación del contenido* de los artículos 41, 43, 44, 46 y 50 de la Ley de Partidos Políticos, Reuniones Públicas y Manifestaciones, publicada en la Gaceta Oficial N° 6.013 Extraordinario del 23 de diciembre de 2010 a la luz de lo dispuesto en el artículo 68 de la Constitución de la República Bolivariana de Venezuela, y de los planteamientos del solicitante de autos." [...]
>
> "2.- *Aclarar las dudas* que tiene el accionante sobre el procedimiento pautado en la Ley de Partidos Políticos, Reuniones Públicas y Manifestaciones, publicada en la Gaceta Oficial de la República Bolivariana de Venezuela N° 6.013 Extraordinario del 23 de diciembre de 2010."

1. *La supuesta verificación del contenido de normas legales*

En cuanto a la "verificación del contenido" de los artículos 41, 43, 44, 46 y 50 de la Ley de Partidos Políticos, Reuniones Públicas y Manifestaciones, la Sala "descubrió" que efectivamente con dichas normas el legislador había dado cumplimiento al artículo 68 de la Constitución, regulando el "ejercicio del derecho a la protesta pacífica de una manera pormenorizada," previendo "las pautas adecuadas para el ejercicio cabal y efectivo del derecho a la manifestación pacífica sin que ello implique en modo alguno una limitación total y absoluta de su ejercicio." La Sala expresó esto solo para realizaren forma ilegítima e inconstitucional una "reforma" de la Ley, al "verificar" de manera completamente errada la supuesta previsión de: "el lapso del cual disponen los organizadores *para solicitar autorización para realizar la reunión pública o manifestación (veinticuatro horas de anticipación a la actividad).*" Con esta sola "verificación" inicial, la Sala Constitucional trastocó la normativa legal, y "convirtió" una "participación" que debe ser hecha a la autoridad civil por los organizadores de una manifestación, que es lo previsto en el artículo 43 de la Ley, en supuesta solicitud de "autorización" por parte de los mismos ante dicha autoridad, que no está regulada en el artículo 43 de la Ley, cambiando de raíz el régimen legal para el ejercicio del derecho político a manifestar.

En su ilegítima "verificación" del contenido de las normas legales citadas, la Sala Constitucional, por supuesto, se cuidó de no "verificar" que al contrario del artículo 43 de la Ley que solo prevé un "participación," en el artículo 46 de la misma Ley sí se establece un régimen de "autorización" de manifestaciones cuando se prevea realizarlas en sitios prohibidos. Es decir, la Sala en su ilegítima "verificación" del contenido de las normas que pretendió "interpretar," no hizo la distinción que sí hizo el legislador entre una "participación" a la autoridad para ejercer un derecho y una "solicitud de autorización" previa para poder ejercer un derecho. La distinción es abismal, pero la Sala se cuidó de no darse cuenta de ella, y convirtió la "participación" en una solicitud de autorización, ignorando el texto expreso de la Ley.

2. *El supuesto esclarecimiento de las "dudas" del Alcalde recurrente*

En segundo lugar, después de supuestamente "verificar" el contenido del artículo 43 de la Ley de Partidos Políticos, Reuniones Públicas y Manifestaciones, trastocando su contenido y reformándolo, la Sala pasó en su sentencia a supuestamente "aclarar las dudas que tiene el accionante sobre el procedimiento pautado" en la Ley, que desde el comienzo calificó erradamente como "procedimiento de autorización," ignorando deliberadamente que era una simple notificación o participación.

A. *Primera duda sobre la "existencia" de una autorización para ejercer el derecho político a manifestar, no prevista en la Ley*

Así, frente a la supuesta primera "duda" del Alcalde recurrente y su abogado, sobre si "para ejercer el derecho a manifestar, en los términos previstos en el artículo 68 de la Constitución de la República Bolivariana de Venezuela, debe el o los manifestantes solicitar autorización," la Sala Constitucional concluyó pura y simplemente, como lo anunció en su "Nota de Prensa" sobre la sentencia, antes indicada, que supuestamente de acuerdo con la Ley:

> "resulta obligatorio para los partidos y/o organizaciones políticas así como para todos los ciudadanos, -cuando estos decidan efectuar reuniones públicas o manifestaciones- *agotar el procedimiento administrativo de autorización ante la primera auto-*

ridad civil de la jurisdicción correspondiente, para de esta manera poder ejercer cabalmente su derecho constitucional a la manifestación pacífica."

Es decir, una técnica de notificación o participación para establecer el lugar o itinerario y hora del ejercicio de un derecho constitucional, lo convirtió la Sala en una técnica autorizatoria para el ejercicio del derecho que no está establecida legalmente

B. *Segunda duda sobre el alcance de la "autorización" para el ejercicio del derecho a manifestar como "limitación" legal al mismo*

En la misma línea de distorsión y reforma de la Ley, frente a la segunda "duda" del Alcalde recurrente y su abogado, sobre si "constituye la *autorización* -de ser necesaria- un requisito legal o limitación legal al derecho a manifestar al que hace referencia tanto el artículo 68 de la Constitución de la República Bolivariana de Venezuela como el artículo 41 de la Ley de Partidos Políticos, Reuniones Públicas y Manifestaciones, respectivamente," la Sala sostuvo que

> "*la autorización* emanada de la primera autoridad civil de la jurisdicción de acuerdo a los términos de la Ley de Partidos Políticos, Reuniones Públicas y Manifestaciones, constituye un requisito de carácter legal, cuyo incumplimiento limita de forma absoluta el derecho a la manifestación pacífica, impidiendo así la realización de cualquier tipo de reunión o manifestación."

Es decir, una simple "notificación" o "participación" previa como requisito para el ejercicio de un derecho constitucional, lo convirtió la Sala en una "limitación absoluta" al derecho mismo a la manifestación pacífica, "regulando" *contra legem* que el mismo simplemente no puede ejercerse sin dicha autorización, "impidiendo así la realización de cualquier tipo de reunión o manifestación" sin la obtención de la misma.

De allí, la conclusión a la cual llegó la Sala, de que "*cualquier concentración*, manifestación o *reunión* pública que no cuente con el *aval previo de la autorización por parte de la respectiva autoridad competente* para ello, podrá dar lugar a que los cuerpos policiales y de seguridad en el control del orden público a los fines de asegurar el derecho al libre tránsito y otros derechos constitucionales (como por ejemplo, el derecho al acceso a un instituto de salud, derecho a la vida e integridad física), actúen dispersando dichas concentraciones con el uso de los mecanismos más adecuados para ello, en el marco de los dispuesto en la Constitución y el orden jurídico."

Con ello, el Juez Constitucional le dio carta blanca a la represión de las manifestaciones, violando no sólo el contenido del artículo 68 de la Constitución,[8] sino además, el derecho constitucional de reunión, ya que en su sentencia no sólo se refirió a manifestaciones, sino a "cualquier concentración" o "reunión," por lo cual la Sala con su sentencia también violó el artículo 53 de la Constitución Nacional, que garantiza el derecho de "toda persona [...] de *reunirse, pública* o privadamente, *sin permiso previo*, con fines lícitos y sin armas. Las reuniones en lugares públicos se regirán por la ley".

C. *Tercera duda sobre los poderes del Alcalde para aprobar, modificar o negar la "autorización" para el ejercicio del derecho político a manifestar*

En cuanto a la tercera "duda" del Alcalde recurrente, sobre si "el órgano administrativo que actúe en el marco de la Ley de Partidos Políticos, Reuniones Públicas y Manifestaciones, específicamente con base en los artículos 43, 44, 46 y 50 de esa ley, puede denegar, modificar o aprobar esa autorización mediante acto administrativo expreso," la Sala, siguiendo el "nuevo régimen legal" que estableció en su sentencia, concluyó que "la primera autoridad civil de la jurisdicción -donde se desee realizar la concentración, manifestación o reunión pública- no se encuentra limitada a los términos en que se efectúe la solicitud, pudiendo no sólo negar la autorización, sino

---

8 Como lo destacó el Programa Venezolano de Educación Acción en Derechos Humanos (Provea): "con esta decisión, el máximo Tribunal del país avala la represión por parte de los cuerpos armados del Estado contra los ciudadano." Véase Nota de Prensa, "La Sala Constitucional del Tribunal Supremo de Justicia suprimió, mediante una sentencia publicada ayer, las garantías para el ejercicio del derecho a la manifestación pacífica, tal como lo consagra la Constitución Nacional y la Ley de Partidos Políticos, Reuniones Públicas y Manifestaciones," en *el nacional web* 25 de abril 2014.

también modificarla en caso de acordarla o autorizarla en cuanto a la indicación del lugar y el itinerario escogido (el día y hora)."

La Sala, sin embargo, recordó que en su arbitraria "nueva regulación" no podía soslayar la obligación de la autoridad administrativa de motivar sus actos administrativos conforme a lo que dispone la ley Orgánica de Procedimientos Administrativos, por lo que al menos dispuso que el pronunciamiento que en relación con la "solicitud de autorización" haga la autoridad civil, éste "deberá ser emitido mediante acto administrativo expreso, en el cual se haga alusión a las razones o fundamentos de su decisión."

D. *Cuarta duda sobre los poderes del Alcalde en relación con el contenido de sus decisiones en materia de "autorización" de manifestaciones*

En cuanto a la cuarta "duda" del Alcalde recurrente sobre si la autorización en materia de manifestaciones públicas "tiene como finalidad autorizar o no la manifestación pública o versa solamente acerca de la posibilidad que tiene la autoridad de señalar el sitio donde deba realizarse la reunión o manifestación pública," de nuevo, violentando lo dispuesto en el artículo 44 de la Ley de Partidos Políticos, Reuniones Públicas y Manifestaciones, la Sala Constitucional le precisó al Alcalde recurrente que la supuesta "autorización "prevista en la Ley" – que como resulta de la norma no está prevista -, comprendería "dos aspectos importantes" que son: primero, el "relacionado con la habilitación propiamente dicha para permitir la concentración, reunión pública o manifestación y el segundo, vinculado con las condiciones de modo, tiempo y lugar en que se podrá llevar a cabo dicha actividad."

Con ello, la Sala, usurpando de nuevo la función legislativa, reguló en contra de lo dispuesto en el texto del artículo 43 de la Ley, amplios poderes de limitación del derecho constitucional por parte de la autoridad municipal no previstos en ley alguna.

E. *Quinta duda sobre los poderes de orden público de la policía municipal para reprimir las manifestaciones públicas*

En cuanto a la quinta "duda" del Alcalde recurrente sobre las "facultades que en materia de orden público posee el órgano competente si fuesen desobedecidas las limitaciones o condiciones al derecho de manifestar," la Sala Constitucional se refirió a la previsión constitucional que atribuye a los Municipios competencia en materia de policía (art. 178.7), y a las previsiones de la Ley Orgánica del Servicio de Policía y del Cuerpo de Policía Nacional Bolivariana de 2009 (artículos 34.4, 44 y 46), sobre los servicios de policía municipal para el mantenimiento del orden público en materias propias del municipio y de protección vecinal; imponiéndole de paso, a las policías municipales," la "obligación de coadyuvar con el resto de los cuerpos de seguridad (policías estadales, Policía Nacional Bolivariana y Guardia Nacional Bolivariana) en el control del orden público que resulte alterado con ocasión del ejercicio ilegal del derecho a la manifestación."

La Sala en esta forma, como lo destacó la Mesa de la Unidad Democrática, "alude con amplitud y generosidad o laxitud a los poderes policiales destinados a disolver reuniones o concentraciones en espacios públicos, mientras que omite la referencia a los principios constitucionales e internacionales que limitan el control policial de cualquier manifestación pacífica, autorizada o no,"[9] procediendo además, a igualar la acción de las policías municipales a las policías nacional y estadal, e incluso, a las fuerzas militares, para la utilización de medios represivos que no les está permitido utilizar. Lo que la Sala ha pretendido es "legalizar" un Estado represivo que es contrario a la Constitución, que fue el que se quiso incorporar en la reforma constitucional de 2007, que fue rechazada por el pueblo.[10]

F. *Sexta duda sobre los poderes sancionatorios en materia de desobediencia a las limitaciones impuestas al derecho a manifestar*

En cuanto a la sexta "duda" del Alcalde recurrente sobre las "facultades sancionatorias que posee el órgano competente si fuesen

---

9 Véase "Comunicado de la Mesa de la Unidad Democrática sobre inconstitucional y antidemocrático fallo del TSJ," Caracas, 24 de abril de 2014

10 Véase Allan R. Brewer-Carías, *Hacia la consolidación de un Estado Socialista, Centralizado, Policial y Militarista. Comentarios sobre el sentido y alcance de las propuestas de reforma constitucional 2007,* Colección Textos Legislativos, N° 42, Editorial Jurídica Venezolana, Caracas 2007

desobedecidas las limitaciones o condiciones al derecho a manifestar," la Sala Constitucional le indicó que:

> "ante la desobediencia de la decisión tomada por la primera autoridad civil de la jurisdicción, bien por el hecho de haberse efectuado la manifestación o reunión pública a pesar de haber sido negada expresamente o por haber modificado las condiciones de tiempo, modo y lugar que fueron autorizadas previamente, la referida autoridad deberá remitir al Ministerio Público, a la mayor brevedad posible toda la información atinente a las personas que presentaron la solicitud de manifestación pacífica, ello a los fines de que determine su responsabilidad penal por la comisión del delito de desobediencia a la autoridad previsto en el artículo 483 del Código Penal, además de la responsabilidad penal y jurídica que pudiera tener por las conductas al margen del Derecho, desplegadas durante o con relación a esas manifestaciones o reuniones públicas."

Con ello, lo que logró la Sala Constitucional fue, ni más ni menos, que "regularizar" la criminalización de la protesta,[11] para justificar la represión, haciendo de los Acaldes cómplices obligatorios de tácticas persecutorias; y siempre con la "espada de Damocles" establecida por la propia Sala en las decisiones de marzo de 2014, de los casos de revocación del mandato de los Alcaldes de San Diego y San Cristóbal por supuesto desacato, de que ante cualquier acción de amparo que se intente contra ellos porque no persiguen y denuncian penalmente, suficientemente, a los manifestantes "desobedientes," entonces ellos mismos pueden ser encarcelados y des-

11 Al contrario, como con razón ha señalado Provea que "Los derechos consagrados en nuestra Carta Magna no pueden ser convertidos en delitos por la acción arbitraria de las instituciones del Estado, la protesta es un mecanismo legítimo que tienen los ciudadanos en las sociedades democráticas para reclamar y conquistar derechos o para defenderse frente a los posibles abusos de poder." Véase Nota de Prensa, "La Sala Constitucional del Tribunal Supremo de Justicia suprimió, mediante una sentencia publicada ayer, las garantías para el ejercicio del derecho a la manifestación pacífica, tal como lo consagra la Constitución Nacional y la Ley de Partidos Políticos, Reuniones Públicas y Manifestaciones," en el nacional web 25 de abril 2014-

pojados de su investidura popular en un juicio sumario por la propia Sala Constitucional.

IV. LA VIOLACIÓN DEL PRINCIPIO DE LA PROGRESIVIDAD EN MATERIA DE DERECHOS HUMANOS

Como puede derivarse de lo anteriormente señalado, y de cómo la Sala Constitucional, al resolver el "recurso de interpretación" intentado (sin decir si era de la Constitución o de la Ley), y que buscaba una "reforma" o "mutación" legal "a la carta"; en una forma evidentemente regresiva y limitante, al supuestamente precisar "el contenido y alcance del artículo 68 de la Constitución [...], así como las dudas generadas con ocasión de la aplicación de los artículos 41, 43, 44, 46 y 50 de la Ley de Partidos Políticos, Reuniones Públicas y Manifestaciones," en realidad, además de usurpar las funciones del Legislador, asumiendo ilegítimamente una función de "legislador positivo" que no tiene, lo que hizo fue violar el artículo 19 de la Constitución.

Esta norma, en efecto, como la misma Sala Constitucional lo declaró en otros tiempos: "reconoce de manera expresa el *principio de progresividad* en la protección de los derechos humanos," conforme al cual no solo "el Estado se encuentra en el deber de garantizar a toda persona natural o jurídica, sin discriminación de ninguna especie, el goce y ejercicio irrenunciable, indivisible e interdependiente de tales derechos," sino que "tal progresividad se materializa en el *desenvolvimiento sostenido, con fuerza extensiva, del espectro de los derechos fundamentales en tres dimensiones básicas, a saber, en el incremento de su número, en el desarrollo de su contenido, y en el fortalecimiento de los mecanismos institucionales para su protección*. En este ámbito cobra relevancia la necesidad de que la creación, interpretación y aplicación de las diversas normas que componen el ordenamiento jurídico, se realice *respetando el contenido de los derechos* fundamentales."[12]

Por ello, en otra sentencia (sentencia N° 1.654/2005, del 13 de julio de 2005), la misma Sala Constitucional expresó que "la pro-

12 Véase sentencia N° 1114 de 25-5-2006, Caso: *Lisandro Heriberto Fandiña Campos*, en *Revista de Derecho Público* N° 106, Caracas 2006, pp. 138 ss.

gresividad de los derechos humanos *se refiere a la tendencia general de mejorar cada vez más la protección y el tratamiento de estos derechos;"* lo que luego volvió a ratificar en sentencia No. 74 de 25 de enero de 2006, al recordar que: "mal podría esta Sala, cúpula de la jurisdicción constitucional, olvidar que, de conformidad con el principio de progresividad de los derechos fundamentales que recoge el artículo 19 de la Constitución, *el Constituyente lo que puede es mejorar y ampliar la protección y el tratamiento de estos derechos, no así lograr su mutación en detrimento de su contenido y atributos.*"[13]

Con mayor razón, ese es también el principio que ha de regir respecto de las sentencias de la Sala Constitucional, como máxima intérprete de la Constitución, en el sentido de que mediante las mismas no pueden mutar las disposiciones legales en detrimento del contenido y atributos de los derechos, como ocurrió con el derecho a manifestar.[14] Al contrario, en este caso, como lo resumió José Ignacio Hernández, "la Sala Constitucional creó una prohibición que impide el derecho a manifestar sin autorización. Además, advirtió que obviar esa autorización implica un delito penal. Es decir, los ciudadanos pueden ir presos por manifestar sin autorización de los Alcaldes."[15]

---

13 Véase sentencia N° 74 de 25-1-2006, Caso: *Acción Democrática vs. Consejo Nacional Electoral y demás autoridades electorales*, en *Revista de Derecho Público,* N° 105, Caracas 2006, pp. 124 ss.

14 Cuán diferente fue, por ejemplo, la posición del Tribunal Constitucional Español, cuando en sentencia STC 36/1982, al interpretar la Ley 17/1976 sobre reuniones en lugares de tránsito público, que establecía el requisito de autorización, a la luz del artículo 21 de la Constitución de 1978 que nada disponía en tal sentido, interpretó conforme al principio de la progresividad, que de lo que se trataba era sólo de una "comunicación". Véase las referencias en José Luis López González, "El derecho de reunión y manifestación en a jurisprudencia del Tribunal Constitucional," en *Revista de Estudios Políticos* (Nueva Etapa), N° 96, Madrid 1997, pp. 179 ss.

15 Véase José Ignacio Hernández, "Sobre la decisión del TSJ y el derecho a la protesta," en *Prodavinci,* abril 2014, en http://prodavinci.com/blogs/sobre-la-decision-de-la-sala-constitucional-y-el-derecho-a-la-protesta-por-jose-ignacio-hernandez/ En el mismo sentido, el Colegio de Abogados del Distrito Federal expresó que con "esta decisión, la Sala Constitucional creó, fabricó en

Este inconstitucional proceder de la Sala Constitucional, al secuestrar dicho derecho constitucional, imponiendo requisitos y limitaciones para su ejercicio que no están previstos en la ley, vicia de ilegitimidad dicha sentencia Nº 257 de 25 de abril de 2014, y como cualquier otro acto legítimo de cualquier órgano del Estado, los ciudadanos tienen el derecho a desconocerlo en los términos del artículo 350 de la Constitución,[16] sobre todo porque la Sala, en su actuación, no tiene quien la controle. Es por ello que solo el pueblo puede hacerlo.

Paris / Roma, 25-27 de abril de 2014

---

forma inconstitucional e ilegal una prohibición que impide ejercer el derecho a la manifestación sin autorización. Además, advirtió que obviar esa autorización implica un delito penal, lo cual a su vez es inconstitucional, por cuanto viola la reserva legal para los delitos al crear un delito que no existe en la legislación venezolana vigente. Es decir: los ciudadanos pueden ir presos por manifestar sin autorización de la Primera Autoridad Civil del Municipio." Concluye el Colegio observando que: "En consecuencia, estamos en presencia de una sentencia radicalmente nula por mandato de los artículos 25 y 350 constitucionales, ya que entre otros graves vicios: a) conculca de hecho el derecho a la protesta cívica pacífica, b) suspende garantías constitucionales ad infinitum y viola convenios internacionales vinculantes c) crea un delito penal que no existe, d) somete a la libre voluntad del funcionario competente no solo el ejercicio del derecho a la protesta, sino también el lugar y tiempo para su realización, además, e) ordena a las policías municipales a violar la propia Constitución al imponerles el deber de disolver manifestaciones sin poder legalmente tener los equipos necesarios para ellos." Véase "Pronunciamiento del Ilustre Colegio de Abogados de Caracas sobre la sentencia de la Sala Constitucional del Tribunal Supremo de Justicia que interpreta el derecho a manifestar", Caracas 26 de abril de 2014.

16 Es en definitiva lo planteado por Cipriano Heredia, Diputado al Consejo Legislativo del Estado Miranda: "A los venezolanos lo único que nos queda es aplicar por la vía de los hechos la Constitución y continuar manifestando con la simple notificación que es lo que exige la Ley, amparados en el artículo 68 de nuestra Carta magna", en "Heredia: Sentencia del TSJ apuntala talante dictatorial del Gobierno," en *El Universal*, Caracas 28 de abril de 2014.

SÉPTIMA PARTE:

EL FIN DE LA PROHIBICIÓN DE LA MILITANCIA POLÍTICA DE LA FUERZA ARMADA NACIONAL, Y EL RECONOCIMIENTO DEL DERECHO DE LOS MILITARES ACTIVOS DE PARTICIPAR EN LA ACTIVIDAD POLÍTICA, INCLUSO EN CUMPLIMIENTO DE LAS ÓRDENES DE LA SUPERIORIDAD JERÁRQUICA

Apenas se publicó la Constitución de 1999 y sobre la base de mi participación como Constituyente en los trabajos de la Asamblea Nacional Constituyente, en un trabajo denominado "Reflexiones Críticas sobre la Constitución venezolana de 1999" que se publicó en 2000 con ocasión de diversas presentaciones que hice sobre el nuevo texto constitucional,[1] advertí sobre el "acentuado esquema militarista" que se había incorporado en la Constitución, y cómo, al agregarse dicho esquema, "al presidencialismo [extremo] como forma de gobierno, y a la concentración del Poder en la Asamblea

---

1 Véase Allan R. Brewer-Carías, "Reflexiones críticas sobre la Constitución de Venezuela de 1999", en Diego Valadés, Miguel Carbonell (Coordinadores), *Constitucionalismo Iberoamericano del Siglo XXI*, Cámara de Diputados. LVII Legislatura, Universidad Nacional Autónoma de México, México 2000, pp. 171-193; en *Revista de Derecho Público*, N° 81, Editorial Jurídica Venezolana, Caracas, enero-marzo 2000, pp. 7-21; en *Revista Facultad de Derecho, Derechos y Valores*, Volumen III N° 5, Universidad Militar Nueva Granada, Santafé de Bogotá, D.C., Colombia, Julio 2000, pp. 9-26; y en el libro *La Constitución de 1999*, Biblioteca de la Academia de Ciencias Políticas y Sociales, Serie Eventos 14, Caracas 2000, pp. 63-88.

Nacional," resultaba una "combinación que podía "conducir fácilmente al autoritarismo"[2] como lamentable, pero efectivamente ocurrió.

En particular, sobre el régimen militar en la Constitución, ya en 2000 destacábamos que:

> "en el texto constitucional quedó eliminada toda idea de sujeción o subordinación de la autoridad militar a la autoridad civil, consagrándose, al contrario, una gran autonomía de la autoridad militar y de la Fuerza Armada Nacional, unificadas las cuatro fuerzas, con la posibilidad de intervenir en funciones civiles.
>
> Ello se evidencia de las siguientes regulaciones: primero, de la eliminación de la tradicional prohibición de que la autoridad militar y la civil no pueden ejercerse simultáneamente, que establecía el artículo 131 de la Constitución de 1961; segundo, de la eliminación del control, por parte de la Asamblea Nacional, respecto de los ascensos de los militares de alta graduación, que en el constitucionalismo histórico siempre se había previsto, disponiéndose en el texto constitucional, al contrario, que ello es competencia exclusiva de la Fuerza Armada (art. 331); tercero, de la eliminación del carácter no deliberante y apolítica de la institución militar, como lo establecía el artículo 132 de la Constitución de 1961, lo que abre la vía para que la Fuerza Armada, como institución militar, comience a deliberar políticamente y a intervenir y dar su parecer sobre los asuntos de los que estén resolviendo los órganos del Estado; cuarto, de la eli-

---

2 Ya en nuestro pronunciamiento sobre las "Razones del voto "NO" en el referéndum sobre la Constitución," que publicamos el 30 de noviembre de 1999, expresamos: "en cuanto a la *Constitución política* en el Proyecto de Constitución, cuando se analiza globalmente, particularmente en los elementos antes mencionados, pone en evidencia un esquema institucional para el autoritarismo, que deriva de la combinación del centralismo de Estado, del presidencialismo exacerbado, de la partidocracia y del militarismo que constituyen los elementos centrales diseñados para la organización del Poder del Estado." Véase en Allan R. Brewer-Carías, *Debate Constituyente (Aportes a la Asamblea Nacional Constituyente), Tomo III (18 octubre-30 noviembre 1999)*, Fundación de Derecho Público-Editorial Jurídica Venezolana, Caracas 1999, p. 325.

minación de la obligación de la Fuerza Armada de velar por la estabilidad de las instituciones democráticas que preveía el artículo 132 de la Constitución de 1961; quinto, lo que es más grave aún, de la eliminación de la obligación de la Fuerza Armada de respetar la Constitución y las leyes "cuyo acatamiento estará siempre por encima de cualquier otra obligación", como lo decía el artículo 132 de la Constitución de 1961; sexto, de la atribución a los militares, en forma expresa, del derecho al sufragio (art. 330), lo cual podría ser incompatible, políticamente, con el principio de obediencia; séptimo, del establecimiento del privilegio procesal, tradicionalmente reservado a los altos funcionarios del Estado, a los altos oficiales de la Fuerza Armada de que para ser enjuiciados se requiera una decisión del Tribunal Supremo sobre si hay o no méritos para ello (art. 266,3); octavo, del sometimiento a la autoridad de la Fuerza Armada de todo lo concerniente con el uso de armas y no sólo las de guerra, lo que se le quita a la Administración civil del Estado (art. 324); noveno, de la atribución, en general, a la Fuerza Armada de competencias en materia de policía administrativa (art. 329); y décimo, de la adopción en el texto constitucional del concepto ya histórico de la doctrina de la seguridad nacional, por ser esta de carácter globalizante, totalizante y omnicomprensiva, conforme a la cual todo lo que acaece en el Estado y la Nación, concierne a la seguridad del Estado, incluso el desarrollo económico y social (art. 326)."

Esta situación – concluía - da origen a un esquema militarista que constitucionalmente es una novedad, pero que puede conducir a un apoderamiento de la Administración civil del Estado por la Fuerza Armada, a la cual, incluso se le atribuye en la Constitución "la participación activa en el desarrollo nacional" (art. 328).

Todo lo anterior, muestra un cuadro de militarismo realmente único en nuestra historia constitucional que ni siquiera se encuentra en las Constituciones de los regímenes militares."[3]

3 *Idem.*, pp. 327-329

A pesar de ese cuadro de acentuado militarismo, sin embargo, en el texto constitucional se logró preservar en forma expresa, sobre la relación entre la Fuerza Armada nacional y sus integrantes y la actividad política, lo siguiente: primero, que "la Fuerza Armada Nacional constituye una institución esencialmente profesional, sin militancia política, organizada por el Estado para garantizar la independencia y soberanía de la Nación y asegurar la integridad del espacio geográfico" (Artículo 328.); segundo, que "en el cumplimiento de sus funciones, está al servicio exclusivo de la Nación y en ningún caso al de persona o parcialidad política alguna" (Artículo 328.); tercero, que a los integrantes de la Fuerza Armada Nacional no "les esté permitido optar a cargo de elección popular (Artículo 330); y cuarto, que a los integrantes de la Fuerza Armada Nacional, tampoco les está permitido "participar en actos de propaganda, militancia o proselitismo político" (Artículo 330).

Estos postulados esenciales, por supuesto, sólo podrían cambiarse mediante una reforma del texto constitucional, como se pretendió hacer con la rechazada reforma constitucional de 2007, cuando por ejemplo, respecto de la norma del artículo 328, en primer lugar, se buscaba eliminar la previsión constitucional de que la Fuerza Armada es "institución esencialmente profesional, sin militancia política", y en su lugar se proponía establecer que constituye "un cuerpo esencialmente patriótico popular y antiimperialista". Con ello, hubiera desaparecido la institución militar como institución profesional, y desaparecido la prohibición de que la misma no tenga militancia política, definiéndosela como "patriótico popular y antiimperialista," lo que buscaba abrir como lo expresamos en 2007, "el camino constitucional para la integración de la Fuerza Armada Bolivariana en el partido político de su Comandante en Jefe, quien ejerce la Suprema Autoridad Jerárquica en todos sus Cuerpos, Componentes y Unidades, como se propuso en la reforma del artículo 236,6 de la Constitución." [4]

4 Véase Allan R. Brewer-Carías, *Hacia la Consolidación de un Estado Socialista, Centralizado, Policial y Militarista. Comentarios sobre el sentido y alcance de las propuestas de reforma constitucional 2007,* Colección Textos Legislativos, Nº 42, Editorial Jurídica Venezolana, Caracas 2007, p. 94; y en *La reforma constitucional de 2007 (Comentarios al Proyecto inconstitucionalmente sancionado por la Asamblea*

Sin embargo, como ya ha ocurrido con tantos otros aspectos de la fallida rechazada reforma de 2007, ha sido la Sala Constitucional del Tribunal Supremo de Justicia, como ha sucedido en otras ocasiones, el órgano del Estado encargado de implementar dicha reforma, en fraude a la Constitución y además, en fraude a la voluntad popular que la rechazó el 7 de diciembre de 2007, lo que se ha materializado mediante sentencia N° 651 de 11 de junio de 2014 (Caso *Rafael Huizi Clavier y otros*).[5] Esta sentencia, en efecto, ha producido una nueva e ilegítima mutación constitucional,[6] impuesta impunemente a través de un *obiter dictum* pronunciado con ocasión de negar la homologación de un desistimiento y de declarar la improcedencia *in limene lítis* de una acción de amparo que habían intentado en 28 de marzo de 2014 un grupo de militares retirados, alegando la violación por parte de la Ministro de Defensa, de los derechos de los militares en servicio activo de "mantenerse al margen de participar en actos de propaganda, militancia o proselitismo político," garantizados entre otros en los artículos citados 328 y 330 de la Constitución, al haber sido obligados a:

> "participar uniformados en marchas partidistas (15 de marzo de 2014), confeccionar pancartas con mensajes políticos y ordenarles mediante comunicación escrita hacerse acompañar con sus familiares a tales actos; a proferir como mensajes institucionales, expresiones tales como *"patria, socialismo o muerte"*, *"Chávez vive"*, *"la lucha sigue"*, *"hasta la victoria siempre"*, y *"plagar"* las instalaciones operacionales, administrativas y

---

Nacional el 2 de noviembre de 2007), Colección Textos Legislativos, N° 43, Editorial Jurídica Venezolana, Caracas 2007, p. 150.

5 Véase en http://www.tsj.gov.ve/decisiones/scon/junio/165491-651-11614-2014-14-0313.HTML

6 Una mutación constitucional ocurre cuando se modifica el contenido de una norma constitucional de tal forma que aún cuando la misma conserva su contenido, recibe una significación diferente. Véase Salvador O. Nava Gomar, "Interpretación, mutación y reforma de la Constitución. Tres extractos" en Eduardo Ferrer Mac-Gregor (coordinador), Interpretación Constitucional, Tomo II, Ed. Porrúa, Universidad Nacional Autónoma de México, México 2005, pp. 804 ss. Véase en general sobre el tema, Konrad Hesse, "Límites a la mutación constitucional", en *Escritos de derecho constitucional*, Centro de Estudios Constitucionales, Madrid 1992.

> sociales militares, con innumerables expresiones escritas y gráficas de proselitismo del partido político *"PSUV"* y de quien fuera Presidente de la República y presidente fundador del mencionado partido político; así como, de igual forma, que ordenen a los subalternos izar en cuarteles y dependencias militares la bandera de la República de Cuba y difundir, publicar y exhibir en cuarteles y otras instalaciones fotografías del *"dictador cubano Fidel Castro y del reconocido asesino internacional el 'che' Guevara, lo que configura una burla al honor del militar venezolano y la una* (sic) *violación a la nacionalidad, que podría calificarse como traición a la patria"*.

Frente a estos alegatos, la Sala Constitucional comenzó por recordar que "en todos los ejércitos del mundo existe el saludo militar, cuya manifestación responde a la idiosincrasia o cultura del país o al momento histórico, social y político por las que hayan atravesado," lo que inevitablemente me hizo recordar el saludo de los ejércitos nazis al Fuhrer, propio de la "idiosincrasia" o "cultura" de Alemania en el "momento histórico, social y político por la que estaba atravesando" a partir de la caída de la República de Weimar en 1933, hasta la conclusión de la segunda guerra mundial, que fue el más negro de su historia.

Pasó luego a agregar la Sala que el saludo militar además, "indica una muestra simbólica, profesional e institucional, de respeto, disciplina, obediencia y subordinación ante la superioridad jerárquica y a la comandancia en jefe a la cual responde," lo que está bien si el comandante en jefe fuera sólo el Jefe del Estado, y el respeto, disciplina, obediencia y subordinación se refirieran a la Nación venezolana; pero no es admisible cuando el jefe de Estado, al ser jefe de un partido político, es decir, de una parcialidad política, el saludo militar, como "muestra simbólica, profesional e institucional, de respeto, disciplina, obediencia y subordinación" se hace ante la "superioridad jerárquica" de dicho partido político.

Hacer este tipo de manifestaciones, como las denunciadas, no puede considerarse en forma alguna, como lo hizo la Sala Constitucional, pues nada tiene que ver con ello, la representación de:

> "una expresión, gestual u oral, del sentimiento patriótico que involucra, para el caso de la República Bolivariana de Venezue-

la, el cumplimiento del deber fundamental "*de honrar y defender a la patria, sus símbolos y, valores culturales, resguardar y proteger la soberanía, la nacionalidad, la integridad territorial, la autodeterminación y los intereses de la Nación*", tal y como lo consagra el artículo 130 de nuestro Texto Fundamental."

Luego de hacer referencia a normas generales de la Ley Orgánica de la Fuerza Armada Nacional Bolivariana, a las líneas generales definidas por el Ejecutivo Nacional respecto del "Plan de Desarrollo Económico y Social de la Nación (hoy en día reconocido como el Plan de la Patria 2013-2019), y que, además, se encuentra debidamente aprobado por el órgano del Poder Legislativo Nacional para su implementación en toda la República," y al Reglamento Orgánico del Ministerio del Poder Popular para la Defensa, sobre las funciones del Ministro para la Defensa, la Sala destacó que los accionantes no sólo no habían probado – cuando no era necesario por ser público y notorio y además, comunicacional en los términos de la doctrina judicial de la Sala válida para otros casos - que lo denunciado implicara "un fin de propaganda o de proselitismo político," sino que declaró, en contra lo que dispone la Constitución, que supuestamente "la participación de los integrantes de la Fuerza Armada Nacional Bolivariana en actos con fines políticos no constituye un menoscabo a su profesionalidad," y que más bien es "un baluarte de participación democrática y protagónica" derivado del derecho a la participación sin discriminación que tiene todo ciudadano, incluyendo los militares en situación de actividad. Estos, afirmó la Sala, tendrían el derecho, como cualquier ciudadano, "de participar libremente en los asuntos políticos y en la formación, ejecución y control de la gestión pública," al punto de considerar que el "ejercicio de este derecho se erige como un acto progresivo de consolidación de la unión cívico-militar, máxime cuando su participación se encuentra debidamente autorizada por la superioridad orgánica de la institución que de ellos se apresta."

Con las consideraciones que ha formulado la Sala Constitucional en esta sentencia sobre la relación de la actividad militar con la actividad política, los principios esenciales establecidos en la Constitución han sido modificados sin que haya habido una reforma constitucional, en lo que sin duda ha sido una mutación ilegítima más de la misma.

A partir de la sentencia, por tanto, en primer lugar, a pesar de que la Constitución diga que la Fuerza Armada Nacional es una institución "esencialmente sin militancia política" (art. 328), con el reconocimiento generalizado en la sentencia del derecho de los militares activos "de participar libremente en los asuntos políticos y en la formación, ejecución y control de la gestión pública," pero sometidos como están al "respeto, disciplina, obediencia y subordinación" respecto de la "superioridad jerárquica," si esta superioridad es la que preside un partido político, los integrantes de la Fuerza Armada Nacional están sin duda obligados a seguir disciplinadamente lo que la misma ordene desde el punto de vista político, pasando automáticamente a tener la institución, la militancia política del Comandante en Jefe de la misma.

En segundo lugar, y como consecuencia de lo anterior, a pesar de que la Constitución disponga que la Fuerza Armada Nacional "en el cumplimiento de sus funciones, está al servicio exclusivo de la Nación y en ningún caso al de persona o parcialidad política alguna" (Artículo 328.), al reconocer la sentencia y declarar en forma general que los militares activos tienen derecho de "participar libremente en los asuntos políticos y en la formación, ejecución y control de la gestión pública," en la forma "debidamente autorizada por la superioridad orgánica de la institución que de ellos se apresta," lo que ha establecido la Sala Constitucional es que estando los militares activos sometidos a la "superioridad jerárquica," y a los principios de "respeto, disciplina, obediencia y subordinación" respecto de la misma, están en consecuencia obligados a estar al servicio de la parcialidad política que la superioridad les indique, conforme a las instrucciones del Comandante en Jefe de la Fuerza Armada Nacional.

Y en tercer lugar, a pesar de que la Constitución establezca que a los integrantes de la Fuerza Armada Nacional, no les está permitido "participar en actos de propaganda, militancia o proselitismo político" (Artículo 330), al reconocerse en la sentencia el derecho de los integrantes de la Fuerza Armada Nacional "de participar libremente en los asuntos políticos y en la formación, ejecución y control de la gestión pública," sometidos incluso a las instrucciones de la superioridad jerárquica a la cual deben respeto, disciplina obediencia y subordinación, los mismos tienen derecho e incluso la obligación de participar en cuanto acto de propaganda, militancia y proselitismo político decidan o se les ordene o instruya.

De todo lo anterior resulta que a partir de la sentencia, simplemente la Constitución dejó de decir lo que decía, y pasó a decir lo que a la Sala Constitucional se le ocurrió que dice, con lo cual, sin ser reformada y con la misma fraseología, pasó en esta materia a decir otra cosa, es decir, su texto fue mutado. Al hacer esto, la Sala Constitucional usurpó el Poder Constituyente que sólo el pueblo tiene para poder reformar o enmendar la Constitución conforme a los procedimientos previstos en ella, no existiendo mecanismo alguno para controlar lo que hace el guardián de la Constitución.

El resultado, en todo caso, es que por ejemplo, cuando la Constitución prescribe que la Fuerza Armada Nacional no puede tener "militancia política," según lo dispuesto por la Sala Constitucional, lo que dice es que si puede tener dicha militancia, conforme lo ordene la superioridad jerárquica, incuso expresada en el uso de símbolos partidistas; cuando la Constitución prescribe que la Fuerza Armada Nacional no puede estar al servicio de "parcialidad política alguna," según lo dispuesto por la Sala Constitucional, lo que dice es que sí puede o debe tener la parcialidad política del Comandante en Jefe de la misma; y cuando la Constitución dice que los integrantes de la Fuerza Armada Nacional no pueden "participar en actos de propaganda, militancia o proselitismo político," según lo dispuesto por la Sala Constitucional, lo que ello significa es que si pueden "participar libremente en los asuntos políticos y en la formación, ejecución y control de la gestión pública." Tan simple como eso.

En esa forma la Constitución se violó abiertamente, y lo inconstitucional se convirtió en constitucional, mediante una ilegítima mutación constitucional hecha por el juez constitucional, realizada no sólo en fraude a la Constitución, sino en fraude a la voluntad popular expresada en el rechazo de la reforma constitucional de 2007, que tenía la misma finalidad de eliminar la prohibición constitucional de que la Fuerza Armada pudiera tener "militancia política."

Berlín, 27 de junio de 2014

OCTAVA PARTE:

EL FIN DE LA LLAMADA "DEMOCRACIA PARTICIPATIVA Y PROTAGÓNICA." LA VIOLACIÓN DEL DERECHO A LA PARTICIPACIÓN POLÍTICA POR LA SALA CONSTITUCIONAL, AL TRATAR DE JUSTIFICAR, EN FRAUDE A LA CONSTITUCIÓN, LA EMISIÓN DE LEGISLACIÓN INCONSULTA

I

Desde cuando se utilizó por primera vez, en 2000, al inicio del régimen autoritario, la modalidad de legislar masivamente mediante legislación delegada, es decir, a través de decretos leyes dictados por el Presidente de la República en Consejo de Ministros en ejecución de una ley habilitante en los términos del artículo 203 de la Constitución de 1999; varios de los decretos leyes fueron impugnados por razones de inconstitucionalidad, entre otros vicios, por violación del derecho ciudadano a la participación política al haber sido dictados inconsultamente, es decir, sin haber sido sometidos a consulta popular a los ciudadanos y a la sociedad organizada, violándose el texto expreso del artículo 211 de la Constitución en materia de consulta popular de las leyes durante el procedimiento de su formación.[1]

---

1 Véase Allan R. Brewer-Carías, "Apreciación general sobre los vicios de inconstitucionalidad que afectan los Decretos Leyes Habilitados" en *Ley Habilitante del 13-11-2000 y sus Decretos Leyes*, Academia de Ciencias Políticas y Sociales, Serie Eventos Nº 17, Caracas 2002, pp. 63-103, y "El derecho ciudadano a la participación popular y la

En la Constitución de 1999, en efecto, cuyo texto está imbuido por el concepto de democracia "participativa y protagónica," además de establecerse en forma general en los artículos 62 y 70 de la Constitución, el derecho ciudadano a la participación política, éste se estableció en forma específica en dos supuestos que tienen, por tanto, rango constitucional: primero, el derecho constitucional a la participación política para la designación de altos funcionarios del Estado a través de Consejos de Postulaciones integrados por "representantes de los diferentes sectores de la sociedad," en particular para la designación de los magistrados del Tribunal Supremo (art. 270), y en otros Comités similares en el caso de la designación de los jefes de los órganos del Poder Ciudadano y del Poder Electoral (arts. 279 y 295);[2] y el derecho constitucional de los ciudadanos y de la sociedad organizada a participar en el procedimiento de formación de las leyes a través de los mecanismos de consulta popular que se deben efectuar (art. 211).

La legislación básica del país, en los últimos catorce años, sin duda ha sido dictada mediante decretos leyes conforme a sucesivas leyes habilitantes y en ningún caso se ha cumplido con el procedimiento de consulta popular, ni se ha garantizado el derecho de los ciudadanos ni de la sociedad organizada a participar en el proceso de formación de las leyes.

II

Por ello, en todos los casos, durante los tres lustros de vigencia de la Constitución, en distintas oportunidades se impugnaron diversos decretos leyes precisamente por violación del derecho constitucional a la participación política consagrado en el artículo 211 de la Constitución, pero nunca la Sala Constitucional se pronunció sobre

---

inconstitucionalidad generalizada de los decretos leyes 2010-2012, por su carácter inconsulto," en *Revista de Derecho Público,* N° 130, (abril-junio 2012), Editorial Jurídica Venezolana, Caracas 2012, pp. 85-88; Y "Son nulas las 53 leyes dictadas por Chávez," en *Revista Resúmen* (Encarte), Caracas 11 de diciembre de 2001, pp. 8 ss.

2 Véase Allan R. Brewer-Carías, "La participación ciudadana en la designación de los titulares de los órganos no electos de los Poderes Públicos en Venezuela y sus vicisitudes políticas", en *Revista Iberoamericana de Derecho Público y Administrativo*, Año 5, N° 5-2005, San José, Costa Rica 2005, pp. 76-95.

dichas denuncias formuladas en sucesivas acciones populares de inconstitucionalidad. Solo fue mediante sentencia No. 203 de 25 de marzo de 2014 (Caso *Síndica Procuradora Municipal del Municipio Chacao del Estado Miranda, impugnación del Decreto Ley de Ley Orgánica de la Administración Pública de 2008*),[3] cuando por primera vez la Sala Constitucional entró a conocer de la denuncia de inconstitucionalidad formulada, declarándola sin embargo sin lugar, por considerar simplemente que como la legislación no se dictó por la Asamblea Nacional sino por el Poder Ejecutivo, entonces, en fraude a la Constitución, la Sala estimó que las leyes dictadas mediante decretos leyes no exigían la previa consulta popular, evadiendo la obligación del Estado de asegurar la participación popular, y de burlarse del derecho ciudadano a la participación; todo, sin embargo, en una supuesta "democracia participativa y protagónica" que tanto se pregona pero que quedó extinguida con dicha sentencia.

En efecto, al contrario de lo decidido, conforme al espíritu "participativo y protagónico" de la democracia que orientó la letra de la Constitución de 1999 – aun cuando ignorada en la ejecución de la misma -, una de las dos manifestaciones específicas del mismo, inserta en el propio texto constitucional, como se ha dicho, es la imposición a los órganos del Poder Legislativo de la obligación de someter los proyectos de leyes, durante el proceso de su elaboración, a consulta pública. Ello se concretó entre otras, en la norma específica contenida en el artículo 211 de la Constitución, la cual dispone:

> Artículo 211. *La Asamblea Nacional o las Comisiones Permanentes, durante el procedimiento de discusión y aprobación de los proyectos de leyes, consultarán a los otros órganos del Estado, a los ciudadanos y ciudadanas y a la sociedad organizada su opinión sobre los mismos.*

La previsión, que está incluida en la sección relativa al procedimiento de formación de las leyes, cuya elaboración y sanción en una de las "funciones propias" (art. 134 de la Constitución) del

---

3 Véase en http://www.tsj.gov.ve/decisiones/scon/marzo/162349-203-25314-2014-09-0456.HTML La Ley impugnada fue publicada en *Gaceta Oficial* N° 5.890 Extra. de 31 de julio de 2008.

órgano legislativo, es decir, de la Asamblea Nacional en ejercicio del Poder Legislativo. Por ello, evidentemente, en la norma se identifican con precisión a los órganos del Estado que deben primariamente cumplir con dicha obligación que son los que normalmente participan en el procedimiento de formación de las leyes, es decir, la propia Asamblea Nacional o las Comisiones Permanentes de las mismas. Y no podría ser de otro modo, pues dichos órganos son los que normalmente legislan.

III

Lo importante de la norma del artículo 211 de la Constitución, en realidad, no es su aspecto formal de regulación de un "procedimiento legislativo" específico y, en el mismo, la identificación de cuál órgano del Estado es el que debe cumplir específicamente con la obligación de consultar al pueblo la legislación que se proyecta; sino su aspecto sustantivo, en cuanto a la regulación en el propio texto constitucional, de un derecho constitucional de los ciudadanos y de la sociedad organizada a ser consultados en el proceso de formación de las leyes que se proyecta que han de regirlos, que es un derecho correlativo a una obligación impuesta a los órganos que ejercen la función normativa de rango legal de consultar al pueblo sobre los proyectos de leyes antes de su sanción.

Bajo este ángulo sustantivo del derecho y de la obligación establecidos en el artículo 211, lo importante por tanto, no es cuál órgano específico del Estado sanciona la ley, y a través de cuál procedimiento, sino el derecho constitucional a la participación ciudadana que establece la norma y la obligación de los órganos del Estado de asegurar dicha participación, en este caso, mediante consulta pública de los proyectos de leyes.

La ley, como se ha dicho, puede sancionarse por la Asamblea Nacional en ejercicio del Poder Legislativo, cumpliendo la función normativa como "función propia" de la misma; o por el Presidente de la República en ejercicio del Poder Ejecutivo, cumpliendo la función normativa en virtud de delegación legislativa; En ambos casos, la obligación constitucional establecida en el artículo 211 de la .Constitución, al margen de las normas generales que garantizan el derecho a la participación ciudadana (art. 62 y 70), originan un correlativo derecho constitucional específico de los ciudadanos y de la sociedad organizada a ser consultada no sólo sobre las políticas públicas, sino especialmente sobre los proyectos de leyes con las cuales van a regularlos, antes de que se sancionen, independientemente de que tengan la "forma" de ley o de decreto ley. Lo contrario significaría sostener que el derecho ciudadano a la participación política consagrado constitucionalmente, sólo estaría garantizado en el caso de leyes dictadas por la Asamblea Nacional pero no de leyes dictadas por el Poder Ejecutivo a través de decretos leyes, lo que por supuesto no tendría sentido alguno.

Al contrario, el sentido del derecho constitucional consagrado en el artículo 211 de la Constitución implica que cuando la Asamblea Nacional, en ejercicio del Poder Legislativo y de la función normativa, sanciona una ley, o cuando el Presidente de la República en ejercicio del Poder Ejecutivo y de la función normativa derivada de una delegación legislativa, dicta decretos leyes, en todo caso, se debe siempre consultar a los ciudadanos antes de la sanción definitiva del texto legal, de manera que si esta se produce sin someter el proyecto de ley previamente a consulta pública, en particular, a los ciudadanos y a la sociedad organizada, se viola el derecho a la participación establecido en el artículo 211 de la Constitución y además, por derivación, se violan las previsiones generales que establecen el derecho político a la participación que están en los artículos 62 y 70 de la Constitución.

IV

Sin embargo, la Sala Constitucional del Tribunal Supremo, en la mencionada sentencia No. 203 de 25 de marzo de 2014, al declarar sin lugar la acción de inconstitucionalidad intentada por la Síndica Procuradora Municipal del Municipio Chacao del Estado Miranda contra el Decreto Ley de Ley Orgánica de la Administración Pública de 2008, en la cual se denunció que el mencionado decreto ley no fue sometido al procedimiento de consulta popular que exigía el artículo 211 de la Constitución, consideró que los ciudadanos tenían derecho constitucional a participar, estimando que ese derecho ciudadano a participar en el proceso de formación de las leyes sólo existe cuando las mismas las dicta la Asamblea Nacional, pero no existe cuando las leyes las dicta el Poder Ejecutivo mediante una delegación legislativa.

En esa forma, la Sala Constitucional formalizó una forma más de fraude a la Constitución, al establecer que el derecho a la participación política en materia de formación de las leyes se puede ignorar, o simplemente no existe, con el sólo hecho de que la ley que se le va a aplicar al ciudadano sea dictada mediante decreto ley en uso de delegación legislativa, y no mediante una ley de la Asamblea Nacional. En otros términos, que una forma de burlar el derecho ciudadano a la participación política mediante consulta popular de las leyes en una "democracia participativa y protagónica," es que el Poder legislativo simplemente delegue la legislación al Poder Ejecutivo y así se obvia la obligación de consultar al pueblo. Ello, se insiste, no es más que un fraude a la Constitución.

V

Pero para configurar este fraude, lo más insólito de la sentencia es que, contradictoriamente, la Sala Constitucional, procedió a constatar con lujo de detalles, lo contrario, es decir, que el derecho a la participación política se encuentra establecido dentro de los derechos políticos de los ciudadanos, para lo cual procedió a citar exhaustivamente la Exposición de Motivos de la Constitución cuando expresa que "se reconoce la necesidad de la intervención del pueblo en los procesos de formación, formulación y ejecución de las políticas públicas, lo cual redundaría en la superación de los déficits de gobernabilidad que han afectado nuestro sistema político debido a la carencia de sintonía entre el Estado y la sociedad;" a citar el artículo 62 de la Constitución que entre otras cosas establece que "es obligación del Estado y deber de la sociedad facilitar la generación de las condiciones más favorables para su práctica;" a indicar que "en nuestro derecho constitucional se consagra un sistema dual de ejercicio de la participación política" de democracia indirecta y de democracia directa, en el cual ninguna de las dos prevalece sobre la otra; a precisar que "el sistema democrático envuelve la conjunción de los principios de representación y el principio de participación;" a reconocer como "principio fundamental en el desarrollo de los postulados democráticos que deben regir un Estado de Derecho," y entre ellos, el principio de "publicidad de sus actuaciones," que es el que permite a los ciudadanos "ejercer cabalmente su derecho a la participación política;" y a citar indiscriminadamente autores como Alessandro Pizzorusso, *Lecciones de Derecho Constitucional*, Centro de Estudios Constitucionales, 1984, p. 104, 110), Carl Schmitt; *Teoría de la Constitución*, Madrid, Alianza, 1982, p. 174); y Norberto Bobbio, *Diccionario de Política*, Madrid 1983, pp. 1209-1210). Con todo ello, cualquier lector habría sacado la conclusión de que el resultado de la argumentación y de la doctrina citada conduciría a declarar que la falta de consulta pública de las leyes dictadas mediante decretos leyes, en el marco de la "democracia participativa y protagónica" prevista en la Constitución, violaba el derecho ciudadano a la participación política.

Pero: sorpresa!! No!! La conclusión a la que llegó la Sala Constitucional, al contrario y contradictoriamente a los mencionados postulados y doctrina, fue que en Venezuela se puede impunemente violar el derecho ciudadano a la participación política mediante consulta pública de los proyectos de leyes, si estos se dictan mediante decretos leyes.

Para llegar a esta conclusión, la Sala Constitucional utilizó dos argumentos: Primero, al "descubrir" que el ejercicio del derecho a participar por parte de los ciudadanos es de:

> "ejercicio facultativo de los ciudadanos en la presentación de las observaciones al igual a lo que ocurre en la iniciativa legislativa, por ende su falta de ejercicio no acarrea sanción alguna por su inejecución por parte de los ciudadanos."

El argumento, por supuesto, no tiene lógica ni consecuencia jurídica algunas, pues el ejercicio de los derechos por los ciudadanos cuando implica el goce de la libertad en la realización de una actividad, como por ejemplo, el derecho de votar, el derecho a expresar el pensamiento, el derecho al libre tránsito, el derecho de petición, el derecho a manifestar, el derecho a tener una religión, el derecho a participar, siempre es de ejercicio facultativo, pues nadie puede ser obligado a votar, a escribir o hablar públicamente, a circular, a manifestar, a tener una religión o a participar. Todos son libres de ejercer esos derechos, por ello son de ejercicio facultativo, pero ello no implica que por ese "ejercicio facultativo" dejen de ser derechos ni ello excluye la obligación del Estado de garantizar y asegurar su ejercicio. La falta de aseguramiento y garantía por parte del Estado es la que acarrea una sanción, y es la nulidad de la acción u omisión del Estado, y nada tiene que ver eso con la falta de ejercicio por parte del ciudadano que efectivamente es libre.

VI

Pero la Sala Constitucional para formalizar el fraude a la Constitución y a la democracia "participativa y protagónica" que se pregona, recurrió a un segundo argumento, aún más absurdo y es el hecho de que supuestamente en el "procedimiento legislativo" establecido en el artículo 211 del Texto Constitucional, y el "procedimiento legislativo" para la emisión de decretos leyes, "el supuesto fáctico de la aplicación de la norma así como el sujeto pasivo difieren palmariamente entre ambos," cuando como se ha dicho, lo esencial de la norma no es el aspecto formal o procedimental sino el sustantivo relativo al derecho constitucional que consagra.

Con base en esa distinción formal, la Sala Constitucional, entonces consideró que la obligación establecida en el artículo 211 de la Constitución, supuestamente contiene un "imperativo" "dirigido al órgano legislativo de acuerdo con sus funciones naturales –formación de leyes-" siendo que en cambio, "el supuesto de la ley habilitante es un supuesto excepcional en el proceso legislativo."

Se olvidó así, sin embargo, la Sala Constitucional, de nuevo, que el texto del artículo 211 lo que establece en realidad es un derecho específico a la participación política de los ciudadanos en el proceso de formación de las leyes, siendo su esencia, por supuesto, el de la "participación" sea cual fuere la forma de emisión de las leyes, si mediante sanción parlamentaria o mediante emisión de un decreto ley. Lo importante y esencial en una democracia "participativa y protagónica" es el derecho a la participación, no los aspectos procedimentales que se regulen.

VII

Pero lo más insólito de la sentencia, fue la conclusión a la cual llegó la Sala después de argumentar erradamente que los ciudadanos supuestamente tienen derecho de participar en el procedimiento de formación de las leyes sólo cuando la ley la dicta la Asamblea Nacional, pero no cuando la dicta el Poder Ejecutivo mediante decreto ley, expresando, como lo hubiera hecho el personaje "Cantinflas," que:

> "Lo anterior, no implica como erradamente se podría pretender que el Presidente de la República no está sujeto a la apertura de los mecanismos de participación cuando hace uso de las potestades legislativas previamente aprobadas, sino que en virtud de la excepcionalidad que implica la habilitación legislativa, el procedimiento de formación difiere estructural y funcionalmente del procedimiento en el órgano legislativo por lo que su incidencia varía en cuanto a su formación, no solo en cuanto a la representatividad de los funcionarios encargados de su discusión y aprobación sino en cuanto a los lapsos para su ejercicio; por lo que el ejercicio de dicho derecho se desarrolla en atención a uno de los principios fundamentales que rige el sistema democrático como es la publicidad."

Qué dijo o quiso decir la Sala Constitucional en este párrafo, realmente es indescifrable, pero no así la conclusión rotunda a la cual llegó a renglón seguido de dicho párrafo, sin fundamento alguno, en el sentido de que:

> "visto que el procedimiento establecido en el artículo 211 de la Constitución de la República Bolivariana de Venezuela, no podría ser exigido al Presidente de la República por *carecer de especificidad el procedimiento de formación de leyes dentro del marco de una ley habilitante.*"

O sea, que cuando se dictan leyes mediante decretos leyes en ejecución de una ley habilitante no hay "procedimiento de formación de las leyes," es decir, supuestamente se estaría dentro del "reino de la arbitrariedad," y los ciudadanos en "democracia participativa y protagónica" no podrían gozar ni ejercer su derecho constitucional de participar en el proceso de formación de la ley que los va a regir.

Ello, por supuesto, no tiene sentido alguno, pues el derecho a la participación ciudadana en materia de formación de las leyes es absoluto, sea cual fuere el procedimiento de formación de las mismas; de lo contrario, bastaría acudir a una ley habilitante y dictar decretos leyes para, en fraude a la Constitución, quitarle al ciudadano su derecho a participar.

VIII

La Sala Constitucional, sin embargo, en la sentencia, trató de seguir justificando el fraude a la Constitución, expresando que la "inaplicación" del derecho a la participación previsto en el artículo 211 de la Constitución, supuestamente

> "deviene igualmente en cuanto al procedimiento de discusión ante la Cámara en el cual se maneja un proyecto legislativo, a diferencia de la presentación y promulgación de Decretos los cuales responden a una excepcionalidad o a una urgencia en cuanto a su realización, por ende, se aprecia que mal puede exigirse la aplicación del artículo 211 de la Constitución de la República Bolivariana de Venezuela" en el caso [del decreto ley impugnado de la ley Orgánica de la Administración Pública].

Ello, por supuesto, no tiene fundamento alguno en el texto de la Constitución de 1999, donde se reguló la delegación legislativa en sentido amplio, sin que necesariamente exista excepcionalidad, extraordinariedad o urgencia alguna en la sanción de una ley habilitante. Recuérdese que el artículo 203 definió las leyes habilitantes como "las sancionadas por la Asamblea Nacional por las tres quintas partes de sus integrantes, a fin de establecer las directrices, propósitos y marco de las materias que se delegan al Presidente o Presidenta de la República, con rango y valor de ley" fijando "el plazo de su ejercicio," y que el artículo 236.8 se limitó a indicar dentro de las atribuciones del Presidente de la República, el "dictar, previa autorización por una ley habilitante, decretos con fuerza de ley."[4]

---

4 Véase Allan R. Brewer-Carias, "El régimen constitucional de los Decretos Leyes y de los actos de gobierno" en *Bases y Principios del Sistema Constitucional Venezolano (Ponencias del VII Congreso Venezolano de Derecho Constitucional realizado en San Cristóbal del 21 al 23 de noviembre de 2001)*, Asociación Venezolana de Derecho Constitucional, Universidad Católica del Táchira, San Cristóbal, 2002, pp. 25-74; y Las potestades normativas del Presidente de la República: los actos ejecutivos de orden normativo", en *Tendencias Actuales del Derecho Constitucional, Homenaje a: Jesús María Casal Montbrun* (Coordinadores: Jesús María Casal, Alfredo Arismendi A. y Carlos Luis Carrillo), Tomo I, Caracas 2007.

Es errado y falso el argumento de la Sala Constitucional, el cual que en cambio pudo ser válido en el marco de la Constitución de 1961, al tratar de establecer una distinción entre el "procedimiento legislativo" de formación de las leyes y el de la emisión de los decretos leyes que no existe en la Constitución de 1999, en el sentido de que estos últimos, supuestamente "responden a una excepcionalidad o a una urgencia en cuanto a su realización," lo cual no sólo no tiene fundamento constitucional, sino que nunca se ha invocado en la sanción de las múltiples leyes habilitantes que se han sancionado a lo largo de los últimos catorce años.

Pero además, al tratar de justificar lo injustificable, al Sala Constitucional llegó a argumentar que a pesar de que el decreto ley impugnado no se sometió a consulta popular como lo imponía el artículo 211 de la Constitución, violándose el derecho constitucional a la participación política, sin embargo, tal:

> "derecho a la participación política no se vio conculcado o restringido en virtud que en función del conocimiento público y notorio de la promulgación de la Ley Habilitante los ciudadanos pueden presentar o formular proyectos sobre la discusión de las materias delegadas al Ejecutivo Nacional, para garantizar el ejercicio del derecho a la participación política."

El mismo errado y falso razonamiento lo repite la sentencia al indicar que "cuando se promulga dicha habilitación existe una notoriedad en cuanto a la potestad conferida" en razón de lo cual dijo la Sala, "la participación puede ser realizada por parte de las comunidades organizadas con la finalidad de formular propuestas y opiniones."

O sea, que sin que se lleguen a conocer por los ciudadanos los proyectos de decretos leyes a ser dictados en forma clandestina e inconsulta en ejecución de la ley habilitante, supuestamente el derecho a la participación política queda asegurado según la Sala, por el hecho de que al conocerse la sanción de una ley habilitante cualquiera puede presentar al Ejecutivo algún proyecto de ley para su aprobación. El argumento, por supuesto, no soporta análisis alguno, porque simplemente, el proyecto de ley emitido mediante decreto ley en ejecución de la ley habilitante nunca fue del conocimiento de los ciudadanos o de la sociedad organizada.

IX

Por último, debe mencionarse que en materia de derecho ciudadano a la participación política en relación con el ejercicio de potestades normativas por parte del Poder Ejecutivo, la obligación de consulta pública no sólo está establecida en el mencionado artículo 211 de la Constitución, que fue violado abiertamente en el caso del decreto ley impugnado en este caso de Ley Orgánica de la Administración Pública de 2008, sino en la propia Ley Orgánica de la Administración Pública desde que fue sancionada inicialmente en 2001. En efecto, en el artículo 130 de dicha Ley se dispone que para la adopción de "normas reglamentarias o de otra jerarquía" por los órganos del Poder Ejecutivo, entre las cuales sin duda están los decretos leyes, éstos están obligados a "iniciar un proceso de consulta pública y remitir el anteproyecto a las comunidades organizadas," de tal importancia desde el punto de vista de la "democracia participativa y protagónica" que se pregona, al punto de que el artículo 140 de la misma Ley Orgánica dispone no sólo que el respectivo órgano del Poder Ejecutivo "no podrá aprobar normas para cuya resolución sea competente, ni remitir a otra instancia proyectos normativos que no sean consultados," sino que "las normas que sean aprobadas por los órganos o entes públicos o propuestas por éstos a otras instancias serán nulas de nulidad absoluta si no han sido consultadas según el procedimiento previsto" en la propia Ley Orgánica.

Esta obligación por supuesto, se aplicaba al decreto ley de reforma de la Ley Orgánica de la Administración Pública, pues estaba prevista en su texto desde 2001, razón por la cual es incomprensible que la Sala Constitucional haya considerado en su sentencia que habría "imposibilidad de aplicar el procedimiento establecido en la Ley Orgánica de la Administración Pública, por ser ésta la ley impugnada" cuando dicho procedimiento era obligatorio y estaba incluido en el texto de la Ley Orgánica desde 2001, siendo el decreto ley impugnado de 2008 sólo una reforma de dicha Ley.

X

En definitiva, la Sala Constitucional al concluir en su sentencia respecto del decreto ley impugnado, a pesar de que no fue sometido a consulta pública para asegurar la participación de los ciudadanos y de la sociedad organizada en el procedimiento de formación del mismo, como le exige la Constitución y la Ley Orgánica de la Administración Pública; que el mismo, sin embargo, supuestamente no habría contrariado "elementos esenciales de validez formal" previstos en la Constitución "referente a la violación del derecho a la participación política," lo que hizo fue formalizar el fraude a la Constitución, para eludir la obligación de garantizar la participación política, sujetando a dicha consulta solamente a las leyes sancionadas por la Asamblea Nacional, y excluyendo de la misma a leyes sancionadas por el Poder Ejecutivo en ejecución de una delegación legislativa, incluso si en la práctica, estas últimas son las más numerosas en los últimos quince años de vigencia de la Constitución. Con ello, en definitiva, lo que ha hecho la Sala Constitucional es dictar la sentencia de muerte a la llamada "democracia participativa y protagónica," al negarle a los ciudadanos y a la sociedad organizada el derecho de participar en el proceso de formación de las leyes que le van a ser aplicadas, cuando se dicten mediante decretos leyes, que por lo demás, son la mayoría.

L'Aquila / Roma, 2 - 4 de mayo de 2014

A MANERA DE CONCLUSIÓN: PRONUNCIAMIENTOS DE LA ACADEMIA DE CIENCIAS POLÍTICAS Y SOCIALES Y DEL COLEGIO DE ABOGADOS DEL DISTRITO FEDERAL ANTE LAS DECISIONES DE LA SALA CONSTITUCIONAL DEL TRIBUNAL SUPREMO DE JUSTICIA (2014)

*PRONUNCIAMIENTO DE LA ACADEMIA DE CIENCIAS POLÍTICAS Y SOCIALES**

La Academia de Ciencias Políticas y Sociales se dirige a la comunidad jurídica nacional y mundial, así como a la opinión pública en todos sus estratos, niveles y orientaciones para, una vez más pero ésta con mayor urgencia, denunciar que las últimas decisiones de la Sala Constitucional del Tribunal Supremo de Justicia de la República Bolivariana de Venezuela en lo referente a los ciudadanos Enzo Scarano y Daniel Ceballos, Alcaldes de los municipios San Diego y San Cristóbal respectivamente, y a la diputada María Corina Machado, han revelado claramente que Venezuela ha dejado de ser un Estado Constitucional. Los criterios que orientan la forma jurídico-política, que así se ha engendrado, o en la que la Constitución venezolana ha mutado, podrán tener diversos nombres y calificativos, pero han dejado de ser los del Estado de Derecho. Esto es algo que debe tener claro la opinión internacional, que a menudo se muestra confundida por la existencia de una Constitución que si bien no ha

---

* Véase en http://acienpol.org.ve/cmacienpol/Resources/Pronunciamientos/Pronunciamiento%20ACPS%20ante%20las%20recientes%20decisiones%20del%20TSJ%20abril%202014.pdf

sido formalmente derogada en la realidad sí lo ha sido, así como por la celebración de actos electorales que han devenido en un puro ritual donde no hay ocasión para una verdadera competencia democrática en igualdad de condiciones. En efecto, los actos electorales, de los cuales reclama el régimen su legitimidad de origen, han sido actos que la oposición ha calificado siempre de fraudulentos, por la ausencia de imparcialidad del árbitro, por el uso indebido de los recursos públicos y por las ventajas impropias del contendor oficial.

A partir de las decisiones mencionadas cabe esperar, en Venezuela, cualquier actuación que avance aún más en la extirpación del contendor político y no esperar nada en cuanto a la reconstrucción de las instituciones en forma tal que permita la convivencia entre todos los ciudadanos cualquiera sea su concepción ideológica. Independientemente del contenido de las recientes sentencias de la Sala Constitucional, y si ese contenido sea o no discutible, tiene que llamar la atención aun al observador más desprevenido como son expresión de un sistema implacable y contundente de sincronización de acciones y decisiones por parte de autoridades que se supone deberían ser independientes unas de otras, de conformidad con el principio constitucional de separación de poderes y funciones. Así, por ejemplo, con celeridad inaudita y con fundamentación deleznable, el Consejo Nacional Electoral una vez cesados los alcaldes por la Sala Constitucional, sin el debido proceso, ya anunció el cronograma electoral y convocó nuevos comicios para Alcaldes en dichos municipios.

Son decisiones y procedimientos sumarios, incluso anunciados anticipadamente en cuanto a su sentido y resultado favorable al Poder Ejecutivo o a un Legislativo donde la oposición ha sido reducida a la impotencia. En efecto, la Presidente del Tribunal Supremo de Justicia un día antes de la sentencia que despojó de investidura parlamentaria a la diputada Machado "asomó" que se estudiaban las eventuales consecuencias jurídicas del caso. Tales consecuencias jurídicas no podían ser otras que las ya aplicadas arbitrariamente por el Presidente de la Asamblea Nacional de "retirarle la inmunidad parlamentaria a la diputada opositora María Corina Machado" por supuesta violación de los artículos 191 y 149 de la Constitución, con flagrante atropello de las garantías del debido proceso, como son del derecho a ser juzgado por el Juez natural y el derecho de defensa, así como los derechos de sufragio activo y pasivo y la inmunidad parlamentaria.

Cabe resaltar, que José Miguel Insulza, Secretario General de la Organización de Estados Americanos (OEA), señaló que la diputada Machado actuó según una práctica usual de dicha institución, tal como ocurrió en 2009 cuando la excanciller hondureña Patricia Rodas se dirigió al Consejo Permanente como representante de Venezuela.

En nuestro país los poderes públicos actúan en una colusión que evidencia un desconocimiento sistemático del derecho como instrumento de libertad y pluralismo. Las decisiones de la Sala Constitucional no sólo son previsibles en su sentido favorable al proyecto político que proclama el Presidente de la República, sino que para lograr dicho objetivo usurpan atribuciones penales que no le corresponden (casos Scarano y Ceballos) o inventan procedimientos insólitos para desechar un recurso por inadmisible y al mismo tiempo dar respuesta extraproceso, expedita y de fondo al Presidente de la Asamblea Nacional (caso Machado). En las actuales circunstancias venezolanas la defensa de la Constitución queda abandonada a la sociedad pues ya no puede esperarse lamentablemente de los entes jurídicos concebidos institucionalmente para tal fin.

En la realización del designio político al cual sirve la Sala Constitucional no importa la violación del debido proceso, no importa no dar ocasión imparcial a los argumentos de la parte enjuiciada, no importa convertirse en juez y parte y en instancia única de decisión, no importa criminalizar la disidencia, no importa anular la voluntad popular o impedir la presentación en instancias internacionales de visiones divergentes. Por el contrario, todo está permitido si asegura los propósitos y la continuación indefinida e ilimitada en el poder del grupo gobernante. En los casos de los alcaldes Scarano y Ceballos se ha aplicado de manera arbitraria que se asemeja a vías de hecho, sanciones penales e inhabilitaciones políticas, con la amenaza de extenderlas a los demás alcaldes de orientación opositora. Sobre la diputada Machado, además se cierne la amenaza de una causa por traición a la patria, carente de todo fundamento jurídico. En todo caso, observamos, que el Poder Judicial en Venezuela no es la víctima, a pesar suyo, de la influencia indebida del Poder Ejecutivo. El Poder Judicial, junto con el Poder Legislativo, actúa en deliberado y consciente acuerdo con el Poder Ejecutivo, como miembro y participe de la misma ideología inconstitucional rechazada en el referéndum del 2 de diciembre de 2007. Esa actuación concertada es incompatible con la esencia de la separación y autonomía de los poderes públicos, garantía de la libertad de los ciudadanos y elemento esencial de toda democracia constitucional.

Alertamos a la comunidad nacional y llamamos la atención a los pueblos del mundo sobre lo que ocurre en Venezuela, a fin de que comprendan que no se trata de hechos aislados o excéntricos sino desarrollo y aplicación de toda una metodología perversa para manipular las instituciones jurídicas y crear falsas apariencias de juridicidad. Invitamos a las comunidades jurídicas del mundo a que se acerquen y estudien los abusos jurídicos de los que somos víctimas. A que observen que no hay tal democracia participativa y protagónica sino una contraposición que puede tener consecuencias trágicas entre organismos que deciden en nombre del pueblo y un pueblo al que se le impide decidir libremente. Podrán así prevenirse de lo que hoy lamentamos los venezolanos que no es sólo un mal nuestro sino el desarrollo de una estrategia que está destinada a subyugar a las sociedades que se esfuerzan a realizar, así sea accidentadamente, y en medio de toda suerte de tropiezos, los ideales del Estado de Derecho y de la genuina democracia.

Por último, consideramos que toda posibilidad de diálogo para superar la crisis debe iniciar por el compromiso sincero de todos los actores nacionales de restablecer la Constitución y el Estado de Derecho vulnerado.

Acordado en sesión extraordinaria de esta Academia de Ciencias Políticas y Sociales, en Caracas el 10 de abril de 2014.

Luis Cova Arria, Presidente; Gabriel Rúan Santos, Secretario

PRONUNCIAMIENTO DEL COLEGIO DE ABOGADOS DEL DISTRITO FEDERAL

En esta decisión [Sentencia que interpreta el derecho a manifestar], la Sala Constitucional creó, fabricó en forma inconstitucional e ilegal una prohibición que impide ejercer el derecho a la manifestación sin autorización. Además, advirtió que obviar esa autorización implica un delito penal, lo cual a su vez es inconstitucional, por cuanto viola la reserva legal para los delitos al crear un delito que no existe en la legislación venezolana vigente. Es decir: los ciudadanos pueden ir presos por manifestar sin autorización de la Primera Autoridad Civil del Municipio.

En este sentido, es necesario afirmar y recalcar con firmeza, que la Ley de Partidos Políticos, Reuniones Públicas y Manifestaciones, no exige autorización para ejercer el derecho a manifestar. Además, esta decisión de la Sala Constitucional debemos denunciarla como absolutamente contraria a los estándares internacionales de Derechos Humanos y de funcionamiento de la Democracia suscritos en Convenios Internacionales, los cuales son constitucionalmente vinculantes para el Poder Público Venezolano, inclusive obviamente el Judicial.

Sobre la falsa aplicación del derecho realizada por la Sala Constitucional

La Sala Constitucional afirma que dictó su sentencia para "interpretar" el derecho constitucional a la manifestación.

Sin embargo en forma radicalmente inconstitucional, no interpretó nada, sino que terminó rescribiendo la Ley de Partidos Políticos, Reuniones Públicas y Manifestaciones, que es precisamente la norma que debía hacer cumplir y cuyo contenido y significado era clarísimo e indubitable.

En efecto, para la Sala Constitucional, tal y como se lee en su decisión, en esa Ley supuestamente se exige previa autorización para manifestar; y luego de ello la autorización puede ser otorgada o negada, e incluso, puede la Administración cambiar el contenido de la solicitud formulada por quienes quieren manifestar, y lo que es más grave aún si cabe, toda manifestación sin autorización es una desobediencia a la autoridad y por ende, un delito penal.

Como vemos, la Sala Constitucional deroga la Constitución y las Leyes, y so pretexto de interpretarla, de hecho desaplica el artículo 68 constitucional y condiciona los derechos políticos de manifestación de los ciudadanos de este país, llegando al extremo de consagrar un delito que no existe en el Derecho penal venezolano. Es una decisión gravísima, no solo por su abierta y manifiesta inconstitucionalidad, sino porque además tergiversa la ley en vez de interpretarla e incluso llega al extremo de crear un delito político mediante sentencia, lo cual retrotrae a nuestro país a la época de los totalitarismos jurídicos estadales, de tan nefasto recuerdo para la Historia de la Humanidad.

En este sentido, veamos la radical diferencia entre lo que expresa la Sala Constitucional y lo que dice la Ley de Partidos Políticos, Reuniones Públicas y Manifestaciones, en los artículos citados por la propia sentencia.

El artículo 43 de esa Ley señala que quienes quieran ejercer el derecho constitucional a la manifestación "deberán participarlo con veinticuatro horas de anticipación cuando menos".

Por lo tanto, la Ley claramente establece que quienes deseen manifestar deberán dar un anuncio o noticia a los Alcaldes, como primera autoridad civil. Y anunciar una manifestación no es lo mismo que pedir autorización para hacer una manifestación.

Es por eso que denunciamos que la Sala Constitucional inconstitucionalmente creó un trámite que no existe en la Ley para limitar el derecho a la participación: donde la Ley establece una participación, la Sala Constitucional impone ahora una autorización.

La derogatoria al Texto Constitucional no se detiene en lo comentado, sino que declara que "cualquier concentración, manifestación o reunión pública que no cuente con el aval previo de la autorización" podrá "dar lugar a que los cuerpos policiales y de seguridad en el control del orden público (...) actúen dispersando dichas concentraciones con el uso de los mecanismos más adecuados para ello, en el marco de los dispuesto en la Constitución y el orden jurídico".

Esa conclusión viola todos los estándares internacionales de protección de derechos humanos, que son vinculantes en Venezuela, por tener incluso jerarquía superior a la propia Constitución.

Para rematar es claro el intento derogatorio de la Constitución por parte de la Sala Constitucional, la sentencia afirma que los cuerpos de policía deben dispersar las manifestaciones no autorizadas, por cuanto las policías municipales "detentan una competencia compartida en materia del control del orden público". Esto es falso, la policía municipal que disperse manifestaciones estará ejerciendo ilegítimamente su poder, pues la policía municipal tiene prohibido usar equipos para atender a manifestaciones.

En consecuencia, estamos en presencia de una sentencia radicalmente nula por mandato de los artículos 25 y 350 constitucionales, ya que entre otros graves vicios: a) conculca de hecho el derecho a la protesta cívica pacífica, b) suspende garantías constitucionales ad infinitum y viola convenios internacionales vinculantes c) crea un delito penal que no existe, d) somete a la libre voluntad del funcionario competente no solo el ejercicio del derecho a la protesta, sino también el lugar y tiempo para su realización, además, e) ordena a las policías municipales a violar la propia constitución al imponerles el deber de disolver manifestaciones sin poder legalmente tener los equipos necesarios para ellos.

Sólo en regímenes totalitarios los jueces se atreven a derogar y a violentar derechos humanos, desaplicar artículos de la Constitución y de los convenios y tratados de Derechos Humanos, tergiversar la Ley, legislar sin competencia para ello, crear delitos penales en contra del principio de la reserva legal- los delitos sólo pueden ser establecidos mediante leyes-, ordenar a órganos del poder público que ejecuten acciones contrarias a la Ley, como la orden a las policías municipales para que disuelvan las manifestaciones sin que legalmente puedan acceder a los equipos necesarios para ello, en fin, corromper el sistema de justicia para mantener al régimen en el poder.

Caracas, a los 26 días del mes de abril de 2014

ÍNDICE GENERAL

QUINTA PARTE

www.ingramcontent.com/pod-product-compliance
Lightning Source LLC
Chambersburg PA
CBHW030634270326
41929CB00007B/70
9789803652531